L'eau en République Démocratique du Congo

Les paradoxes d'une ressource très convoitée au prisme de la gouvernance Hydro-Janussienne du Bassin du Congo-Oubangui-Sangha

COLLECTION « POINTS DE VUE »

Une collection s'intéressant à des sujets d'actualité concernant l'Afrique.

Dernières parutions

Abdourahman BARKAT GOD, *Une femme djiboutienne et somalie. Caractéristiques et sacrifices*, 2025.
Benjamin ZE NGONG, Cameroun, les silences de la vertu, *Réflexion sur l'effondrement des valeurs dans une société en perte de repères,* 2024.
Benjamin ZE NGONG, *L'impératif d'une inflexion politique au Cameroun. Pour l'instauration d'un régime parlementaire et la suppression de la fonction de président de la République*, 2025.
Adrien POUSSOU, *Faustin Archange Touadera, l'homme qui abima son pays, La destruction de la République centrafricaine sous une présidence toxique*, 2025.
Aboubakar OUATTARA, *Prospective géopolitique française en Afrique noire francophone postindépendance*, 2025.
Jules Noël TCHANKIO, *L'avenir linguistique de l'Afrique. Le rôle crucial de la responsabilité parentale*, 2025.
Jean-Pierre ESTIVAL, *Crépuscule de l'influence française en Afrique*, 2025.
Jean-Louis M'BADINGA, *Jean Ping et la résistance de la diaspora gabonaise, Le combat d'une vie*, 2025.
Issa DIALLO, Lamine SANDY, Issa OUATTARA (dir.), *Mélanges en l'honneur du professeur Ahmadou Abdoulaye Dicko*, 2025.
Antoine NGUTE NOVATO, *Et si la démocratie n'était pas le lot des Africains ?*, 2025.
Christ Meryte MATSOUMA MAPANA, *Le Congo de demain. Stratégies et solutions pour un développement durable*, 2025.
Romain DINGAO, *Tchad : franc CFA, dettes publiques, présence militaire française, Quels bilans 64 ans après l'indépendance ?,* 2025.
SHANDA TONME, *Institutions des problématiques de développement humain. Didactique et dialectique des notions et des concepts,* 2025.
Abdourahman BARKAT GOD, *Exile, another form of suffering. The case of the Djibouti and Somali communities*, 2025.
Aubin Félix AMANI, *Essais sur la crise ivoirienne. Leçons d'Athènes*, 2024.
Jabir TOURE, *Mali : une crise aux multiples facettes*, 2024.
Léonard MESSI, *L'Afrique sous influence et perfusion. Libre essai de géopolitique*, 2024.
Abdourahman BARKAT GOD, *L'exil, une autre souffrance. Le cas des communautés djiboutienne et somalie*, 2024.
Hildebrand KARANGWA, *Les origines du génocide des Batutsi d'il y a 30 ans,* 2024.

Alphonse Benza Kongawi

L'eau en République Démocratique du Congo

Les paradoxes d'une ressource très convoitée au prisme de la gouvernance Hydro-Janussienne du Bassin du Congo-Oubangui-Sangha

Préface de Fridolin Ambongo Besungu

L'Harmattan

5-7, rue de l'École-Polytechnique, 75005 Paris
http://www.editions-harmattan.fr
ISBN : 978-2-336-50803-0
EAN : 9782336508030

Préface

Dieu tout-puissant nous donne ce bel endroit de vie qu'est le monde. Là où toutes les conditions sont réunies et où la nature explique sa présence à travers ses flux naturels – les gisements et les cours d'eau, pour ne citer que ceux-ci. Avec une fluctuation des phénomènes qui sont liés à ces innombrables matières, décrivant les besoins et ressources manifestement attachés aux quotidiens des êtres vivants.

Ce cadeau de Dieu explique que l'Homme est capable de bien le contenir en profitant de ses indicibles bienfaits, susceptibles de modifier le cours de la vie des êtres selon que la mise au point est progressivement organisée. Ici, le bassin du Congo trouve une place de choix dans cette répartition inégalitaire des ressources planétaires, volonté retrouvée dans le dessein de Dieu pour le Congo et l'Afrique.

Plumer cet ouvrage renvoie à comprendre que la théorie sur laquelle il se fonde défère au bassin du Congo non seulement une responsabilité de père en matière de la ressource qualifiée d'or bleu, mais aussi lui reconnait ce grand patrimoine collectif d'écosystème ; ceci revient à lui conférer la qualité d'un espace fédérateur pour le développement. C'est, par ailleurs, une réserve importante de la biodiversité avec une représentation des zones humides de près de 9 % de la superficie totale du bassin entier.

Dormant sur l'or, la philosophie locale qui en découle est celle de la banalisation du danger, de l'absence d'anticipation en interne des politiques publiques pragmatiques, de l'attentisme vis-à-vis de l'application ou du suivi des programmes structurels d'atténuation des conséquences du réchauffement climatique. De nombreuses pratiques courantes mettent à mal les forêts et les eaux qui couvrent et arrosent les territoires sous examen. Pourtant, le danger est non seulement évident, mais aussi déjà à nos portes.

Toutefois, jusque-là, le degré de risque est encore variable selon que l'on passe d'un État à un autre, situé dans ce bassin du Congo. Mais demain, la carence de l'eau douce dont les indicateurs sont déjà assez affichés sera à l'origine des guerres, car ceux qui n'en auront plus n'accepteront pas de périr, et ceux qui en auront encore, mais moins, et qui assisteront à la fin de la vie là où cette denrée désormais rare aura séché, n'admettront pas, tous chrétiens qu'ils puissent être, de partager leurs dernières réserves avec qui que ce soit. Ce qui oblige à une gestion rationnelle et responsable de celles-ci, au risque de plonger le monde dans le chaos.

Parrainer cet ouvrage me laisse la grâce de bénir non seulement son auteur qui a su placer en recommandations les éléments de réponse savants sur les plaques à problème, mais aussi ceux qui se donneront le luxe de mettre en pratique les résultats de cette démarche exceptionnellement scientifique afin de sauver le monde de cette crise de nature hydrique qui annonce sa naissance drastique, à savoir que la conclusion de sa phase de gestation déchire déjà le monde à ce jour.

Son Éminence **Fridolin Cardinal Ambongo Besungu**
Archevêque métropolitain de Kinshasa et président du SCEAM
O.F.M. Cap.

Avertissement et remerciements

Une publication ne peut valoir son pesant d'or que lorsqu'elle revêt deux intérêts (théorique ou scientifique et pratique ou social).

Cet ouvrage a un double objectif. L'un scientifique, qui va vers la théorisation, et l'autre pour le développement — où il est question de profiter des résultats par sa vulgarisation pour procéder à la sensibilisation de la population, des dirigeants et des bailleurs étant censés mener des actions et en bénéficier par les moyens et stratégies concertés. Cela, afin que les États membres du bassin du Congo-Oubangui-Sangha trouvent, dans la gestion des ressources en eau, les opportunités et les solutions aux enjeux géopolitiques. Principalement, la République démocratique du Congo demeure un sujet de convoitise pour les États du Sahel et les autres partenaires impliqués soit directement ou indirectement dans celle-ci.

Point n'est besoin de démontrer que les États riverains du bassin du Congo-Oubangui-Sangha sont en passe de devenir, dans les prochaines années, l'un des plus grands marchés d'eau dans le monde — en même temps, le plus grand défi mondial de notre planète. La demande d'eau dans ces pays fait, depuis des décennies, l'objet d'études techniques incessantes et d'amélioration constante des plans et programmes. Ces dernières permettraient théoriquement sa mobilité, son acheminement, sa distribution, son épurement et sa protection avec ou sans les États riverains.

Aujourd'hui, la gestion et la mise en valeur des ressources en eau prennent progressivement place aux facteurs humains. Car l'eau est la clé du développement durable ; elle présente une importance cruciale tant au point de vue des dimensions sociales, économiques qu'environnementales du développement. Certes, l'eau, c'est la vie, elle est essentielle à la santé de l'homme. Elle est aussi un bien économique, un bien social et culturel et devrait servir d'abord à satisfaire les biens essentiels des êtres humains.

C'est sous ces angles que j'ai estimé mettre à la portée des scientifiques et des acteurs politiques (élites intellectuelles, économiques et politiques) cette œuvre, basée sur le concept théorique « hydro-Janus ». Ce concept pourra les aider à démontrer la juxtaposition des intérêts harmonieux et ceux contradictoires sur la gestion des ressources en eau et orienter leurs analyses et leur prise de décisions responsables. Le cas échéant, cette théorie hydro-Janussienne démontre que la problématique du transfèrement des eaux du bassin du

Congo-Oubangui-Sangha vers le lac Tchad et les États du Sahel doit impliquer, par-dessus tout, les acteurs tant nationaux qu'internationaux. Ces derniers interviennent dans le processus décisionnel et d'exécution, pour ainsi garantir la paix entre les États riverains, dans le contexte de la requalification de l'hydro-solidarité. Ils peuvent également intervenir pour favoriser le caractère hydro-conflictuel de cet Or bleu — découlant de leur gestion irresponsable.

Il est souvent dit qu'une œuvre scientifique est un travail solitaire. Elle est, c'est vrai, généralement ponctuée de sentiments de solitude. Pourtant, au fil des mois qui se sont succédé, j'ai pu remarquer à quel point la présence et l'appui de nombreuses personnes se sont avérés essentiels pour mener à terme ce projet. De ce constat vient ma conviction qu'un ouvrage n'est, en définitive, pas un travail individuel, mais une réalisation collaborative. C'est dans cet esprit, et avec la volonté de donner à chacune de ces personnes la part qui lui revient dans cet ouvrage, que j'adresse ces remerciements.

En premier lieu, je tiens à remercier tout particulièrement mon collaborateur et membre de notre chaire, le **Doctorant Jocelyn DJAMANO**, pour avoir permis à cet ouvrage de voir le jour et de ressembler à ce que le monde peut constater à ce titre. Cet ouvrage n'aurait pu être sans sa confiance et son soutien chaleureux – qu'il trouve ici à nouveau tout le témoignage de ma reconnaissance.

Ensuite, Monsieur **Georges GULEMVUGA**, directeur des Ressources en eau de la CICOS ; Madame **BAGAMBOULA née Darie-Claude KEBANO**, chef de service de la Règlementation à la CICOS, pour avoir permis à cet ouvrage de prendre forme et m'avoir guidé tout au long de son élaboration. Merci pour votre constante disponibilité et votre soutien. Vous avez, chacun, cette merveilleuse faculté d'alléger les doutes et de redonner le courage d'avancer lorsque ce dernier tend à manquer.

INTRODUCTION GENERALE

Notons que l'eau est une substance liquide sans saveur ni odeur, réfractant la lumière, et qui, grâce à son pouvoir dissolvant, dissociant ainsi qu'à sa structure angulaire – *un atome d'oxygène au sommet lié à deux atomes d'hydrogène formant un angle d'environ 145°* –, est susceptible de dissoudre un grand nombre de corps ; *élément de vie, aux côtés de l'air et du feu, indispensable à l'existence humaine*. Elle est une ressource naturelle, renouvelablc et stratégique – *de grande valeur, inimitable, non substituable... souvent à l'origine d'un avantage concurrentiel durable.*[1]

Aujourd'hui, l'eau devient une des préoccupations fondamentales de sécurité des États, nonobstant qu'elle fut longtemps abandonnée au bon vouloir des populations. Elle est un élément indispensable à la vie, et point n'est besoin de longs traités scientifiques pour le démontrer. Elle est également d'un intérêt vital pour tout État, car elle prédestine à l'essence et à l'existence des populations.

Il faut préciser de plus que la souveraineté de l'État contemporain ne s'exprime plus seulement dans des pouvoirs traditionnels comme autrefois, mais aussi et surtout dans des nouveaux pouvoirs – *de nature économique et nutritionnelle*. Elle est au nombre des intérêts vitaux incontournables, car, sans eau, la vie n'existe pas, qu'elle soit végétale, animale ou humaine. Elle ne se situe pas dans une zone grise stratégique parce qu'elle est l'élément clé du développement et de la pérennité de l'espèce humaine.[2]

Les sources d'eau jaillissante, les fleuves impétueux et les calmes rivières sont les lieux habituels où, depuis l'aube des temps, les hommes puisent l'eau douce dont ils ont besoin pour survivre. Malheureusement, ces sites de production ne fournissent qu'une très faible quantité d'eau douce, soit seulement 0,007 % de la totalité des réserves mondiales en eau. Ils sont normalement aménagés pour faciliter l'accès des populations locales ou riveraines, afin d'éviter tout conflit et de réduire les risques de pollution[3]. Ils permettent cependant un approvisionnement régulier grâce au renouvellement naturel de l'eau.

---

[1] www.lemode.fr, consulté le 10 mars 2020.

[2] De Villiers, M., *L'Eau*, *éd.* Actes Sud, Paris, 2000, p.442.

[3] BALL, P., « L'histoire des civilisations et des conflits humains au fil de l'eau », *Le Monde*, 28 janvier 2000, p.25.

L'eau est nécessairement l'objet d'une attention de tous les instants du pouvoir politique, car il doit en faciliter l'accès, la protéger contre toute atteinte destructrice, voire être prêt à engager son armée pour la défendre[1]. L'État doit donc garantir l'accès à une eau douce en quantité suffisante pour satisfaire les besoins de la population. Il doit assurer un approvisionnement continu en eau de qualité, en prenant les mesures de prévention et de protection propres à le réaliser. L'eau douce est l'un des intérêts vitaux de l'État.

Avec ce rythme aussi drastique, l'eau pourrait même devenir, d'ici à 50 ans, un bien plus précieux que le pétrole, voire substituable à ce dernier[2]. C'est dire toute l'importance de cette ressource que d'aucuns appellent déjà « l'or bleu ». C'est ainsi que notre étude a pour objet l'analyse de la répartition inégale de cette ressource qu'est l'eau et se propose des solutions pacifiques basées sur les « coopérations entre acteurs concernés », endiguant ainsi les velléités hydroconflictuelles[3].

L'État doit prévoir et organiser l'accès à l'eau douce[4]. Il permet ainsi la satisfaction des besoins hydriques des populations, tout en se hissant au faîte du contrôle économique[5]. Il renforce ainsi son pouvoir politique en étendant sa domination sur l'approvisionnement alimentaire et hydrique des populations. En garantissant la sécurité hydrique, il assied et renforce son pouvoir d'innervation politique et économique. L'État se sert de l'eau pour accroître sa maîtrise sur l'ensemble de la population : l'eau devient l'élément structurant, la colonne vertébrale de l'État, à l'instar de la Chine impériale ou de la France d'Ancien Régime.

Attachés à apporter la suffisance hydrique aux populations placées sous leur autorité, les responsables politiques doivent observer de près l'état des ressources naturelles traditionnelles et nouvelles[6].

---

[1] SIRONNEAU, J., *L'Eau nouvel enjeu stratégique mondial*, Paris, Economica, coll. Poche géopolitique, 1996, p35.

[2] La technologie va croissante et ainsi génère des effets de bouleversement de l'ordre existant. Exemple : l'accroissement de la mise en place des engins et des appareils se servant de l'eau comme élément de fonctionnement en lieu et place du pétrole.

[3] Il s'agit donc des velléités génératrices des conflits liés à l'eau.

[4] Art. 210 Alinéa 1 du Code de l'Environnement, Livre II, titre Ier, « Eau et milieux aquatiques – L'eau fait partie du patrimoine commun de la nation. Sa protection, sa mise en valeur et le développement de la ressource utilisable, dans le respect des équilibres naturels, sont d'intérêt général ».

[5] Cette notion renvoi au plus haut niveau du contrôle économique, le cas échéant.

[6] Lire RAMSES, *Spécialement*, Paris, novembre 1999, pp. 101-102.

Les perspectives en matière d'eau douce ne sont pas réjouissantes puisque, de l'avis général, sa raréfaction semble inéluctable. La question de l'eau est devenue une préoccupation, car un pays qui manque d'eau est un pays qui ne peut ni nourrir sa population ni se développer. C'est pourquoi la consommation d'eau par habitant est désormais considérée comme un des indicateurs de développement d'un pays.

Notons que les populations des États riverains d'un bassin transfrontalier se trouvent dans l'obligation de se partager les ressources en eau dudit bassin. Cette situation peut être à l'origine de conflits récurrents, car l'eau devient alors un véritable instrument de pouvoir aux mains du pays situé en amont. Qu'il soit puissant ou non, celui-ci a toujours théoriquement l'avantage, puisqu'il a la maîtrise du débit de l'eau dont il est question.

Aujourd'hui encore, les contentieux à propos de l'eau sont nombreux à travers le monde, notamment le transfèrement des eaux de la rivière Oubangui de la RDC vers le lac Tchad qui est au centre des négociations qui suscitent plusieurs tensions entre les parties prenantes avec l'appui de certaines structures de la région. « L'eau de la rivière Oubangui sera transférée avec ou sans accord de la RDC », dixit le feu président tchadien Idris Deby.

La situation de crise hydrique qui frappe le lac Tchad et les États du Sahel, causée par la surexploitation de ressources hydriques du lac Tchad, essentiellement due à la satisfaction des besoins en eau pour l'irrigation des terres agricoles de ce bassin lacustre, a donc poussé ces derniers à entreprendre des démarches afin de retrouver l'équilibre. En effet, il sied de noter que ce lac couvrait un secteur de plus ou moins 25 000 km² en 1963, et cette superficie n'est plus estimée qu'à environ 2500 km² depuis 2008, soit une régression moyenne de 500 km²/an ou 1,37 km²/jour – ce qui conduit à l'accroissement des besoins en eau et ainsi incite aux tentatives de transfèrement.[1]

Cette équation a suscité en moi une curiosité scientifique de comprendre, d'une part, pourquoi est-ce que le débat soulevé dans le cadre de cette œuvre scientifique peut reposer sur la revisitation substantielle de la théorie intégratrice et des coopérations, sur laquelle s'appuient les États membres de la CICOS dans le cadre de la gestion intégrée des ressources en eau, GIRE en sigle, et d'autre part, les États membres d'autres bassins, les réseaux des organismes de bassins et les

[1] Op.cit., p.106.

bailleurs. Ensuite, envisagez ainsi la requalification en tenant compte des contingences sociales de l'univers enquêté qu'est le bassin du Congo-Oubangui-Sangha.

Cette œuvre a été motivée par ma volupté de décrire le phénomène se posant entre, d'une part, le problème de pénurie d'eau dans le lac Tchad et les États du Sahel, et d'autre part, la capacité pour le bassin du Congo-Oubangui-Sangha d'y remédier.

Selon les récentes études d'Abdessamad Dris, la population mondiale devrait passer de 6 milliards d'individus en l'an 2000 à 8 milliards en l'an 2025. La quantité moyenne d'eau douce disponible par habitant et par an devrait donc chuter de 6 600 à 4 800 mètres cubes, une réduction de presque un tiers. Si, parallèlement, la tendance actuelle à l'augmentation des prélèvements en eau se poursuit, entre la moitié et les deux tiers de l'humanité devraient être en situation dite de stress hydrique[1] en 2025, seuil d'alerte retenu par l'Organisation des Nations unies (ONU) et correspondant à moins de 1700 mètres cubes d'eau douce disponibles par habitant et par an. Le risque d'une pénurie d'eau douce existe donc bel et bien[2].

Il m'a été rapporté que, pour tenter d'inverser cette tendance, diverses solutions existent qui permettent de diminuer la consommation en eau et d'en limiter les pertes : améliorer l'efficacité des techniques d'irrigation et surtout généraliser l'usage des méthodes les plus performantes, rénover les structures de production et de distribution d'eau potable et en construire de nouvelles, préserver les réserves, lutter contre la pollution, entre autres en assainissant les eaux usées, recycler l'eau. Mais toutes ces mesures demanderont d'énormes investissements et seront donc coûteuses.

L'un des problèmes majeurs en matière d'eau douce et d'alimentation humaine est posé par l'irrigation, car pour nourrir toute la population de notre planète, la productivité agricole devra fortement augmenter. Alors que l'irrigation absorbe déjà aujourd'hui 70 % des prélèvements mondiaux, une consommation jugée très excessive, celle-ci devrait encore augmenter de 17 % au cours des 20 prochaines années. Le facteur déterminant de l'approvisionnement futur de l'humanité en eau douce sera donc le taux d'expansion de l'irrigation. Autrement dit,

---

1 Autrement appelé « pénurie d'eau », ou encore « rareté de l'eau » dans les cas les plus extrêmes, le stress hydrique est une situation critique qui surgit lorsque les ressources en eau disponibles sont inférieures à la demande en eau.

2 www.mémoireonline.com/sommaires/droit-sciences-politique.html, consulté le 05 juin 2020.

seule une nette amélioration de la gestion globale de l'irrigation permettra de réellement maîtriser la croissance de la consommation[1].

Un autre enjeu de taille pour les années à venir est celui de la satisfaction de l'ensemble des besoins en eau potable de l'humanité. Aujourd'hui, déjà un habitant sur cinq n'y a pas accès. Or, selon l'ONU, sur les 33 mégapoles de plus de 8 millions d'habitants qui existeront dans 15 ans, 27 seront situées dans les pays les moins développés et donc les moins à même de pouvoir répondre aux besoins. En outre, même si de légères diminutions de la consommation en eau sont observées depuis quelques années aux États-Unis et en Europe, les prévisions sont alarmistes, avec 40 % d'augmentation de la consommation municipale et domestique dans les 20 ans à venir.

Avoir accès à l'eau est donc devenu un enjeu économique puissant à l'échelle planétaire qui est en train de devenir, dans ce 21e siècle courant, l'une des premières causes de tensions internationales. Aujourd'hui, des analystes militaires avancent l'idée que de prochaines guerres pourraient avoir l'eau pour mobile et, dans le cadre de l'AGCS (Accord général sur le commerce des services) de l'OMC, on négocie l'obligation de privatiser les services de l'eau[2].

Il est vrai que plus de 40 % de la population mondiale est établie dans les 250 bassins fluviaux transfrontaliers du globe. Autrement dit, toutes ces populations se trouvent dans l'obligation de partager leurs ressources en eau avec les habitants d'un pays voisin. Ou une telle situation peut être à l'origine de conflits récurrents, notamment lorsqu'un cours d'eau traverse une frontière, car l'eau devient alors un véritable instrument de pouvoir aux mains du pays situé en amont. Qu'il soit puissant ou non, celui-ci a toujours théoriquement l'avantage, puisqu'il a la maîtrise du débit de cette eau.

La situation n'est pas récente. En 1503 déjà, Léonard de Vinci conspirait avec Machiavel pour détourner le cours de l'Arno en l'éloignant de Pise, une cité avec laquelle Florence, sa ville natale, était en guerre. Des chercheurs américains ont également montré que, depuis le Moyen Âge, les désordres sociaux en Afrique orientale coïncidaient avec les périodes de sécheresse. Dans les sociétés asiatiques, l'eau était un instrument de puissance politique : l'ordre social, les répressions et les crises politiques dépendaient des caprices des pluies.

---

[1] Op.cit., consulté le 06 juin 2020.

[2] DRIS, Ab., mémoire online : L'eau, matière stratégique et enjeu de sécurité au 21e siècle, Mémoire de DEA, Université Paris 10, 2005, p.3.

Avec l'essor démographique et l'accroissement des besoins, ces tensions pourraient se multiplier à l'avenir. D'autres, en revanche, pensent que la gestion commune de l'eau peut être un facteur de pacification. Ils mettent en avant des exemples étonnants de coopération : le plus fameux est celui de l'Inde et du Pakistan qui, au plus fort de la guerre qui les opposait dans les années 1960, n'ont jamais interrompu le financement des travaux d'aménagement qu'ils menaient en commun sur le fleuve Indus.

Les pays qu'on catalogue comme étant des pays « pauvres » ne sont pas réellement « pauvres », mais plutôt riches en ressources naturelles (or, argent, pétrole, métaux, pierres précieuses, bois, biodiversité, ressources hydriques, etc.). Les grandes multinationales l'ont compris depuis des siècles et elles sont présentes dans plusieurs pays « en voie de développement ». Elles réalisent une deuxième conquête, mais celle-ci uniquement envers les ressources naturelles.

Une mobilisation internationale très large est organisée pour faire face au problème de pénurie. Parmi ces mobilisations : la journée mondiale de l'eau, le programme hydrique international, le programme transdisciplinaire international, les rencontres internationales et les journées mondiales de l'eau. Ce sont les grandes lignes de cet ouvrage, dont je commencerai par l'eau comme enjeu stratégique au XXIe siècle, puis je placerai sous étude les politiques hydrauliques des pays riverains du bassin du Congo, et enfin les aspects prospectifs sur une gestion intégrée et durable.

0.1. L'eau au centre des tensions interétatiques

L'idée de publier le présent ouvrage résulte d'un processus de réflexion amorcé à travers la relecture critique de certaines œuvres réalisées par ceux qui m'ont devancé dans la thématique. Plusieurs auteurs ont mené des études sur les enjeux géopolitiques du bassin du Congo entre la coopération et les conflits, résultant de l'harmonisation et des contradictions dans la gestion des ressources en eau intra- et extra-bassin au regard des tensions que subissent ces derniers durant ces dernières décennies.

Cet ouvrage vise à analyser la fonction de la CICOS dans les systèmes hydrographiques tant régionaux que mondiaux en matière de gestion. Et dans cette perspective, elle peut être perçue comme un mécanisme à travers lequel les États s'efforcent d'adapter leurs politiques de gestion des ressources en eaux pour que l'eau ne soit pas un facteur de conflits, mais plutôt un facteur de coopération, faisant émerger une puissance régionale en formant et en cristallisant ainsi le complexe de sécurité régional, évoqué par le professeur Barry Gordon Buzan.

Me fondant sur l'approche de Barry Buzan, qui considère une région comme un objet d'analyse à part entière et non uniquement étatique, permettant ainsi de parler de la sécurité régionale en termes de modèle de relations entre les membres du complexe de sécurité. Il émet l'hypothèse selon laquelle les analyses globales sont incapables de prendre en compte et d'identifier les préoccupations sécuritaires immédiates des États, c'est-à-dire les menaces de leur voisinage immédiat. Les interactions sécuritaires avec les voisins sont plus nombreuses qu'avec les puissances du système international, et l'interdépendance sécuritaire sur le système international dans son ensemble est loin d'être uniforme.[1]

De ce fait, la CICOS doit assister les États membres de la manière la plus efficace possible en les incitant à la coopération et à l'intégration en vue de l'usage pacifique et rationnel des ressources en eaux du bassin du Congo-Oubangui-Sangha, et cela n'est possible que si son rôle et sa mission subissent une importante mutation fondée sur la réorientation de l'hydro-virtualité dans le bassin.

Ainsi, pour permettre une appréhension plus aisée de mes lecteurs, j'ai revisité les écrits de quelques auteurs ayant abordé la problématique relative à la gestion des ressources en eau des bassins transfrontaliers :

- Jochen Sohenle estime qu'un déséquilibre marqué entre l'offre et la demande d'eau douce d'une qualité acceptable est un terrain propice à l'émergence de toutes sortes de conflits. Les raisons d'un tel déséquilibre se situent fréquemment en amont de sa manifestation et pourraient être prévenues. Ils résultent d'une gestion non durable et isolationniste de l'eau dans le temps et dans l'espace qui ignore, en particulier à l'époque actuelle, les actions et les besoins des autres acteurs et de l'environnement.

Il précise qu'il n'est pas étonnant que le XXIe siècle se caractérise par un potentiel conflictuel croissant en matière de ressources en eau douce. Il renchérit que, sur le plan juridique, les masses d'eau importantes relèvent normalement de la compétence de l'État. Étant donné que de nombreux bassins hydrographiques ainsi que des aquifères non reliés à un tel bassin sont situés sur le territoire de

---

[1] LE GOURIELLEC, S., « Sécuritisation et construction d'un complexe de sécurité régional dans la Corne de l'Afrique », in *Etudes Internationales*, 49(1), 2018, pp. 83-104.

plusieurs États, les « rivalités » autour de l'eau s'inscrivent dans un contexte international. De telles situations se présentent effectivement sur les continents où coexistent plusieurs États riverains.

Il a en outre montré qu'une telle approche se prête particulièrement bien aux enjeux environnementaux transfrontaliers qui amènent à considérer des éléments factuels complexes et nécessitent un assouplissement des normes juridiques afin de tenir compte des circonstances propres au cas d'espèce.[1]

J'épouse en effet ce point de vue relatif à la loi du marché de l'eau douce, dont la non-prise en compte est l'élément catalyseur des conflits ouverts ou latents. Je pense que cela n'est possible que si et seulement si les régimes juridiques sont adaptés aux réalités des bassins.

- McCaffrey a notamment souligné l'importance de cette nécessaire adaptation des normes juridiques dans le cas des bassins transfrontaliers.[2]

J'estime que ce point de vue est plausible et mérite une attention particulière, à la lumière des enjeux que représente la gestion des bassins transfrontaliers.

- Cécile PILARSKI explique pour sa part que l'étude de la gestion de ressources en eau ne doit pas être faite dans sa globalité, mais plutôt en considérant son organisation à l'échelle plus restreinte d'un bassin versant incluant plusieurs États.[3]

Les ressources naturelles sont soumises, en droit international, au principe de souveraineté permanente, qui confère aux États la possession ainsi que le droit d'utiliser et de disposer de l'ensemble des ressources sises sur leur territoire. Affirmé dans la Charte des droits économiques des États de 1974, ce principe vise à protéger les États contre l'exploitation illicite de leurs ressources par des tiers. En ce sens, l'intention est louable.

Pour autant, ce principe est confronté à de sérieuses limites, dès lors qu'il est question de ressources transfrontalières, ou plus encore, de l'accès aux ressources vitales, dont le besoin est universel, mais la

---

[1] SOHENLE, J., « Le paradigme postpositiviste ou révélation d'une méthode spécifique dans l'application du droit international de l'environnement (première partie) », 1998, in *Revue Européenne de droit de l'environnement*, p.280.

[2] McCAFFREY, S., « The need for flexibility in freshwater treaty regimes », in *Natural resources forum*, n°27, 2003, pp.156-162.

[3] PILARSKI, C., *La gestion partagée des ressources en eau dans le bassin du Congo,* Mémoire de Maître ès arts (M.A), 2010, p.6.

répartition sur la planète, très inégale. Dans ces deux cas de figure, l'exemple le plus fréquemment utilisé est celui de l'eau douce.

Il est de nos jours, au regard de l'approche constructiviste des relations internationales qui se fonde sur l'idée selon laquelle la réalité n'est pas définitive ni immuable, mais reste valable en attendant une autre découverte ; elle est dans un processus de construction et de reconstruction à travers l'intersubjectivité. Plus concrètement, en ce qui concerne le système des États, qui n'ont pas d'intérêts et d'identités irrévocables, mais plutôt changeants en fonction des perceptions qu'ils ont des autres États.

Toute construction sociale est réalité ; par conséquent, si l'anarchie internationale existe, c'est parce que les États y croient. Dans cette approche, le rôle des perceptions des États, des normes et valeurs partagées, des idées qui circulent au niveau international est essentiel pour la construction des identités et des intérêts des États. Cette approche corrobore mieux avec les réalités relatives aux enjeux géopolitiques dus à la gestion des ressources en eau dans la région africaine.

J'affirme également la réflexion de cette auteure en ce sens que, l'étude de la gestion des ressources en eau, considérée à l'échelle plus restreinte, est une condition sine qua non pour parler d'une gestion intégrée des ressources en eau à-travers les organismes sous-régionaux car, l'on ne peut globalement gérer les ressources en eau si la gestion des eaux intérieures n'est pas efficiente et efficace d'où, ma proposition d'ériger tout un ministère chargé de la gestion des ressources en eau ainsi qu'une agence de Bassin et ce, dans tous les Etats-membres de la CICOS, principalement en République démocratique du Congo, afin d'y remédier car dit-on, l'eau c'est la vie et une ressource qui vaut la vie ne peut être gérée subsidiairement et surtout pas avec légèreté.

- Modeste Mutinga, à son tour, affirme que la position géographique du Congo lui confère une place de premier choix dans la dotation en ressources en eau douce dont les réserves quasiment pharaoniques représentent 40 % au niveau africain et 25 % au niveau mondial. Une aubaine, certes, mais aussi une source de convoitise et des conflits potentiels. Il a soulevé sa préoccupation sur la question des ressources en eau douce de plus en plus rares dans le monde et les diverses sollicitations du transfèrement des eaux du bassin du Congo vers le Nord et le Sud de l'Afrique, ou vers le Moyen-Orient. Là où le bât blesse, c'est qu'en dépit des menaces, à peine voilées de certaines requêtes, les décideurs demeurent aphones, d'où il les incite à l'action et à la proaction.

Il démontre que le bassin du Congo est le château d'eau de l'Afrique, mais paradoxalement, le flux que le fleuve Congo reçoit de ses importants affluents (Oubangui et Kasaï) se contracte d'années en années. Alors que le Programme des Nations unies pour l'environnement a évoqué l'augmentation de la consommation de l'eau au niveau mondial entre 2000 et 2025, les statistiques précises et fiables font encore défaut. Plus grave, il n'y a pas de système institutionnel de surveillance qualitative et quantitative des ressources en eau.[1]

Au regard des données en ma possession, il sied de confirmer que l'une des faiblesses qui concourent à la non-jouissance du rôle naturel qui est offert au bassin du Congo de par sa position géostratégique et sa composition géographique est la non-maitrise des enjeux liés aux ressources en eau, car on ne peut gérer que ce que l'on connait et on ne peut y réagir qu'en fonction de la perception que l'on se fait de la situation en présence.

Pour Albert Kabasele, le bassin du Congo concentre le poids de ses eaux en République démocratique du Congo qui contient environ 3 700 km² de surfaces d'eaux douces, dont ¾ des eaux du bassin du Congo se trouvent en RDC. En effet, entourée de neuf pays voisins, la République démocratique du Congo a le privilège d'avoir environ 40 % du volume d'eau du continent africain, une réserve mondiale d'eau douce, un vaste aquifère transfrontalier au cœur de l'Afrique de plus en plus aride. En outre, il estime que ce projet de transfert des eaux du fleuve Congo, s'il malheureusement était mis en œuvre un jour, risquerait de devenir dans un proche avenir un germe principal d'instabilité et de conflits politiques entre les États amis de la SADC, de la CEEAC et du Sahel. Car il est fort probable que le pipeline porteur d'eau douce vers les États de la CBLT soit aussi porteur d'or alluvial qui coule librement dans le Luozi et l'Oubangui.[2]

Il pense que le projet de transfert des eaux du fleuve ne sera jamais la panacée prévue pour résoudre la crise éventuelle entre l'Éthiopie et l'Égypte autour de la mauvaise gestion des eaux en cours du fleuve Nil et du barrage malvenu de la Renaissance. Ce projet est une fausse illusion de la solution du reboisement du Sahel et de la SADC afin

---

[1] MUTINGA, M., « La guerre de l'eau aux portes de la RDC », in <u>www.adiac-congo.com</u>, *consulté* le 12 février 2017.

[2] KABASELE, A., *La guerre de l'eau*, éd. IGC, Kinshasa RDC, Janvier 2020, p.35.

d'arrêter soi-disant l'avancement du désert vers la RDC : il est plutôt un rêve toxique, une utopie verte non durable et une alternative non résiliente pour assurer les besoins gigantesques en eau dans l'industrie pétrolière nigériane et dans les États de la CBLT. La solution écologique pour reverdir le Sahel des eaux douces est au Tchad et à 3 000 mètres sous les terres des pays de la CBLT.[1]

Les résultats des données astro-mathématiques ont montré que le bassin du Congo-Oubangui-Sangha est dans une fragilité criante, ce qui se traduit par la diminution croissante de son eau et par la réduction sensible de la navigabilité de l'Oubangui (de 12/12 à 4 mois). Fort de ce qui précède, il s'avère suicidaire tant pour les États du bassin que pour l'avenir de la planète d'envisager, sans en mesurer les multiples conséquences, le transfèrement d'un seul litre vers d'autres bassins.

Franck Galland atteste également que, partout, la consommation d'eau augmente, aussi bien pour satisfaire les besoins de l'agriculture qu'en raison de l'urbanisation ou du fonctionnement de ses infrastructures. L'auteur soulève le problème des besoins en eau d'industries très consommatrices, comme le secteur minier, et plaide pour un changement des paradigmes qui se traduirait par une utilisation responsable et modérée des ressources disponibles. Trois concepts clés : alimentation, énergie et eau.[2]

Il est d'avis que l'utilisation par bassin des ressources en eau réussit à résoudre tant soit peu les problèmes liés à l'exploitation abusive ou à la surexploitation de ces dernières au regard de la croissance démographique, de l'expansion urbanistique, du changement du niveau de vie et de l'augmentation des besoins entre usagers.

Quant à François Bokona, dans sa contribution à la réflexion sur la requalification de L'hydro-solidarité et ses implications en droit international, il soutient qu'il ne s'agit pas de transférer des eaux de la rivière Oubangui vers le lac Tchad, car pour le moment la République démocratique du Congo ne peut pas accéder à cette demande pour la simple raison que la constitution ne l'autorise pas, sauf par le biais d'un référendum. Il craint que ce transfèrement puisse causer des conséquences dévastatrices à la RDC, car des scientifiques ont démontré que le fleuve Congo et quelques rivières de la RDC sont menacés de sécheresse suite à l'avancée du désert du Sahara.

---

[1] *Op.cit.*, p.25.

[2] GALLAND, F., *Le Grand Jeu. Chroniques géopolitiques de l'eau,* Paris, *éd.* CNRS, 2014, p.192.

Pour lui, il a été aussi démontré que la situation actuelle du lac Tchad est répétitive, car, il y a 20 mille ans, ce lac avait connu cette même situation, donc il faut d'abord connaître les causes de cette même sécheresse avant toute solution. Il indique, par ailleurs, que le nombre de jours de séchage de la rivière Oubangui est passé de 80 à 220 jours l'an, ce qui est inquiétant, et cela, sans oublier les conséquences écologiques qui découleraient de ce transfèrement.[1]

Je dirai, face à ce que d'aucuns jugeraient d'aporétique en matière de gestion des ressources en eau, j'estime qu'il est de bon aloi que, face à cette donne de raréfaction des ressources en eau et d'inaccessibilité de ces dernières, même dans les zones à forte quantité hydrique, il faille mettre sur pied le nouveau paradigme de gestion des bassins hydrographiques.

Aaron Wolf se fait ainsi catégorique : il n'y a jamais eu de guerre de l'eau depuis 4 500 ans – quoique tous les analystes ne soient pas d'accord sur ce point[2] – il y a donc peu de chances qu'il y en ait une prochainement, même s'il reconnaît que des enjeux hydrauliques peuvent naître de la violence.[3]

Dans le même ordre d'idée, Henri Mova Sakanyi estime pour sa part que l'humanité est loin d'une catastrophe en ce qui concerne l'eau et que cette perspective cauchemardesque est en train d'être démentie. Cela revient à dire que les cas de coopération entre les pays sur la question sont plus nombreux que les conflits armés. Et l'auteur trouve qu'à l'état actuel des choses, le moins qu'on puisse dire, est qu'il serait malséant de construire des modèles déterministes formulant, de façon mathématique, la relation entre le paramètre eau et le paramètre guerre. L'eau ne porte pas la guerre directement comme la nuée porte la pluie.[4]

À ce stade, je m'inscris aux antipodes des affirmations des auteurs ci-dessus, car le stock d'eau douce baisse quotidiennement et la pénurie se laisse déjà voir dans de nombreuses régions où des conflits relatifs à

---

[1] BOKONA, F., « Transfèrement des eaux de L'Oubangui : Nous craignons des conséquences dévastatrices incalculables pour la RDC », in *dépêche.cd*, www.google.com, consulté le 12 juin 2022.

[2] CAGNAT relève notamment, la longue guerre entre les émirats de Boukhara et de Kokand pour le contrôle de la rivière Zeravchan, affluent de l'Amou Daria, aux XVIIIe-XIXe siècles, in René Cagnat, « Asie centrale : de l'eau dans le gaz », Le Courrier de l'Unesco, octobre 2001, p.29.

[3] WOLF, A., « Conflict and Cooperation along International Waterways », Water Policy, vol. 1, no 2, 1998, pp. 252-253.

[4] MOVA SAKANYI, H., « Praxis internationale pour une gestion stratégique de l'eau », in *DOUNIA*, CISRI, n°1, Novembre – Décembre 2006, p.49.

l'eau éclatent pour accéder aux ressources vitales, et les prévisions prédictives démontrent que, pendant les décennies à venir, les conflits hydriques se poseront avec beaucoup plus d'acuité, au regard de l'évolution du monde.

John Allan[1] et Anthony Turton[2] abondent dans ce sens. Pourtant, sans verser dans un pessimisme excessif, force est de reconnaître que l'eau est un enjeu politique dont la gestion comprend de multiples dimensions et dont la complexité ne se laisse pas réduire à des solutions technicistes, présentées comme définitives, tel le commerce de l'eau virtuelle. Par ailleurs, l'argument historique laisse perplexe.

Complétant l'idée de ces auteurs, je pense qu'il ne faut ni verser dans le pessimisme excessif, moins encore dans l'optimisme exacerbé, lorsque nous voulons analyser les enjeux autour de cette ressource inimitable, non substituable bien que renouvelable qu'est l'eau. Ceci afin de demeurer réaliste et de préconiser des solutions idoines aux décideurs et aux bénéficiaires.

Richard Lukunda affirme que la mise en valeur rationnelle d'importants cours d'eau dont dispose l'Afrique pourrait permettre à ce continent, à travers la diversification des usages de l'eau et la coopération internationale, d'accéder à une intégration socio-économique. Pour ce faire, les bassins des fleuves Nil et Congo, lesquels figurent en superficie parmi les trois premiers au monde et réunissent près de 40 % des États africains, devraient être mis à contribution pour la réalisation de cet objectif.

Pour lui, pour y parvenir, nombreuses et variées sont les stratégies à adopter, au nombre desquelles il propose, à titre non exhaustif, la levée des obstacles juridiques en rapport avec les textes régissant les deux bassins ainsi que la création d'une organisation internationale africaine spécialisée dénommée Union panafricaine des bassins fluviaux. Cette dernière s'illustrerait comme un cadre fédérateur des intérêts divergents des États des bassins, une structure d'harmonisation des vues respectives pour un développement assumé de l'Afrique.

Parmi les difficultés que rencontrent les organismes de bassins en général et la CICOS en particulier figure l'absence d'un répondant crédible et cohérent dans chaque État membre, hormis quelques rares

---

[1] ALLAN, J., « Avoiding War over Natural Resources », in S. Fleming, (dir), War and Water, Genève, ICRC Publication Division, 1999, pp.251-255.

[2] TURTON, A., « Water Wars : enduring myth or impending reality ? », in Hussein Solomon et Anthony Turton (dir.), Water Wars : enduring myth or impending reality ?, Africa Dialogue Monograph Series no 2, Pretoria, juin 2000, pp.165-175.

cas. Voilà pourquoi la mise sur pied des agences par bassin de chaque pays membre peut résorber le problème et ainsi rendre la CICOS plus proactive face aux enjeux multiples qui pointent à l'horizon.

Frédéric Lasserre s'interroge : « Verra-t-on effectivement des États s'affronter pour l'eau ? ». Les questions du partage de l'eau ont pris récemment le devant de la scène médiatique, pourtant, elles ont longtemps été ignorées, dans un contexte de guerre froide, de crise du pétrole et de marasme économique des pays industrialisés.

Pour lui, entre le scepticisme de certains auteurs qui nient toute possibilité de guerre de l'eau et les articles alarmistes de certains journalistes, comment jauger le risque de déclenchement des conflits pour l'eau ? Le monde actuel connait des bouleversements rapides : la population augmente très rapidement et, avec elle, la pression sur l'agriculture, obligée de se tourner toujours plus vers l'irrigation ; les changements climatiques modifient le régime des précipitations et induisent parfois des diminutions des quantités disponibles. Les tensions que provoquent les projets concurrents de mise en valeur de l'eau ne manquent pas ; saura-t-on tous les gérer ?

Répondant aux préoccupations jugées réalistes telles que soulevées par l'auteur, j'estime qu'au-delà des efforts de coopération et de gestion concertée des ressources en eau, les États, tant au niveau national qu'international, font face à plusieurs soubresauts, lesquels ne rendent pas forcément leurs intérêts convergents en matière de gestion des ressources en eau.

Franklin, Dieu le veut. Oniemba Mundala, dans son analyse portant sur la diplomatie du robinet et de l'arbre, tenant compte des enjeux que représente le bassin du Congo en Afrique, en termes géophysique, géoéconomique et surtout géostratégique, à travers les convoitises et les sollicitations des États dépourvus d'eau douce, met en évidence la considération que la coopération régionale pour le partage de l'eau constitue une stratégie efficace pour l'équilibre géopolitique régional et efficiente pour le développement durable. De ce point de vue, il va à l'encontre des considérations nationalistes et souverainistes.[1]

Je pense qu'aux côtés de la diplomatie du robinet et de l'arbre, il faut une approche intégrative, basée sur la théorie hydro-Janussienne, qui prend en compte tous les paramètres qui entrent en jeu dans la gestion

---

[1] ONIEMBA MUNDALA, F., L'eau douce du Bassin du Congo dans l'équilibre géopolitique régional et de développement durable en Afrique : quelle stratégie de coopération pour la RDC ?, Thèse de Doctorat en R.I, FSSAP, UNIKIN, 2021, p.11.

des deux dimensions que revêt l'eau, selon l'utilisation qu'en font les acteurs en présence – un outil de paix ou un catalyseur de conflits. Et ce, afin d'éviter aux États des décisions isolées et souvent source d'hydro-conflits, avec des conséquences multiples.

Certes, si d'un côté l'eau peut être à la base de tensions géopolitiques à cause des situations de stress hydrique, des conflits de la Chine septentrionale à la Méditerranée occidentale, elle peut aussi constituer un facteur de paix et de stabilité internationale.

Quant à moi, le présent ouvrage se veut une force de propositions pour les autorités régionales et vise à susciter des discussions autour des aspects clés de cette donne régionale. Bien que nous considérions qu'oser déprimer le bassin du Congo de ses eaux et forêts reviendrait à ôter la terre de ses moyens de défense contre le changement climatique impitoyable, car l'humanité sans la R. D. Congo riche en eaux, forêts et tourbières sera comme un malade sans anticorps agonisant en fin de vie.

Toutefois, à travers la gestion intégrée des ressources en eau, GIRE en sigle, de son bassin, il y a possibilité d'offrir les opportunités d'attirer les capitaux susceptibles de valoriser ces ressources en eau à la satisfaction d'autres États riverains et, voire même, non riverains, dont le Tchad, dans plusieurs domaines, à savoir l'agrobusiness (irrigation), l'écotourisme, la pêche, l'hydroélectricité, pour ne citer que ceux-ci. C'est à ce niveau qu'intervient le rôle à faire jouer à la CICOS face aux enjeux géopolitiques de l'eau dans la région. Encore faut-il préciser que cela n'est possible que dans la mesure où son rôle et sa mission seront redéfinis par les *États* membres, au regard du nouveau paradigme de gestion basé sur le modèle hydro-Janussien.

C'est à la lumière de ce paradigme que j'ai analysé le but de cet ouvrage. En effet, *la Commission internationale du bassin du Congo-Oubangui-Sangha* (CICOS), en sigle, est une organisation sous-régionale ayant dans ses attributions la gestion des ressources en eaux dudit bassin. Cet ouvrage, visant à analyser sa fonction dans les systèmes hydrographiques tant régionaux que mondiaux en matière de gestion, lui propose de nouvelles pistes à explorer.

Par rapport à la poursuite des buts, la CICOS doit assister chacun des États concernés à garantir de la manière la plus efficace possible l'usage de ses voies de désenclavement ab initio, par l'entretien et l'aménagement. Veiller à la mise en œuvre de la politique de la GIRE consiste essentiellement à appliquer les principes du développement durable à la gestion des ressources en eau dans le bassin du Congo-

Oubangui-Sangha de manière intégrée afin que cette gestion soit équitable, et cela face aux enjeux géopolitiques dans la région.

En me rapportant à cette abondante littérature, j'ai trouvé qu'il existe encore des zones d'ombre qui constituent des pistes à explorer et, à cela, je pose le problème en termes de déficit de gestion des ressources en eau, caractérisé par la faiblesse du rôle de la CICOS dans la gestion de ces ressources.

0.2. Les causes d'évolution

Notons qu'avant d'être un problème technique, l'eau est d'abord une question sociale, politique, géopolitique, économique et environnementale. C'est aussi en Afrique un enjeu vital dont on peine à apprécier l'ampleur. Empruntons à Michel Camdessus une image simple : d'ici 2025, chaque jour, pour répondre aux engagements internationaux, il faudra desservir correctement en eau potable et en assainissement près de 100 000 habitants de plus. Les impacts environnementaux sont alors largement occultés par l'urgence de la satisfaction des besoins vitaux immédiats.[1]

Dans le contexte actuel de changements climatiques et d'augmentation des besoins alimentaires, la pression sur la ressource « eau » s'accentue fortement : l'eau est devenue un enjeu politique majeur, et sa maîtrise, ainsi que son partage, de potentielles sources de conflits. Ceux-ci peuvent être interétatiques ou internes et de basse intensité : dans les deux cas, ces conflits hydrauliques ne font souvent qu'exacerber des tensions déjà bien présentes au sein de relations préalablement dégradées entre États ou communautés ; mais, poussés à l'extrême, ils pourraient déboucher sur de véritables « guerres de l'eau ». Le potentiel de conflit croît avec la rapidité de la rupture de la ressource « eau », qui introduit la rareté de celle-ci, à laquelle les sociétés sont plus ou moins sensibles en fonction de leur « capacité sociale d'adaptation ».

Si, dans le passé, peu de guerres ont éclaté à cause de conflits sur l'eau, ce n'est certainement pas gage du futur dans un monde affecté par les changements climatiques et où les besoins alimentaires augmentent à un rythme encore plus rapide que celui de la population : la pression sur la ressource a donc connu une brusque augmentation. La problématique de l'avènement possible des conflits pour l'eau prend donc racine, non pas dans l'aridité ancienne de certaines régions, mais

[1] ROCHE, P-A., « L'eau, enjeu vital pour l'Afrique », in *Afrique Contemporaine*, 2003/1 n° 205, p.3975.

dans la dynamique d'une demande en explosion face à une ressource limitée. C'est ce caractère dynamique qui interdit de s'appuyer sur des raisonnements historiques pour rendre compte de possibles conflits sur l'eau.

En outre, on note une inadéquate distribution de l'eau dans l'espace et le temps, en plus des problèmes de pollution et du changement climatique. Ces problèmes induisent des modifications fondamentales en termes de qualité et de quantité des ressources en eau douce disponibles et affectent substantiellement les modes de vies humaines et la diversité écologique.

La pression de la croissance démographique pèse sur cette ressource, d'autant plus qu'en dépit des efforts récents, il subsiste au niveau régional des insuffisances dans la coordination, la gouvernance, la législation et le financement du secteur de l'eau. Les risques liés à l'eau (inondations, sécheresses, conflits, maladies hydriques, etc.) ne sont pas maitrisés et les potentialités de l'eau de la région sont grandement sous-exploitées (hydroélectricité, irrigation, écotourisme, etc.).

Au-delà du fait que les ressources en eau soient très inégalement réparties sur la planète et que cette répartition ne corresponde aucunement à la répartition de la population mondiale ; ni d'ailleurs aux frontières étatiques, les activités humaines influent sur le cycle de l'eau et les ressources en eau à différents niveaux, directement ou indirectement : (1) en modifiant les grands équilibres qui interagissent avec le cycle hydrologique ; (2) en transformant la circulation ou la composition de l'eau ; (3) ou encore en prélevant des quantités d'eau dépassant les capacités de renouvellement des écosystèmes hydriques.

Les problèmes se font de plus en plus aigus un peu partout sur la planète, alors même qu'aucun cadre politique et juridique utile, au plan international, ne tient compte du fait que l'eau est une condition non négociable de la vie sur la planète ; que la vie est entièrement dépendante du cycle hydrologique.[1] Or le caractère à la fois vital et multifonctionnel de l'eau, inégalement répartie et limitée, laisse prévoir une augmentation des conflits qui, s'ils ne sont pas résolus par des règles perçues comme justes, contribueront à la multiplication des tensions, des situations de violence, de la marginalisation, de l'exclusion et des désastres humanitaires.

---

[1] FALKENMARK, M., « Challenges for the Future », in E. H. P. BRANS, E. J. de HAAN, A. NOLLKAEMPER et J. RINZEMA, *Op.cit.*, p.22.

Les caractéristiques des situations conflictuelles qui peuvent naître autour des ressources en eau sont nombreuses et diversifiées. Selon Peter Gleick, du Pacific Institute, on peut les regrouper dans les catégories suivantes, étant entendu cependant que les situations réelles sont souvent plus complexes et ressortissent de plus d'une catégorie :

- le contrôle de la ressource : quand l'accès à la ressource est à la racine du conflit ;
- l'utilisation de la ressource à des fins militaires : quand les ressources hydriques sont utilisées comme arme ;
- l'utilisation de la ressource à des fins politiques ;
- le terrorisme : quand la ressource est utilisée comme cible ou comme arme par des acteurs non étatiques ;
- l'utilisation des ressources en eau ou des systèmes reliés comme cibles militaires ;
- les conflits de développement : quand les ressources en eau sont une source de tension majeure dans un contexte de développement économique et social.

Je voudrais ici insister sur la première et la dernière catégorie, pour deux motifs principaux. D'une part, celles-ci réfèrent à des situations où l'état des ressources en eau est un déterminant en lui-même, et ce sont les catégories où risquent fort de se retrouver les situations conflictuelles les plus nombreuses dans l'avenir, dans la mesure où la disponibilité des ressources en eau constitue un facteur limitant du développement. On peut d'ailleurs remarquer que les deux principes substantiels de la Convention sur le droit relatif aux utilisations des cours d'eau internationaux à des fins autres que la navigation de 1997[1], celui de l'utilisation équitable et celui de l'interdiction de dommages significatifs, cherchent précisément à répondre, imparfaitement peut-être comme nous le verrons, aux causes des conflits relevant des deux catégories identifiées.

L'eau, c'est la vie. C'est le plus grand cadeau que nous offre la terre. Nous la célébrons au sein de nos familles, de nos collectivités et de nos activités quotidiennes. L'eau est l'une des pierres de fondation de nos traditions et de notre survie en tant que peuples. Aujourd'hui, nous voyons partout autour de nous l'eau menacée. On la pollue, on l'utilise sans restitution et on la donne aux grandes sociétés pour désaltérer leur insatiable soif de profits. Ces droits des sociétés entrent de plus en plus

---

[1] A/RES/51/229, 51e session, 21 mai, Doc. A/51/869, ci-après : « Convention de New York de 1994 ».

en conflit avec les droits inhérents et inaliénables des peuples autochtones et avec la protection de la terre.[1]

Les constats de départ sont terribles : plus d'un milliard d'hommes n'a pas accès à l'eau potable ; chaque jour, 3000 personnes meurent pour avoir consommé de l'eau polluée ; à titre illustratif, le bassin de la mer d'Aral est détruit par la surexploitation des deux fleuves Amou-Daria et Syr-Daria qui l'alimentaient en eau, les taux de mortalité infantile ayant à cet effet atteint 118 %, l'un des plus élevés au monde.[2]

Tel est le constat fait dans la région de l'Afrique centrale, avec l'assèchement du lac Tchad, comme sus-évoqué.

En outre, il sied de signaler que la consommation de l'eau dans le monde double tous les 20 ans, c'est-à-dire, presque deux fois plus vite que la population, exerçant ainsi d'énormes pressions sur les écosystèmes aquatiques. D'ici l'an 2025, près de deux-tiers de la population du monde connaîtront une pénurie de l'eau, et la demande dépassera l'approvisionnement par 56 %. Ce sont souvent les peuples autochtones qui, partout, subissent le plus fort de l'impact du développement mondial et des (tensions) pressions relatives à l'eau.

Parmi les personnes qui manquent d'eau dans le monde, 75 % se trouvent dans les pays en voie de développement et, d'ici 2025, ce chiffre atteindra les 95 %.[3] À Terre-Neuve, le McCurdy Group, qui voulait exporter annuellement 52 milliards de litres d'eau pure en provenance du lac Gisborne, en dépit de la nouvelle législation provinciale, son président est resté confiant qu'éventuellement les prix mondiaux rendront l'exploitation de l'eau trop alléchante pour qu'on continue à l'ignorer.

La Global Water Corporation de Vancouver, quant à elle, déclare sans ambages que l'eau n'est désormais plus une marchandise infinie que l'on pourrait prendre pour acquise ; elle est maintenant une nécessité rationnée que l'on peut prendre par la force.[4]

---

[1] The interior of B.C. et le conseil des canadiens, « plus rien n'est sacré », La menace croissante qui guette l'eau et les peuples autochtones, 2001, p.1.

[2] DAGAN, R-E., « Géopolitique de l'eau », in *Repenser le développement mensuel,* n°206, juillet 2009, p.1.

[3] Ministère des affaires internationales du Québec, Les enjeux stratégiques de l'eau et les initiatives internationales récentes, 2011, in www.google.com, *consulté* le 6 juillet 2020.

[4] WINGERT Jean-Luc, *La vie après le pétrole*, éd. Autrement, Collection Autrement Frontière, Paris, 2001, *consulté* le 2 juillet 2020.

D'après les travaux de l'Agence canadienne de développement international, la pénurie d'eau touchera en Afrique principalement les pays du Nord et la Mauritanie ; en Afrique de l'Ouest, la Côte d'Ivoire, le Sénégal, le Mali et le Ghana. L'Afrique de l'Est et australe est quasi totalement touchée par une pénurie d'eau.[1]

Ces pénuries d'aujourd'hui pourraient se transformer demain en une gigantesque soif pour une majeure partie des habitants de ces régions africaines, avec des conséquences humanitaires catastrophiques.

Les disparités observées entre l'Afrique équatoriale et le reste des régions et les risques d'aggravation de la pénurie ont donné l'idée d'un marché mondial de l'eau. Cette réflexion est née du fait qu'à terme, l'Afrique équatoriale serait susceptible de rester autosuffisante, tandis que les autres pourraient être contraints de recourir à l'importation ou aux transferts d'eau en provenance du bassin du fleuve Congo et des affluents qui disposent de la deuxième réserve mondiale d'eau douce après le bassin amazonien.

Trois causes principales ont suscité l'étude de l'état des ressources d'eau congolaises, la qualité et la quantité d'eau, la démographie qui entraîne la croissance des besoins pour planifier le développement africain. La croissance démographique, la forte accélération de l'activité humaine laquelle exige la nécessité de maintenir un équilibre environnemental global, notamment au niveau des écosystèmes, grâce à un puissant effort en matière d'assainissement pour permettre à l'eau de conserver son caractère de ressource renouvelable dans le cadre d'un développement durable.

La République démocratique du Congo, grâce à son bassin et à ses sous-bassins hydrographiques, est en passe de devenir, dans les prochaines années, l'un des plus grands marchés d'eau en même temps que le plus grand défi mondial de notre planète. La demande d'eau dans ce pays fait depuis des décennies l'objet d'études techniques incessantes, d'amélioration constante des plans et programmes qui, théoriquement, permettraient de la mobiliser, de l'acheminer, de la distribuer, de l'épurer, de la protéger avec ou sans les Congolais.

L'eau induite, cachée dans le processus de production économique, est bien plus importante encore : il en faut en moyenne 4 000 litres pour produire 1 kg de riz et 4 m^3 pour produire l'équivalent de 1

[1] DANSOU, H., « Les défis de la protection de l'eau et le droit international de l'environnement », Université de Limoges - Master droit International et comparé de l'environnement, in mémoire online, 2008.

mégawatt/heure dans une centrale électrique thermique. Avec le développement économique des pays émergents (Chine, Inde, Brésil, …) qui représentent à eux seuls le deux-tiers de la population mondiale, la demande en eau est en train de naître de façon exponentielle : à elle seule, l'Asie consomme désormais 3500 Km^3/an (contre 2000 Km^3 pour l'ensemble des autres régions mondiales).

Cette importance relative de la ressource et la nécessité de l'échanger ont conduit certains analystes à penser qu'il serait possible de fixer un cours mondial du mètre cube d'eau, ce qui constituerait, dans leur esprit, un bon moyen de réguler l'offre et la demande de l'eau.

Ma réflexion porte sur des spécificités sociales, économiques et environnementales qui sont les fondements du développement durable. Il s'agit en fait de trouver les moyens les plus efficaces, les plus équitables et les plus transparents à même d'atténuer les conflits concernant les ressources en eau dans la région d'Afrique.

Aujourd'hui, la gestion et la mise en valeur des ressources en eau prennent progressivement la place du facteur humain. Car l'eau est la clef du développement durable. Elle présente une importance cruciale tant au point de vue des dimensions sociales, économiques qu'environnementales du développement. Certes, l'eau, c'est la vie, elle est essentielle à la santé de l'homme. Mais l'eau est aussi un bien économique, un bien social et culturel. Elle devrait servir d'abord à satisfaire les besoins essentiels des êtres humains.

Malgré sa nature salvatrice, cette eau peut devenir destructrice. Il est reconnu que la pression sur l'eau est devenue telle qu'elle constitue à la fois un attribut et un symbole de pouvoir politique, au point qu'elle menace d'être à l'origine de nouveaux conflits lorsqu'il s'agit de s'assurer de la sécurité de l'approvisionnement en eau. La menace est présente tant au niveau national qu'international, tellement les inégalités sont criantes.

L'abondance ou la pénurie de ce « patrimoine partagé », voire « patrimoine de l'humanité », conditionne les processus de développement durable de l'Afrique en général et celui de l'Afrique centrale en particulier.

Concrètement, si la convoitise des ressources du sol et du sous-sol de la République démocratique du Congo a émaillé les deux dernières guerres d'agression et celle en cours, orchestrées par les puissances étrangères, la guerre de l'eau pourrait être, dans les prochaines années, une conséquence des tensions observées sur les ressources en eau.

À l'origine de ces possibles affrontements, des frontières de la République démocratique du Congo reposant sur des superficies hydrographiques ou des nappes phréatiques communes que la RDC pourrait disputer si elle ne voulait pas partager, au fait que celles-ci lui reviennent en majorité (62,39 % de la superficie du bassin versant du fleuve Congo se trouve sur le territoire congolais).

Les besoins en eau dépendent de plusieurs facteurs tels que le niveau de vie, le mode de production agricole, les besoins de l'industrie ou encore le développement touristique.

Les répercussions sur les besoins en eau sont les suivantes : plus il y a d'êtres humains, plus il y a de personnes désaltérées, des bouches à nourrir et d'activités humaines gourmandes en eau. D'autres facteurs influent sur les consommations d'eau, tels que l'urbanisation et le niveau de développement des pays.

Il est donc essentiellement important d'arriver à équilibrer les besoins et les ressources afin d'assurer un approvisionnement soutenable. Les déséquilibres provoqués par des voisins ou par des concurrents au sein d'un même territoire peuvent mener à des conflits.

En 1950, on comptait à travers le monde trois mégalopoles de plus de 10 millions d'habitants et en 2000, on en recensait 21 ; puis en 2025, elles sont estimées à 50. Il faut noter que, dans les pays défavorisés, les problèmes d'accès à l'eau ne sont pas toujours liés à l'absence de réserves d'eau, mais à un manque de moyens financiers et/ou à une absence d'organisation pour la rendre potable, la stocker et la distribuer aux populations.

Ma principale préoccupation dans le cadre de cet ouvrage est de vouloir comprendre comment la CICOS entend faire face aux enjeux géopolitiques de l'eau du bassin du Congo à travers les mécanismes et les politiques hydriques mis sur pied.

De cette préoccupation principale peuvent découler les subsidiaires ci-après :

- Pourquoi l'eau, ressource renouvelable, représente-t-elle un enjeu géopolitique important ?
- Quels sont les problèmes que soulève la gestion intégrée ou non de cette ressource en eau auxquels doivent faire face les États riverains du bassin ?
- Enfin, s'appuyant sur le complexe de sécurité régional, quel rôle la RDC et d'autres États membres de la CICOS peuvent faire jouer à celle-ci dans le but de cristalliser les forces intérieures pouvant faire face aux menaces des pays demandeurs ?

0.3. Analyses fondamentales

L'accès aux ressources en eau est extrêmement inégalitaire. Il dépend d'une multitude de facteurs, dont les précipitations, l'évaporation, la géologie locale, le réseau hydrographique… De plus, les limites des aquifères et des bassins correspondent rarement aux limites politiques. Il en résulte que l'accès à l'eau douce est un enjeu géopolitique majeur et une source potentielle de conflit, que ce soit à l'échelle locale, régionale, nationale, continentale ou même globale.

Ainsi, par rapport à la question principale soulevée, j'allègue que la CICOS entendrait faire face aux enjeux géopolitiques de l'eau du bassin du Congo à travers les mécanismes et les politiques hydriques mis sur pied, en se muant en une autorité du bassin dotée des pouvoirs réels et méritant la confiance des États membres qui, grâce à leurs hydro-politiques internes responsables, seraient capables de l'aider à jouer correctement le rôle qui lui est assigné.

Tandis qu'aux questions subsidiaires, j'aligne les présupposés suivants :

- L'eau, ressource renouvelable, représenterait un enjeu géopolitique important suite à sa répartition inégale dans le monde, à la croissance démographique, à sa vulnérabilité à la pollution, au faible taux d'eau douce (2,5 %) dans l'hydrosphère planétaire et au mode de transport par excellence ;
- Les problèmes que soulève la gestion intégrée ou non de ces ressources naturelles en eau auxquels doivent faire face les États riverains du bassin s'expliqueraient du fait que le déficit organisationnel et les sous-investissements dans le secteur seraient à la base de l'insuffisance d'exploitation des ressources hydriques du bassin du Congo-Oubangui-Sangha ;
- La RDC et d'autres États membres de la CICOS pourraient se constituer en une configuration de l'interdépendance sécuritaire durable, profonde, permanente et cristallisée qui se baserait sur la prise en compte réelle de la gestion intégrée et responsable des ressources en eau du bassin Congo-Oubangui-Sangha. Et la CICOS pourrait ainsi être un instrument de régulation face aux enjeux géopolitiques de l'eau dans la région, dans la mesure où le besoin d'une gestion rationnelle et durable des ressources en eau comme bien économique s'imposerait aux États riverains du bassin du Congo-Oubangui-Sangha, pour s'occuper eux-mêmes de cette

ressource en créant chacun un ministère de l'eau et une agence de bassin, avant que les pays voisins se rendent compte de leur négligence et de leur désintéressement au précieux Or bleu.

0.4. Acquisition des données

C'est généralement par une méthode, liée à la nature de la recherche, que l'on arrive à définir les résultats en se servant des données me fournies par la procédure définie.

La méthode étant l'ensemble des opérations intellectuelles par lesquelles une discipline cherche à atteindre les vérités qu'elle poursuit, à les démontrer et à les vérifier,[1] aucun travail scientifique ne peut être réalisé sans recourir à quelques méthodes scientifiques. Il a même été simplement approuvé que la science, c'est la méthode[2], car à chaque étude correspond une démarche spécifique et appropriée pour en attribuer le caractère véridique.

S'agissant des sciences sociales, par exemple, elles comportent en leur sein une multitude de méthodes, mais aucune d'elles ne s'impose au chercheur. Le choix dépend aussi bien du thème de la recherche, de son contexte que du but poursuivi par l'auteur, qui se choisit de manière unilatérale une méthode pour laquelle il est convaincu de son impact et de son efficacité en vue de l'aboutissement heureux de l'objet de son étude.

Et faute de ce fil conducteur, renchérit Henri Capitant, le chercheur perdra un temps précieux, dispersera ses efforts en se compliquant davantage la tâche et n'arrivera pas à dominer son sujet.[3] De même, Henri Mova Sakanyi pense que « la science assoit sa rigueur, notamment, sur la pertinence de la voie qui a conduit aux résultats ».[4]

Au regard de ce qui précède, le contexte de cet ouvrage se prête aux prescrits de la méthode géopolitique, que je me propose d'observer dans le cyclone de l'hydropolitique des États membres.

Cette méthode m'a permis de mieux comprendre le rôle et la place de la CICOS dans la région par rapport à d'autres acteurs en présence, tout en retenant que les motivations liées à la vocation naturelle du

---

[1] THUAL, F., *Méthodes de la géopolitique : apprendre à déchiffrer l'actualité*, Paris, Ellipses, 1996, p.1.

[2] BASUE BABU, G., *Introduction Générale à l'Etude du Droit Public*, éd. PUIC, Kinshasa, 2016, p.16.

[3] CAPITANT, H., *La thèse de doctorat en droit*, 4e éd. Dalloz, Paris, 1999, p.58.

[4] MOVA SAKANYI, H., *La science des Relations Internationales : Essai sur le statut et l'autonomie épistémologique d'un domaine de recherche*, éd. L'Harmattan, Paris, 2014, p.47.

bassin du Congo sont indispensables pour ainsi justifier l'élaboration d'une bonne politique susceptible de décrire les intentions d'une quête de puissance, en recourant aux alliances et mésalliances afin que les États riverains de la CICOS soient considérés comme un véritable pôle de développement dans la sous-région.

Même s'il est aujourd'hui admis que la géopolitique est une science, son intérêt réside dans le fait qu'elle est une méthode d'analyse et de lecture des faits. Une méthode qui consiste à comprendre pour agir, à déchiffrer l'actualité, selon François THUAL.

Cela étant, toute analyse géopolitique a pour objectif de comprendre le comportement d'un État (ou de tout autre acteur de la scène internationale) en cherchant le pourquoi et le comment de son action, c'est-à-dire principalement de sa politique étrangère ; mais aussi d'insérer toute stratégie déployée par un acteur dans la dialectique Ambition-Menace.[1] En effet, toute posture géopolitique résulte soit de la volonté de réaliser des ambitions, soit de celle de contrer une menace. Analyser les ambitions plus ou moins ancrées historiquement d'un État, c'est démontrer que depuis « x » ou « y » année, cet État a toujours voulu s'assurer la possession de telle ou telle région, contrôler tel ou tel fleuve, tel détroit ou accaparer telle ou telle île.

Ainsi, la géopolitique apparait comme une méthode structurée d'interrogations du réel, aspirant à « faire avouer » aux événements leur signification profonde. Par l'analyse géopolitique, il s'agit d'aller au-delà de l'émotionnel et du descriptif afin d'identifier les dynamiques profondes qui conditionnent l'évolution de la politique étrangère d'un État. Bref, la géopolitique se doit de démystifier les apparences en vue d'accéder à la réalité.

Ce qui fait qu'il est nécessaire de comprendre pour ne pas subir et, dans une certaine mesure, nécessaire d'anticiper. Essayer malgré tout de mieux comprendre ce monde (présent et à venir), tant il est vrai, selon les mots de Winston Churchill, qu'il faut « prendre l'événement par la main avant qu'il ne vous prenne par la gorge » ! Donc la géopolitique constitue, comme dans un navire, la boussole d'un navigateur en ce qu'elle lui permet de savoir et de comprendre où il va.

Ainsi comprise, la géopolitique s'insère méthodologiquement entre la description des acteurs et la prévision de leurs stratégies, tant il est vrai que l'analyse rigoureuse et désidéologisée reste le préalable indispensable à toute herméneutique (interprétation) des relations

[1] THUAL, F., *Op.cit.*, p.6.

internationales. Ainsi, la réflexion de refondation de la géopolitique a permis à nombre d'auteurs, européens notamment, de proposer quelques grilles d'analyse. Parmi eux, il y a ceux qu'on regroupe dans l'école française de géopolitique, notamment François Thual, Yves Lacoste et Aymeric Chauprade pour ne citer qu'eux.

À en croire François Thual, la méthode de la géopolitique répond aux besoins contemporains de comprendre l'information que les médias nous livrent chaque jour, afin de ne plus la subir. Cette méthode consiste à poser une série de bonnes questions face à un évènement (tension, crise, conflit, guerre, négociation), en vue de l'appréhender[1] :

- Qui veut quoi ? = Quel est l'intérêt que recherchent les protagonistes ?
- Avec qui ? = Mener l'action ? (Nécessité ou pas d'alliances !)
- Comment ? = Quels sont les moyens[2] disponibles à utiliser ?
- Pourquoi ? = Quelles sont les motivations de l'action ?
- Quand ? = Quand pourrait survenir un événement ? (la prévision)

Ainsi, face à une crise, un conflit ou une situation quelconque, il convient de s'interroger : que veut ce pays qui menace tel autre, qui déclenche une guerre ou envahit un autre ? De quoi a-t-il peur ? Qu'espère-t-il obtenir ? À quel moment ? Il s'agit, en définitive, de s'interroger sur l'ensemble des motivations qui expliquent le comportement d'un État, en refusant de sombrer dans des explications simplistes.

Pour THUAL, il faut identifier les acteurs, analyser leurs motivations, décrire leurs intentions[3], repérer les alliances en gestation ou, au contraire, celles en voie de déconstruction, que ce soit au niveau local, régional, continental ou international.

Contextualisation :

- *Qui veulent l'eau douce du bassin du Congo ? les pays demandeurs, africains principalement ;*
- *Quelles sont les motivations des uns et des autres qui justifieraient ce besoin d'accéder à l'eau du bassin du Congo ? sont*

[1] THUAL, F., cité par OMEONGA ONAKUDU, J., Introduction à la géopolitique, Cours polycopié, L1 RI, FSSAP, UNIKIN, 2014-2015, p. 9 (inédit).

[2] Il est ici question de moyens diplomatiques à mettre en œuvre à travers les propositions que nous pourrons faire dans la mesure du possible.

[3] Par *intention*, on entend ici un circuit ou un réseau bourré d'attitudes obéissant à une logique de réalisation des ambitions ou d'atténuation des menaces existantes.

celles liées à la survie, du fait que l'eau est une ressource vitale et stratégique dont on ne peut se passer ;

- *Avec qui s'allier, se regrouper ? Avec les autres États dans le cadre de l'hydro-solidarité africaine ;*
- *Comment parvenir à cela ? Par les moyens diplomatiques, au travers des institutions existantes, particulièrement par la coopération régionale renforcée ;*
- *Quand pourrait survenir un événement (conflit hydrique entre les États demandeurs et les États riverains) ? Difficile de préciser à quel moment exactement surviendrait-il, mais je peux, en me basant sur les analyses des données ou des informations en ma possession, prédire un tel événement dans une décennie ou plus. C'est pour cela que ces États riverains doivent prévoir et avoir une vision hydro-politique commune et réaliste. Il est question de prévoir ce que les autres veulent.*

De là, les paramètres à prendre en compte sont nombreux et différents pour chaque situation. Pour cette raison, THUAL pense que la méthode géopolitique doit aller au-delà des discours officiels pour identifier, dans chaque situation, les intentions réelles, même si ces dernières sont ensevelies au plus profond des États, en se basant sur les héritages du passé et sur les fatalités de la géographie.[1] Bien que ce raisonnement géopolitique mette en équation une multitude de facteurs qui sont à la fois géographiques, historiques, identitaires, ethnologiques, économiques, religieux et sociaux qui permettent de décrypter les différents stratagèmes étatiques, on peut retenir en dernière instance qu'il n'existe pas de loi générale en géopolitique, mais qu'il n'y a que des facteurs qui se combinent différemment.[2]

Yves Lacoste voit dans la méthode géopolitique un moyen de conjurer des guerres qui consiste à trouver des solutions aux conflits.[3] Car, la géopolitique bien comprise et quoi qu'on dise, n'est pas belligène, mais s'attache, plutôt, à éclairer les conflits en gestation.

0.5. Plan de l'ouvrage

Certes, une loi scientifique se développe en énonçant des programmes de recherche successifs, en confrontant les résultats et en stratifiant les connaissances acquises. C'est ainsi que beaucoup plus rarement se produisent des « révolutions scientifiques » qui créent de nouvelles structures d'interprétation des connaissances existantes et qui

---

[1] THUAL, F., *Op.cit.*, p.9.

[2] *Idem*, pp.76-78.

[3] LACOSTE, Y., Conférence aux samedis de la connaissance (2003) cité par ZAJEC, O., *Les Secrets de la géopolitique*, éd. Tempora, Perpignan, 2008, p.175.

orientent la recherche vers des domaines radicalement nouveaux (la révolution copernicienne).

Les théories et concepts clés, faisant un rappel des théories relatives à la gestion de l'eau tout en se penchant sur l'aspect géopolitique de cet or bleu. Ceci, en définissant les concepts clés puis en apostrophant le régime juridique des bassins hydrologiques de la CICOS afin d'appréhender la portée juridique et géopolitique de ces bassins, constitue ainsi la première partie de cet ouvrage. Cette partie décrit le référent théorique sur la gestion de l'eau et la géopolitique dans son premier chapitre, présente les concepts clés dans son deuxième chapitre et enfin fait un rappel du régime juridique des bassins hydrologiques de la CICOS dans son troisième chapitre.

Et l'accent particulier mis sur les approches empirique et analytique, les multiples enjeux de la gestion intégrée des ressources en eau (GIRE) du bassin du Congo-Oubangui-Sangha et les différents projets conçus ou élaborés en vue de la valorisation de ces ressources en eau dans le cadre de la CICOS comme outil de coopération et d'intégration pour l'Afrique centrale constituent la deuxième partie de cet ouvrage.

J'ai également pris position dans le débat qui oppose, d'un côté, ceux qui considèrent l'eau comme patrimoine de l'humanité à partager gratuitement et de l'autre côté, les tenants de la logique de l'eau comme bien économique à exploiter au prorata de son coût de production et, par conséquent, qui ne peut faire l'objet de gaspillage inutile. Cette partie fait la présentation de la CICOS dans le quatrième chapitre, présente, dans le cinquième chapitre, l'état des lieux des ressources en eau dans les bassins africains ; analyse, dans le sixième chapitre, les enjeux géopolitiques et géoéconomiques de l'eau dans le bassin du Congo-Oubangui-Sangha : *jeux et stratégies des acteurs* ; débat, dans le septième chapitre, de la problématique du transfèrement des eaux du bassin du Congo vers le lac Tchad et les États du Sahel : *conséquences politico-économiques et climato-environnementales* ; puis enfin, présente, dans le huitième chapitre, un nouveau paradigme de gestion des ressources en eau par la CICOS : *modèle hydro-Janussien.*

À cet effet, le présent ouvrage propose des stratégies à la Commission internationale du bassin du Congo-Oubangui-Sangha sur la gestion des ressources en eau face aux enjeux géopolitiques de l'heure pour :

- Atteindre les objectifs du Millénaire visant la desserte en eau potable saine et l'assainissement en Afrique centrale ;

- Répondre efficacement aux besoins de ressources en eau des différents pays membres de la Région, dans la perspective que les ressources en eau soient utilisées et gérées de manière équitable et durable pour la réduction de la pauvreté, le développement socio-économique, l'intégration régionale et la protection de l'environnement ;
- Favoriser l'intégration par bassin et créer une interdépendance entre les États riverains du bassin, permettant de maitriser les enjeux géopolitiques de la sous-région en matière de gestion des ressources en eau.

PREMIÈRE PARTIE
THÉORIES ET CONCEPTS CLÉS

Introduction

Je voudrais, dans cette première partie du travail, à la lumière de la théorie de l'acteur stratégique chère à Michel Crozier et Erhard Friedberg, présenter les parties prenantes de la dynamique conflictuelle au sein de la CICOS, en m'appuyant sur le référent théorique de l'analyse stratégique qui prend en compte les intérêts et les motivations profondes, voire les mobiles avoués et inavoués des acteurs (États riverains du bassin Congo-Oubangui-Sangha), le Tchad et les États du Sahel, sans oublier les puissances mondiales. Ce, à travers le pouvoir qu'exerce chacun d'eux par voie de négociations qui peuvent aboutir soit à la coopération, soit à l'intégration lorsque les intérêts sont harmonieux, soit aux conflits lorsque ces derniers sont contradictoires autour de l'exploitation des ressources hydriques et, bien entendu, cela requiert une régulation des enjeux géopolitiques en présence, en prenant en compte la *régularisation*[1] *du* bassin. Cela n'est possible que lorsque les États membres du bassin transfrontalier Congo-Oubangui-Sangha ont le même entendement sur le régime juridique de ce dernier.

Notons que les enjeux sont nombreux, car nombreux sont les usages de l'eau : l'eau est le milieu de reproduction de la flore et de la faune aquatique, elle contribue à l'alimentation en eau potable, elle est utilisée pour laver, nettoyer ou refroidir dans les processus de production ainsi que pour l'irrigation… Elle est également le support de nombreuses activités comme la navigation, la pêche, la promenade, etc. Dans ce sens, les fonctions remplies par les ressources en eau sont également multiples : consommation, production, support d'activités, épuration, protection… Ces fonctionnalités multiples sont souvent à l'origine de tensions entre les divers usagers (et/ou gestionnaires) de l'eau, traduisant la complexité des interdépendances entre milieux naturels et anthropiques, et ceci à toutes les échelles.

Et donc, les tensions apparaissent souvent en raison de la concurrence sur une même ressource (par exemple, entre un village qui prélève de l'eau pour l'alimentation en eau potable de ses habitants et une usine brassicole qui fait de même pour son processus industriel), mais les rivalités peuvent également trouver leur origine dans des situations d'externalités négatives de pollution – c'est le cas, par

[1] Régularisation : la réduction des inégalités initiales du profil longitudinal d'un cours d'eau par ablation régressive dans le secteur de creusement et accumulation progressive dans les secteurs de dépôt.

exemple, d'une industrie qui rejette des eaux polluées dans une rivière où une association de pêcheurs pratique son activité. Les conflits peuvent concerner finalement une concurrence sur l'espace : à titre illustratif, un même espace peut être simultanément convoité par l'implantation de diverses activités – économiques ou résidentielles – et par l'accueil des eaux en période de crues.

Chapitre I.
RAPPEL DU RÉGIME JURIDIQUE DES BASSINS HYDROLOGIQUES DE LA CICOS

Introduction

Depuis des temps immémoriaux, fleuves et lacs ont été utilisés pour satisfaire divers besoins humains. Réserves de protéines, ils ont fourni à de nombreuses populations les moyens de survie ; voies de communication, les cours d'eau ont été parcourus par toutes sortes d'embarcations transportant hommes et marchandises. Des règles étaient alors nécessaires pour régenter un secteur dont les activités pourraient mettre en conflit les intérêts des États.

La navigation sur les cours d'eau internationaux dut être en ce sens au cœur des premières conventions internationales élaborées au début du 19e siècle. Les actes du Congrès de Vienne du 9 juin 1815, fixant les principes de liberté et d'égalité de traitement à l'occasion de la navigation sur les fleuves internationaux, et la Convention de Barcelone du 10 mars 1921 sur le statut et le régime des voies navigables d'intérêt international, issue des travaux de la conférence de la paix de 1919, demeurent les ancêtres d'un « noyau dur du droit international de l'eau », selon l'expression du professeur Alain Pellet.

Une toute récente convention adoptée sous les auspices de l'ONU en 19975, traite, elle, de l'utilisation des fleuves internationaux à des fins autres que la navigation. Elle met l'accent sur le principe d'une utilisation équitable et raisonnable d'un cours d'eau partagé. Elle privilégie une gestion concertée des ressources naturelles intéressant plusieurs États et précise les facteurs à prendre en considération (géographiques, économiques, sociaux, conservation et protection) et constitue une source d'inspiration pour les États qui veulent se lier dans des accords bilatéraux ou régionaux de coopération fluviale.

En effet, le fleuve Congo avec son vaste réseau navigable s'est déjà révélé important pour le transport, à une époque où la traite négrière était encore un symbole de puissance pour les États qui participaient à cette entreprise criminelle dénoncée encore aujourd'hui.

L'arrivée des Portugais marchands vers la fin du quinzième siècle fait entrer l'Afrique centrale dans les échanges intercontinentaux. Avec la traite négrière, un axe commercial va se développer vers le seizième siècle le long du fleuve Congo, de la côte atlantique jusqu'au-delà de son cours moyen, avec comme plaque tournante le Pool Malebo.

En vue de faciliter la liberté de commerce dans l'espace bordé par ce réseau fluvial, l'acte général de Berlin de 1885 élaboré pour le besoin de la cause internationalise le fleuve Congo et y impose les règles tirées du droit international européen, consacrées dans les deux premiers textes pré-rappelés. La nécessité d'assurer un service optimal de transport conduit la France et la Belgique à signer la convention franco-belge du 11 janvier 1932 relative au balisage du Congo et de l'Oubangui. Parallèlement, une Agence des transports fluviaux commune au Congo-Brazzaville, au Tchad et à la RCA fut créée dans le cadre de l'AEF.

Une fois indépendants, les mêmes nécessités vont apparaître pour les États sortis de la colonisation. En dépit de quelques tensions entre riverains, trois États riverains du fleuve, la RDC, la République du Congo et la Centrafrique (RCA), vont ainsi s'engager, en 1978, dans un protocole d'accord tripartite (du 21 juillet 1978) relatif aux modalités d'entretien des voies navigables d'intérêt commun. En 1999, après une longue période de léthargie, l'idée de la création d'un organe de coopération autour du bassin est relancée et aboutit à la création de la CICOS, dont les objectifs sont, entre autres, d'instituer un régime fluvial uniforme de navigation sur la base du principe de liberté et d'égalité de traitement et d'aménager et d'exploiter les voies navigables sur la base du droit à une participation équitable et raisonnable aux avantages tirés de l'utilisation durable des eaux.

La signature de l'accord créant cet organisme a coïncidé avec la signature d'un instrument spécifiquement dédié à la navigation intérieure entre riverains : *le Code de la navigation* intérieure *CEMAC-RDC.* Ce code institue un régime juridique applicable à tous les bâtiments et menues embarcations immatriculées dans les territoires de la Communauté économique et monétaire de l'Afrique centrale (CEMAC) et de la République démocratique du Congo, en application des conventions internationales en vigueur. Ce cadre juridique commun semble connaître des entraves quant à son application en RDC. Le secteur de la navigation peine ainsi à s'affirmer comme moteur de développement et d'intégration économique par le potentiel des échanges commerciaux qu'il devrait permettre de drainer, d'abord sur le plan intérieur, ensuite avec l'ensemble des États de la région.

Dans une démarche positiviste, cet ouvrage se propose d'analyser le cadre juridique applicable à la navigation sur le réseau fluvial du bassin du Congo en relevant l'état de sa mise en œuvre en République démocratique du Congo. Mais les écueils liés à son application ne peuvent correctement être évalués qu'après avoir mis en exergue l'étendue du réseau navigable et de ses interconnections qu'il convient de présenter dans une démarche descriptive.

1.1. Cadre juridique applicable au réseau navigable du Bassin du Congo

La description du réseau fluvial et lacustre du bassin du Congo a relevé que 62 % de ce dernier se situe sur le territoire congolais et que la position géographique de ce pays, qui partage des frontières avec neuf voisins, permet des interconnexions de ce réseau au-delà du seul cadre régional de l'Afrique centrale dans lequel la RDC s'engage, avec des hésitations à entretenir une coopération.

Rendre les échanges plus faciles entre les pays d'une même sous-région ne nécessite pas seulement de disposer d'infrastructures de transport adéquates, ni même d'un secteur professionnel compétent pouvant offrir des services de transport de qualité et à des prix compétitifs. Les unes et les autres ne pourront en effet être mises à contribution efficacement que si le cadre juridique qui gouverne leur exploitation le permet[1]. En matière de navigation, l'évolution du droit fluvial a consacré le passage du monopole à celui de la liberté d'utilisation, le plus souvent dans le cadre d'une gestion internationale, caractérisée par une double tendance à la régionalisation et à la centralisation[2].

Dans le bassin du Congo, ce cadre juridique a évolué au gré de l'évolution historique que les États ont connue. S'il est actuellement encadré par un accord et un code sur la navigation intérieure, il me semble important de présenter les étapes de la construction de ce cadre juridique (A) avant d'examiner l'attitude de la RDC face à ce dernier (B), tant il est vrai que les conditions de son élaboration semblent déterminer les positions souvent prises par ce pays.

1.1.1. Construction d'un cadre juridique importé

La situation géographique du bassin du Congo, partagé entre les différentes puissances coloniales de l'époque, principalement la France

---

[1] JUHEL, M., *Un recueil des instruments juridiques internationaux*, Dunod, Paris, 2004, p.13.

[2] RUZIE, D., *Droit international public*, Dalloz, Paris, 2000, p.160.

et la Belgique, a conduit très tôt ces pays à concevoir les bases d'une coopération pour la gestion du fleuve et de ses affluents. Après leurs indépendances, les jeunes États riverains du bassin, jaloux de leur souveraineté, ont dû faire face à de nombreuses difficultés pour maintenir une quelconque coopération. Un environnement international né en 1997 après une longue négociation au sein des Nations unies et un nouveau contexte politique en RDC au cours de la même année – la prise de pouvoir par l'AFDL – vont finir par rendre possible l'élaboration d'un cadre juridique qui aboutit à la création d'une Commission de navigation regroupant trois riverains du bassin du Congo. Si ce nouveau cadre juridique abroge formellement l'Acte général de Berlin de 1885, il n'en demeure pas moins qu'il s'en est largement inspiré et qu'il s'est plus construit dans le cadre de la CEMAC.

1.1.1.1. L'acte général de Berlin de 1885, un ancêtre de l'accord créant la CICOS

Entre 1885 et 1960, date à laquelle la plupart des États de la région du bassin du Congo accèdent à l'indépendance, la navigation sur le fleuve Congo reposait sur l'Acte général de Berlin de 1885. Les nations signataires y ont exprimé clairement leur volonté et leur intention de coopérer pour une utilisation rationnelle des eaux partagées. Cet instrument posait le principe de la liberté et de l'égalité des États en ce qui concerne la navigation sur le fleuve Congo. Il s'agissait là des principes conventionnellement appliqués à des fleuves de l'Europe et de l'Amérique, et notamment au Danube, avec les modifications prévues par les traités de Paris de 1856, de Berlin de 1878 et de Londres de 1871 et de 1883[1].

Ce texte fut modifié par des instruments ultérieurs. D'abord, l'acte général de la conférence de Bruxelles du 2 février 1890 avait renforcé le régime de la répression du commerce de l'esclavage condamné déjà à Berlin en 1885 ; ensuite, la convention de Saint-Germain-en-Laye du 10 septembre 1919 a étendu la compétence de l'État territorial en supprimant certaines interdictions imposées par l'acte général de Berlin et en limitant les interdictions maintenues. L'analyse de ces trois textes démontre en effet que l'acte de Berlin avait formellement interdit les droits de douane à l'importation ; la déclaration de Bruxelles avait quant à elle imposé un plafond très peu élevé de 10 % à l'entrée des

[1] Acte général de la Conférence de Berlin (1885), préambule.

marchandises, alors qu'en 1919, la convention de Saint-Germain-en-Laye (art. 2, al. 3) avait carrément reconnu la liberté de fixation des règles et tarifs par l'État territorial. Il s'agissait là, selon le professeur Nguya-Ndila[1], des allègements aux entraves à l'exercice du pouvoir par le souverain territorial. Que devenaient alors les règles sur la navigation ?

En dépit de ces quelques modifications en faveur de l'État territorial, la liberté de navigation restait garantie par plusieurs prohibitions imposées à ce dernier qui pouvait néanmoins percevoir certaines taxes : aucune entrave ni redevance, aucun péage, maritime ou fluvial, basé sur le seul fait de la navigation, aucun droit de transit sur les marchandises qui se trouvent à bord n'étaient admis. Les seules taxes autorisées sont celles liées à la rétribution pour les services rendus à la navigation (art. 6). De même, on a conservé l'assimilation au régime des fleuves et lacs, les voies artificielles destinées à suppléer à l'innavigabilité.

Le régime posé à Berlin avait déjà prévu la création d'une commission internationale de navigation qui devrait assurer la gestion des voies d'eau, mais celle-ci n'ayant jamais fonctionné, la convention de Saint-Germain-en-Laye est venue combler cette lacune en revenant carrément au droit commun, c'est-à-dire à la compétence des États riverains qui devenaient ainsi libres de réglementer et de contrôler la navigation sur les tronçons coulant sur chacun de leurs territoires. Mais leurs règlements devraient tendre à faciliter la circulation des navires marchands[2].

Après les indépendances, ce régime fut dénoncé par Kinshasa qui commence par rebaptiser le fleuve du nom donné à l'État en octobre 1971 et qui réfute par la suite son caractère international devant l'Assemblée générale des Nations unies le 2 novembre au motif que *« Sur son parcours de plus de 4000 kilomètres, le fleuve Zaïre [...] ne fait frontière avec un terrain étranger que sur un trajet négligeable de près de 200 kilomètres. « C'est donc juridiquement un fleuve intérieur[3] ».* Ce qui a été à l'origine des tensions entre le Congo, alors Zaïre, et son voisin d'en face, le Congo-Brazzaville. Cet argument fondé sur une «

---

[1] NGUYA-NDILA, C., *Indépendance de la République démocratique du Congo et les engagements internationaux antérieurs*, PUK, Kinshasa, 1971, pp.39-45.
[2] Article 8 de la Convention de Saint-Germain-en-Laye.
[3] NATIONS UNIES, Assemblée Générale, Documents officiels de la vingt-sixième session, doc. A/C.6/SR.1273, 2 novembre 1971, p.155.

doctrine de supra-riveraineté » selon Mutoy Mubiala[1] ou sur la doctrine de la souveraineté absolue à laquelle on fait parfois référence ou la doctrine de Harmon[2] du nom du procureur général des États-Unis qui a inventé l'expression en 1895[3] au cours d'un litige sur le Rio Grande, constitue un acte politique qui sera abandonné lorsque les tensions s'apaiseront quelques années plus tard.

Parallèlement, d'autres tensions fondées apparemment sur la même doctrine apparaissent entre la République populaire du Congo et ses autres voisins lorsque cette dernière décide de nationaliser l'agence des transports fluviaux, alors que celle-ci était jusque-là commune au Congo, au Tchad et à la Centrafrique par héritage colonial de l'AEF. La doctrine de la souveraineté absolue, souvent citée par les riverains en amont, considère que les États ont des droits absolus sur l'eau qui traverse leur territoire. La position opposée, également extrême, qui est plus favorable aux circonstances des riverains en aval, est celle de l'intégrité riveraine absolue, qui protège le cours naturel du réseau fluvial international. Ces positions extrêmes, que sont la souveraineté absolue et l'intégrité riveraine absolue, ont été essentiellement discréditées dans une jurisprudence internationale à la suite de l'affaire du lac Lanoux portée devant un tribunal arbitral en 1957, qui a soutenu une doctrine de souveraineté territoriale limitée.

Malgré ces tensions très répétées, les États ne renoncent pas à signer des accords. Ainsi, la Centrafrique et le Congo règlent leur différend par un accord en 1970. L'accord prévoit la création d'une commission mixte pour l'aménagement du fleuve et de certains de ses affluents entre Brazzaville, Bangui et Ouango.

---

[1] MUTOY MUBIALA, *L'évolution du droit des cours d'eau internationaux à la lumière de l'expérience africaine, notamment dans le bassin du Congo/Zaïre*, PUF, Paris, 1995. pp.22-25.

[2] Illustration de la doctrine de la souveraineté absolue, cette doctrine préconisait qu'en l'absence de législation contraire, les États devaient être libres d'utiliser les ressources en eau de leur juridiction sans tenir compte des effets provoqués au-delà de leurs frontières. Des variantes de cette approche subsistent encore actuellement dans la législation nationale de nombreux pays. Au Kazakhstan, la loi parlementaire de 2001 proclame que toutes les ressources en eau provenant de son territoire lui appartiennent. (Rapport mondial sur le développement humain, 2006, chapitre 6, la gestion des eaux transfrontalières, pp.215-216).

[3] SADOFF, C., GREY, D., « Les fleuves internationaux d'Afrique, une perspective économique », in www.earthmind.net/rivers/docs/worldbank-fleuve-internationaux-d'Afrique.pdf, *consulté* le 26 août 2013.

La RDC, quant à elle, s'entend avec l'Angola en 1978 pour mettre sur pied une commission pour l'aménagement et l'entretien du bief maritime du fleuve. Enfin, en 1986, ce pays signe avec la Centrafrique un accord pour la construction d'un barrage hydroélectrique sur l'Oubangui, à hauteur de Mobaye. L'effort de coopération le plus marquant durant ces années concerne une réunion qui s'est tenue, du 18 au 23 juillet 1978, à Bangui et qui regroupait l'Empire centrafricain, la République populaire du Congo et la République du Zaïre dans le cadre d'une commission tripartite pour les transports fluviaux (la présence du Tchad en qualité d'observateur est assurée par un représentant du pays).

Envisagée comme un « relais des accords des puissances coloniales sur l'entretien des voies navigables », cette Commission donne lieu à l'adoption de quatre protocoles d'accord[1] portant sur l'assistance mutuelle des unités fluviales naviguant sur le fleuve Congo et l'Oubangui ; les modalités d'entretien des voies navigables d'intérêt commun pour le Congo, le Zaïre et l'Empire centrafricain ; l'élaboration de la législation fluviale commune aux trois États et la création de la Commission de conciliation pour tout différend concernant la navigation fluviale.

À la fin de ses travaux, la Commission tripartite demande à la Commission économique pour l'Afrique (CEA) de procéder à une étude sur l'aménagement global du bassin. Cet ouvrage, réalisé entre 1983 et 1984, portait sur la création d'une organisation intergouvernementale pour l'aménagement et l'exploitation du bassin du fleuve Congo. La majorité des riverains du bassin Congo, l'Angola, le Burundi, la République centrafricaine, la République du Congo, le Rwanda, le Zaïre et la Zambie, participent aux réunions et travaux basés sur cet ouvrage. Le régime proposé par l'étude concernait aussi bien la navigation que les autres utilisations et prévoyait la création d'une autorité constituant un véritable organisme d'intégration économique sous-régionale. » Mais les experts congolais47 qui participaient à l'étude marquaient déjà leur réticence en recommandant que la nouvelle organisation développe une politique qui s'appuie sur les services techniques nationaux et les structures sous-régionales existants, et réciproquement.

[1] Op.cit., consulté le 27 août 2013.

Selon Cécile Pilarski,[1] l'ambition de ce projet, à travers la participation d'organismes tels que la CEEAC, la CEPGL, le PNUD et l'UDEAC, démontre que de nombreux acteurs, en dehors des riverains, étaient conscients des enjeux présents dans ce bassin. Toutefois, cet effort n'a pas été suivi d'effets et le projet de la Commission économique des Nations unies pour l'Afrique n'a jamais vu le jour. Ce repli s'explique en partie par l'existence de tensions politiques entre les différents riverains ; tensions qui aboutiront à la restriction des acteurs dans les nouvelles tentatives de négociation qui contribueront à l'inaction de la Communauté économique des pays des Grands Lacs (CEPGL), un autre organe de coopération transfrontalière entre la RDC, le Burundi et le Rwanda, créée en 1976.[2] Aussi, en dépit des engagements formels pris par les États dans le cadre de la Commission tripartite de 1978, et malgré l'insistance répétée de la RCA, aucune autre rencontre n'a pu se tenir par la suite.

Ces tentatives de coopération transfrontalière ont eu néanmoins le mérite d'avoir posé les jalons sur lesquels allaient se construire les bases des discussions ultérieures. D'une part, l'échec de la Commission tripartite va servir d'argument pour l'élaboration d'une nouvelle Commission internationale, et d'autre part, c'est grâce à cette réunion que d'importants travaux ont pu être initiés. Ces travaux ont ainsi permis d'envisager pour la première fois l'élaboration d'un organe de coopération autour du bassin, portant sur tous ses usages.

Dans ce contexte, le régime de navigation sur le fleuve Congo devrait continuellement et finalement être régi par les règles posées à Berlin et telles que modifiées par la déclaration de Bruxelles du 2 juillet 1890 et la convention de Saint-Germain-en-Laye du 10 septembre 1919, aucun texte contraire n'ayant été pris en remplacement de ceux laissés par les colonisateurs et acceptés par les États nouvellement indépendants, par le biais de l'opération juridique de succession d'États[3]. Mais, devant l'existence des anciens États signataires, le paradoxe théorique qui subsistait était de considérer que la liberté de navigation et d'égalité de traitement était encore reconnue pour les anciennes puissances, ce qui pouvait difficilement s'appliquer, les différentes positions prises par les nouveaux États ayant en même temps

---

[1] PILARSKI, C., La gestion partagée des ressources en eau dans le bassin du Congo : état des lieux et perspectives, Mémoire de DES, Université Laval, 2009, p.66.
[2] Idem, p.67.
[3] Pour plus de développement, voir NGUYA-NDILA (C), *Op.cit.*, p.71.

démontré qu'ils ne s'accordaient pas la même liberté sur les voies navigables.

L'avènement de la CICOS en 1999 devrait finalement mettre un terme à 114 ans d'un régime juridique à l'origine de plusieurs tensions entre les États de la région et théoriquement régir la navigation sur le bassin du Congo. La RDC semble y voir plutôt un instrument de la CEMAC, une sous-région à laquelle elle n'appartient pas.

1.1.1.2. L'Accord créant la CICOS et le Code CEMAC-RDC : un nouveau cadre juridique « d'inspiration étrangère » à la RDC

Si l'acte général de Berlin dénoncé après les indépendances par de simples déclarations de la RDC était d'inspiration européenne et destiné aux États européens dans un contexte de colonisation, l'accord créant la CICOS et le code CEMAC-RDC sont les deux nouveaux instruments de coopération élaborés sous l'impulsion des États de la CEMAC, riverains du fleuve avec une implication forcée et tardive de la RDC. J'aimerais procéder à l'examen tour à tour du contenu avant de tenter de comprendre les raisons qui sous-tendent l'attitude de la RDC face à ces instruments « régionaux ».

1.1.1.2.1. L'Accord créant la CICOS et la RDC : un mariage forcé

L'accord créant la CICOS et le code CEMAC-RD ont été élaborés dans le cadre de la CEMAC. Créée en 1959 au moment des indépendances, l'union douanière et économique est une organisation d'intégration pour les anciennes colonies de l'AEF qui fonctionnent avec le franc CFA. Cette institution va élargir progressivement ses domaines de compétences ainsi que ses membres, en devenant d'abord l'union douanière et économique de l'Afrique centrale (UDEAC), en 1964, puis la CEMAC en 1994, mais le remplacement effectif ne se fera toutefois qu'en 1999. Six États sont aujourd'hui membres de la Communauté : le Cameroun, la RCA, la République du Congo, le Tchad, la Guinée équatoriale et le Gabon.

Dans le cadre des objectifs qui lui sont assignés, la CEMAC tend à « harmoniser les réglementations des politiques sectorielles dans les domaines essentiels prescrits par les textes organiques, à savoir l'agriculture, l'élevage, la pêche, l'industrie, le commerce, les transports et télécommunications, l'énergie et l'environnement, la recherche, l'enseignement et la formation professionnelle[1] ».

[1] www.cemac.cf/presentationCEMAC.htm, consulté le 30 Juillet 2022.

Consciente des problèmes liés au manque d'harmonisation des règles régissant le transport fluvial sur les voies d'eau navigables de ses membres, la CEMAC dépose, à la fin de 1996, une requête auprès de la Commission économique des Nations unies pour l'Afrique (UNCEA) pour le financement d'une étude visant la création d'un code de navigation intérieure des États membres de la CEMAC. L'UNCEA répond favorablement à cette demande, mais pose comme condition la participation du Congo-Kinshasa, celui-ci étant un riverain majeur à l'échelle du bassin[1]. La CEMAC, cherchant à rallier la RDC – selon la recommandation de l'UNCEA –, devrait élargir, mais en dissimulant, sinon trouver ailleurs, les fondements juridiques devant inspirer l'accord créant la future commission. La rédaction du texte doit donc écarter toute référence aux instruments de la CEMAC, si cela n'était pas fait à la demande de la RDC.

En effet, le peu d'attention accordée aux activités autres que la navigation par les pays des continents européen et américain, berceaux du droit des cours d'eau internationaux, a conduit à l'établissement d'une règle classique qui consacrait la priorité de la navigation sur toutes les autres utilisations. La Convention de New York du 21 mai 1997 sur le droit relatif aux utilisations des cours d'eau internationaux à des fins autres que la navigation55 est, elle, venue réglementer d'autres usages de l'eau non maritime dont le développement, l'attribution et l'utilisation sont en passe de devenir un problème économique, social et politique d'importance majeure. Des auteurs ont même affirmé qu'au seuil du troisième millénaire, des conflits armés pourraient éclater autour de cette ressource[2].

La convention comporte un article 3 consacré aux accords des cours d'eau. Les débats houleux qui ont précédé son adoption justifient ses cinq paragraphes, dont le paragraphe 2 qui stipule : « Nonobstant les dispositions du paragraphe 1, les Parties à des accords visés au paragraphe 1 peuvent, si besoin est, envisager de mettre lesdits accords en harmonie avec les principes fondamentaux de la présente Convention. »

Les États riverains du fleuve Congo déjà liés dans des accords bilatéraux de coopération sur certains biefs navigables du réseau du

---

[1] PILARSKI, C., Op.cit., p.69.

[2] TIGNINO, M., "L'eau et son rôle dans la paix et la sécurité internationals", in www.icrc.org/fre/assets/files/other/irrc-879-tignino-fre.pdf, consulté le 28 juillet 2022.

bassin se sont tout de même appuyés sur les paragraphes 2 et 3[1] de cet article, même si le paragraphe 1[2] de l'article pouvait leur permettre de garder le statu quo. Se fondant sur l'ensemble de ces textes, les États de la CEMAC prirent l'initiative de relancer les débats en vue de créer une commission après les échecs passés.

Dans une démarche diplomatique subtile[3], et en marge de la 11e session de l'UDEAC, la Commission tripartite créée en 1978 fut de nouveau appelée à se réunir, le 24 avril 1998, à Bangui, avec cette fois-ci, la participation du Cameroun. À l'occasion de cette réunion, les experts déplorent l'absence totale de mise en application des protocoles d'accords signés, ainsi que les problèmes persistants qui en découlent en matière d'utilisation et d'entretien des voies d'eau navigables dont ils sont riverains. Constatant ainsi la faiblesse des instruments juridiques existants et désireuses de combler un vide juridique persistant, les parties présentes envisagent la création d'une commission internationale de navigation.

L'UNCEA est à nouveau sollicitée pour le financement d'une étude relative à la création de cette commission internationale. Accédant une fois de plus à la requête de la CEMAC, l'UNCEA fait appel à un expert de la Commission internationale du Rhin afin de définir les termes de l'accord.

Après la réunion tenue à Kinshasa en avril 1999, au cours de laquelle le projet de code de navigation et celui de Commission ont été amendés, l'accord instituant un régime fluvial uniforme et créant la Commission internationale du bassin Congo-Oubangui-Sangha (CICOS) (ci-après l'Accord) est adopté à Brazzaville, le 6 novembre 1999, par les ministres responsables de la navigation. La ratification par les États membres est cependant retardée par les tensions politiques déjà évoquées et la RDC sera le dernier pays à ratifier l'Accord en 2003. Il est de ce fait intéressant d'en analyser le contenu et la portée afin d'apprécier la pratique suivie par la RDC.

---

[1] Les États du cours d'eau peuvent conclure un ou plusieurs accords, ci-après dénommés "accords de cours d'eau", qui appliquent et adaptent les dispositions de la présente Convention aux caractéristiques et aux utilisations d'un cours d'eau international particulier ou d'une partie d'un tel cours d'eau.

[2] À moins que les États du cours d'eau n'en soient convenus autrement, la présente Convention ne modifie en rien les droits ou obligations résultant pour ces États d'accords en vigueur à la date à laquelle ils sont devenus parties à la présente Convention.

[3] Mon avis personnel.

1.1.1.2.1.1. Contenu de l'Accord créant la CICOS

L'accord instituant un régime fluvial uniforme et créant la CICOS régit les aspects relatifs à la navigation dans les eaux intérieures des États parties. Aux termes de l'article 2 de l'Accord, les États acceptent de : (i) instituer un régime fluvial uniforme de navigation sur la base du principe de liberté et d'égalité de traitement, (ii) d'aménager et d'exploiter les voies navigables sur la base du droit à une participation équitable et raisonnable aux avantages tirés de l'utilisation durable des eaux et de (iii) créer à cet effet une Commission internationale du Bassin Congo-Oubangui-Sangha. Un mandat clair et précis[1] est confié à cette Commission instituée[2] : la réalisation des objectifs définis à l'article 2 dans une démarche à court, moyen et long terme.

Les objectifs à court terme sont essentiellement d'appliquer les réglementations existantes, de faire la police du trafic fluvial et de mettre en place des normes communes, en particulier en matière de matériels. Les objectifs à moyen terme consistent à formuler et appliquer une politique cohérente d'entretien et une politique de transport susceptible d'ouvrir l'accès aux zones enclavées. Enfin, les objectifs à long terme sont d'étendre l'application de l'Accord à d'autres bassins ainsi qu'aux lacs de la sous-région.

La CICOS devrait ainsi mener des négociations devant aboutir à l'élargissement du réseau interétats afin d'y inclure les deux tronçons de la RDC devant le compléter, à savoir : le tronçon allant de Kisangani au confluent du fleuve Congo avec l'Oubangui, le tronçon de la rivière Kasaï partant d'Ilebo jusqu'au confluent du fleuve Congo et le réseau lacustre de la RDC (art. 17).

L'accord consacre le vieux principe de la liberté de navigation pour toutes les nations (art. 4), mais il opère une distinction entre État riverain et État contractant (art. 3). Si l'État contractant est toute partie à l'accord, l'État riverain est celui dont tout ou partie du territoire est baigné par une voie d'eau du bassin Congo-Oubangui-Sangha. Cette distinction a de l'incidence sur le champ d'application de l'Accord, qui, lui, aux termes de l'article 3, ne s'étend dans un premier temps que sur les voies de navigation du bassin Congo-Oubangui-Sangha situées sur les États contractants, ensuite sur les voies navigables des États contractants, enfin, sur l'ensemble des voies d'eau intérieures déclarées

---

[1] Article 17 de l'Accord.
[2] Article 16 de l'Accord.

ouvertes à la navigation internationale par la Commission au fur et à mesure des besoins d'intégration.

La formulation de cet article indique que l'Accord devrait être appliqué de façon échelonnée. Son application sur l'ensemble des voies navigables dépendrait donc de travaux à mener éventuellement par la Commission sur des voies non navigables et de l'acceptation par les États d'ouvrir à la navigation les voies navigables situées sur leurs territoires selon le principe de liberté et d'égalité de traitement évoqués à l'article 2. Cette formulation visait peut-être à obtenir de la part des États leur consentement à être liés par l'accord, mais elle a laissé à ces derniers une large liberté pour pouvoir déterminer sur leur territoire les tronçons d'un cours d'eau du réseau visé par l'accord auxquels l'une ou l'autre partie veut ouvrir l'accès aux activités des États voisins.

L'accord est ainsi menacé si l'un des États ou un groupe d'États sur les territoires (du) desquels coule le plus important tronçon navigable décide(nt) de ne pas l'ouvrir au profit des autres États contractants. Son application demeure ainsi subordonnée à la volonté de l'un ou l'autre État selon les humeurs de ses dirigeants. De même, l'article 4, alinéa 2 renforce les pouvoirs des États dans la détermination ou le choix des tronçons qu'ils veulent ouvrir à la navigation au profit des autres États. En même temps qu'il proclame le principe de liberté de navigation à son art. 4, al. 1[1], l'alinéa 2 du même article restreint cette liberté pour le transport.

En effet, le transport des marchandises et de passagers entre deux points du même État (cabotage national) par tout bateau battant pavillon d'un autre État contractant n'est possible qu'après un accord spécifique entre cet État du pavillon, partie à l'Accord, et celui du tronçon navigable, mais le transport pour le bateau des pays tiers, non partie à l'Accord, est, lui, soumis à un régime particulier fixé par la Commission. Il reste à savoir si les États riverains peuvent être comptés parmi les États tiers et pourraient dès lors être soumis à ce régime.

Enfin, l'article 6 interdit toute idée d'impôt ou de taxe à caractère fiscal pour le seul fait de la navigation, mais permet le prélèvement des frais rémunératoires pour les prestations fournies aux usagers. Le texte

---

[1] La navigation sur les voies navigables visées à l'article 3 est entièrement libre et ouverte aux bateaux de toutes les nations pour le transport de marchandises et de personnes, directement ou avec transbordement, à condition de se conformer aux dispositions contenues dans le présent Accord, notamment les règlements communs édictés en vue d'assurer la sécurité de la navigation sur le Bassin Congo-Oubangui-Sangha.

cite de manière non exhaustive des droits, taxes et redevances destinés à couvrir d'une manière équitable et raisonnable les dépenses de construction, de maintien et d'amélioration de la voie navigable et de ses accès, ainsi que de la construction d'ouvrages faits dans l'intérêt de la navigation. Si le texte précise que les frais relatifs aux travaux de dragage, de balisage, de construction, d'entretien et le fonctionnement des routes, chemin de fer, canaux latéraux et ouvrages de jonction sont assimilés à de telles dépenses et qu'une sorte de nomenclature des droits et taxes sera rendue publique, il ne détermine pas qui est cet usager qui en serait redevable : l'État du pavillon ? Les propriétaires des bateaux et embarcations ? Les passagers ? L'imprécision des termes utilisés devrait donc être source de plusieurs pratiques décriées dans la région.

Encore une fois, ces genres de contradictions réduisent l'accord en un simple document de consommation extérieure destiné à conférer des signes de modernité à une époque où la gestion de l'eau, dans tous ses aspects, demeure un enjeu mondial[1]. Son contenu traduit bien le climat général qui a prévalu lors de sa négociation et les conditions dans lesquelles il a été accepté par des États qui, bien qu'abritant sur leur territoire la majeure partie de la matière, en l'espèce, les voies navigables, objet de l'accord, n'auront pas été à la base de l'initiative de son élaboration. Aussi, ce que des États comme la RDC pouvaient refuser en s'enkystant derrière des notions comme celles de souveraineté absolue ou de supra-riveraineté rappelées plus loin, ont pu l'accepter en obtenant des pouvoirs les plus étendus face au fameux principe de liberté pompeusement proclamée.

En conséquence, si un État comme la RDC venait à décider de refuser d'une part que la Commission déclare ouvertes ses voies d'eau intérieures dans le sens de l'article 3.3 et d'autre part que cet État refuse de conclure des accords particuliers avec des États parties pour le transport des marchandises et des passagers dans le sens de l'article 4.2., l'Accord pourrait voler en éclats ou manifestement en souffrir, du moins en ce qui concerne la navigation. Même si, à l'heure actuelle, tel n'est pas encore le cas, la pratique suivie par la RDC semble démontrer que cet État reste encore réticent quant à l'ouverture de son réseau fluvial à la navigation des États parties. Il le serait davantage pour les

[1] En ce sens, l'Article 15 concluant sur les Dispositions spéciales applicables en cas d'urgence ou de circonstances exceptionnelles (comme un conflit) insiste sur l'importance d'une gestion intégrée du bassin, l'utilisation optimale des voies navigables existantes et sur la communauté d'intérêts des parties à l'Accord.

États tiers dans le lot duquel on doit peut-être classer les États riverains au sens de l'article 1.2 de l'Accord.

Dans ces conditions, l'application d'une fameuse clause de la nation la plus favorisée que semble prévoir l'article 5.5 ne serait qu'un leurre. Il reste à rechercher les raisons pouvant justifier l'attitude de la RDC face au régime juridique pourtant accepté.

1.1.1.2.1.2. Les raisons possibles de l'attitude de la RDC face au régime instauré par l'Accord

L'attitude de la RDC, qui peut paraître quelque peu étonnante, résulte des tensions qui entourent la question de la gestion commune des cours d'eau transfrontaliers. En effet, les gouvernements de la plupart des États considèrent que l'eau qui traverse leur pays est une ressource nationale. Par le fait qu'ils traversent sans discrimination des frontières politiques de plusieurs États, la gestion des fleuves devient compliquée en ce sens que nombreux sont les utilisateurs qui doivent se la partager. Aussi, les bassins fluviaux qui sont intégralement à l'intérieur d'une nation suscitent toujours des débats et des discordes, dans une mesure plus ou moins grande, entre utilisateurs ayant des besoins et des préférences de gestion opposées[1].

Claudia Sadoff et David Grey expliquent que « le contrôle des fleuves et des débits fluviaux est depuis belle lurette – et dans une certaine mesure l'est toujours dans les cas de tous les fleuves internationaux– une source de tensions et de disputes, et un problème de souveraineté, de nécessité stratégique et de fierté nationale. Ces tensions (souvent inextricablement liées à d'autres tensions, et peut-être indissociables de celles-ci) peuvent atteindre un point tel qu'elles déteignent sur les relations géopolitiques entre États au sein d'un bassin et deviennent des obstacles à la croissance en agissant négativement sur l'économie politique régionale et en détournant les ressources du développement économique[2] ».

Chercher à impliquer les États dans une démarche visant à coopérer autour des ressources qu'ils considèrent comme attribut de souveraineté nationale est de ce fait une entreprise peu commode. La question a d'ailleurs été discutée en 1997 au cours des débats qui ont précédé

---

[1] SADOFF, C. et GREY, D., « Au-delà du fleuve : les avantages de la coopération portant sur les fleuves internationaux», in http://iwlearn.net/abt_iwlearn/events/workshops/ouagadougou/readingfiles/worldbank-au-dela-dufleuve.pdf, *consulté* le 26 août 2013.

[2] SADOFF, C. et GREY, D., *Op.cit.*, p.9.

l'adoption, par l'Assemblée générale des Nations unies, de la Convention sur le droit relatif des cours d'eau internationaux à des fins autres que la navigation.

En effet, les débateurs de la CDI réunis en vue de l'adoption de la convention ont souligné que, lorsqu'un accord particulier est destiné à régir l'ensemble d'un cours d'eau international, il devrait évidemment pouvoir s'appliquer à tous les États de celui-ci, ce qui signifie que tous devraient pouvoir participer aux négociations y relatives et pouvoir en devenir parties. S'ils s'en désintéressent toutefois, le principe de la relativité des traités s'appliquera, les rapports entre parties contractantes et États tiers étant alors régis par le droit international général[1].

Si la règle autorisant tous les États du cours d'eau à participer à la négociation et à devenir parties à l'accord n'a pas été sérieusement contestée, en ce sens qu'elle est exprimée à l'article 4, paragraphe premier de la Convention, Lucius Caflish pense pour sa part que le vrai problème a été celui posé par les accords partiels de cours d'eau, c'est-à-dire ceux conclus par quelques-uns seulement parmi les États concernés et applicables aux seules parties du cours d'eau appartenant à ces États, lorsque ces instruments menacent les droits d'États tiers du même cours d'eau.

À cet égard, l'on se souviendra que l'article 4, paragraphe 2, du projet de la CDI permettait aux États tiers, dans un premier temps, de prendre part aux consultations et négociations relatives à l'accord et, dans une seconde phase, de devenir parties à celui-ci. La réglementation ainsi proposée soulevait la question de savoir si les pays exclus du cercle des États contractants devraient pouvoir « forcer la porte » de celui-ci.

La RDC, n'ayant jamais été à l'origine de l'accord, peut se considérer peut-être avec raison comme *un État tiers qui, au sens de l'article 4 de la convention précitée, a dû se contenter du droit de participer à des consultations relatives à un accord devant s'appliquer sur un bassin dont elle abrite 62 % des réserves. Même si, par la suite, ce pays s'est engagé dans un mariage forcé en ratifiant l'accord, l'on ne peut perdre de vue le sentiment souverainiste souvent mis en avant par les États lors de négociations portant sur de telles matières. Un*

---

[1] CAFLISCH, L., « La convention du 21 mai 1997 sur l'utilisation des cours d'eau internationaux à des fins autres que la navigation », in Annuaire français de droit international, volume 43, 1997, p.774.

sentiment général de perte de souveraineté semble animer la conduite de la RDC dans l'application des accords négociés dans les conditions rappelées. L'on vérifiera enfin son attitude face au code CEMAC/RDC.

1.1.1.2.2. Le Code CEMAC/RDC : un instrument de la CEMAC

Le Code CEMAC/RDC a été adopté le même jour que l'Accord créant la CICOS. En effet, la préoccupation majeure de l'Union douanière économique et monétaire (UDEAC), lorsqu'elle s'engage dans un projet d'harmonisation des législations de ses États membres en matière de transport fluvial, consiste à faciliter ce transport en adoptant un instrument pour la navigation intérieure commun à tous les États. Il a fallu pour ce faire inclure la RDC qui abrite l'essentiel des voies navigables sur lesquelles devrait s'appliquer le code, cela, sur recommandation de l'UNCEA. Pour y parvenir, l'UDEAC s'appuie sur les accords signés par la Commission tripartite de 1978. À cet effet, les participants ont recommandé au secrétariat exécutif de la CEMAC de tout mettre en œuvre pour assurer une large diffusion dudit code en organisant plusieurs séminaires de formation et de sa vulgarisation[1].

Près de quinze ans depuis sa signature, la RDC, qui abrite le plus grand réseau du bassin et qui partage avec la République du Congo et la République centrafricaine plus de 2 2.000m des voies transfrontalières fréquentées indistinctement par les bateaux de ces trois pays, ne trouve pas encore intérêt à ratifier le Code de la navigation intérieure CEMAC/RDC, contrairement à tous les autres États. Ce qui fait perdurer une insécurité juridique, source de conflit de lois né de la concurrence de deux législations, l'une nationale et l'autre communautaire, devant s'appliquer sur une même voie de navigation. Il est dès lors recommandé d'en examiner le contenu et la portée afin de comprendre le regard méfiant de la RDC face à ce document.

1.1.1.2.2.1. Contenu et portée du code CEMAC-RDC

Le Code de la navigation intérieure CEMAC-RDC est un instrument adopté à N'Djamena le 17 décembre 1999 en vue d'harmoniser les règles de navigation intérieure dans les pays membres de la CICOS, en l'occurrence, la République du Cameroun, la République centrafricaine, la République démocratique du Congo et la République du Congo. Il classifie les voies de navigation intérieure et détermine les

[1] Lire le Communiqué final de la réunion des Ministres en charge de la Navigation Intérieure de la CEMAC et de la RDC, Brazzaville, les 05 et 06 Novembre 1999.

règles et les conditions d'utilisation de ces voies, d'accès aux ports, de protection des voies de navigation, de balisage, d'assistance et de sauvetage.

L'article 152 se borne à dire que la navigation sur les voies intérieures donne lieu au payement des droits et taxes fixés, conformément à la législation de chaque État membre. Aussi, l'objectif d'harmonisation des règles se limite ainsi aux seuls aspects techniques liés aux questions de sécurité et aux autres formalités administratives qui ne peuvent réduire les tracasseries et la multiplicité des taxes perçues illégalement par des agents non qualifiés. Près de 15 ans après son adoption, seule la RDC ne l'a pas encore ratifiée, alors qu'elle est signataire de l'accord instituant un régime fluvial uniforme créant la CICOS. Elle s'emploie néanmoins à développer d'autres stratégies.

1.1.1.2.2.2. Stratégies développées et raisons invoquées par la RDC pour rejeter le Code CEMAC-RDC

Devant son refus de ratifier le Code CEMAC, la RDC met en œuvre d'autres stratégies et semble privilégier l'approche bilatérale en s'appuyant sur l'Accord créant la CICOS qui offre la possibilité aux États de se lier dans des accords spéciaux pour une partie de leur cours d'eau. Dans ce cadre, le pays a amorcé une série de révisions de tous les accords qui le lient avec les États voisins. Signée en 1995, la convention d'exploitation du Pool Malebo ne s'adaptait plus à l'esprit de l'accord créant la CICOS et au Code de la navigation intérieure CEMAC/RDC. Il était de ce fait nécessaire de la réviser. Sous la supervision de la direction juridique et de la réglementation, la réunion des experts de deux États qui ont examiné le projet de révision de la convention d'exploitation a eu lieu le 11 novembre 2005 à Kinshasa, au siège de la CICOS. En ce sens, la nouvelle convention d'exploitation du Pool Malebo[1], signée en novembre 2005, semble respecter les dispositions du Code de navigation intérieure CEMAC/RDC, en ce qu'elle décrit entre autres les modalités de navigation et les normes minimales pour les unités fluviales exploitant le Pool et engage les États à assurer l'aménagement et l'entretien des domaines publics portuaires. La révision du protocole d'accord tripartite entre la République centrafricaine, la République du Congo et la RDC relatif à l'entretien

---

[1] Convention d'exploitation du Pool Malebo entre la République du Congo et la République Démocratique du Congo, Kinshasa, CICOS, 22 novembre 2005, in www.cicos.info/siteweb/fileadmin/documents/Conventions/Convention%20d'Exploitation%20du%20Pool%20Malebo.pdf, Consulté le 30 juillet 2022.

des voies navigables d'intérêt commun de 1978 s'inscrit dans la même logique. En vue de rendre conforme ce protocole au code sans pourtant y adhérer, ce texte a été révisé au cours de la réunion de la commission technique des experts tenue à Brazzaville, les 26 et 27 mai 2008, à cet effet.

Malgré cette attitude de la RDC à contourner le cadre juridique commun à la région, l'importance du réseau navigable pour le reste des États est telle que le retard de la RDC à ratifier le code reste un sujet des préoccupations de la CICOS qui tente de ramener ce pays à marquer son accord. Dans le cadre d'un atelier sur l'appropriation du code tenu du 02 au 03 juillet 2008, les États membres étaient invités à réfléchir sur les facteurs qui pourraient être à la base de ce retard. Au cours des débats, les experts congolais ayant considéré que le code ne pouvait être appliqué que sur le tronçon commun des voies navigables ont formulé la déclaration interprétative selon laquelle :

L'expression « eaux sous juridiction des États CEMAC/RDC », reprise dans le code notamment à l'article 1, paragraphe 2, doit s'entendre comme « tronçon commun des voies navigables ».

Aussi, l'interprétation des textes, la multiplicité des textes, la signalisation et la non-uniformité des documents de bord demeurent les problèmes majeurs à la base de la non-application du Code commun par la RDC. Les experts ont de ce fait recommandé au ministère des Transports et Voies de communication la constitution d'un comité de suivi du dossier de la ratification du code ou d'entamer carrément le processus de sa ratification et d'assainir le secteur de la navigation intérieure par l'application stricte du décret n° 036 déterminant le nombre de services autorisés à œuvrer dans les ports et les postes frontaliers[1].

1.2. Résumé

L'analyse du cadre juridique sur la navigation intérieure dans le bassin du Congo révèle que ce vaste réseau de transport naturel a de tout temps été un sujet de préoccupation pour les États qui veulent bien tirer profit des conditions naturelles à la circulation des personnes, des biens et services dans une région enclavée. Des efforts de coopération ont été entrepris par les États dès les indépendances malgré les tensions sur fond de revendication de la souveraineté sur tout ou partie du fleuve.

---

[1] Rapport de l'atelier national d'appropriation du code de la navigation intérieure CEMAC-RDC, *Op.cit.*

Actuellement, ces efforts se poursuivent non sans difficulté au regard des positions souvent prises par la RDC. Même si actuellement ce pays semble réticent quant à son adhésion dans des « instruments élaborés en dehors de son initiative », il demeure que ses relations de coopération actuelles avec certains riverains ne pourraient présenter aucune contradiction avec des engagements qu'il prendrait dans le cadre multilatéral.

Les décisions de coopération et les niveaux d'engagement pris actuellement dans ses relations avec quelques riverains témoignent d'une volonté qui pourrait normalement permettre d'élargir la coopération à l'ensemble des espaces sous-régionaux reliés.ar le bassin du Congo. Une coopération concrète autour du fleuve, de ses affluents, sous-affluents et lacs ouvre, comme je l'ai démontré, la voie au développement des relations économiques entre sous-régions qui, jusqu'à présent, se limitent encore à des accords bilatéraux entre pays de sous-régions différentes ayant une frontière commune. Or de tels accords ne visent que des objectifs limités à certains biefs. Le début d'élargissement de la coopération favorisé actuellement par la mise en place de la CICOS, de même que l'existence des structures de coopération comme la CEMAC, la CEEAC, la CEPGL et, actuellement, la CIRGL, constitue des atouts sur lesquels les États devraient s'appuyer pour élargir la coopération à des États riverains non concernés par le cadre juridique actuel et à ceux non riverains du fleuve ayant des interconnexions décrites plus loin.

Au moment même où les sous-régions économiques cherchent à se consolider après un long processus de construction, il est plutôt nécessaire de réfléchir aux rapports qu'elles doivent entretenir, que de repousser une coopération entre celles-ci, tant les découpages actuels de ces sous-régions demeurent artificiels comme le soulignait le professeur Nguyandila. Malgré ces découpages en effet, on le voit bien, certains pays ne voient pas clairement dans quelle sous-région ils doivent entrer, d'autres comme la RDC constatent qu'ils appartiennent objectivement à deux sous-régions différentes. On comprend dès lors que la géographie des sous-régions économiques peut évoluer. Des pays peuvent demeurer en dehors de tout sous-région économique, d'autres peuvent quitter une sous-région, adhérer à deux sous-régions ou changer de sous-région, en fonction des intérêts en présence et de l'évolution politique, linguistique et économique du continent.

Par contre, la géographie d'un bassin fluvial ne change pas, les lois physiques qui régissent son comportement ne varient pas. Les intérêts des États riverains par rapport aux ressources du bassin y compris pour la navigation, sont permanents, le fleuve étant un lien naturel. Dans les États membres de la CICOS par contre, le transport fluvial n'a pratiquement pas connu d'évolution depuis l'adoption des politiques de libéralisation observées dans ce sous-secteur. Le cabotage joue encore un rôle très marginal dans l'intégration physique de la sous-région malgré ses importantes voies d'eau navigables.

Dans l'affaire *Gabčíkovo-Nagymaros*, la Cour internationale de justice a mis en exergue le fondement juridique et l'importance potentielle des approches de gestion commune d'un cours d'eau international, en s'appuyant sur un passage de l'affaire relative à l'Oder :

« La communauté d'intérêts sur un fleuve navigable devient la base d'une communauté de droit, dont les traits essentiels sont la parfaite égalité de tous les États riverains dans l'usage de tout *le parcours du fleuve et l'exclusion de tout privilège d'un riverain quelconque par rapport aux autres. »*

Bien que de très nombreux analystes aient évoqué le principe d'une communauté d'intérêts et le recours correspondant à une approche commune de gestion des fleuves internationaux, rares sont ceux qui prétendraient qu'une telle approche s'est transformée, ou a des chances de se transformer bientôt, en une obligation du droit international général ou coutumier.

D'autres auteurs, qui s'appuient sur l'expérience européenne, notent par contre que « la gestion des cours d'eau internationaux par les États de l'Europe du Nord repose clairement sur la théorie de la gestion commune impliquant des organes de gestion mixtes – commissions des cours d'eau frontaliers – qui réglementent toutes les utilisations des cours d'eau internationaux dans la région »[1] ; d'autres encore attirent l'attention sur le coût de la non-coopération en matière de gestion des cours d'eau internationaux[80] quelle que soit la forme d'usage.

---

[1] Programme des Nations Unies pour l'environnement, PNUE, Amélioration de la gouvernance des eaux transfrontalières grâce à la gestion intégrée des ressources en eau, Document de synthèse, p.15 ; THOUVENIN, J.M., « Droit international général des utilisations des fleuves internationaux », in Bogdan Aurescu, Alain Pellet (dir.), Actualité du droit des fleuves internationaux, Actes des journées d'études du 24 et 25 octobre 2008, Pedone, Paris, 2010, pp.107-128 ; LEB, Chr., « Pluralité d'utilisation et gestion commune intégrée », *Idem.*, pp. 129-138 ; GREXA, I., « La gestion commune des fleuves internationaux. L'exemple de la convention sur le Danube de 1948 », *Idem.*, pp.139-147.

Aussi, dans un contexte international actuel, la RDC aura plus d'intérêt à développer et à élargir sa coopération avec l'ensemble des États riverains au bassin du fleuve Congo. Car, si la navigation est le seul aspect analysé dans le cadre de cet Ouvrage, elle n'est pas le seul à pouvoir intéresser les riverains.

Les questions plus dramatiques tels que le partage des quotas d'eau, de pêche entre riverains ou celles de transfert d'eau interbassin dans des régions déjà visiblement menacées par les impacts des changements climatiques pourraient, demain exacerber les conflits s'ils ne peuvent s'appuyer sur une architecture juridique et institutionnelle déjà expérimentée et développée en matière de navigation.

S'étant déjà engagée dans la CICOS, la RDC devra considérer sa position dans le bassin et au sein de cette organisation et se montrer dès lors plus apte à prendre des initiatives qui favorisent la coopération avec les autres riverains et plus continuer à attendre d'être invitée dans des négociations *qui aboutissent à la mise sur pied des mécanismes de gestion commune dont elle n'appliquera pas le cadre juridique accepté.*

Conclusion de la première partie

Les ressources naturelles sont indispensables pour assurer le fonctionnement des économies modernes et pour atteindre et maintenir un niveau de vie élevé dans tous les pays. Par exemple, les minerais et les autres minéraux sont des intrants essentiels dans la production de tous les produits manufacturés. Les combustibles fournissent l'énergie nécessaire au transport des personnes et des marchandises, à l'éclairage des villes et au chauffage des maisons et des lieux de travail. Les forêts et les océans constituent une source potentiellement infinie de matériaux précieux ainsi qu'un habitat pour la faune et la flore sauvage.

L'eau est indispensable pour soutenir la vie sur la planète. Il n'est pas exagéré de dire que la façon dont le monde gère ses ressources naturelles déterminera en grande partie la viabilité de l'économie mondiale.

Du côté positif, il permet aux pays peu dotés en ressources de tirer parti de leur utilisation. De plus, il contribue à l'efficience de la production, il procure aux pays exportateurs des revenus qu'ils peuvent réinvestir dans la production future et il leur permet de diversifier leur économie.

Du côté négatif, le commerce peut en contribuant à l'augmentation de la production, exacerber certains effets préjudiciables de l'utilisation des ressources, comme la pollution de l'eau, de l'air et du sol causée par les combustibles fossiles ou la réduction de la biodiversité due à la destruction des habitats naturels.

Il faut cependant garder à l'esprit que la solution de ces problèmes ne réside probablement pas dans la réduction du commerce mais consiste plutôt dans la gestion appropriée des ressources rares et dans l'atténuation des effets nocifs de l'activité économique sur l'environnement.

Le débat intellectuel et politique sur les ressources naturelles a montré que le public et les experts oscillaient entre optimisme et pessimisme au sujet de la disponibilité future des précieuses ressources naturelles et surtout de la commercialisation.

L'inquiétude grandissante concernant l'environnement, conjugué à la hausse continue des prix des ressources naturelles au cours des dernières années, a remis une fois de plus cette question au premier plan des préoccupations publiques. Le commerce des ressources naturelles continuera certainement de croitre dans l'avenir mais l'amélioration de la coopération internationale et de la règlementation intérieure devrait permettre de réaliser des gains d'efficience, d'éliminer les effets négatifs du prélèvement, d'accroitre de l'extraction et de l'utilisation des ressources. Cette partie a présenté des éléments essentiels d'informations analysées sur ces questions, mais il faut disposer d'un cadre théorique cohérent pour mieux comprendre les défis que doivent relever les décideurs politiques.

Dans cette première partie, consacrée aux cadres théorique et conceptuel, il a été question d'aborder le référent théorique sur la gestion de l'eau et la géopolitique, lequel m'a permis de justifier le glossaire des concepts de l'étude, en me basant sur le modèle théorique de Erhard Friedberg et Michel Crozier. Nous avons pu prendre en compte la compréhension et l'explication des logiques d'actions et de jeux d'acteurs – parties prenantes de la dynamique conflictuelle au sein de la CICOS.

J'ai voulu mettre l'accent sur l'analyse géopolitique m'ayant conduit à la définition et à l'appréhension non exhaustives des concepts opératoires liés aux ressources naturelles et hydriques, ainsi qu'à l'étude des Relations Internationales, afin de mieux situer la problématique des enjeux autour des ressources en eau du Bassin du Congo-Oubangui-Sangha.

Sous cette optique, j'ai aussi retracé l'histoire de l'évolution de l'importance des ressources naturelles, depuis la révolution industrielle et la grande variabilité spatiale et temporelle, marquant les dernières décennies, des perturbations chroniques de grande ampleur, avec une tendance qui serait liée au dérèglement climatique, j'ai rappelé le régime juridique des Bassins Hydrologiques de la Commission Internationale du Bassin du Congo-Oubangui-Sangha (CICOS) et enfin j'ai circonscrit et décrit le cadre géopolitique de l'eau tout en relevant les différents défis dont le monde fait face actuellement et dans les jours à venir.

Tous ces éléments permettent de mieux comprendre pourquoi les ressources naturelles dont principalement l'eau sont parfois sujettes à controverse.

SECONDE PARTIE
APPROCHES EMPIRIQUE ET ANALYTIQUE

Introduction

Dans cette deuxième partie, je m'inspire de la théorie de l'acteur stratégique, élaborée par Michel Crozier et Erhard Friedberg, laquelle développe l'analyse stratégique qui part du constat qu'étant donné qu'on ne peut considérer que le jeu des acteurs soit déterminé par la cohérence du système dans lequel ils s'insèrent, ou par les contraintes environnementales, on doit chercher en priorité à comprendre comment se construisent les actions collectives, à partir des comportements et d'intérêts individuels parfois contradictoires.

La théorie de l'acteur stratégique a été élaborée par Michel Crozier et Erhard Friedberg. Elle repose sur 4 idées centrales[1] :

- pour comprendre les dynamiques, le plus déterminant n'est pas le système formel (organigramme, circuits officiels de communication, ...) mais les acteurs (groupes d'acteurs) qui chacun, ont leurs enjeux, leurs objectifs qu'ils visent. Et à ce titre, chacun joue un rôle qui lui semble aussi prépondérant que possible ;
- les acteurs sont intelligents. Cela signifie que les dysfonctionnements ne sont pas le fruit de l'irrationalité des acteurs mais au contraire, de leur rationalité. Un dysfonctionnement n'est donc pas le fruit de l'irrationalité des acteurs mais la réponse à un enjeu non-dévoilé d'un des acteurs ;
- pour atteindre leurs enjeux, les acteurs mobilisent des ressources et tentent de contourner les contraintes qui se posent à eux ;
- en fonction de ces ressources et contraintes, les acteurs fixent leurs stratégies. Ces stratégies d'acteurs sont ancrées dans « l'ici et maintenant » (en fonction des enjeux, objectifs, ressources et contraintes du moment).

L'analyse stratégique propose de comprendre ces éléments (acteurs-clés, enjeux, objectifs, ressources, contraintes, stratégies) pour définir sa propre stratégie d'action.

Aussi, nous avons analysé le complexe de sécurité régional de Barry Buzan, qui s'inscrit dans une démarche de systématisation, dans une analyse sur les rapports entre la CICOS rénovée ou adaptée et le transfèrement des eaux, voire des enjeux géopolitiques dans la région. L'eau, considérée comme une ressource renouvelable est devenue une

[1] Réseau wallon de Développement Rural (RDR), *Théorie de l'acteur stratégique : Les bases théoriques*, Atanor, Paris, 1977, p.1.

pénurie et est présentée désormais comme une menace non militaire de la sécurité locale, nationale, régionale et internationale. Comme c'est l'eau du Bassin du Congo, dont la RDC possède près de 62,39%, cela revient donc à dire que ce pays est impliqué dans la crise de l'eau du Lac Tchad et des Etats du Sahel, par le biais de sa régionalisation, de gré ou de force. « Nous rechercherons de l'eau du Congo », comme ça se dit déjà et cela constitue une menace qui pointe à l'horizon.

L'approche de gestion intégrée des ressources en eau contribue à la gestion et à l'aménagement durable et adapté des ressources en eau, en prenant en compte les divers intérêts sociaux, économiques et environnementaux. Elle reconnaît les nombreux groupes d'intérêts divergents, les secteurs économiques qui utilisent et polluent l'eau, ainsi que les besoins de l'environnement.

L'approche intégrée permet de coordonner la gestion des ressources en eau pour l'ensemble des secteurs et groupes d'intérêts et à différents niveaux – du niveau local au niveau international. Elle met l'accent sur la participation des acteurs à tous les niveaux dans l'élaboration des textes juridiques et privilégie la bonne gouvernance et les dispositions institutionnelles et réglementaires efficaces de façon à promouvoir des décisions plus équitables et viables. Un ensemble d'outils, tels que les évaluations sociales et environnementales, les instruments économiques et les systèmes d'information et de suivi soutiennent ce processus.

La relation entre l'administration des ressources en eaux d'un pays et la gestion de l'eau des bassins devient ainsi dynamique et plus adaptable à l'évolution des circonstances environnementales, sociales ou économiques.

Cette seconde partie du travail, résolument axée sur les approches empirique et analytique du rôle de la CICOS face aux enjeux géopolitiques sous-régionaux, régionaux et internationaux, à travers un diagnostic sévère de ressources en eau de Bassins Africains tenant compte de jeux et stratégies des acteurs en présence et surtout, les diverses conséquences du transfèrement des eaux du Bassin du Congo. Dans ses différentes branches représentées en chapitres, j'ai procédé à la formulation des recommandations destinées à doter à l'ensemble des parties prenantes des outils pédagogiques devant conjuguer à l'augmentation des capacités en gestion intégrée, lesquels outils sont basés sur la réorientation de l'hydro-virtualité dans le modèle de gestion des ressources en eau des Bassins transfrontaliers, proposé par la théorie hydro-Janussiènne.

Chapitre II.
PRESENTATION DE LA CICOS

Introduction

Le bassin du Congo en 2035, un espace d'intégration régionale où des nations solidaires et émergentes renforcent leurs capacités pour faire de l'eau un moteur de croissance économique et une source de bien-être, tout en préservant la qualité des écosystèmes naturels, en adaptant les usages au changement climatique et en favorisant le partage des couts et des bénéfices.[1]

Dans ce chapitre, il est question de présenter la CICOS : sa mission, son historique, les différents projets et le mandat que les Etats riverains membres lui ont confié dans le cadre de la CEMAC.

Le Bassin du Congo est doté d'un réseau hydrographique très dense, avec des voies navigables estimées à plus de 25000 km à l'état naturel, dont au moins 15000 km classifiés.

Au regard de l'interconnexion naturelle de ces voies navigables, ce réseau sert de voie d'intégration physique et d'échanges entre les États membres de la CICOS.

De par sa position géostratégique, le réseau des voies navigables, au travers de ses terminaux, constitue une véritable plateforme multimodale de desserte continentale, ce qui représente une grande opportunité pour la promotion de l'économie régionale :

- le terminal de Bangui qui relie le réseau dc la CICOS à la façade maritime du port de Douala et au Nigeria par l'axe routier Bangui-Douala, et au Bassin du Lac Tchad par la route Bangui-N'Djamena ;
- le terminal de Kinshasa qui relie le réseau de la CICOS aux pays de l'Est du continent par le tronçon fluvial Kinshasa-Kisangani, et la route Kisangani jusqu'au port de Mombassa.
- le terminal d'Ilebo qui relie le réseau de la CICOS, d'une part aux pays membres du COMESA et d'autre part à ceux de la SADC ;
- le terminal de Brazzaville qui relie le réseau de la CICOS à la façade maritime du port de Pointe- Noire par le chemin de fer Congo-Océan, ou par la route Brazzaville-Pointe-Noire ;

---

[1] Document CICOS : vision partagée 2035, p.22.

- le terminal de Franceville (Port Sec) reliant le réseau de la CICOS à partir du port fluvial de Lekety, à la façade maritime du port d'Owendopar le chemin de fer d'une part, et par le fleuve Ogooué de Ndjolé à port Gentil en passant par Lambaréné d'autre part.

Ainsi, la Commission Internationale du Bassin Congo-Oubangui-Sangha (CICOS) a été créée en 1999 pour promouvoir la navigation intérieure. Sa mission a été élargie à la Gestion Intégrée des Ressources en Eau (GIRE) en 2007. Afin de réaliser sa mission relative à la promotion de la navigation intérieure, la CICOS a élaboré et adopté en 2007, par décision du Comité de Ministre N° 06/CICOS-CM 05, un Plan d'Action Stratégique (PAS) pour la promotion de la navigation dans le Bassin Congo-Oubangui-Sangha, se basant sur l'état des lieux effectué en 2005, puis approfondi en 2007.

Á ce jour, la CICOS se propose d'actualiser ce PAS- Navigation, afin de l'adapter aux contextes socio-économique et environnemental actuel dans notre sous-région. Cette activité ne saurait se faire sans une actualisation de l'analyse diagnostique du transport par voies d'eau intérieures, objet du présent document.

La Commission Internationale du bassin Congo-Oubangui-Sangha (CICOS) a été créée le 06 novembre 1999 sur la base de l'Accord Instituant un Régime fluvial Uniforme et créant la CICOS.[1]

Ses Etats membres sont :

- la République de l'Angola ;
- la République du Cameroun ;
- la République Centrafricaine ;
- la République du Congo ;
- la République Démocratique du Congo ;
- la République Gabonaise ;

Son siège est basé à Kinshasa en République Démocratique du Congo.

---

[1] Document de présentation de la CICOS : brochure, p.2.

2.1. Description de la Commission Internationale du Bassin Congo-Oubangui-Sangha (CICOS)

2.1.1. Les symboles de la CICOS

Le logo de la CICOS se présente comme suit :

- un cercle représentant la situation géographique de la CICOS sur le continent ;
- une couleur verte symbolisant l'environnement forestier dans lequel coule les voies d'eau de la CICOS. Trois voies d'eau représentant le fleuve Congo et ses deux affluents (l'Oubangui et la Sangha) et la connexion multimodale des terminaux des voies de la CICOS à la route et au rail.

Le bassin de la CICOS est le 2ème bassin hydrologique du monde avec pour épine dorsale le fleuve Congo dont le débit est de 42.000 m^3/s en haute saison et 38.000 m^3/s en saison sèche[1]. Les voies navigables du bassin CICOS constituent un paramètre important d'intégration régionale et donnent des indications très édifiantes sur le rôle que joue ce réseau dans la vie économique de l'Afrique centrale. Ce bassin représente un véritable maillon de la chaîne transport multimodal où la complémentarité rail-route-voies d'eau met en évidence l'interdépendance des modes de transport et le renforcement de la solidarité entre les Etats de la sous-région. Par ailleurs, il ressort de l'examen de ce réseau que tous les principaux terminaux du réseau de navigation intérieure de la CICOS constituent en même temps les interfaces d'intégration du réseau à :

- la CEDEAO, par l'axe Bangui - Douala vers le Nigeria ;

[1] Document de présentation de la CICOS : brochure, p.4.

- la Commission du bassin du lac Tchad par la route Bangui - Ndjamena ;
- l'est du continent par le tronçon Kisangani - Mombasa.

2.1.2. Aperçu Historique de la CICOS

Créée en 1999, la Commission Internationale du Bassin Congo-Oubangui-Sangha (CICOS) est une organisation spécialisée de la CEMAC qui a pour mission de faire la promotion de la navigation intérieure et de la gestion intégrée des ressources en eau (GIRE).

La CICOS compte six États membres, dont quatre membres fondateurs, qui sont la République du Cameroun, la République du Congo, la République Centrafricaine et la République Démocratique du Congo. La République Gabonaise a obtenu son adhésion en mars 2011. La République d'Angola qui avait le statut d'observateur depuis décembre 2007, est devenue membre effectif de la CICOS au cours du mois de mai 2015.

2.1.3. De la création à l'évolution de la CICOS[1]

La création de la CICOS (1999) a été initialement envisagée dans un intérêt de développement en commun du potentiel de transport fluvial entre quatre pays du Bassin du Congo : le Cameroun, la RCA, la RC et la RDC. Assez rapidement il est cependant apparu que la problématique de développement du Bassin dépasse le seul secteur du transport fluvial, pour englober aussi bien les questions de protection de la ressource que celles relatives au développement socioéconomique de la zone.

C'est ainsi que le concept de GIRE s'est révélé comme étant le plus approprié pour fédérer les préoccupations des différentes parties prenantes, dans un cadre harmonisé, qui assure l'articulation entre les objectifs du développement durable de la zone et les moyens de les atteindre.

Afin de ne pas démultiplier les structures intentionnelles ayant en charge la gestion du Bassin, il a été décidé d'adopter un Additif (2005) qui élargit les missions de la CICOS à celles de la GIRE. Cette évolution de la nature des missions de la CICOS était d'autant plus opportune, qu'au niveau international, au moins une douzaine de sommets mondiaux sur l'Eau et l'Environnement ont eu lieu en l'espace d'une trentaine d'années, entre 1972 et 2006, à raison d'un « Sommet Mondial » tous les trois faisant ainsi apparaître non seulement l'acuité

---

[1] Document de présentation de la CICOS, *Op.cit.*, p.2.

des questions traitées mais également la progression de la prise de conscience et l'engagement actif en vue d'y apporter les réponses appropriées.

A partir de ce processus d'engagement international progressif et cumulatif est ressorti un cadre de directives, normes, procédures, dispositions continentales et régionales plus ou moins opératoires, en matière de développement durable et de GIRE en particulier.

Les problèmes humains et environnementaux appelés à être pris en charge par la CICOS dans le cadre de sa mission de « GIRE Transfrontalière », sont à la mesure du Bassin du Congo en tant que 2ème bassin du monde et première de l'Afrique, d'une superficie globale de près de 3,7 millions de km² et englobant des territoires de 13 pays : presqu'entièrement (pour la RDC), pour leur majeure partie (pour le Congo, la RCA et le Burundi), partiellement (la Zambie, l'Angola, le Cameroun, le Rwanda) ou marginalement (le Gabon, le Malawi, le Soudan et l'Ouganda).

Mais, en plus du Burundi et du Rwanda, dont l'importante n'intervient pas par la taille, on peut affirmer que les pays qui assurent la couverture à plus de 99 du Bassin du Congo et qui finiront un jour par former l'ossature territoire de la CICOS sont au nombre de 7, à savoir, par ordre d'importance dans la superficie du Bassin, la RDC (63 %), la Centrafrique (11 %) ; l'Angola (8), le Congo (7 %), la Zambie (5%), la Tanzanie (5%) et le Cameroun (2%).

L'adhésion de la Tanzanie conduira presqu'automatiquement à celles du Burundi et du Rwanda. Par ailleurs, si avec l'adhésion de l'Angola, la problématique de la CICOS reste confinée dans une vision spatiale de, le passage à la Zambie et la Tanzanie révèlera le positionnement singulier du Bassin du Congo dans le continent, en tant qu'espace « joignant deux océans » et mettant en contact l'Ouest avec l'Est de l'Afrique et le Nord avec le Sud.

Le Bassin du Congo : un patrimoine collectif d'écosystème, un espace fédérateur pour le développement. Le Bassin du Congo est également une réserve importante de la biodiversité. La cuvette congolaise regroupe à elle seule 16 espèces et sous-espèces endémiques de primates. On estime à près de 410 le nombre d'espèces de mammifères, soit 55 % des espèces répertoriées en Afrique et près de 1100 espèces d'oiseaux. Les zones humides représentent près de 9 % de la superficie totale du bassin.

Les populations vivant dans le bassin, estimées à 77 millions de personnes, jouent un rôle important dans la gestion des ressources naturelles du bassin. Ces dernières années, des stratégies ont été développées afin d'impliquer davantage les populations autochtones (pygmées) dans la gestion durable des ressources naturelles du bassin. Celles-ci sont estimées actuellement à 3 millions de personnes, concentrées essentiellement dans les zones forestières.

Parmi les 4 pays de la CICOS, deux d'entre eux présentent des indicateurs de développement relativement favorables. Il s'agit du Cameroun et du Congo dont l'IDH est moyen (supérieur à 0,500) et en amélioration constante au cours des 3 dernières décennies. En revanche la RDC et la RCA présentent un IDH faible et en baisse depuis les années 90.

Mis à part au Cameroun, le taux de malnutrition des populations dans les pays de la CICOS est supérieur à la moyenne africaine (28 %, selon, Nations-Unies, Word Population prospect, 2004) et le paludisme demeure un problème majeur du bassin, son développement étant favorisé par le domaine par la dominance des milieux aquatiques.

La densité de la population dans la zone du bassin se situe entre 10 et 20 personnes au km², ce qui est relativement faible. La population urbaine est dominante au Cameroun (56 %) et au Congo (61 %) mais minoritaire en Centre Afrique (38 %) et en RDC (33 %). Bien que ces pays aient connu une croissance du PIB encourageante au cours des 5 dernières années (entrc 3,5 % et 6%, mis à part la RCA), les revenus par habitant demeurent faibles dans la zone du bassin.

Avec un revenu par habitant de 130 $ US, la RDC se casse parmi les 3 pays les plus pauvres du continent, la RCA présente un RNB légèrement supérieur de 360 $ US par habitant et se situe ainsi parmi les 20 pays les plus pauvres, enfin le Congo et le Cameroun bénéficient du RNB supérieur mais insuffisant, autour de 1000 $ US.

Comme cela a été dit plus haut, la population vivant dans le bassin est estimée à 77 millions de personnes, dont plus de 70 % en RDC. Bien que certains pays du bassin connaissent une migration urbaine très prononcée, globalement, 65 % de la population des pays riverains du bassin vivent dans les zones rurales où leur survie dépend en grande partie de l'exploitation des ressources naturelles qu'offre le bassin du Congo.

La forêt et les savanes du bassin du Congo constituent les principales sources de base pour l'énergie et les besoins alimentaires des habitants. La dégradation de l'environnement et la destruction des forêts impactent la vie des populations et mettent en danger la survie des plus pauvres.

Sur la base de la masse d'informations disponibles et relative au bassin, il ressort des potentialités, dont la valorisation devrait favoriser le développement socioéconomique, et que :

- le potentiel hydroélectrique, dont le productible dépasse les besoins actuels du Continent ;
- le réseau de voies navigables qui constitue le plus important réseau d'Afrique, grâce notamment à la régularité des régimes hydrologiques, résultat de la situation climatique exceptionnelle, due essentiellement à la position géographique du bassin à cheval sur l'équateur ;
- les ressources minières, bien d'exploitées depuis décennies, constituent encore une opportunité importante d'exportation vers le marché international, avec une meilleure mise en valeur pouvant permettre d'asseoir un tissu industriel consistant et contribuer ainsi au développement économique et à la croissance ;
- les ressources forestières représentées entre autres par les ligneuses et non ligneuses sont très importantes. Elles constituent aujourd'hui d'importantes sources de revenus pour les pays forestiers tels que l'Angola, le Congo, la RCA, la RDC et le Cameroun. Une exploitation durable de celles-ci, associée à la création de forêts artificielles devrait permettre de soutenir la croissance économique à long terme ;
- les ressources halieutiques produites à partir de la pêche et de l'aquaculture dans les eaux douces intérieures (lacs et rivières) et dans le bief inférieur du fleuve Congo sont très importantes. Gérées de manière durable, elles peuvent permettre le développement d'activités économiques importantes dans le bassin ;
- le potentiel des sols agricoles est très important et les possibilités nombreuses : développement à grande échelle de cultures pluviales, culture mécanisée dans les vastes zones de plaines et de savanes, culture irriguée dans les zones moins arrosées qui ceinturent la cuvette centrale ;
- l'élevage extensif et intensif présente des possibilités importantes de développement grâce à la disponibilité d'importants pâturages, de ressources en eau et à la facilité de production des espèces fourragères ;

- la position géostratégique du bassin et la dimension multimodale portuaire permettent d'accéder aux quatre coins du continent.

2.1.3.1. Accord de Siège entre la RDC et la CICOS[1]

C'est un accord de 42 articles, signé à Kinshasa, le 24 septembre 2004, entre la République démocratique du Congo, représentée par le Professeur Mbwinga Bila, Vice-Ministre aux Affaires étrangères et la Commission internationale du bassin Congo-Oubangui-Sangha, représentée par Monsieur Benjamin Ndala, Secrétaire Général, accord relatif au siège de l'Institution et aux droits, privilèges et immunités accordés aux locaux du siège et aux fonctionnaires de la CICOS.

2.1.3.2. Accord de Jumelage entre l'ABN et la CICOS

C'est un accord de 7 articles, signé à Mexico, le 20 mars 2006, entre Messieurs Ide Bana et Benjamin Ndala, représentant respectivement l'Autorité du bassin du Niger (ABN) et la Commission internationale du bassin Congo-Oubangui-Sangha, accord ayant pour objet de collaborer, d'échanger les expériences respectives et d'organiser des actions d'intérêt commun concernant les aspects institutionnels, techniques et sociaux relatifs à l'utilisation, à la gestion et à la protection des ressources en eau sous toutes les formes ; et s'articulant essentiellement autour des trois domaines suivants : l'échange de données et d'informations, la collaboration entre Experts et le renforcement des capacités.

Après l'analyse des instruments juridiques régissant le fonctionnement et les activités de la CICOS, je me propose, à présent, d'aborder la manière dont cette institution accomplit son rôle intégrateur.

2.1.3.3. Convention de collaboration avec le GWP-CAFTAC[2]

La convention entre le GWP-CATAC et la CICOS a été signée le 11 mai 2006. Elle a permis d'établir un cadre permanent de collaboration et de développer un programme commun 2006-2007 en matière de GIRE. La mise en œuvre de cette convention a permis à la CICOS de renforcer ses capacités en matière de GIRE notamment par la formation

---

[1] MPOTO BOMBAKA, H., La commission internationale du bassin Congo-Oubangui-Sangha. Création, mandat et bilan, Mémoire de licence en Droit International Public, Université protestante au Congo, 2012, p.22.

[2] *Op.cit.*, p.27.

de ces cadres sur les principes et les instruments de mise en œuvre de la GIRE et sur l'utilisation de la boite à l'outils de GIRE.

2.1.3.4. Coopération avec GTZ

Suite à la visite de travail effectuée en septembre 2005 au siège de la CICOS à Kinshasa par une délégation de l'Agence Allemande de Coopération Technique (GTZ), le Ministre Fédéral Allemand de la Coopération économique et du développement (BMZ) a approuvé la position de projet « Gestion transfrontalière de l'eau dans le bassin du Congo » et mandaté la GTZ pour sa mise en œuvre. Une proposition définitive de projet a été transmise à la CICOS, par la GTZ, en janvier 2006. Le projet qui s'étend sur 9 années comprend 4 composants :

- stratégie commune de promotion de la navigation intérieure ;
- identification d'un Centre de formation de la navigation à vocation régionale ;
- stratégie commune de mutation vers la GIRE ;
- développement d'un système d'information.

2.1.4. Missions et cadre institutionnel de la CICOS[1]

2.1.4.1. Missions

Les missions dévolues à l'organisation sous régionale de l'Afrique centrale chargée de la gestion des eaux partagées des fleuves Congo-Oubangui-Sangha, organisation interétatique créée en novembre 1999, regroupant quatre pays : la République du Cameroun, la République centrafricaine, la République du Congo et la République démocratique du Congo, sont multiples et sont à considérer sur plusieurs plans, notamment dans le temps, à court, moyen et à long terme et dans l'espace, au plan national des Etats membres et au plan du réseau inter - Etats.

2.1.4.1.1. Missions à la création

A sa création, la CICOS en tant qu'instrument sous régional de coopération avait pour missions :

- assister les Etats pour la tenue et la mise à jour des unités opérant sur les voies navigables du bassin Congo-Oubangui- Sangha ;
- contrôler la mise en application des dispositions du code de la navigation intérieure CEMAC/RDC sur l'immatriculation, le

[1] Document de présentation de la CICOS, *Op.cit.*, p.7.

jaugeage, la signalisation et la délivrance des certificats de navigabilité ainsi que des permis de navigation ;
- définir et faire appliquer les mesures appropriées à prendre pour réduire, sinon éliminer, les incidents qui se produisent sur les voies navigables de la CICOS ; décrire les routes de navigation (état, capacité des voies navigables et données concernant les voies fluviales ;
- élaborer un album de navigation type sur le réseau suivant les dispositions de code CEMAC/RDC ; mettre en place un réseau radiophonique pour la publication des airs urgents aux navigateurs.

2.1.4.1.2. Missions à court, moyen et long terme

- Au plan national des Etats, la mission de la CICOS est d'assister chacun des Etats concernées à garantir de la façon la plus efficace l'usage de ces voies de désenclavement, par l'entretien et l'aménagement ;
- Au plan du réseau inter - Etats, la mission première de la Commission consiste à accorder toute son attention au tronçon de base du réseau ; elle intervient sur les données hydrologiques, hydrographiques et sur la dynamique de la sédimentation lesquelles sont primordiales à la gestion du réseau, c'est-à-dire :
    - la détermination de la capacité, et du type du matériel flottant (modèle) en vue d'établir les relations existantes entre le trafic d'une part, et le matériel nécessaire à effectuer ce trafic, d'autre part ;
    - la mise en place d'un réseau géodésique de référence pour une meilleure interprétation et analyse des données hydrologiques et hydrographiques ;
    - l'élaboration des études dans un contexte géographique « CICOS » pour la gestion des ressources naturelles à savoir : ressources en eaux, qualité des eaux, ressources halieutiques, cycle de l'eau et ses usages etc.

Donner des avis relatifs à l'aménagement des ouvrages hydrauliques ainsi qu'à la dérivation des eaux du bassin en dehors de celui-ci ;

Déterminer la méthode d'amélioration de la navigabilité des passes réputées difficiles et entretenir des profondeurs au niveau des ports ;

La recherche du financement nécessaire à la mise en œuvre du programme commun y relatif, la coordination et l'harmonisation des procédés de collecte, de traitement, d'analyse, d'exploitation et de diffusion de ces données ;

Le contrôle, en étroite collaboration avec les institutions nationales qu'elle (la CICOS) assistera dans l'exécution des travaux de maintenance du réseau, conformément aux normes techniques définies par la classification du réseau telle que fixée par le code de la navigation intérieure CEMAC/RDC ;

Concevoir et réaliser les programmes de préservation de l'environnement du réseau, notamment par des programmes de lutte contre les végétaux aquatiques ;

Concevoir et négocier une politique d'usage adéquate et équilibrée de deux axes classiques de désenclavement du réseau du bassin et étudier les possibilités de diversification et de désenclavement du réseau inter-Etats pour en assurer une meilleure viabilité ;

Au niveau des réseaux de desserte et d'intégration régionale à long terme : la Commission devra engager des négociations nécessaires à l'élargissement des réseaux inter - Etats afin d'inclure les deux tronçons de la RDC devant le compléter, à savoir : le tronçon allant de Kisangani au confluent du Fleuve Congo avec l'Oubangui et le tronçon de la rivière partant d'Ilebo jusqu'au confluent du Fleuve Congo ainsi que le réseau lacustre. Après cet examen des missions dévolues à la CICOS, voyons à présent l'étude de son cadre institutionnel.

2.1.4.2. Cadre Institutionnel De La Commission Internationale du bassin du Congo-Oubangui-Sangha (CICOS)

L'organisation institutionnelle de la CICOS est de type classique c'est-à-dire composée de trois organes, consultatif, décisionnel et d'exécution.

L'article 18 de l'Accord de Brazzaville tel que complété par les articles 16 et 17 de l'Additif[1] stipule que les organes de la Commission Internationale sont :

- le Comité des Ministres, (organe décisionnel) : composé des Ministres chargés de la navigation intérieure et des Ministres en charge de la gestion des ressources en eau et qui a pour mission de définir la politique d'aménagement et d'exploitation des cours d'eau du Bassin ;

[1] Document complétant le traité créant la CICOS et élargissant son champ d'action et ses compétences, *consulté* le 14 mars 2020.

- le Comité de Direction (Organe d'avis) : chargé de préparer les délibérations du Comité des Ministres. Le Comité de Direction comprend les représentants des Etats dont un responsable de l'administration des transports fluviaux, un responsable des exploitants fluviaux et un expert en eau ;
- le Secrétariat Général (Organe d'exécution) est chargé de la mise en œuvre des politiques destinées à assurer la sécurité de la navigation et la protection de l'environnement, élaborées par le Comité des Ministres ;
- le Secrétariat Général est dirigé par un Secrétaire Général, assisté par quatre Directeurs. Le Secrétaire Général anime une équipe, composée de treize (13) cadres permanents et d'un personnel d'appui, tous, recrutés selon les procédures en vigueur dans les organismes internationaux en tenant compte des équilibres géographiques des Etats membres.

Ci-dessous en détails, la description des attributions de chaque organe.

Le Comité des Ministres a pour missions de :

- définir la politique d'aménagement et d'exploitation des cours d'eau du bassin ;
- fixer les grandes orientations de la Commission ;
- adopter le budget et approuver les comptes dc la Commission ;
- approuver le programme du Comité de Direction ;
- nommer le Secrétaire Général ;
- arbitrer les différends entre les Etats contractants ;
- examiner et approuver les propositions de révision du présent Accord et en Interpréter les dispositions.

Le Comité de Direction a pour missions de :

- examiner le rapport d'activités du Secrétaire Général ;
- examiner toutes les plaintes et le règlement de procédures aux quelles donne lieu l'Accord ;
- préparer les délibérations du Comité des Ministres.

Le Comité de Direction est composé de deux représentants par Etat, dont un représentant de l'Administration des transports fluviaux et un représentant des exploitants fluviaux.

Le Secrétariat Général a pour attributions de :

- veiller à la bonne application du présent Accord ;
- élaborer les règlements communs destinés à assurer la sécurité de la navigation et d'assurer la protection de l'environnement ;

- préparer et soumettre le projet de budget au Comité de Direction et au Comité des Ministres ;
- exécuter le budget ;
- nommer les Directeurs après avis du Comité de Direction ;
- recruter et nommer aux autres emplois dans la limite des postes budgétaires ouverts ;
- promouvoir, favoriser et soutenir la coopération et la coordination des activités et projets d'intérêts communs de développement durable, d'utilisation, de conservation des voies navigables de ce bassin ;
- établir des programmes d'assistance financière et technique et si nécessaire, inviter les donateurs à coordonner leur soutien au sein d'un groupe consultatif de donateurs ;
- coordonner les travaux d'aménagement et d'entretien ;
- coordonner la mise en œuvre de l'ouverture à la navigation internationale des voies d'eau intérieures au fur et à mesure des besoins d'intégration ;
- établir des relations avec toute Organisation privée ou publique, de caractère national ou international en vue de l'accomplissement de sa mission ;
- établir un rapport des relations avec toute organisation qu'il soumet, assorti de l'avis du Comité de Direction au Comité des Ministres ;
- assurer la diffusion de toutes informations et données relatives à la gestion et l'exploitation du Bassin ;
- proposer à l'adoption du Comité des Ministres l'organisation des services du Secrétariat Général.

2.1.5. Le Mandat de la CICOS

Les bases juridiques de la CICOS reposent sur l'Accord instituant un régime fluvial uniforme et créant la CICOS et son Additif, signés respectivement le 21 novembre 1999 et le 22 février 2007.

Les objectifs de la CICOS sont les suivants :

- garantir la gestion durable des voies navigables ;
- harmoniser la réglementation en matière de transport fluvial pour la sécurité de la navigation et la préservation de l'environnement ;
- intégrer tous les usages des ressources en eau dans la planification régionale ;
- optimiser les allocations d'eau par usage ;

- partager entre les États les bénéfices générés par les usages de l'eau ;
- soutenir le développement et lutter contre la pauvreté dans la sous-région ;
- promouvoir la sécurité alimentaire.

Le financement de la CICOS se fait par les contributions financières des États membres. Ceux de la CEMAC ont adopté le mécanisme de la Taxe Communautaire d'Intégration (TCI). C'est une taxe d'affectation spéciale instituée aux fins du financement du processus d'intégration de la CEMAC. Elle s'applique aux importations mises à la consommation en provenance des pays tiers. Liquidé sur la valeur en douane, son taux est fixé à 1 %. Les ressources dégagées sont destinées à couvrir les dépenses de fonctionnement, à financer les compensations, et à constituer des dotations au Fonds de Développement de la Communauté (FODEC).

Par ailleurs, l'appui des PTF se fait surtout à travers des programmes et projets spécifiques (UE, GIZ, AFD, BAD, FFEM, FAO, etc.).

2.1.6. La Gestion intégrée des ressources en eau (GIRE)

Selon le Partenariat Mondial de l'Eau, la GIRE est un processus qui encourage la mise en valeur et la gestion coordonnée de l'eau, des terres et des ressources associées en vue de maximiser le bien-être économique et social qui en résulte d'une manière équitable, sans compromettre la durabilité d'écosystèmes vitaux. La gestion intégrée signifie que toutes les utilisations sont considérées ensemble. Les décisions pour la gestion et la répartition tiennent compte des effets de chaque utilisation sur les autres et sont définies sur la base d'une approche participative. La GIRE s'oppose à l'approche sectorielle en vigueur dans la plupart des pays.

La GIRE est fondée à partir des quatre principes définis lors de la Conférence Internationale sur l'Eau et l'Environnement (Dublin, janvier 1992) et renforcés par la Conférence des Nations Unies sur l'Environnement et le Développement (Rio de Janeiro, juin 1992).

Ces principes sont les suivants :

- l'eau douce est une ressource limitée et vulnérable, essentielle au maintien de la vie, au développement et à l'environnement ;
- le développement et la gestion de l'eau doivent être basés sur une approche participative, impliquant les usagers, les planificateurs et les décideurs à tous les niveaux ;

- les femmes jouent un rôle central dans l'alimentation, la gestion et la préservation de l'eau ;
- l'eau a une valeur économique dans tous ses usages compétitifs et devrait être reconnue comme bien économique.
- Au-delà de ces quatre principes, la GIRE se caractérise par les mots-clés suivants :
- gestion trans-sectorielle (« intégrée ») ;
- gestion de l'eau par unités naturelles homogènes : « bassins versants » ;
- participation de toutes les parties prenantes dans les processus de décision ;
- optimisation du bien-être économique et social ;
- partage équitable entre les usagers ;
- purabilité environnementale ;
- subsidiarité : gestion au niveau adéquat ;
- nouveaux mécanismes de financement de la GIRE (mise en application des principes utilisateur payeur et pollueur-payeur).

En résumé, on peut retenir que la mise en œuvre de la GIRE consiste essentiellement à appliquer les principes de développement durable à la gestion des ressources en eau. Toutes ces notions ne prennent tout leur sens et leur intérêt qu'à l'échelle des bassins hydrographiques. Un bassin hydrographique (ou bassin versant) est un espace géographique délimité par des lignes de partage des eaux, à l'intérieur duquel toutes les eaux tombées du ciel s'écoulent vers un même exutoire : cours d'eau, lac, mer, océan, etc.

C'est au sein de ces espaces naturels que l'eau peut le mieux être gérée selon la logique de sa circulation et des interdépendances amont-aval qu'elle engendre, et qui sont indépendantes des limites administratives. D'autres unités hydrauliques plus pertinentes selon les cas peuvent aussi être prises en compte, comme leurs aquifères.

II.1.7. Le Plan D'action Stratégique (PAS)

Une des premières initiatives menées par la CICOS dans le domaine de la GIRE fut la réalisation du Plan d'Action Stratégique pour la gestion intégrée des ressources en eau du bassin du Congo (PAS). L'objectif du PAS visait à définir le cadre de référence de la GIRE dans le bassin du Congo. Le PAS se présente sous la forme d'une série d'études répondant aux principales préoccupations des parties prenantes des pays membres de la CICOS (Tableau II.1).

Le PAS traite, entre autres, des problématiques liées à l'aménagement du territoire, l'alimentation en eau potable, la sécurité alimentaire, l'hydroélectricité, l'écotourisme, la gestion des zones humides, l'approche genre et le renforcement des capacités des différents acteurs. Pour chacun de ces thèmes, une analyse de diagnostic a été réalisée et validée auprès des différentes parties prenantes.

Tableau I. Les livrables du PAS

ÉTUDES SECTORIELLES	ÉTUDES ENVIRONNEMENTALES	ÉTUDES TRANSVERSALES
Document Stratégique de développement de l'hydroélectricité dans le bassin du Congo	Gestion Intégrée Durable des Zones Humides	Normalisation du système d'observation hydrologique et climatologique
Document d'Orientation et plan d'action pour la sécurité alimentaire et la promotion de la production agricole et les échanges agro halieutiques dans le bassin du Congo	Qualité des eaux et contrôle des risques pour la Santé	Développement du Système d'Information du bassin du Congo (SIBCO)
Document de cohérence entre le PAS Navigation et la considération du transport multimodal	Contrôle de la Prolifération des Espèces Envahissantes	Renforcement des Capacités des parties prenantes du PAS-GIRE
Document du Programme de Promotion de l'Écotourisme dans le bassin du Congo	Projets Transfrontaliers de Conservation des Ressources et Préservation de l'Environnement	Programme de Recherche Développement
Document d'Identification des Besoins et de Recommandations de programmes Complémentaires d'AEPA au niveau des États Membres de la CICOS		Programme d'Education Environnementale
		Plan d'action de prise en compte de la dimension Genre dans le PAS

Source : Document CICOS – Etat des lieux 2015.

Le PAS, qui inclut un portfolio d'environ 450 projets dont 72 sont jugés prioritaires, constitue le point de départ du processus GIRE, dotant la CICOS d'une base d'information et d'analyse nécessaire au développement d'une politique d'aménagement et d'exploitation des ressources en eau dans le bassin. Le PAS se trouve être ainsi la fondation sur laquelle reposent les instruments GIRE de la CICOS.

Parmi ces instruments, deux sont en cours de réalisation, à savoir le système d'information et l'outil d'aide à la décision. Le premier instrument a pour but de faciliter l'échange de données et d'informations entre les parties prenantes ; le second vise à faciliter la planification optimale et durable des grands projets d'infrastructures dans le bassin.

Dans le cadre du PAS, la CICOS a bénéficié de plusieurs programmes et projets en cours d'exécution, notamment :

- le projet African Monitoring of the Environnent for Sustainable Development (AMESD), qui visait l'établissement de services opérationnels d'information à l'échelle régionale, visant à appuyer et améliorer le processus de prise de décision en matière de gestion de l'environnement ; il a été lancé en 2007 et a duré jusqu'en 2013, avec un financement de la Commission Européenne (par le biais du Fonds Européen de Développement). Le programme a été administré par la Commission de l'Union Africaine ;
- le projet Monitoring for Environment and Security in Africa (MESA), successeur du projet AMESD est mis en œuvre en Afrique Centrale à travers la coopération entre la Commission de l'Union Européenne et l'Union Africaine ;
- le programme Gestion Transfrontalière de l'eau dans le bassin du Congo (GETRACO), réalisé avec l'appui de la GIZ ;
- le programme HYCOS, qui est l'une des composantes du Système Mondial d'observation du cycle hydrologique « WHYCOS » de l'OMM ;
- le projet « Outil de modélisation et d'allocation des ressources en eau du bassin du Congo ».

Figure 1. Les instruments GIRE de la CICOS

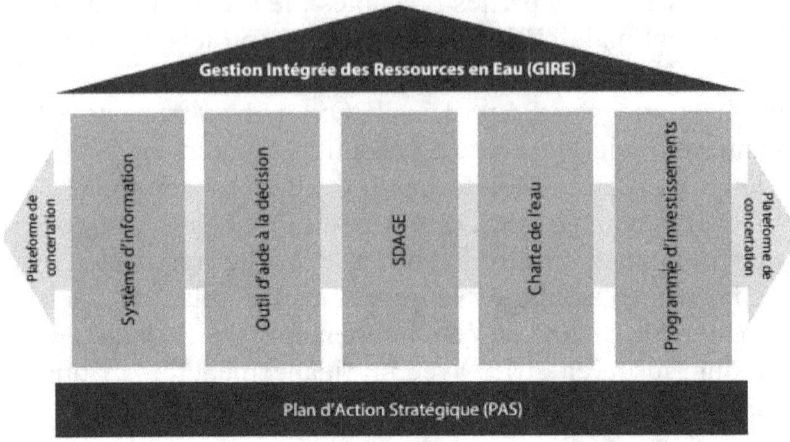

Source : Document CICOS – Etat des lieux 2015

2.1.8. Le Schéma Directeur D'aménagement Et De Gestion Des Eaux (SDAGE)

Le PAS s'est attaché à mener des analyses sur l'ensemble du bassin hydrographique du fleuve Congo. Mais la CICOS, étant donné son mandat, avait besoin d'un schéma directeur à l'échelle de sa zone d'intervention, c'est-à-dire l'espace du bassin de ses États membres. Pour cette raison, la CICOS s'est engagée dans la formulation et la mise en œuvre d'un schéma directeur d'aménagement et de gestion des eaux (SDAGE).

Le Secrétariat Général est en effet chargé de développer un SDAGE conformément à l'article 15 de l'Additif à l'Accord instituant un régime fluvial uniforme et créant la CICOS. Ce document fixera, entre autres, les conditions dans lesquelles la CICOS mènera ses activités telles qu'énoncées dans l'article 15 de l'Additif.

Le SDAGE est un document d'orientation stratégique pour l'aménagement et la gestion des ressources en eau dans le bassin du Congo. Il vise à fournir un guide de planification pour la mise en place d'une gestion durable des ressources en eaux à l'échelle du bassin. Le SDAGE constitue le plan opérationnel de la CICOS dans le secteur de l'eau. Axé sur l'avenir et fondé sur une analyse de la conjoncture, il fixe les orientations, les objectifs et les mesures à mettre en œuvre pour soutenir le développement et la gestion durable des ressources en eau à l'échelle du bassin.

En tant que document intégrateur de la GIRE dans le bassin du Congo, la portée du SDAGE dépasse le simple aspect de la protection de l'environnement. Il possède ainsi un champ d'application thématique plus large que les SDAGE réalisés dans d'autres bassins, notamment en Europe, qui se concentrent principalement sur l'atteinte d'objectifs environnementaux.

Par ailleurs, compte tenu du caractère émergent de la GIRE dans la plupart des États membres, la portée opérationnelle du SDAGE se concentre sur les actions prises en charge par la CICOS.

Au sens le plus large du terme, le SDAGE vise à répondre aux questions « quoi ? Pourquoi ? Comment ? » de l'aménagement et de la gestion de l'eau dans le bassin du Congo. Afin de répondre à ces questions, le contenu du SDAGE est organisé selon trois modules :

- l'État des Lieux,
- la Vision Partagée
- le Programme de Mesures

La portée du SDAGE est fixée sur un horizon de 5 ans (2020), sachant que la Vision Partagée est projetée à plus long terme, sur un horizon de 20 ans (2035), conformément aux Plans nationaux de développement pour l'émergence. Le SDAGE porte sur les portions nationales du bassin versant dans les cinq États membres de la CICOS.

Le développement et la mise en œuvre du SDAGE sont conçus sur la base d'une approche participative, à travers la mise en place de plateformes de concertation au niveau national et régional. Opérant de concert avec les autres organes de la CICOS, les plateformes de concertation forment les rouages de l'approche participative dans le bassin du Congo. Elles constituent le moyen privilégié par la CICOS pour informer, consulter et impliquer les parties prenantes au processus d'élaboration du SDAGE.

2.1.9. Cadre juridique de la CICOS[1]

Dans cette section, l'étude aborde la question des textes officiels exprimant et réaffirmant, à travers les temps et les époques, la volonté des Etats à coopérer en matière de gestion des eaux transfrontalières ; l'étude abordera aussi l'Acte d'uniformisation des régimes juridiques applicables aux cours d'eau inter - réseau CICOS. Enfin, la section

[1] ADJEMA, A., De l'apport des organisations sous-régionales de gestion des eaux transfrontalière au développement des état-membres - Cas de la CICOS en RDC, mémoire de licence en droit public international, Université libre de Kigali, 2008, in www.bing.com, *consulté* le 22 mai 2020.

s'achèvera par l'examen de la question relative à l'intégration économique par voie des eaux partagées.

2.1.9.1. L'uniformisation des régimes juridiques applicables aux cours d'eau des Etats membres

La coopération en matière de l'eau a été réaffirmée dans de nombreux textes officiels, dont les textes officiels généraux et les textes officiels particuliers.

2.1.9.2. Les textes officiels généraux sont les suivants :

2.1.9.2.1. Acte général de la Conférence de Berlin du 2 février 1885

Dans ce texte, les Nations expriment clairement leur volonté et leur intention de coopérer pour une utilisation rationnelle des eaux partagées.

Après avoir évoqué les identités des personnalités présentes aux assises, lesquelles étaient munies de pleins pouvoirs qui ont été établis en bonne et due forme, l'Acte stipule, en ses pages 29 et 30, au nom de Dieu Tout Puissant, que ces personnalités ont successivement discuté et adopté, entre autres, les points suivants :

- une déclaration relative à la liberté du commerce dans le bassin du Congo et son embouchure par les pays circonvoisins, et relative à certaines dispositions connexes ;
- une déclaration relative à la neutralité des territoires compris dans le bassin conventionnel du Congo ;

Un acte de navigation du Congo, qui, en tenant compte des circonstances locales, étend à ce fleuve, à ses affluents et aux eaux qui leur sont assimilées, les principes généraux énoncés dans les articles 108 et 116 de l'Acte final du Congrès de Vienne et destinés à régler, entre les puissances signataires de cet Acte, la libre navigation des cours d'eau navigables, etc.

On peut également lire dans la partie préambule, entre autres buts recherchés par la Conférence, que : « voulant régler, dans un esprit de bonne entente mutuelle, les conditions les plus favorables au développement du commerce et de la civilisation dans certaines régions d'Afrique, et assurer à tous les peuples les avantages de la libre navigation sur les deux principaux fleuves africains qui se déversent dans l'Océan Atlantique, etc. ».

2.1.9.2.2. La Charte de l'Organisation des Nations Unies du 26 juin 1945[1]

La Charte des Nations Unies, en son chapitre IX intitulé : Coopération économique et sociale internationales, en son article 55, pose les principes de création d'accords permettant le développement économique des Etats. L'article susmentionné stipule : « En vue de créer les conditions de stabilité et de bien-être nécessaires pour assurer entre les nations des relations pacifiques et amicales fondées sur le respect du principe de l'égalité des droits des peuples et de leur droit à disposer d'eux-mêmes, les Nations Unies favorisent :

- le relèvement de niveau de vie, le plein emploi et des conditions de progrès et de développement dans l'ordre économique et social ;
- la solution des problèmes internationaux dans les domaines économique, social, de santé publique, et autres problèmes connexes, et la coopération internationale dans les domaines de la culture intellectuelle et de l'éducation ;

L'article 56 de la Charte ajoute que les membres s'engagent, en vue d'atteindre les buts énoncés à l'article 55, à agir tant conjointement que séparément, en coopération avec l'organisation.

2.1.9.2.3. Agenda 21 des Nations Unies de 1992

L'accord de Brazzaville instituant un régime uniforme et créant la CICOS, s'appuie aussi juridiquement sur l'Agenda 21 des Nations Unies de 1992. En effet, l'Action 21 des Nations Unies, au chapitre 18 intitulé : Protection des ressources en eau douce et de leur qualité : application d'approches intégrées de la mise en valeur, de la gestion et de l'utilisation des ressources en eau, en ses points 3 et 4 stipulent : « La rareté généralisée des ressources en eau douce, leur destruction progressive et leur pollution croissante que l'on constate dans de nombreuses régions du monde ainsi que l'intrusion graduelle d'activités incompatibles exigent une intégration de la planification et de la gestion des ressources en eau.

Cette coopération doit couvrir toutes les étendues d'eau de surface et les eaux souterraines, et tenir dûment compte des aspects quantitatifs et qualitatifs »[2]. Il est nécessaire de reconnaître la dimension multisectorielle de la mise en valeur des ressources en eau dans le

---

[1] Charte de ONU du 26 Juin 1945.

[2] Agenda 21 de l'ONU, 1992.

contexte du développement socio-économique ainsi que les utilisations multiples de l'eau : approvisionnement et assainissement, agriculture, industrie, urbanisation, hydroélectricité, pisciculture en eau douce, transports, activités de loisir, gestions des basses terres et autres.[1]

Dans les plans rationnels de mise en valeur des eaux de surface, les eaux souterraines et d'autres sources possibles doivent être appuyés en même temps des mesures de protection des eaux et de limitation maximale du gaspillage.

Il faut cependant, accorder priorité aux mesures destinées à prévenir les crues et lutter contre les inondations ainsi qu'au contrôle des alluvionnements, le cas échéant », (art.18, alinéa 3). « Les eaux transfrontalières et leur exploitation revêtent une grande importance pour les Etats riverains. Dans ce contexte, il serait peut-être souhaitable qu'une coopération s'instaure entre ces Etats conformément aux accords en vigueur et/ou à d'autres arrangements applicables, compte tenu des intérêts de tous les Etats riverains concernés », (art.18 alinéa 4).

2.1.9.2.4. Traité Instituant la CEMAC Du 16 Mars 1994 et son protocole additif

L'esprit du Traité instituant la CEMAC incarné dans les articles 37 et 39 de son additif a également inspiré l'Accord de Brazzaville.

En effet, les articles précités stipulent :

- Article 37 : la Communauté participe aux efforts d'intégration entrepris dans le cadre de la Communauté économique africaine (CEA) et, en particulier à ceux relatifs à la création d'organisations communes dotées de compétences propres en vue d'actions coordonnées dans de domaines spécifiques (...).
- Article 39 : Tout Etat africain peut être associé à une ou plusieurs politiques de la Communauté (...).

2.1.9.2.5. Acte Constitutif de l'Union Africaine

Dans son article 3 relatif aux objectifs de l'Union africaine, l'Acte constitutif de cette organisation panafricaine stipule que, les objectifs de l'Union sont, entre autres :

- Alinéa j : promouvoir le développement durable aux plans économique, social et culturel ainsi que l'intégration des économies africaines ;

---

[1] Document de présentation de la CICOS, *Op.cit.* p.18.s

- Alinéa k : promouvoir la coopération et le développement dans tous les domaines de l'activité humaine en vue de relever le niveau de vie des peuples.

Ainsi, la création de la CICOS rentre dans la ligne droite des objectifs de l'Union africaine tels que réaffirmés dans l'Acte constitutif de Lomé au Togo du 11 juillet 1999 et son Additif.

2.2. Les ressources en eau[1]

L'eau recouvre 72% de la surface du globe pour un volume total estimé à 1 400 millions de Km3. Au cours des siècles passés, l'homme n'a pas endommagé la disponibilité en l'eau. Mais, le monde moderne, les aménagements et la maîtrise de l'eau disponible dans la nature ont transformé le régime des eaux et perturbé leurs fonctions naturelles.[2]

2.2.1. Les Eaux de surface

Grâce à la position du bassin, situé un tiers au nord et deux tiers au sud de l'équateur (entre 7°N et 12°S), le fleuve Congo a un débit assez régulier tout au long de l'année. L'hydrogramme de la crue annuelle à Kinshasa (RDC) présente deux pointes de débit : le plus important au mois de décembre et un second au mois de mai, alors que le minimum est enregistré au mois d'août (Figure II.4).

L'analyse des données de débit moyen mensuel disponibles pour la période 1902–2011 montre une valeur maximale de 81.600 m3/s (enregistrée en décembre 1961) et un minimum de 22.800 m3/s (enregistré en juillet 2011), signe d'un amenuisement des écoulements qui a largement perturbé la navigation sur le fleuve cette année. En général, les débits d'étiage sont observés au mois d'août et leur moyenne est de l'ordre de 32.400 m^3/s, alors que ceux des hautes eaux sont observés au mois de décembre et leur moyenne est d'environ 58.000 m^3/s. Le module interannuel est de 41.000 m^3/s.

[1] Document de présentation de la CICOS, *Op.cit.,* p.29.

[2] C.I.EAU, *Op.cit.*

Figure 2. Débits moyens mensuels (m³/s) à la station de Kinshasa Période : 1903-1983

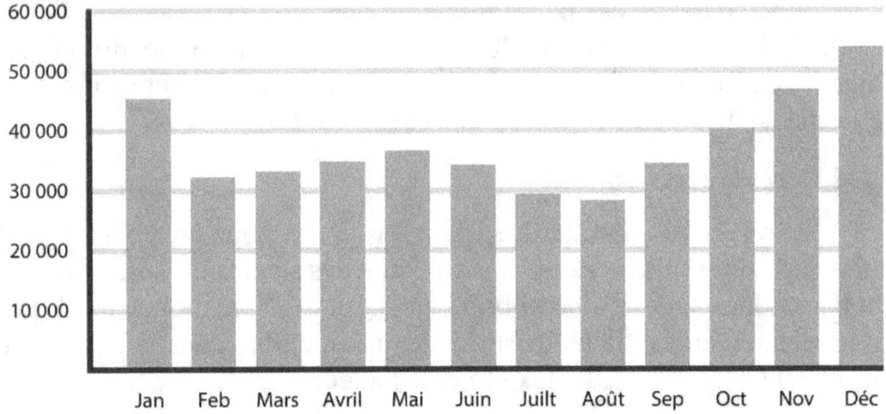

Source : Document CICOS – Etat des lieux 2015

Dans l'ensemble, on note une relative régularité du débit due au fait que les tributaires du fleuve ont des origines variées, certains dans l'hémisphère nord, d'autres dans l'hémisphère sud et par conséquent des régimes hydrologiques différents. En effet, la saison sèche de l'hémisphère nord apparaît en général vers janvier, alors que dans l'hémisphère sud, elle se fixe autour de juillet. Dans le temps, il y a donc une opposition entre le régime de ses principaux affluents : l'Oubangui et la Sangha au nord et du Kasaï au sud.

2.2.2. Les Eaux souterraines[1]

Environ 90 pour cent de la population rurale en RDC, qui représentent les trois quarts de la population du bassin, dépendent des eaux souterraines et des sources pour leur approvisionnement en eau potable. Malgré l'abondance des eaux de surface, la grande majorité de la population du bassin dépend des nappes phréatiques et des sources pour s'approvisionner en eau potable. On estime que les nappes phréatiques représentent presque 47 pour cent (421 km3/an) des ressources hydriques renouvelables de la RDC.

Toutefois, l'information disponible sur l'étendue et la qualité des réserves hydriques souterraines et de l'eau des sources est rare et, lorsqu'elle est disponible, souvent obsolète et couvrant une zone

[1] Programme des Nations unies pour l'environnement (PNUE), Problématique de l'Eau en République Démocratique du Congo Défis et Opportunités, 2011, in www.google.com, *consulté* le 22 juillet 2022.

géographique restreinte. Il n'existe pas d'information agrégée sur les eaux souterraines à l'échelle du bassin.

Ainsi, il n'existe pas d'inventaire général des sources, ni au niveau des États ni au niveau du bassin. Bien souvent, ces sources sont de simples sources captées, très utilisées dans les villages isolés ainsi que dans les zones périurbaines connaissant une croissance rapide. Dans plusieurs villes telles que Mbuji-Mayi, Lubumbashi, Kisangani, Bunia, Beni, Gemena et Lisala, la production d'eau à grande échelle et sa distribution en réseau reposent aussi de façon significative sur des sources. Depuis les années soixante, en effet, Kinshasa est à son troisième outil de planification (1967, 1978, 2014) ; Kisangani à son troisième plan (1978, 2008, 2010), Lubumbashi à son deuxième plan de développement (1979, 2006). Bien plus, cette dernière décennie, suite aux catastrophes naturelles (inondations, ensablements, érosions...) que connaissent de nombreuses villes congolaises, les partenaires (CTB, B.M.,PNUD/ONU-Habitat, etc.) appuient solidement les gouvernements central et provincial en produisant des Plans de Développement Urbain (P.D.U.) de quelques villes notamment ; Kindu, Kolwezi, Kananga, Kikwit, etc.).[1]

Selon une estimation, il existe seulement 1.000 puits forés à grande profondeur en RDC ne couvrant qu'une petite proportion de la population. La plupart de ces puits ont été creusés entre 1960 et 1980, particulièrement durant la Décennie Internationale de l'Eau Potable et de l'Assainissement. Leur débit varie généralement entre 15 et 80 m3/h, il atteint dans quelques cas 300 m3/h. Mais tout comme leur inventaire, les paramètres hydrogéologiques des aquifères sont mal connus, à l'exception de quelques zones d'études localisées dans le bassin.

À partir des années 1990, les forages de puits ont été moins nombreux. Cependant, depuis quelques années, l'aide internationale a rapidement inversé la tendance.

En plus des puits à pompe mécanique et manuelle, les eaux souterraines sont désormais autrement exploitées via des puits creusés et représentent environ 10 pour cent de l'approvisionnement total en eau potable.

Le développement de l'eau souterraine a connu un renforcement sensible avec le Programme d'Action de la Commission Africaine des

---

[1] Ministère De L'aménagement du Territoire, Urbanisme Et Habitat – RDC, Secrétariat Général à l'Urbanisme et Habitat, Rapport final : Habitat III R.D Congo, Kinshasa, Octobre 2015, p.15.

Eaux Souterraines à travers l'AMCOW. En effet, les principales résolutions sur les eaux souterraines de l'AMCOW ont été adoptées lors de la 6e Session ordinaire de cette institution à Brazzaville en mai 2007. La stratégie pour leur mise en œuvre a été la mise en place d'une Commission essentiellement dédiée à cette tâche, la Commission Africaine des Eaux Souterraines.

2.2.3. La qualité de l'eau

Les résultats acquis au cours de cinq années de suivi des eaux du fleuve Congo et de l'Oubangui font ressortir la stabilité de leur composition chimique en éléments majeurs dissous dont les concentrations suivent assez fidèlement le cycle hydrologique. Les eaux de ces fleuves transportent essentiellement sous forme dissoute des bicarbonates, issus en grande partie de la dissolution du CO_2 atmosphérique, et de la silice.

Les eaux du Congo sont particulièrement peu chargées en éléments minéraux dissous ; la moyenne des TDS, 36 mg/l, est largement inférieure à la moyenne mondiale des eaux de rivière, qui est de 100 mg/l, ainsi qu'à la moyenne des rivières africaines (± 60 mg/l). Cette faible charge minérale dissoute correspond à une dynamique de bassin aplani, protégé par un couvert forestier dense où l'érosion mécanique est ralentie et où l'altération biogéochimique agit sur un substratum déjà en grande partie lessivé.[1]

Malgré l'existence de points de pollution localisés autour des centres urbains et des opérations minières (voir le paragraphe suivant pour ces aspects), les eaux de surface dans le bassin affichent, de façon générale, une très bonne qualité. Ceci est largement dû à la capacité de dilution élevée des grands volumes d'eau de ce vaste réseau de rivières et des zones marécageuses, à la faiblesse de la densité de population dans de vastes zones, et à l'agriculture de subsistance qui n'utilise pas ou peu d'intrants chimiques. Cette bonne situation générale ne doit cependant pas conduire à négliger la protection des populations et la préservation ou la restauration des eaux dans les zones localement touchées par des dégradations de sa qualité.

Les eaux du fleuve Congo ont été classées en deux grands types : (i) l'eau blanche des rivières du Plateau des Batékés et de la mosaïque de la savane de la rivière Oubangui et du Plateau Katanga, et (ii) les

[1] Bureau d'Etudes Industrielles Energies Renouvelables et Environnement (BEI – ERE), « situation environnementale : caractéristiques du bassin versant », 2008-2009.

rivières d'eau noire de la Cuvette centrale. Les rivières d'eau blanche ont des niveaux très faibles de minéraux dissous en raison du lessivage excessif du substrat rocheux du lit. Les marais et les courants d'eau noire de la Cuvette centrale contiennent des acides humiques provenant de la végétation en décomposition de la forêt tropicale, et ont une faible teneur en oxygène et nutriments. L'eau blanche des parties supérieures du Fleuve Congo (Lualaba, Lomami et Oubangui) et des lacs de la Vallée du Rift est relativement plus basique, avec des quantités variables de bicarbonates et des teneurs en oxygène dissous moyennes à élevées.

Les différentes études réalisées aboutissent à la conclusion qu'aucune tendance de changement des caractéristiques physico-chimiques des eaux du Congo n'a été observée, cela étant confirmé par des mesures continues et exhaustives, bien que les Laboratoires d'Éco toxicologie et de Limnologie, Hydrobiologie et Aquaculture de l'Université de Kinshasa aient relevé des pollutions dues aux métaux lourds dans le Pool Malebo.

Concernant le transport solide, les exportations de matières du bassin varient en moyenne entre 9 et 20 tonnes par km². L'intensification de la déforestation et la persistance des pratiques agricoles destructrices des sols s'accompagnent généralement d'une augmentation significative du transport solide, ce qui contribue à l'ensablement des cours d'eau.

2.3. Les usages de l'eau[1]

On compte en 2015 environ 100 millions d'usagers de l'eau dans le bassin du Congo. Ce chiffre doublera d'ici 2050 du fait de la croissance démographique. Les ressources en eau du bassin sont largement suffisantes pour couvrir l'ensemble des besoins de tous les usagers. Paradoxalement, dans le quotidien des populations, l'eau n'est pas suffisante ni accessible. La section qui suit décrit les principaux usages de l'eau, sur la base des études diagnostiques réalisées dans le cadre du PAS.

2.3.1. L'Eau potable et l'assainissement[2]

Le secteur de l'eau et de l'assainissement en République Démocratique du Congo a subi un grand revers au cours de la longue

---

[1] Document de présentation de la CICOS, *Op.cit.,* p.35.

[2] KAYOBOLA KANGOMBE, Th., Approvisionnement en eau potable en milieu rural en République Démocratique du Congo face à l'Objectif 6 de Développement

crise politique du pays. Depuis lors, le secteur a commencé à se redresser, quoique lentement. En effet, tous les besoins de base en eau ainsi qu'en assainissement s'avèrent toujours immenses. De nos jours, la moitié de la population de la République Démocratique du Congo n'a pas accès à l'eau potable, mais également à un assainissement amélioré.

La grande majorité des résidents du bassin du Congo ne sont pas connectés à l'eau potable. Moins de la moitié des citadins disposent d'eau courante dans l'habitation. 90 % de la population de RDC, par exemple, puise son eau potable dans des sources (souvent de simples sources captées), ou simplement de l'eau de pluie collectée des toitures des maisons et stockée dans des récipients, même dans des villes comme Lubumbashi ou Kisangani. Les citadins dépendent alors le plus souvent d'un accès collectif (robinet commun) ou bien de petits vendeurs d'eau qui parcourent les cités.

En raison des infrastructures endommagées – dues aux sous-investissements voire aux conflits –, de la croissance rapide de la population, mais aussi du manque de capacité de gestion des acteurs ou encore de l'absence d'une politique harmonisée dans la région, moins de 25 % de la population du bassin a un accès régulier et aisé à une eau salubre. Cette situation a été observée dans les zones rurales, mais également de façon croissante dans les villes connaissant une expansion rapide, dans lesquelles l'extension des réseaux ne suit pas.

Tableau II. L'accès aux services AEPA (2009)

	Taux d'accès à l'eau potable (urbain)	Taux d'accès à l'eau potable (rural)	Taux d'accès à l'assainissement (urbain)	Taux d'accès à l'assainissement (rural)
Cameroun	80 %	43 %	52 %	15 %
RCA	24 %	32 %	11 %	1,7 %
Rép. Congo	47 %	15 %	10 %	0,4 %
RDC	38 %	17 %	21 %	14 %
Gabon	95 %	47 %	33 % (moyenne)	

Source : Document CICOS – Etat des lieux 2015

2.3.2. L'énergie

Le fleuve Congo et ses affluents recèlent une énorme énergie électrique potentielle (100.000 MW), doublement favorisés à cet égard

---

Durable, Exemple de la province du Maniema, Thèse de doctorat en Sciences et littérature, Selinus University, in archives-ouvrtes.fr, 2020, p.80.

par leur débit soutenu, et leur profil en long entrecoupé de brusques dénivellations.

Pourtant, l'électricité est un produit rare en Afrique : le taux d'électrification est limité à 42 % à l'échelle du continent et à moins de 20 % dans le bassin du Congo. Il n'est que de 3 % pour la RDC ! À peine 7 % des capacités hydrauliques sont mobilisées dans le bassin. La faiblesse de la production d'hydroélectricité dans le bassin est donc en premier lieu une question de manque d'infrastructures et de faiblesse de maintenance.

Les deux tableaux suivants présentent une synthèse de la situation actuelle des infrastructures :

Tableau III. Synthèse des aménagements hydroélectriques dans le Bassin (2010)

Catégorie (P en MW)	Centrales en exploitation	Puissance installée (MW)	Sites potentiels identifiés	Puissance prévue (MW)
1 < P < 10	20	59	64	227
10 <= P < 100	16	438	51	1.298
P>=100	5	2.251	12	47.050
Total	**41**	**2.748**	**127**	**48.575**

Source : Document CICOS – Etat des lieux 2015

La capacité de production électrique est stagnante depuis les vingt dernières années. La faible densité de population et la prépondérance de la population rurale rendent le développement des infrastructures d'électricité onéreux et limitent les économies d'échelle. Le faible maillage du réseau et son mauvais état général constituent des problèmes d'autant plus difficiles à surmonter que les pays africains connaissent de fortes contraintes budgétaires.

Tableau IV. Capacité hydroélectrique Installée en MW en RDC (2010)

PROVINCE	Capacité installée en MW	Part dans le total
BAS-CONGO	1.867,6	72,4 %
KATANGA	558,6	21,6 %
ORIENTALE	48,9	1,9 %
SUD-KIVU	39,2	1,5 %
ÉQUATEUR	19,4	0,8 %
KASAÏ ORIENTAL	16,5	0,6 %
MANIEMA	10,9	0,4 %
KASAÏ OCCIDENTAL	9,2	0,4 %
NORD-KIVU	7,3	0,3 %
BANDUNDU	3,6	0,1 %
TOTAL	**2.581,2**	**100,0 %**

Source : Document CICOS – Etat des lieux 2015

Ainsi, l'offre disponible pour les populations est largement insuffisante et la consommation d'énergie s'articule essentiellement autour de la biomasse.

La population non desservie a de plus en plus recours aux générateurs de secours qui augmentent considérablement la facture énergétique. Le coût de la production de secours représenterait de 1 à 4 % du PIB des pays de l'Afrique subsaharienne.

2.3.3. L'agriculture[1]

L'Afrique Centrale ne destine que 56 % de ses prélèvements d'eau à l'agriculture (irrigation et eau pour le bétail), du fait essentiellement des précipitations annuelles (> 1.000 mm/ an en moyenne) qui permettent des cultures pluviales non réalisables dans les pays arides. La moitié de ces prélèvements sont faits par le Cameroun.

On trouve dans le bassin deux grands systèmes de cultures. Celui basé sur les tubercules est localisé dans les basses plaines. Sans arboriculture majeure, les sources de revenus sont plutôt focalisées sur le manioc, l'igname, la patate douce et les légumineuses, ainsi que sur d'autres activités non agricoles. Le système forestier est basé sur les

[1] Document de présentation de la CICOS, *Op.cit.,* p.39.

cultures vivrières incluant le haricot, le manioc, le maïs, la patate douce, le tarot, ainsi que d'autres activités comme la chasse et la cueillette.

Ces systèmes de production traditionnels sont bien adaptés aux possibilités de l'environnement naturel pour des densités de peuplement faibles (ce qui explique en partie le faible taux d'irrigation du bassin, moins de 1 % de la superficie cultivée), mais montrent aujourd'hui leur insuffisance dans une tendance démographique à la hausse.

Le potentiel d'irrigation est pourtant gigantesque dans le bassin : 9,8 millions d'hectares, ce qui représente 23 % du potentiel africain. Couplé à une amélioration des infrastructures de transport, il permettrait un développement agricole conséquent facilitant l'autosuffisance voire l'exportation alimentaire. Ce potentiel est quasi inexploité.

2.3.4. La navigation

L'absence de routes, ou leur état très dégradé, dans de vastes étendues du bassin, en particulier dans toute la Cuvette centrale, rend la navigation cruciale pour le désenclavement, le transport des biens et des personnes ainsi que la communication. La longueur des voies navigables est estimée entre 13.000 et 25.000 km selon les critères adoptés de navigabilité ; plus de 1.000 kilomètres du fleuve Congo sont navigables par les grands navires commerciaux.

Une grande partie de l'activité économique du bassin se fonde sur ces voies d'eau pour le transport principalement du bois de construction, des produits agricoles, du carburant et des minerais. Les trois itinéraires principaux convergent à Kinshasa de Kisangani, de Bangui (sur l'Oubangui) et d'Ilebo (sur le Kasaï).

Dans la situation actuelle, le secteur de transport est globalement marqué par un réseau souffrant de la vétusté de ses infrastructures, une faible densité, de faibles équipements de manutention et d'entretien, d'insuffisants moyens de financement en infra structures, un suivi du secteur à vue pour certains pays et des capacités de gestion et de management peu efficaces.

Des problèmes de basses eaux, en particulier sur l'Oubangui, contrarient ou interrompent de plus en plus souvent la navigation depuis les années 1970. C'est une conséquence des tendances à la baisse des précipitations depuis la même période.

Les perspectives du développement fluvial sont les suivantes dans le bassin (pour les États membres de la CICOS) :

2.3.4.1. En République Démocratique du Congo

En vue de répondre à l'ensemble des problématiques et des contraintes observées par le secteur, un cadre de politique des transports et une stratégie de mise en œuvre ont été adoptés par les pouvoirs publics en 2002, avec l'appui de la Banque Mondiale, et il a débouché sur des actions à court et moyen termes, avec un dispositif de programmation de projets et de mesures d'accompagnement, un timing et un plan de financement, orientés vers l'ensemble du secteur dans sa globalité et pour chaque sous-secteur spécifique. Les quatre principales lignes directrices qui président au cadre de la politique de transport de la RDC sont les suivantes :

- assurer l'intégration économique du pays ;
- garantir la sécurité d'exploitation du secteur ;
- promouvoir l'administration du territoire national par la mobilité des services ;
- favoriser l'intégration régionale.

Pour le sous-secteur fluvial et lacustre, les études retenues portent notamment sur (i) la restructuration de la Régie des Voies Fluviales (RVF) (en cours), (ii) l'étude de création d'un fonds d'entretien des voies navigables, (iii) l'étude du système de transport fluvial et lacustre de la RDC. Pour les actions de réhabilitation et d'entretien, la stratégie retient un montant de 365 millions USD pour la restauration d'un système de balisage, la réhabilitation des stations limnométriques, la remise en état des équipements des chantiers navals, l'acquisition de baliseurs, l'augmentation de la capacité de stockage des ports fluviaux, la réhabilitation et la modernisation des infrastructures et le montage en PPP pour l'exploitation et l'entretien des voies navigables.

2.3.4.2. En République du Congo

En vue de pallier les contraintes du secteur, l'État Congolais a élaboré une stratégie de mise à niveau et de relance des transports, le « Plan National de Transport » (PNT), dont l'objectif est de permettre à l'activité d'accompagner la politique de relance de l'économie.

Les orientations stratégiques du PNT visent à assurer la desserte en transport des populations rurales pour leur permettre d'évacuer leurs productions et de s'approvisionner en intrants et en produits de consommation, assurer l'échange socioéconomique interurbain et la fonction d'accompagnement de l'activité économique, (iii) permettre un transport urbain optimisé, source de compétitivité et de durabilité du modèle de développement et garantir l'évacuation des biens d'exportation vers leur destination finale.

Pour le secteur fluvial, la priorité est accordée à la mise à niveau des voies fluviales structurantes, notamment l'entretien, le dragage et le balisage de l'Oubangui, la Likouala et la Sangha. À moyen terme, le PNT prévoit la mise à niveau de l'axe Lékéty-Mossaka, maillon indispensable aux liaisons multimodales avec le Gabon, le Congo, la RDC et la RCA. La réhabilitation des infrastructures portuaires ressort également comme action prioritaire.

2.3.4.3. En République Centrafricaine

La vision de la République Centrafricaine en matière de développement du secteur des transports a fixé pour principaux objectifs, le désenclavement des grands centres de production et l'augmentation de l'accessibilité alimentaire des communautés. Les orientations stratégiques de la vision sont les suivantes :

- Réhabilitation des infrastructures ;
- Réadaptation de la réglementation en matière de transport ;
- Promotion de la mobilisation et de la participation des communautés à l'entretien des routes, des pistes et voies d'eau ;
- Développement et promotion des « moyens intermédiaires de transport » ;
- Renforcement des capacités des acteurs et partenaires du secteur de transport ;
- Développement du système d'information du secteur.

Les investissements dans le transport fluvial concernent l'entretien de 2.365 km de voies d'eau et la construction de sept quais équipés d'entrepôts. Il est également envisagé la réhabilitation et l'entretien des infrastructures existantes, pour une enveloppe totale de 5,6 milliards FCFA.

2.3.4.4. Au Cameroun

Concernant le secteur fluvial, le Gouvernement Camerounais a initié une Etude sur les voies d'eau navigables dans le cadre de la promotion de la navigation au Cameroun.

2.3.5. La Pêche

Les poissons constituent une source alimentaire très importante et prisée dans le bassin. Ils sont une opportunité d'affaires tant pour la pêche que pour l'aquaculture et l'industrie. À ce jour, la pêche reste essentiellement artisanale, sans véritable gouvernance, orientée vers la cueillette ; l'aquaculture, encore timide, ne s'appuie que sur quelques espèces.

Le fleuve Congo abrite presque 800 espèces de poissons et bon nombre d'entre elles sont endémiques, y compris le dipneuste et le poisson éléphant. La pêche sur le réseau de 33.000 km de voies hydrauliques du bassin du Congo est une source de protéines de haute qualité pour des millions de personnes, et pour beaucoup, c'est aussi une source de revenus. Des méthodes de pêche traditionnelles sont généralement employées, y compris des filets maillants, des sennes, des lignes à main et des canoës non motorisés. L'utilisation de techniques prohibées (empoisonnement, produits toxiques, explosifs) est fréquente.

La disponibilité d'importantes ressources naturelles (un réseau hydrographique dense et des productions biologiques importantes) en République du Cameroun, en République du Congo, en République Centrafricaine et en République Démocratique du Congo, est en fort contraste avec le niveau de pauvreté des populations. Ainsi, les Documents de Stratégie de Croissance et de Réduction de la Pauvreté (DSCRP) dans ces quatre pays révèlent un niveau de pauvreté des populations qui se situe autour de 50 %. Par ailleurs, l'absence d'une politique cohérente d'utilisation rationnelle des ressources naturelles locales, y compris le bassin du fleuve Congo, a conduit les pays et les communautés de pêche à une économie de subsistance, à une dépendance accrue pour les importations des produits de pêche ainsi qu'à une importante sortie de devises pour régler les factures des importations de produits alimentaires.

Dans cette logique, la politique du Gouvernement consistera donc à l'adoption d'une approche participative pour la sensibilisation et la réalisation des actions de protection de la nature (reboisement, lutte contre les feux de brousse, lutte contre la pollution, etc.), à la gestion et la conservation de la biodiversité qui favorise la valorisation durable et économique des ressources forestières et halieutiques, au développement des initiatives de conservation communautaire, à la réhabilitation du réseau d'aires Protégées et à l'amélioration des capacités de gestion par des mesures éducatives, en même temps que la formation de la communauté, la recherche dans le domaine des ressources naturelles renouvelables et la consolidation institutionnelle.[1]

Dans les États membres de la CICOS, la pêche est considérée comme un secteur stratégique et le poisson apporte une part essentielle de protéines animales pour les communautés riveraines du bassin du Congo. Le Tableau II.6 donne des informations générales sur le secteur de la pêche dans les pays de la CICOS.

La CICOS bénéficie depuis avril 2010 d'un projet TCP (Programme technique de coopération) de la FAO, à travers le bureau sous régional pour l'Afrique centrale (SFC), pour la formulation d'un programme d'action et des outils de mise en œuvre de la gestion durable des pêches et la sécurité alimentaire dans le bassin du fleuve Congo (TCP/RAF/3303(D).

Tableau V. Indicateurs sur le secteur de la pêche dans le bassin du Congo (2010)

Pays	Population (habitants)	Pêche (t)	Aqua-culture (t)	Importa-tions (t)	Exporta-tions (t)	Emplois (Nombre de personnes)	Per capita (kg)
Cameroun	18.500.00 (2007)	840 (2007)		150 (2007)		245.000	13,6 - 17,9
Congo	4.000.000	31.000	250	13.000	680	28.000	17,4
RCA	4.300.000	15.000	300	1.870	250	100.000	4,4
RDC	62.523.300	133.000	3.000	124.474		116.980	5,5
Total	**88.783.300**	**179.840**	**3.550**	**129.484**		**489.980**	

Source : production de la CICOS dans II.3 – Etat des lieux 2015

2.3.6. L'Ecotourisme

Le bassin du Congo est sans conteste une zone à fort potentiel en matière d'écotourisme ; il est considéré à juste titre comme le deuxième poumon de la Terre après la forêt amazonienne et il constitue un grand réservoir de biodiversité et de sites de grand potentiel en matière d'écotourisme.

Au niveau institutionnel, on peut constater une certaine prise de conscience des États membres de la CICOS des potentiels naturel et culturel de la sous-région. Cette prise de conscience se traduit par une place plus affirmée du tourisme en général et de l'écotourisme en

[1] Document de la Stratégie de Croissance et de Réduction de la Pauvreté (DSCRP), volume 1, in documentdelastrategiedecroissanceetreductiondelapauvrete2egeneration-dscrp-2011-2015-vol.1-octobre2011.pdf., Mai 2011, p.71.

particulier dans les nouveaux documents de planification et de stratégie nationale qui ont été récemment élaborés. Ainsi, ce secteur est reconnu comme un possible moteur de développement socioéconomique et de réduction de la pauvreté.

En République du Congo, le Plan National de Développement (PND) 2012–2016 prône la mise en œuvre des stratégies de développement des secteurs porteurs de croissance dont le tourisme fait partie. Au Cameroun, le Document de Stratégie pour la Croissance et l'Emploi (DSCE), pour la période 2010– 2020, considère le tourisme comme l'une des activités motrices susceptibles de soutenir la croissance. C'est dans ce cadre que le gouvernement s'est engagé à améliorer l'offre de la destination en mettant l'accent sur le développement de l'écotourisme, notamment à travers le Projet de Compétitivité des Filières de Croissance (PCFC).

Il est également envisagé la mise en place d'un nouveau cadre légal et institutionnel de gestion durable des sites touristiques et des aires protégées, zone de prédilection de l'écotourisme. Le document de stratégie nationale de développement du tourisme élaboré en 2005 est en cours de révision pour l'arrimer au DSCE. Ce document mettra l'accent sur l'écotourisme.

Certains États comme le Gabon, la République Démocratique du Congo sont allés plus loin et ont déjà élaboré les documents de planification du tourisme qui mettent l'accent sur l'écotourisme.

Pour le Gabon, il s'agit du document intitulé « Vision pour le Gabon » dans lequel les différentes étapes pour le développement du tourisme durable sont énoncées, et pour la RDC, il s'agit du Plan Directeur National du Tourisme en RDC qui propose plusieurs options et aménagements pour appuyer le développement de l'écotourisme dans les différentes provinces du pays. Mais ce document n'a pas encore été adopté.

Seule la République Centrafricaine, compte tenu de la situation politique actuelle, n'a pas proposé de document récent concernant ses orientations stratégiques en matière de développement de l'écotourisme. Cependant, un premier projet de politique nationale d'écotourisme a été élaboré et présenté à un atelier de validation au début du mois de février f2015. La principale recommandation issue de cet atelier est la définition d'une ossature qui définit les différentes parties du document de politique.

Dans le but d'encourager une gestion rationnelle des ressources transfrontalières, le document du PAS-GIRE relatif au programme de promotion de l'écotourisme avait identifié plusieurs projets, dont celui relatif à l'harmonisation des politiques d'écotourisme qui contribuera également à accélérer l'intégration économique et sociale des États membres de la CICOS. En effet, conscients du potentiel touristique du bassin du Congo, les États membres de la CICOS, appuyés par des partenaires techniques et financiers, ont choisi de miser sur l'écotourisme pour développer le secteur du tourisme tout en préservant et valorisant leurs ressources naturelles. Dans cette perspective, une feuille de route a été préparée par la CICOS pour 2015–2017 pour le développement et la promotion de l'écotourisme, le renforcement des capacités et la mobilisation de financements.[1]

2.4. Les acteurs

L'un des principes fondamentaux de la GIRE est l'adoption d'une approche participative, fondée sur l'implication des usagers, planificateurs et décideurs à l'élaboration et à la mise en œuvre des politiques de l'eau. C'est l'ensemble de ces acteurs qui est appelé à formuler et mettre en œuvre le SDAGE de la CICOS.

La connaissance de ces acteurs constitue ainsi un élément clé pour assurer la gestion coordonnée et durable des ressources en eau, notamment en ce qui concerne la prise en considération de leurs intérêts, de leurs rôles, et de leurs capacités. La section suivante trace le portrait des principaux acteurs concernés par la GIRE dans le bassin du Congo selon leur niveau d'intervention.

2.4.1. Au Niveau mondial

Partant du constat que l'eau est essentielle à tous les aspects de la vie, la Conférence des Nations Unies sur l'Environnement et le Développement, tenue à Rio en 1992, fixait l'objectif d'assurer, sur l'ensemble de la planète, la protection des ressources en eau douce et de leur qualité au moyen d'approches intégrées de mise en valeur et de gestion des ressources en eau. Depuis, l'eau n'a cessé de faire l'objet d'une attention particulière lors des grandes conférences et forums internationaux.

C'est dans ce contexte que la plupart des États ont adopté la GIRE et ses principes comme orientation politique majeure pour la gestion

[1] GODIN, P., Écotourisme : Outil Efficace De Développement Et De Conservation De L'environnement En RDP Lao ? Étude De Cas, Mémoire de Maitrise, Université du Québec, Montréal, 2009, p.52.

des eaux. Ils ont ainsi intégré ces principes dans leurs politiques nationales, les ont transcrits dans leur législation et ont commencé à adapter leur cadre institutionnel pour permettre la participation de tous les acteurs, l'application du principe de subsidiarité et celui de la gestion intersectorielle.

Le cadre juridique international le plus connu dans le domaine de l'eau est sans doute la Convention sur la protection et l'utilisation des cours d'eau transfrontaliers et lacs internationaux en Europe (dite Convention d'Helsinki – 1992). Cette Convention a établi un cadre de coopération entre les 56 États membres de la Commission économique pour l'Europe des Nations unies en vue de prévenir et de lutter contre la pollution des cours d'eau transfrontaliers. La Convention repose sur trois principes :

- le principe de précaution : il est nécessaire d'agir immédiatement afin d'éviter le rejet de substances dangereuses malgré l'absence de lien de causalité établi entre ces substances et leur impact au niveau transfrontalier ;
- le principe du pollueur-payeur : le coût des mesures de prévention, de lutte et de réduction de la pollution doit être supporté par le pollueur ; et ;
- les ressources en eau doivent être gérées de façon à satisfaire les besoins de la génération actuelle sans compromettre la capacité des générations futures à satisfaire leurs propres besoins.

La Convention des Nations Unies sur l'utilisation des voies d'eau internationales à des fins autres que la navigation, adoptée en 1997, constitue un autre cadre juridique important dans le domaine de l'eau. Il s'agit du seul traité international universellement applicable aux eaux douces internationales.

L'objectif de la Convention est que les États se partageant un cours d'eau utilisent sur leurs territoires respectifs le cours d'eau international de manière équitable et raisonnable. En particulier, un cours d'eau international sera utilisé et mis en valeur par les États riverains en tenant compte de leurs intérêts mais aussi des exigences de protection environnementale.

Les principes de la Convention ont été largement adoptés dans l'élaboration d'accords sur l'eau au niveau régional et au niveau des bassins transfrontaliers, et jouent un rôle important dans le développement des relations entre États riverains. Cependant, aucun des États membres de la CICOS n'a adhéré formellement à la Convention, ce qui reste une lacune à combler.

Les acteurs intervenant à ce niveau regroupent notamment les ONG internationales, les centres de recherches et les partenaires techniques et financiers. Parmi ces derniers, plusieurs interviennent directement dans le bassin du Congo, à savoir : l'Agence Française de Développement, la Banque Africaine de Développement, la Banque Mondiale, la Coopération Allemande à travers la GIZ, la Coopération Technique Belge, l'Union Européenne ainsi que différentes agences des Nations Unies.

Par ailleurs, les pays de la CICOS ont adhéré aux principaux accords, initiatives internationales et conventions relatifs à la gestion de l'environnement en général, et des ressources en eau en particulier. On peut citer :

- la Convention de RAMSAR sur les zones humides du 2 février 1971 ;
- la Convention n°26-96 du 25 juin 1996 sur la biodiversité ;
- la Convention n°27-96 du 25 juin 1996 sur les changements climatiques et le Protocole de Kyoto ;
- la Convention Africaine du 21 avril 1980 sur la conservation de la nature et des ressources naturelles ;
- la Convention de coopération du 19 juillet 1985 sur la protection et la mise en valeur du milieu marin et des zones côtières de l'Afrique de l'Ouest et Centrale ;
- l'Acte constitutif du Conseil des Ministres Africains de l'Eau (AMCOW) – 2001 ;
- l'Engagement pour la réalisation des Objectifs de Développement du Millénaire (ODM) et des cibles du SMDD de septembre 2002.

Enfin, il faut souligner le rôle de l'UNECE (United nations Economic Commission for Europe) et ses relations avec la CICOS, à travers la Commission Économique pour l'Afrique (CEA). Il s'agit d'une commission des Nations Unies créée en 1947, qui promeut, dans le cadre d'une intégration économique paneuropéenne, la coopération entre tous ses États membres à travers des dialogues politiques, le développement de normes et de régulations, l'échange de bonnes pratiques en matière économique et technique, et la coopération technique avec les États en transition économique. Sous ce dernier aspect, l'UNECE entretient des relations étroites avec la CICOS ; elle contribue notamment à la prise en compte des impacts du changement climatique.

2.4.2. Au niveau régional

Un second niveau de cadrage politique est celui des organisations régionales. En effet, de par leur histoire et leur position géographique, les pays de la CICOS appartiennent à plusieurs organisations régionales d'intégration et de coopération économique, comme le montre le Tableau 8.

En matière de politique de l'eau au niveau régional, on citera trois instruments principaux :

- le Programme Économique Régional (PER) de la CEMAC. Le PER constitue la réponse de la CEMAC pour sortir du peloton des pays pauvres et aller vers l'émergence économique. La vision qui sous-tend ce programme est de « faire de la CEMAC en 2025 un espace économique intégré émergent, où règnent la sécurité, la solidarité et la bonne gouvernance, au service du développement humain ». Le PER CEMAC Phase 1 (2010–2015) représente un ensemble précis, complet et cohérent de programmes pour accompagner l'avancée de la zone CEMAC vers l'émergence. Il se décline en 5 axes, 12 objectifs stratégiques, 31 programmes et 88 dossiers d'actions ;
- le document de *Politique de l'Eau de la CEEAC*, validé par les experts des États membres en 2009, a été élaboré avec le support du Programme des Nations Unies pour l'Environnement (UNEP) dans le cadre de la composante « Afrique Centrale » du programme mondial d' « Appui à la réalisation de l'Objectif GIRE 2005 ». Les partenaires impliqués sont la CEEAC, le Centre de Collaboration pour l'Eau et l'Environnement de l'UNEP (UCC-Water), le Conseil des Ministres Africains de l'Eau (AMCOW) et le Global Water Partnership – Afrique Centrale (GWP-CAFTAC) ;
- le protocole pour la *Gestion des Eaux Partagées dans l'Espace SADC*, signé le 28 août 1995. L'objectif de ce protocole est de renforcer une coopération étroite pour la gestion, la protection et l'utilisation pertinentes, durables et coordonnées des cours d'eau partagés et de faire progresser l'agenda de la SADC pour l'intégration régionale et la lutte contre la pauvreté. Il énumère les principes généraux de la gestion des eaux partagées, prévoit la création d'organisations de gestion de bassins dans l'espace SADC, et en définit les modalités d'établissement, les objectifs et les missions. La zone CICOS est peu concernée par ce texte. Cependant, la double appartenance de la RDC – pays « poids lourd » dans le bassin – à la CICOS et à la SADC amène à ne pas négliger le protocole de la SADC.

Outre les CER, d'autres organismes accompagnent les États avec la mise en œuvre de la GIRE :

- le Programme de Développement des Infrastructures en Afrique (PIDA) a été formulé par La Commission de l'Union Africaine, en partenariat avec la Commission Économique pour l'Afrique, la Banque Africaine de Développement et l'Agence de Planification et de Coordination du NEPAD. L'objectif stratégique global de PIDA consiste à mettre l'Afrique en mesure d'édifier enfin un marché commun des biens et des services. En améliorant l'accès à des réseaux d'infrastructures régionales et continentales intégrées, le PIDA va permettre aux pays de répondre à la demande attendue et de renforcer la compétitivité, au travers de ces grands thèmes : – réduire les inefficiences ; – accélérer la croissance ; – faciliter l'intégration dans l'économie mondiale ; – améliorer les niveaux de vie ; – libérer les échanges intra-africains.
- le Conseil des Ministres Africains Chargés de l'Eau (AMCOW) créé en 2002 à Abuja au Nigéria. Il a principalement pour objectif de promouvoir la coopération, la sécurité, le développement social et économique et l'éradication de la pauvreté dans les États membres à travers la gestion efficace des ressources en eau du continent et la prestation de services d'approvisionnement en eau.
- le Partenariat Mondial de l'Eau (GWP) est une organisation intergouvernementale créée en 1996 pour aider les pays à traduire en actions concrètes les principes de gestion durable des ressources en eau, dégagés lors des conférences de Dublin (1992) et de Rio (1992). Basé à Stockholm (Suèdc), le GWP mobilise les États et la société civile afin de maintenir la question de la gestion des ressources en eau au niveau le plus élevé possible dans les priorités internationales, régionales et nationales.
- le Réseau International des Organismes de Bassin (RIOB) avec sa branche africaine, le RAOB, a notamment pour objectif de développer des relations permanentes entre les organismes intéressés par une gestion globale des ressources en eau par grands bassins hydrographiques, et favoriser entre eux des échanges d'expériences et d'expertises.

Entre tous ces organismes et institutions existent de nombreux chevauchements et interactions, soit par la nature de leurs mandats et missions, soit par leurs zones géographiques de compétence. Les visions et les stratégies diverses (lutte contre la pauvreté, croissance économique) se superposent également, non seulement au niveau régional, mais aussi avec ces mêmes approches aux niveaux nationaux.

Des mécanismes de concertation permettent dans certains cas de prévenir des contradictions, mais dans d'autres cas (on a cité l'insuffisance de dynamisme concerté entre la CICOS et la SADC) devraient être améliorés. Il en résulte parfois une certaine « compétition » entre institutions pour la promotion de leurs propres visions et stratégies. En tant qu'organisme de bassin et qu'organe spécialisé de la CEMAC, la CICOS reste ainsi une institution devant faciliter les interactions dans le secteur de l'eau, et cela pourra faire partie du programme de mesures du SDAGE du bassin du Congo.

Tableau VI. Les Communautés Économiques et Régionales en Afrique Centrale

	Communauté Économique des États de l'Afrique Centrale (CEEAC)	Communauté Économique et Monétaire de l'Afrique Centrale (CEMAC)	Communauté de Développement de l'Afrique Australe (SADC)	Common Market for Eastern and Southern Africa (COMESA)	Communauté des Pays des Grands Lacs (CEPGL)	Communauté des États Saharo sahéliens (CEN-SAD)
RCA	X	X				X
Cameroun	X	X				
Congo	X	X				
Gabon	X	X				
RDC	X		X	X	X	

Source : Document CICOS – Etat des lieux 2015

2.4.3. Au niveau du Bassin

Afin de renforcer l'intégration régionale dans le bassin du Congo et de promouvoir une coopération solide entre les États en matière de navigation fluviale, les experts de la Communauté Économique et Monétaire de l'Afrique Centrale (CEMAC) et ceux de la République Démocratique du Congo ont adopté, en 1999, le « Code de Navigation Intérieure CEMAC/RDC ».

Par la suite, les États ont approuvé, sur proposition de la CEAAC, la mise en place d'un organisme de gestion de bassin, chargé de la mise en application dudit code, à l'instar des autres organismes de gestion de bassins tels que le Niger, le Nil, le Fleuve Sénégal et la Volta.

Pour concrétiser ce projet, les Chefs d'État des quatre pays riverains (République du Cameroun, République du Congo, République Centrafricaine et République Démocratique du Congo) ont signé le 6 novembre 1999 l'Accord instituant un Régime Fluvial Uniforme et créant la Commission Internationale du Bassin Congo-Oubangui-Sangha (CICOS).

Le mandat de la CICOS est élargi en 2007 à travers la signature de l'Additif à l'Accord instituant un Régime Fluvial Uniforme et créant la CICOS, qui étend le mandat de la CICOS à la Gestion Intégrée des Ressources en Eau. Les principales dispositions de ces deux instruments sont reprises dans le tableau ci-dessus.

La CICOS compte trois organes :

- *Le Comité des Ministres* (Organe décisionnel) : il défi- nit la politique d'aménagement et d'exploitation des cours d'eau du bassin. Il est composé des Ministres en charge de la navigation intérieure et des Ministres en charge de la gestion des ressources en eau ;
- *Le Comité de Direction* (Organe d'avis) : il est chargé de préparer les délibérations du Comité des Ministres. Il comprend les représentants des États, dont un responsable de l'Administration des transports fluviaux, un responsable des exploitants fluviaux et un expert en eau ;
- *Le Secrétariat Général* (Organe d'exécution) : il est chargé de la mise en œuvre des politiques de la navigation et de la protection de l'environnement, définie par le Comité des Ministres.

Par ailleurs, des plateformes de concertation nationales et une plateforme de concertation régionale ont été créées en 2014 sous l'impulsion de la CICOS. Composées de représentants des organes publics des États, du secteur privé et de la société civile, elles constituent un relais indispensable pour assurer la participation des acteurs concernés par la gestion et la valorisation des eaux. Anticipant sur leur création formelle, les plateformes se sont déjà réunies à deux reprises, et la formalisation des protocoles pour leur création et leur fonctionnement devrait intervenir en 2015. Ces plateformes sont très jeunes et des progrès sont encore à accomplir en matière de représentativité des acteurs nationaux et de relais effectif entre la CICOS et l'ensemble des acteurs qu'elles représentent. Ces plateformes sont aussi appelées à jouer un rôle très important dans l'exécution du SDAGE et la mise en œuvre du Programme de Mesures.

À ce titre elles ont encore besoin de renforcement de leurs capacités, aussi bien au niveau de l'appropriation de leurs mandats que de leurs capacités en tant que structures-relais. Par rapport à bien d'autres bassins internationaux, où les points focaux nationaux sont des individus et non pas des groupes, ces plateformes offrent l'avantage indéniable d'une représentativité élargie et de constituer un « noyau dur » dont on peut attendre une plus grande efficacité.

2.4.4. Au niveau national

Sur le plan juridique et réglementaire pour le secteur de l'eau, les États membres de la CICOS sont dans une situation assez disparate : le Cameroun, la République du Congo et la RCA disposent d'une loi ou d'un code sur l'eau, datant respectivement de 1998, 2003 et 2006. La RDC et le Gabon n'ont pas de loi ou de code spécifique dédié à l'eau ; les dispositions juridiques nécessaires sont dispersées dans des textes sectoriels relatifs à l'eau potable et l'assainissement, l'environnement, la pêche, etc. Ces deux pays disposent d'un appareil juridique plus développé pour les questions de gestion forestière et d'environnement.

Au niveau national, tous les États membres de la CICOS disposent aujourd'hui d'un document de politique de l'eau. Pour la plupart, ces politiques présentent des objectifs très similaires notamment en matière de développement durable, de couverture des besoins en eau potable et assainissement, de mise en place de systèmes d'information et de coopération et d'intégration régionale.

Les politiques de l'eau contribuent directement à la mise en œuvre des stratégies des États pour favoriser la croissance économique et lutter contre la pauvreté.

Il est clair que toutes ces stratégies dépassent largement le cadre de la gestion de l'eau et abordent de nombreux autres aspects de la vie économique des États ; cependant, le double aspect de l'eau – ressource indispensable au bien-être humain et social, et facteur de production dans bon nombre de secteurs économiques – lui donne une place importante dans ces documents de politique. La « Vision Partagée » de la CICOS devra forcément prendre en compte, compléter, préciser ou coordonner les visions et stratégies déjà définies au niveau des États.

On distingue au moins trois grandes catégories d'acteurs intervenant au niveau national : i) les acteurs étatiques, ii) les acteurs non étatiques et iii) les représentants du secteur privé. À ce groupe peuvent se rajouter aussi les parlementaires et représentants du pouvoir coutumier, ainsi que les partenaires techniques et financiers chargés d'appuyer la mise en œuvre de programmes et projets au niveau national.

Selon l'approche participative dont la GIRE fait la promotion, tous ces acteurs devraient intervenir dans l'élaboration et la mise en œuvre des politiques de l'eau. Force est de constater que tel n'est pas le cas à l'heure actuelle, quoique la situation varie beaucoup d'un État à l'autre. Ainsi, on note les points suivants :

- Les acteurs publics réunissent encore toutes les fonctions relatives à la gouvernance, à la gestion des eaux et aux infrastructures. Les acteurs publics pèsent un poids très lourd dans tous les aspects de la gestion des eaux ; d'une façon générale, ils sont considérés par l'ensemble des acteurs comme ceux qui ont à la fois le plus d'engagement et d'influence ;
- Les acteurs du secteur privé et de la société civile touchent en général à des fonctions locales ou à des aspects spécifiques de mobilisation des ressources en eau. Les secteurs de l'énergie et de la navigation sont ceux où les opérateurs privés à grande échelle sont les plus présents. Généralement les opérateurs privés ont une extension géographique limitée et sont concentrés sur les secteurs de la pêche et de l'agriculture ;
- Les représentants des parlementaires et du pouvoir traditionnel ne sont pas clairement identifiés ou associés par les acteurs à la gestion de l'eau ; jusqu'à présent, ils ne sont pas cités dans la base de données des acteurs, ce qui laisse penser que leurs rôles ne sont pas jugés déterminants. Pourtant le poids important du pouvoir traditionnel dans certains secteurs comme la pêche ou l'agriculture est bien connu de tous.

Par ailleurs, des tendances spécifiques à certains pays se dégagent également :

- Pour le Congo-Brazzaville, les acteurs de la société civile et du secteur privé sont peu nombreux que pour les autres pays. Tous les aspects de la gestion de l'eau sont entre les mains des services publics. Dans ce pays, les questions relatives à l'AEP et à l'assainissement semblent dominer les préoccupations du secteur de l'eau ;
- En RCA, la société civile et le secteur privé ont un poids plus important ; il s'agit probablement d'une réponse spontanée visant à pallier les faiblesses généralisées des services publics. Cependant, ces services publics sont considérés comme influents, ce qui apparaît contradictoire. Le secteur du tourisme semble inexistant, ce qui n'est pas étonnant au vu de la situation sécuritaire générale du pays ;
- En RDC tous les acteurs sont jugés comme très influents, ce qui traduit sans doute un biais dans la collecte d'informations. Il faut noter la présence de beaucoup d'acteurs pour les sous-secteurs de

l'environnement et du tourisme, qui sont perçus comme des problématiques fortes.

2.4.5. Au niveau local

Enfin, plus informel et trop souvent négligé est le financement des pratiques et usages spontanés. Dans la plupart des secteurs ruraux (agriculture, foresterie, pêche, élevage), mais aussi miniers (activités minières traditionnelles et artisanales), la réalité des pratiques et des intérêts s'affranchit souvent des politiques officielles.[1]

Des stratégies spontanées se mettent en place ; bien qu'elles ne soient pas toujours conformes aux politiques officielles ni durables, elles correspondent aux intérêts à court terme des acteurs et à ce titre, elles sont pratiquement impossibles à combattre ou à modifier par des moyens coercitifs. Seul un dialogue avec les acteurs concernés, et leur adhésion aux formulations et mises en œuvre des politiques de développement général ou de développement sectoriel ont une chance de faire évoluer les choses dans le bon sens.

Pour cette raison, il est indispensable de trouver des façons d'associer des représentants des acteurs de terrain, des producteurs ruraux, à la formulation de la « Vision Partagée » et ensuite au SDAGE.

Une attention particulière doit être donnée aux peuples autochtones et aux minorités locales dont les droits et les pratiques sont trop souvent négligés dans les politiques et stratégies de haut niveau, mais qui ont cependant des incidences bien réelles dans la gestion pratique des eaux au niveau local. Ces groupes d'usagers sont le plus souvent appuyés par des ONG, qui agissent de façon dispersée ou isolée avec le risque de divergence d'approche, d'où la nécessité de renforcer la coordination de leurs interventions.

Il faut enfin mentionner que le principe de subsidiarité (agir au niveau le plus local possible) n'est pas encore appliqué d'une façon générale ; de nombreuses décisions sont prises à un niveau trop déconnecté des réalités du terrain et des usagers, et il en résulte des conflits de compétence ou des inadaptations entre décideurs et bénéficiaires.

---

[1] MULUNGULA KYALONDAWA, F., Analyse des défis et opportunités de la sécurité alimentaire dans la cité de Kamituga, territoire de Mwenga (RD. Congo), Mémoire de licence, ISDR-BUKAVU, 2015, p.45.

2.5. Les enjeux sectoriels

L'analyse des enjeux constitue une étape essentielle dans la formulation du SDAGE de la CICOS, car elle permet de dégager les principales problématiques associées à l'aménagement et la gestion des ressources en eau dans le bassin du Congo. C'est sur cette base que seront formulés la « Vision Partagée » et le « Programme de Mesures ».

Les enjeux représentent ce que les acteurs peuvent gagner selon les stratégies mises en place par la CICOS et les États. Ils découlent du contexte et annoncent les orientations proposées dans un plan stratégique.

Cette partie du travail présente ainsi pour chacun des grands usages de l'eau les principaux problèmes, causes et impacts liés à l'utilisation de cette ressource. Pour chacun de ces usages, les enjeux sont analysés en fonction de trois grands axes stratégiques :

- la gouvernance de l'eau : l'éventail de systèmes politiques, sociaux, économiques, réglementaires et administratifs pour assurer le développement et la gestion des ressources en eau et la fourniture de services à différents niveaux de la société ;
- la gestion de l'eau : le processus de prise de décisions concernant le suivi et l'évaluation, la planification, l'allocation, l'utilisation des sources d'eau souterraine et en surface ;
- le développement des infrastructures : les activités liées au développement, au financement, à la construction, à l'entretien et à la maintenance des aménagements nécessaires pour prélever, stocker, transporter et traiter l'eau.

2.5.1. La hausse des taux de desserte (Approvisionnement et Assainissement)

Face à l'explosion démographique et au développement de l'industrie minière, pétrolière et autre, aujourd'hui, le fleuve Congo, ses affluents, et certains aquifères se trouvent de plus en plus confrontés à un problème majeur de pollution par des métaux lourds dus aux vidanges non contrôlées de cuves de bateaux et aux rejets des usines. D'autres sources de nuisances sont observées au niveau du bassin, notamment du fait du mauvais choix d'emplacement des latrines (dans les quartiers spontanés) et des cimetières qui peuvent polluer localement l'aquifère.

Quant à l'agriculture, l'affaiblissement du secteur agro-industriel a réduit l'usage des pesticides et autres fertilisants. Ainsi, dans la zone

CICOS, l'agriculture n'est pas encore une source de pollution, hormis localement autour de certaines fermes agropastorales qui utilisent ces produits plus intensivement.

Par ailleurs, la capitale de la RDC, où vivent plus de 10 millions de personnes, ne possède aucune station d'épuration, pas plus que les autres villes riveraines, qui déversent leurs eaux usées directement dans le fleuve.

Pour répondre aux besoins en eau potable des générations présentes et futures, l'enjeu pour la CICOS et ses États membres n'est pas tellement l'utilisation parcimonieuse des ressources naturelles disponibles, car le contexte est caractérisé par une abondance de la ressource, et le rapport ressources disponibles/ besoins de l'AEP est très favorable. C'est bien plus la potabilité de l'eau délivrée aux consommateurs et les coûts de traitement associés, qui constituent de grands défis.

Aujourd'hui, les eaux du fleuve Congo reçoivent directement les rejets industriels et ménagers sans aucun traitement préalable, ce qui représente localement une menace pour la santé de la population riveraine alimentée à partir de ces eaux, malgré le pouvoir épurateur important des cours d'eau dans le contexte du bassin.

Outre la question de la disponibilité de l'eau en quantité et en qualité adéquates, la CICOS, en tant qu'organisation sous régionale en charge de la GIRE dans le bassin du Congo, devra promouvoir auprès des États membres la réalisation de projets d'eau potable et appuyer les institutions nationales en promouvant le secteur privé. La réalisation de projets ne suffira pas : il faudra également appuyer la conception et la mise en œuvre de programmes de maintenance.

Dans ce but, la CICOS est appelée à jouer un rôle actif pour améliorer la gouvernance de l'eau potable et promouvoir les investissements ; son rôle ne sera pas de concevoir ou de piloter des programmes physiques de réalisation, mais de mener des plaidoyers pour le développement du secteur.

Vu son impact transfrontalier, le volet assainissement, en particulier l'assainissement urbain, devra s'intégrer de plus en plus dans les actions de la CICOS. L'accroissement démographique dans les pays membres et le développement de l'industrie risquent d'aggraver la situation en matière d'hygiène, de pollution et de qualité de l'eau dans les années à venir, si rien d'efficace n'est entrepris.

La préservation de la qualité de l'eau dans le bassin étant au cœur des préoccupations de la GIRE et donc de la CICOS, celle-ci, grâce à la création d'un fonds d'appui à la réalisation des projets à caractère transfrontalier, pourrait contribuer, avec les États membres, à l'objectif de diminution de moitié, d'ici 2025, de la population n'ayant pas accès aux systèmes d'assainissement, passant ainsi de 17 % de couverture en 2010 au 59% en 2025.

2.5.2. L'augmentation de la production hydroélectrique

Le PAS, quant à lui, vise deux objectifs interdépendants : la gestion durable des ressources en eau du bassin du Congo et la réduction de la pauvreté. Or, l'énergie hydroélectrique constitue un secteur de choix pour renforcer le contenu durable des choix de développement de la zone et, sous certaines conditions, contribuer à la réduction de la pauvreté.

Étant donné ces constats, et le potentiel hydroélectrique considérable du bassin (de l'ordre de 100.000 MW), les enjeux de ce secteur sont tout aussi considérables, pour la vie économique du bassin, pour les populations qui jusqu'à présent bénéficient fort peu de cette énorme ressource potentielle, et pour l'ensemble de l'Afrique. De façon plus concrète, ces enjeux peuvent se décliner de la façon suivante :

- l'accélération des réformes du secteur de l'électricité dans la région, en vue de favoriser l'avènement d'un climat favorable aux investissements tant publics que privés, dans une perspective de l'émergence d'un marché régional de l'électricité dans la zone CICOS ;
- la promotion des projets à buts multiples, c'est-à-dire qui dès leur conception envisagent les différents usages possibles de l'eau (par exemple pour un barrage, concevoir dès le départ des usages compatibles pour l'énergie, la pêche, la navigation, l'irrigation, etc., en un tout cohérent) ;
- la recherche de l'appui des organisations internationales et des partenaires du développement ;
- le renforcement des capacités organisationnelles des organismes en charge des infrastructures ;
- la mitigation de l'impact environnemental et social des grandes infrastructures ;
- le renforcement significatif des conditions de maintenance des infrastructures existantes (celles d'Inga, les plus emblématiques, ont été largement sous-productives pendant des années par manque de maintenance) ;

- la formulation et la mise en œuvre d'une politique de distribution énergétique associée à une tarification capable de répondre aux besoins des consommateurs tout en restant économiquement viable, et ce dernier enjeu n'est certainement pas le moindre. (Pour faciliter la viabilité économique, cet enjeu de développement local de l'énergie doit certainement être couplé avec la fourniture d'énergie hors du bassin, la seconde pouvant contribuer dans une certaine mesure à subventionner la première).

La gouvernance du secteur énergétique est tellement porteuse d'enjeux qu'un nombre important d'acteurs sont concernés par la formulation et le développement de visions, de stratégies, de programmes. Cette multiplication d'intervenants à tous les niveaux entraîne une grande difficulté à cerner le secteur de façon claire. De façon sommaire, il faut mentionner les acteurs suivants :

- le New Partnership for Africa's Development (NEPAD) : pour cette organisation technique de l'Union Africaine, l'énergie fait partie de ses 10 super-priorités. Il s'agit de favoriser les initiatives régionales pour l'amélioration de l'accès à l'électricité ; cela constitue en effet l'une des propositions fondamentales de l'initiative « Énergie » du NEPAD qui, en matière d'énergie, entend, entre autres, se baser sur le projet Inga pour assurer l'intégration physique continentale en matière d'électricité ;
- la Commission Africaine de l'Énergie (AFREC) ;
- l'UPDEA (Union des Producteurs Transporteurs et Distributeurs d'Énergie Électrique d'Afrique) qui a développé une vision régionale de l'intégration énergétique ;
- les CER intervenant à l'échelle du continent et/ ou pouvant impliquer les pays de la CICOS, proposent toutes des visions ou des stratégies régionales dans le domaine de l'énergie, avec un focus sur l'hydroélectricité : en particulier, le Programme Économique Régional de la CEMAC, propose cinq piliers sectoriels, comme étant des moteurs de croissance : il s'agit de l'agriculture/agroalimentaire, des mines et métallurgie, de l'économie forestière, de l'élevage et pêche et de l'énergie. Pour ce dernier secteur, les objectifs « Horizon 2025 » sont les suivants[1] :

[1] Document de présentation de la CICOS, *Op.cit.*, p.66.

- développer une puissance de 25.000 MW d'électricité à l'Horizon 2025 ;
- acquérir une référence mondiale sur le marché du Gaz Naturel Liquéfié (GNL) ;
- développer une production compétitive d'engrais de synthèse (biomasse) ;
- mettre en place une production régionale compétitive de produits pétroliers ;
- favoriser l'émergence à moyen et longs termes de pôles énergétiques régionaux.

On peut donc dire que sur le plan de la gouvernance, la gestion transfrontalière de l'énergie gagnerait à être clarifiée et unifiée.

2.5.3. Le développement de l'irrigation[1]

La lutte contre la pauvreté passe nécessairement par la relance du secteur agricole, auquel on reconnaît une capacité de création d'emplois que l'on ne retrouve pas dans les autres secteurs. En effet, il est démontré qu'une augmentation de 10 % de la production agricole peut se traduire par une diminution de plus de 7 % du nombre de personnes vivant sous le seuil de pauvreté.

Les Gouvernements des États membres de la CICOS, en référence au rôle dévolu au secteur agricole dans les DSCRP, entendent créer des richesses en milieu rural par une agriculture compétitive reposant sur la promotion des petites et moyennes entreprises agricoles et d'élevage, animées par des professionnels.

Une telle mutation du secteur agricole exige une recherche agricole à grande capacité et la diffusion des innovations technologiques respectueuses de l'environnement. Or, l'analyse des contraintes dans ce secteur fait ressortir cinq points majeurs :

- la dégradation des infrastructures d'appui à la commercialisation ;
- la faible productivité du secteur agricole ;
- la faiblesse des services agricoles de base ;
- l'accès limité aux services financiers ;
- l'environnement macro-économique défavorable.

Les enjeux se situent donc au niveau de la gestion de l'eau et des infrastructures, et dans une moindre mesure au niveau de la gouvernance. Pour faire face à ces défis, il s'agira pour la CICOS, avec

[1] Idem, p.67.

les États membres, de définir une vision du développement agricole harmonisée à l'échelle du bassin en fonction des potentialités des zones agro-climatiques, des objectifs opérationnels et des actions prioritaires.

Les axes stratégiques globaux proposés dans le PASGIRE concernent l'agriculture en général : maintien de la sécurité, respect des lois, garantie d'une concurrence loyale, stabilisation de l'environnement macro-économique, renforcement de la capacité institutionnelle centrale et provinciale, réhabilitation de l'infrastructure économique, protection de l'environnement et de la base productive naturelle, affectation des recettes générées par l'exploitation de ressources naturelles non renouvelables, élaboration et mise en place d'un cadastre agricole, actualisation de la législation foncière, prise en compte de la note de politique agricole. Mais les enjeux spécifiques liés à l'irrigation sont encore assez peu perçus. Pourtant, les aménagements hydro-agricoles permettraient d'augmenter la production de riz et de cultures maraîchères grâce à la multiplication du nombre de récoltes sur une même superficie. Le potentiel d'irrigation dont dispose le bassin serait ainsi valorisé.

À titre d'exemple opérationnel déjà en cours, on peut citer les projets d'appui au maraîchage en zone urbaine et périurbaine conduits par la FAO en RDC (financés par la Belgique) et qui devraient être étendus à toutes les villes du pays. L'urbanisation croissante de la population dans le bassin et la perspective de voir la population doubler entre 2010 et 2035 conduisent à privilégier les productions irriguées de proximité à destination des marchés urbains qui seront de plus en plus demandeurs.

2.5.4. L'amélioration des capacités de transport fluvial

L'adoption fin 2007 du Plan d'Action Stratégique de la Navigation Intérieure sur le bassin du Congo et la disponibilité du Code de la navigation sont deux éléments clé qui montrent l'attention qu'a reçue le secteur de la part des autorités et des instances régionales. Et n'oublions pas que ces sont les enjeux de la navigation qui sont à l'origine de la création de la CICOS !

En effet, en vue de tous les enjeux, c'est-à-dire favoriser l'émergence d'un transport fluvial réglementé et durable, accroître sa contribution aux objectifs de développement national et régional visant le désenclavement et la réduction de la pauvreté, la stimulation de la croissance des secteurs productifs, la promotion de l'investissement à l'intérieur des quatre pays et la fourniture d'une accessibilité pour un renforcement de l'intégration nationale et régionale, les contraintes du secteur fluvial doivent être levées à un horizon acceptable. Il reviendra à la « Vision Partagée » de définir cet horizon.[1]

À ce stade, une étude sur la stratégie de développement du transport fluvial s'avère nécessaire. Elle devrait apporter une réponse aux points suivants : i) disposer des éléments pertinents pour une meilleure visibilité sur les perspectives de croissance des activités du secteur en vue d'une planification efficiente, ii) faciliter la définition et la mise en œuvre de politiques et de stratégies sectorielles concertées, iii) proposer des scénarios pour la promotion de la demande, le développement de l'offre et l'intégration harmonieuse des activités du transport fluvial aux niveaux national et régional.

Un enjeu majeur et clairement perceptible par les opérateurs du secteur et la population réside dans la création ou l'adaptation d'infrastructures à deux niveaux :

- infrastructures permettant de sécuriser la navigabilité des cours d'eau ; et
- infrastructures permettant une meilleure rentabilité du secteur : zones portuaires, interaction entre le réseau de transport fluvial et les autres réseaux, routiers et aériens.

Il faut y ajouter la nécessité d'appuyer les États dans l'élimination des barrières non physiques.

Ainsi, dans les trois pays principalement concernés par la navigation, les enjeux prioritaires suivants sont identifiés :

- En RDC, la réhabilitation et la modernisation des infrastructures et des équipements de différents ports fluviaux et lacustres du pays. La priorité devrait être accordée aux ports particulièrement sollicités, notamment Kisangani, Mbandaka et Bumba ;
- Au Congo, trois sites portuaires ont été identifiés par le Plan National des Transports du Congo pour lesquels des actions de réhabilitation urgentes devront être réalisées. Il s'agit principalement des ports fluviaux de Brazzaville, Mossaka et Oyo. Ces travaux concernent essentiellement des actions de réhabilitation et d'aménagement du Beach, des quais et des terre-pleins. De par leur important rôle dans l'approvisionnement et le désenclavement des populations, les

---

[1] Ministère de L'environnement, Conservation de La Nature et Développement Durable – RDC, « Strategie et Plan d'action Nationaux de La Biodiversite (2016-2020) », Octobre 2016, p.65.

trois projets d'infrastructure occupent une place centrale dans le système fluvial Congolais, ce qui justifie largement leur choix ;

- En RCA, la stratégie de réduction de la pauvreté, volet transport, a retenu deux actions urgentes relatives au secteur fluvial : la réhabilitation du port fluvial de Salo et la construction de quais pour menues embarcations au niveau de quatre sites : Kolongo, Kolongo pétrolier, Mongo État et Oubango Sao. Ce choix s'explique par l'important rôle joué par le port de Salo dans le désenclavement du sudouest Centrafricain via le corridor Sangha /Chemin de Fer Congo Océan (CFCO). Quant aux quais pour menues embarcations, leur justification réside dans l'important rôle des menues embarcations comme moyen de transport intermédiaire, flexible et adapté aux besoins de la population.
- Au Gabon, la voie navigable principale est le fleuve Ogooué qui prend sa source en République du Congo. Long de 1200Km, ce fleuve n'est navigable que sur 315Km, allant de Ndjolé à Port-Gentil, en passant par Lambaréné.

Plus encore que les infrastructures de valorisation, l'enjeu se situe dès aujourd'hui dans le maintien des conditions de navigabilité de biefs essentiels :

- soutien de l'étiage de l'Oubangui par la construction d'un barrage régulateur à Palambo. Maillon de la voie « Trans-équatoriale », l'Oubangui constitue une importante option de désenclavement non seulement de la République Centrafricaine, mais également des régions du Nord Congo et du Nord-Ouest de la RDC. La baisse du niveau d'eau de l'Oubangui constitue de plus en plus une contrainte importante pour la navigation. Elle réduit sensiblement la navigabilité de la rivière (8 mois par an) et génère d'importants problèmes de sécurité pour les usagers de la rivière. L'étiage difficile de l'Oubangui réduit ainsi la navigabilité de la rivière privant les pays de la région, en particulier la RCA, d'un mode de transport peu coûteux, comparé au corridor routier classique ;
- soutien de l'étiage de la Sangha par la construction d'ouvrages de régulation. La baisse du niveau d'eau de la Sangha constitue de plus en plus une contrainte majeure pour la navigation. Elle réduit sensiblement la navigabilité de la rivière (seulement 5 à 6 mois par an) et génère d'importants problèmes de sécurité pour les usagers de la rivière. Cette situation réduit la navigabilité de

la rivière privant plusieurs opérateurs économiques d'un mode de transport compétitif.

2.5.5. L'exploitation durable des ressources halieutiques[1]

Les enjeux de la pêche dans le bassin relèvent principalement de la gestion et des infrastructures. Sur le plan de la gouvernance, ce secteur reste écartelé entre les stratégies des ministères et directions en charge de la pêche, et un pouvoir traditionnel fort qui régule localement les modalités de pêche. Les services publics tentent, mais avec beaucoup de faiblesses, de réguler et d'assurer un suivi statistique, la vulgarisation, la surveillance des lieux et opérations de pêche ainsi que le contrôle sanitaire des produits de pêche, ou encore l'appui à la valorisation des produits de la pêche.

Les difficultés de gestion et d'infrastructures font que les bassins du Congo et du Kouilou-Niari ne sont pas pleinement exploités, loin de là. Les enjeux de ce secteur sont essentiellement l'amélioration de l'organisation des pêcheurs, le désenclavement des sites de pêche, l'utilisation de matériel et d'engins de pêche performants, la création d'infrastructures de traitement du poisson après capture, et l'existence de moyens de transports adéquats pour alimenter les centres urbains.

Sur ce plan, la mise en œuvre du programme de la FAO « Gestion durable des pêches et sécurité alimentaire dans le bassin du fleuve Congo », lorsqu'il aura trouvé les financements de son important budget (220 millions USD), apportera certainement une contribution significative.

Du point de vue de la durabilité de la pêche, l'enjeu est de promouvoir des pratiques respectueuses de l'environnement et de développer une réelle capacité de contrôle des pratiques prohibées (filets inadaptés, pêche au poison, à l'explosif).

II.5.6. Le contrôle des polluants dans le secteur industriel[2]

Sur le plan des ressources en eau, les enjeux de l'industrie et des mines sont à rattacher à ceux de l'AEP (pour les industries) et de l'assainissement (pour les industries et les mines). En termes de volumes d'eau, les besoins industriels et même miniers sont faibles par rapport à la ressource disponible et peuvent être satisfaits sans

[1] Ministère de L'environnement, Conservation de La Nature et Développement Durable – RDC, *Op.cit.*

[2] *Idem.*

problème. Les enjeux sont ici du domaine de l'investissement et des infrastructures, qui relèvent le plus souvent d'une approche privée.

L'enjeu principal est surtout celui de la maitrise des pollutions et nuisances. On est ici dans le domaine de la gouvernance avec la définition de règles et de normes, si possible transfrontalières, pour le contrôle des rejets polluants, et la fonctionnalité d'une police environnementale ayant des capacités réelles de contrôle.

Les questions liées aux dispositifs d'épuration relèvent de l'ingénierie des infrastructures, qui est en général bien connue des opérateurs industriels et miniers ou en tout cas facilement accessibles, et du financement de ces infrastructures et de leurs charges récurrentes. Un enjeu à considérer pourrait être celui d'accompagner les opérateurs concernant le financement des dispositifs d'épuration, pour ceux qui n'auraient pas la solidité financière suffisante.

Il faut souligner ici les enjeux du contrôle des polluants et des risques liés au développement du secteur pétrolier. Des zones à haut potentiel pétrolier existent dans le bassin, à l'instar des réserves de concessions on-shore en exploitation en RDC. Ces dernières sont définies comme suit : réserves prouvées à développer, 1.140.400.000 barils ; réserves restantes productibles, 20.323.000 barils. Une zone encore non exploitée se situe au sud de Brazzaville et Kinshasa, et les experts du Groupe Total ont affirmé que la phase d'exploration de ce gisement pourrait démarrer en 2018 avec l'accord des gouvernements des deux Congo.

Etant donné que les ressources en eau d'un Bassin hydrographique constituent une unité physique, on sait qu'elles sont interdépendantes, ignorant les frontières entre Etats, il est indiqué que les Etats riverains du Bassin et donc, en situation d'hydro-solidarité, définissent un régime juridique commun applicable sur l'ensemble du territoire du Bassin.

Après avoir constaté les récents dégâts causés par la pollution des eaux des rivières Congolaises (Fimi, Kwilu, Kasaï, Tshikapa), due à l'exploitation minière de Catoca (4ème plus grande au monde), en Angola, dont 12 morts parmi plus de 4,000 personnes malades – notamment de diarrhée, François Bokona a exhorté les Etats du Bassin du Congo qui aspirent à l'industrialisation, prélude à tout développement économique, juridiquement contraignant et universel, c'est-à-dire applicable aussi bien à la totalité des ressources hydriques de l'ensemble du Bassin qu'à leur support terrestre, à s'inscrire dans cette optique.

Il a cependant, déploré aujourd'hui les ressources aqueuses du Bassin du Congo soient caractérisées par une fragmentation normative et une compartimentation institutionnelle.

Malheureusement, ce n'est pas encore le cas aujourd'hui pour les ressources aqueuses du Bassin du Congo, caractérisées par une fragmentation normative car, chaque Etat ayant son corps de règles (CICOS, ALT et ABAKIR) pour un même Bassin[1].

C'est dans ce cadre que j'ai estimé que la CICOS devra veiller à ce que l'exploitation de ces ressources, ainsi que d'autres ressources de même type (sables bitumineux de Mavuma dans le Bas Congo), s'accompagne d'études d'impact approfondies tout comme de mesures de protection environnementale. Les zones pétrolières du Gabon, du Cameroun et de la République Congolaise sont en dehors du bassin du Congo. L'essentiel de la production pétrolière de la République Centrafricaine se situe dans le nord du pays, dans le bassin du Lac Tchad.

2.5.7. La protection des zones humides[2]

On a vu que le bassin du Congo présente une grande richesse environnementale d'intérêt mondial, et que le bassin est encore relativement peu affecté par la pollution, localisée surtout au voisinage de grands centres urbains et industriels. Sur le plan physique, les enjeux principaux sont de réduire, voire contrôler, la déforestation (avec ses corollaires : érosion, sédimentation des cours et plans d'eau), ainsi que réduire et contrôler le développement des espèces envahissantes.

La RDC représente à elle seule au moins 8 % des stocks de carbone de biomasse forestière mondiale et plus de 75 % de ceux qui sont restés dans les forêts tropicales en Afrique Centrale et de l'Ouest. Cela participe à en faire le 4ème plus grand réservoir de carbone forestier dans le monde, avec une estimation de 20 milliards de tonnes métriques de carbone en surface et au moins autant dans les deux premiers mètres de sol.

Le bassin du Congo compte aussi parmi les plus grandes zones humides du monde. À l'échelle de la CICOS, la superficie en zones humides est estimée à 240.920 km², dont la majeure partie se trouve

[1] BOKONA, Fr., « Pollution des 5 rivières de la RDC : proposition d'une solution juridique concertée entre les Etats du Bassin du Congo », in ACP, 17 août 2021, www.google.com, *consulté* le 27 juillet 2022.

[2] Ministère de L'environnement, Conservation de La Nature et Développement Durable – RDC, *Op.cit.*

essentiellement au niveau de la Cuvette centrale et de la Sangha. Il existe actuellement 18 sites RAMSAR dans la zone CICOS. L'ensemble de la surface estimée de ces sites représente 154.771 km², ce qui correspond à 65 % des superficies totales estimées en zones humides de la zone CICOS.

Sur le plan de la gouvernance, la Convention sur la protection et l'utilisation des cours d'eau transfrontaliers et des lacs internationaux marque une volonté des États de s'engager activement dans la protection environnementale, mais les moyens humains et matériels alloués aux services en charge de cette mission sont très faibles. Même si les fondements de la conservation sont posés, par la ratification de la Convention RAMSAR, l'avancement de ces processus est inégal d'un pays à un autre.

Il s'agit ainsi en priorité d'homogénéiser cet avancement et ensuite d'appuyer les pays pour passer à l'étape suivante, à savoir la gestion, en exploitant les opportunités qui se présentent et en valorisant les acquis de l'expérience. Ainsi, l'enjeu pour la CICOS consiste à appuyer le caractère transfrontalier de la Gestion Intégrée des Zones Humides (GIZH). Pour cela, deux zones présentent un fort potentiel transfrontalier :

- le sous-bassin de la Sangha, qui abrite deux sites RAMSAR attenants appartenant à deux pays différents (et bientôt trois, si les démarches de la RCA d'inscription d'un nouveau site aboutissent) ;
- la Cuvette centrale qui groupe trois sites classés, dotant ainsi un des principaux réservoirs en eau de la CICOS d'un statut lui conférant un atout majeur pour sa conservation et sa gestion rationnelle.

Il existe ainsi un terreau fertile dans lequel la CICOS peut entamer un processus de maîtrise de la GIZH au niveau du bassin, notamment en l'inscrivant de façon institutionnelle, organisationnelle et opérationnelle dans son dispositif GIRE. La CICOS peut également montrer la voie en initiant des actions opérationnelles de démonstration. Mais l'objectif stratégique de la CICOS réside essentiellement dans son rôle d'accompagnateur qui peut se transformer aussi en rôle de catalyseur, en créant des compétences propres à mettre à la disposition des États membres.

Enfin, l'analyse de l'état de l'environnement dans le bassin révèle que la problématique des espèces exotiques envahissantes (EEE) constitue une menace importante qui pèse sur la biodiversité. La problématique des EEE dans la région du bassin du Congo concerne la flore plus que la faune. Les plantes aquatiques envahissantes sont la jacinthe d'eau, la fougère d'eau, la laitue d'eau et des graminées aquatiques qui sont des plantes endogènes.

Les espèces envahissantes colonisent les cours d'eau, les étangs, perturbent les écosystèmes aquatiques et mettent en péril certaines espèces dulcicoles. La navigation fluviale se trouve elle aussi perturbée à cause de l'envahissement de la surface de l'eau. Par ailleurs, l'activité de la pêche, principale source de revenus pour beaucoup de villages enclavés, se trouve affectée lourdement par les EEE, et parfois totalement compromise, avec pour conséquence des villages entiers désertés.

L'enjeu, qui relève essentiellement de la gestion des actions de lutte à mener, concerne la sauvegarde du capital environnemental et productif des plans d'eau et cours d'eau touchés et menacés par ce phénomène. L'analyse conduite dans le cadre du PAS a fait ressurgir des problèmes communs aux quatre pays, à savoir :

- des insuffisances des connaissances scientifiques (taxonomie, mécanisme de lutte, partage des connaissances entre les pays) dues au sous-équipement des institutions de recherche et de la carence de chercheurs en la matière ;
- des insuffisances des moyens techniques et financiers (manque de personnel qualifié, de moyens financiers permettant l'élaboration de stratégies de lutte contre les EEE et leur mise en œuvre) ;
- une méconnaissance ou un manque d'information sur la problématique des EEE et des moyens de lutte possible ;
- des lacunes ou des insuffisances dans le dispositif juridique : loi phytosanitaire et loi de biosécurité et leurs textes d'application. Ce dernier point relève plutôt d'un déficit de gouvernance.

Au niveau régional, on note l'inexistence d'un cadre de dialogue, de concertation et de partage des informations sur les EEE, et ce malgré le caractère régional de la problématique. Il existe toutefois un plan d'action de lutte contre ces végétaux. Il vise trois objectifs stratégiques, qui constituent le fondement même de la gestion des espèces exotiques envahissantes :

- préserver le bassin du fleuve Congo de l'établissement de nouvelles espèces envahissantes : prévenir les introductions nuisibles, intentionnelles ou non, et détecter et identifier les nouveaux envahisseurs avant la frontière et à l'entrée ;

- réagir rapidement à l'envahissement dans les zones prioritaires dès la détection de nouveaux envahisseurs ;
- gérer les espèces exotiques qui se sont établies où se répandent : assurer une gestion visant à contenir et maitriser les EEE établies à l'intérieur du bassin du fleuve Congo.

Il est à noter que ce sont les tourbières issues de ces zones humides qui font de ce Bassin du Congo-Oubangui-Sangha, le premier poumon du monde et dont la protection est une garantie environnementale pour l'ensemble de la planète et nécessite l'implication de tous les acteurs, à l'échelle mondiale.

Sa destruction peut avoir des conséquences environnementales graves, changeant ainsi la température mondiale actuelle, dont l'objectif de maintien à 1,50 a été confirmé lors des résolutions de la Cop 26 dernière, à 50 susceptible de rendra la planète invivable. D'où, l'importance des écosystèmes de ce Bassin n'est plus à démontrer.

2.5.8. La promotion de l'écotourisme[1]

Tous les pays qui ont pu développer le tourisme ont ceci en commun : une sécurité et une sûreté assurées aux visiteurs, les infrastructures de transport fonctionnels et les commodités sur les sites de villégiatures. Aucun pays qui attend développer ce secteur ne peut déroger à ces préalables indispensables à la promotion du tourisme.

Les potentialités écotouristiques dans les zones humides du bassin du Congo sont énormes. L'enjeu de ce secteur, focalisé sur les plans d'eau, les fleuves, les lacs périurbains, les lacs majeurs, les rivières, les marais, les cascades, les chutes, les zones humides et toute la faune associée, est de pouvoir lutter contre les deux causes de son faible développement : la difficulté d'accès à de nombreuses zones pour raison d'insécurité, et le manque d'infrastructures d'accueil et d'encadrement des activités touristiques et récréatives.

Le développement de l'écotourisme doit s'inscrire dans une réelle prise de conscience du potentiel de la thématique Eau / Fleuve, essentiellement comme moyen de développer un écotourisme fluvial et lacustre. Pour cela, les enjeux de gouvernance sont les plus importants, et leur résolution doit impérativement précéder la création d'infrastructures adéquates par la création d'un climat favorable à ces

[1] « Tourisme : Comment et pourquoi développer l'écotourisme en RDC ? », in Tourisme : Comment et pourquoi développer l'écotourisme en RDC ? (congo-autrement.com), *consulté* le 15 mai 2021.

activités. Des actions sont en cours de réalisation par les différents Ministères et organismes en charge de l'activité touristique (Ministères du Tourisme, Eaux et Forêts, Environnement, ONG…), dans les quatre pays de la zone CICOS, avec pour finalité le développement d'une offre spécifique « écotourisme ».

La promotion d'une offre spécifique liée à la thématique Eau / Fleuve devrait avoir pour effet de singulariser la destination « Bassin du Congo » en faisant apparaître la zone comme une alternative aux destinations concurrentes très fréquentées de l'Afrique de l'Est, de l'Afrique du Sud et de l'Égypte ; dans le contexte global actuel, elle peut aussi se positionner comme zone nouvelle pouvant attirer une clientèle du monde entier qui tend à déserter les zones touristiques affectées par les conflits liés à la mouvance islamiste extrémiste.

Une fois que la gouvernance aura posé un cadre favorable, il sera possible et viable de se concentrer sur les enjeux de gestion du secteur et d'infrastructures. Pour le développement de produits touristiques dérivés du patrimoine hydrographique, le renforcement des capacités administratives, la formation, l'implication des acteurs clés du transport, de la navigation, de la douane, la participation de la population locale, la promotion du partenariat stratégique, la recherche du financement, la promotion de l'éducation environnementale s'avèrent être des objectifs incontournables pour créer un tel marché touristique.

2.5.9. La protection de la santé publique contre les risques liés à l'eau

Un enjeu important a été souligné lors des ateliers des Plateformes de Concertation Nationale : il s'agit de la protection de la santé publique contre les risques liés à l'eau. L'assainissement contribue naturellement à cette protection en plaçant les populations dans de meilleures conditions sanitaires, mais cette protection de la santé publique revêt d'autres aspects plus larges, qui incluent la lutte et la prévention contre les risques que l'eau peut faire peser sur la santé publique. Il s'agit des dysenteries, du paludisme, de la bilharziose, de la typhoïde, du choléra, toutes affections pour lesquelles l'eau est un vecteur de propagation, mais aussi de risques tels que les noyades : il est estimé que 3.000 personnes se noient annuellement dans le fleuve Congo.

La CICOS a prévu un programme d'éducation « eau et assainissement » dans sa zone d'intervention, et ce programme contribuera certainement à améliorer les comportements des populations en matière d'hygiène. Cependant, les actions en faveur de la protection de la santé publique dans le bassin contre les risques liés à l'eau sont disparates et très insuffisantes, et la prise en compte de cette thématique dans le Programme de mesures du SDAGE apparaît indispensable à tous.

Pour avoir une vision de cette situation à l'échelle du bassin entier, la CICOS doit jouer un rôle de coordination et ne doit pas se substituer aux États pour la collecte de données. Le fonctionnement d'un tel mécanisme devra faire l'objet de mesures du SDAGE.

2.5.10. La collecte, l'exploitation et la diffusion d'informations sur l'eau[1]

Dans tous les secteurs d'usage des ressources en eau, un déficit criant d'information est apparu, sous tous les aspects : ressources en eau, usages, impacts, risques, etc. « On ne gère bien que ce que l'on connaît » et sur ce plan, tous les acteurs s'accordent à souligner le manque d'information, et surtout le manque d'informations récentes et actualisées, sur quasi toutes les situations dans le bassin.

Il apparaît donc indispensable de faire de cette question un enjeu majeur pour le SDAGE. Afin d'apporter les éléments techniques objectifs qui permettront une gestion efficace de l'eau, le Programme de Mesures devra donc proposer les divers instruments et mécanismes à mettre en place pour compléter ce qui existe déjà (HYCOS, MESA, AMESD…) et renforcer la connaissance et le suivi des eaux et de leurs usages.

Un aspect de cet enjeu consistera également à définir la responsabilité des États membres et de la CICOS pour assurer cette fonction de connaissance. Cette dernière question touche aux enjeux institutionnels de la CICOS en tant qu'institution de bassin.

La CICOS doit jouer un rôle de coordination et de soutien de façon à ce que les États puissent lui communiquer les informations nécessaires pour une agrégation à l'échelle du bassin. Elle doit enfin jouer un rôle de traitement des données à l'échelle du bassin et de dissémination des résultats.

Il appartient aux États de collecter les données sur l'eau (les ressources, les usages, les usagers, les impacts, les risques) et de les exploiter en vue de connaître l'état de leur potentiel hydrique et l'adéquation avec les usages. Pour avoir une vision de cette situation à

---

[1] Ministère de L'environnement, Conservation de La Nature et Développement Durable – RDC, *Op.cit.*

l'échelle du bassin entier, la CICOS doit jouer un rôle de coordination et ne doit pas se substituer aux États pour la collecte de données. Le fonctionnement d'un tel mécanisme devra faire l'objet de mesures du SDAGE.

2.5.11. Les enjeux institutionnels de la CICOS

Les efforts déployés par la CICOS et ses partenaires depuis sa création ont permis de doter la Commission des moyens institutionnels nécessaires à la réalisation des nouvelles missions qui lui ont été attribuées, comme en témoigne l'élaboration de ses nombreux projets. Aujourd'hui, de nouveaux défis attendent la CICOS qu'elle devra impérativement relever si elle veut être à la hauteur de ses ambitions. Ces préoccupations ne sont pas exclusives à la CICOS et concernent toutes les organisations de coopération, qu'elles soient régionales ou internationales. En effet, le manque de moyens financiers et techniques ainsi que le défaut d'engagement des États comptent parmi les principaux écueils auxquels se heurtent toutes ces structures, quel que soit leur domaine d'action.

La conjoncture régionale de l'Afrique centrale est toutefois particulièrement complexe et implique une vigilance accrue, notamment du fait de l'instabilité politique qui perdure. En outre, la faiblesse des structures étatiques peut rapidement constituer un frein important malgré une bonne volonté, parfois trop évidente. Le risque majeur qui en résulte, à terme, réside dans l'inactivité des structures de coopération qui apparaissent finalement comme des coquilles vides à l'intérieur desquelles les dysfonctionnements entravent durablement toute tentative de relance[1].

A ces enjeux sectoriels s'ajoutent les enjeux liés au cadre institutionnel de la CICOS et à son fonctionnement, qui devront également être pris en compte dans le Programme de Mesures. Ils concernent quatre aspects :

- l'adaptation du cadre institutionnel de la CICOS et de ses différents organes, d'une part en fonction des expériences positives et négatives de son fonctionnement, et d'autre part en fonction de son extension progressive à d'autres États membres ;

[1] L'inactivité de la CEEAC durant la majeure partie des années 1990, le cas de la CEPGL ou encore les échecs de coopération entre les riverains du bassin du Congo sont autant de d'exemples de structures inactives.

- les modalités de fonctionnement des Plateformes de Concertation Nationales et Régionales mises en place en 2014 entre la CICOS et les États membres, en vue de les rendre durables et vraiment fonctionnelles ;
- les relations de la CICOS avec les organismes régionaux, dont bien sûr la CEMAC, mais aussi la CEEAC et la SADC : il faudra examiner comment optimiser le mode de fonctionnement de la CICOS par rapport à ces organismes et lui permettre d'accomplir au mieux son mandat ;
- les modalités du financement de la CICOS. La CICOS est actuellement financée par une combinaison de la Taxe Communautaire d'Intégration de la CEMAC, une contribution directe de la RDC et les appuis des PTF. Ce mécanisme de financement doit être réexaminé en vue de le rendre plus simple et plus stable, en particulier avec la perspective de l'intégration à la CICOS de nouveaux États membres.

2.5.11.1. La Pérennité de l'institution n'est pas assurée

Au premier abord, et compte tenu des développements des sections précédentes, il peut paraître surprenant de mettre en doute la pérennité de la CICOS en tant qu'institution chargée de la gestion des ressources en eau du bassin du Congo car, d'un point de vue institutionnel, la Commission répond à la lettre aux recommandations internationales et régionales pour la création d'autorités de bassin. Par ailleurs, les efforts accomplis par la CICOS et ses partenaires pour mettre en place les bases d'une gestion intégrée des ressources en eau tendent à prouver le dynamisme de cette jeune organisation – dernière-née de l'Afrique centrale, et renforcent une lecture optimiste de la situation.

Cependant, dès lors que l'on y regarde de plus près, certaines lacunes transparaissent et représentent autant de difficultés que la CICOS aura à surmonter pour asseoir sa légitimité et ainsi, assurer sa longévité. Tout d'abord, le contexte sociopolitique difficile de la sous-région constitue une réalité qui ne peut être ignorée et qui pourrait à l'avenir jouer contre la CICOS si elle n'y porte pas suffisamment attention. Surtout, il existe au plan interne, des dysfonctionnements auxquels il est primordial que la Commission remédie afin de se renforcer efficacement, et qui ont trait, d'une part, à la désignation de ses membres et d'autre part, à la question fondamentale de son financement. Cela porte énormément entorse aux efforts que tente vainement l'organisation pour l'accomplissement de sa mission.

2.5.11.1.1. Un contexte de coopération délicat

L'historique des relations entre les États du bassin du Congo témoigne de l'existence de nombreux antagonismes entre les riverains, des antagonismes dont les répercussions touchent divers domaines, parmi lesquels celui de l'utilisation des voies d'eau intérieures.

Les tensions qui ont opposé le Congo à la RDC dans les années 1970 ont, par exemple, amené ce dernier pays à remettre en cause le fondement du droit international fluvial, à savoir, le caractère international des fleuves transfrontaliers[1]. En outre, les conflits internes qui ont déstabilisé ou déstabilisent encore certains de ces États se traduisent non seulement par une faible application des décisions à l'échelle nationale lorsqu'elles existent, mais également par une extension de ces conflits aux pays voisins, dont la régionalisation des conflits en RDC constitue une excellente illustration. De ce fait, en raison de l'existence de ces conflits - latents pour certains, persistants pour d'autres - rares sont les accords relatifs à l'utilisation des cours d'eau transfrontaliers qui ont été suivis d'un quelconque effet depuis les indépendances jusqu'à la création de la CICOS plus de trente ans après.

2.5.11.1.1.1. Alliances changeantes et situations conflictuelles latentes

L'avènement de la CICOS, ses développements ainsi que les partenariats qu'elle a su créer afin d'élaborer de nombreux projets laissent à penser que les échecs qui se sont succédé appartiennent au passé et que des changements notables se sont opérés. Surtout, la CICOS a pu voir le jour malgré les différentes guerres civiles et régionales[2] qui sévissaient dans la sous-région durant les années entourant sa création : conflit interne au Congo-Brazzaville, en 1998 et 1999, après la prise de pouvoir de Denis Sassou-Nguesso ; situation précaire en Centrafrique ponctuée de mutineries, de 1996 à1997, contre le pouvoir d'Ange-Félix Patassé ; guerres au Congo-Kinshasa, de 1996 à 1997, et de nouveau à partir de 1998.

L'émergence de la CICOS dans un tel contexte laisse à penser que l'institution repose sur des bases solides et durables. Toutefois, l'instabilité persistante, principalement en RDC, et les conflits latents

---

[1] Voir supra, Chapitre 2, section 1.2.

[2] Les termes de guerre et de conflit sont utilisés ici de manière indifférenciée. Les références qui y sont faites visent à illustrer le propos et n'ont pas vocation à servir une analyse de science politique. Les distinctions opérées dans ce champ d'études, particulièrement celles du « Correlates of War project », ne sont donc pas retenues.

qui opposent ce pays avec d'autres riverains du bassin du Congo sont autant de risques que la CICOS ne peut ignorer[1]. En effet, les jeux d'alliances qui se créent dans le cadre de tels conflits pourraient porter préjudice au fonctionnement de la CICOS.

Les conséquences de ce type de conflits sont illustrées par l'échec de la Conférence internationale sur la Région des Grands Lacs (CIRGL) : c'est en raison des tensions existantes entre ses trois membres (Rwanda, Burundi et RDC) que son fonctionnement a été entravé pendant de nombreuses années. Au niveau de la CICOS, il y a lieu de rappeler la participation de miliciens de la RD Congo dans le conflit centrafricain[2], ainsi que l'implication de l'Angola dans la guerre civile du Congo-Brazzaville, où le gouvernement a soutenu la rébellion de Sassou-Nguesso contre le Président congolais en place Pascal Lissouba, en 1997 et les différentes guerres d'agression contre la RDC ayant émaillé les deux dernières décennies.

À la même période, le gouvernement angolais soutenait également Laurent-Désiré Kabila contre le pouvoir de Mobutu en RDC[3]. Même si l'Angola a soutenu le gouvernement de Joseph Kabila en RDC contre la rébellion de Nkunda dans le nord-est du pays, l'inconstance des alliances qui se font et se défont au gré des intérêts des acteurs, constitue, en elle-même, une source de menaces[4]. Il est effectivement

---

[1] Officiellement terminée en 2002, la 2ème guerre du Congo-Kinshasa s'éternise à l'Est. L'actualité lié aux activités des rebelles de Laurent Nkunda au cours de l'année 2008 témoigne de la persistance des tensions. Son arrestation, le 23 janvier 2009 par les autorités rwandaises, pourrait favoriser un retour au calme. Sur la persistance du conflit malgré la cessation officielle des hostilités, voir les rapports de l'international Crisis Group, dont notamment : ICG, The Kivus: The Forgotten Crucible of the Congo Conflict, Africa report 56, 24 janvier 2003, in www.crisisgroup.org/home/index.cfm?id=1630&l=1, ICG, Katanga : The Congo's Forgotten Crisis, Africa Report 103, 9 janvier 2006.

[2] L'ex-opposant à l'actuel gouvernement en RDC, Bemba, fait l'objet d'une enquête auprès de la Cour Pénale Internationale (CPI) dans le cadre des exactions qu'auraient commises ses militaires lors de leur intervention en Centrafrique en 2002-2003, aux côtés du Président de l'époque, Patassé. Voir CPI, Fiche d'information sur les affaires « Le Procureur c/ Jean-Pierre Bemba Gombo. Affaire n°ICC-01/05-01/08 », Document ICC-PIDS-CIS-CAR-01-002/09_Fra., www2.icc-cpi.int/NR/rdonlyres/BB799007-74C2-4212-9EA6-0FC9AD178492/279536/BembaCISFr.pdf, 12 novembre 2008.

[3] Pour une analyse approfondie, voir ICG, Congo at war: a briefing of the internal and external players in the Central African Republic, Africa Report 2, 17 novembre 1998, www.crisisgroup.org/home/index.cfm?id=1423&l=1, consulté le 20 aout 2022.

[4] Voir par exemple l'article de Radio-Canada sur cette question : RADIO-CANADA, « L'angola s'en mêlera », 12 novembre 2008, in www.radio-

permis de croire que les acteurs en cause pourraient utiliser des plates-formes de coopération telles que la CICOS pour souligner leurs désaccords[1]. Actuellement, ce tableau sombre de méfiance entre les Etats membres ne facilite guère la tâche à l'organisation et cela se manifeste de plusieurs manières dont, le retard de cotisations, le refus de ratification de certains textes importants pour le fonctionnement de l'organisation et surtout le manque d'attention personnalisée des activités de cette dernière par l'Etat-siège (RDC), voire sa non vulgarisation pour sa visibilité par les Etats-membres.

2.5.11.1.1.2. L'approche fonctionnaliste des limites de la CICOS

Cette double lecture de la coopération répond au dialogue qui existe en relations internationales autour de l'approche fonctionnaliste, dans laquelle peut s'inscrire l'avènement de la CICOS. L'idée principale de cette approche consiste à voir dans la coopération technique une prémisse à la coopération politique. Partant d'une interdépendance existante dans un domaine, les États mettent en place des arrangements fonctionnels qui pourront à terme s'étendre à d'autres domaines, grâce à un effet d'engrenage ou spill-over[2].

L'exemple type de cette approche est le processus d'intégration européenne qui était partie de la coopération sur le charbon et l'acier et s'est élargie à la zone de libre échange jusqu'à la mise sur pied d'une monnaie unique. Ainsi, pour tenter de résoudre durablement les conflits en Afrique centrale, nombreux favorisent la collaboration dans des domaines divers, multipliant ainsi les organes de coopération.

En d'autres termes, ce modèle malgré ses faiblesses, a l'avantage de faciliter la mise en commun des intérêts des Etats sur base de ressources indispensables à leur existence, transcendant ainsi leurs divergences d'intérêts comme qui dirait, ce qui les unit devient plus fort que ce qui les divisait, et réduit ainsi la possibilité d'une conflictualité belliciste car, chaque Etat estime que la guerre faite contre l'autre aura l'effet boomerang sur lui-même. Voilà pourquoi la France et l'Allemagne,

---

canada.ca/nouvelles/International/2008/11/12/001-angola_rdc.shtml, *consulté* le 27 juillet 2022.

[1] Au niveau de la CEPGL, on peut noter que des retards dans la mise en fonction sont accusés du fait de la RDC qui, en avril 2008, n'avait toujours pas nommé ses trois représentants. Voir sur cette question : RADIO OKAPI, « Goma: La CEPGL attend la nomination des trois cadres congolais », 14 janvier 2008.

[2] BATTISTELLA, D., *Théorie des relations internationales*, Presses de la fondation nationale des sciences politiques, Paris, 2003, pp.367 - 373.

deux pays de l'Europe qui se sont fait la guerre pendant près de deux siècles, ont finalement, grâce au processus d'intégration, réussi à se hisser comme des piliers économiques de l'union Européenne.

De façon générale, la gestion des ressources naturelles offre un terrain d'expérimentation propice à cette approche dans la mesure où elle entraîne une interdépendance de facto entre les États riverains qui partagent une zone forestière, un parc naturel ou un bassin hydrographique. Les conditions de navigation dans le bassin du Congo, qui ont amené les États à multiplier les tentatives de coopération, témoignent des interdépendances qui peuvent exister. Dans une perspective néo-fonctionnaliste donc, l'existence de la CICOS serait un vecteur de paix entre les riverains. Mais cette approche connaît des limites qui renvoient aux risques énoncés plus haut. Ainsi, dans le cadre de l'approche fonctionnaliste appliquée au cas du bassin du Jourdain, Miriam Lowi a montré que le manque de coopération politique au plus haut niveau pouvait entraver la coopération dans des domaines techniques plus restreints[1]. C'est ce que je crains dans le chef des Etats membres de la CICOS.

L'état actuel de la coopération dans le bassin amène un autre questionnement concernant les riverains non membres de la CICOS. D'un côté, la logique de découpage en sous-bassins qui prévaut comporte l'avantage de diminuer les risques de voir les États utiliser l'espace de négociations offert par la CICOS pour manifester des antagonismes plus profonds et paralyser de fait le fonctionnement de l'institution. Mais d'un autre côté, l'expérience du droit international montre combien l'articulation des intérêts entre États d'amont et États d'aval est fondamentale. En conséquence, si les décisions prises par la CICOS venaient à menacer les intérêts des États riverains des Grands Lacs non membres de la Commission, cela pourrait contribuer à générer de nouveaux conflits.

Ainsi, eu égard au contexte politique de la sous-région, la CICOS ne peut que rester sur ses gardes et veiller autant que possible à protéger ses intérêts face aux conflits qui peuvent survenir. La question de savoir si la CICOS servira d'agent de pacification dans la sous-région ou bien si elle sera victime de conflits persistants, demeure un point au sujet duquel toutes les conjectures sont possibles.

---

[1] PHILLIPS, D., DAOUBY, M., McCAFFREY, S., ÖJENDAL, J. et TURTON, A., « Transboundary water co-operation as a tool for conflict prevention and broader benefit sharing », Global development studies, n°4, Stockholm, Swedish Ministry for Foreign Affairs, Expert Group on Development Issues (EGDI), 2006, p.15.

Mais la conjoncture politique régionale n'est pas le seul facteur susceptible de paralyser le fonctionnement de la Commission. En effet, il existe à l'interne d'autres facteurs de risques, au premier rang desquels il faut souligner la lourdeur des procédures administratives. À cet égard, les modalités de sélection et de renouvellement du personnel ont déjà montré leurs limites.

2.5.11.1.2. Des procédures administratives lourdes pour la sélection et le renouvellement du personnel

L'entrée en fonction d'un nouveau membre du personnel au sein de la CICOS est précédée d'une procédure lourde à dominante politique en raison du statut d'organisation intergouvernementale de la Commission. Cette procédure, si elle doit se répéter fréquemment et à grande échelle, elle peut provoquer un ralentissement d'activité.

Avant de voir comment se concrétise ce risque, il faut, dans un premier temps, revenir sur les modalités de désignation des membres. En Comité des ministres, les représentants des États procèdent à la répartition des postes du Secrétariat général entre les pays. À cet égard, il est intéressant de constater que, si cette répartition se fait officiellement « sur une base consensuelle », les discussions préalables se font à huis clos lors de la répartition, « compte tenu de la sensibilité de la question et de la délicatesse des questions afférentes »[1]. Quoi qu'il en soit, une fois cette répartition effectuée, il revient au Secrétaire général de lancer des appels à candidature dans chacun des pays.

Enfin, trois candidatures par poste seront proposées au Secrétariat, pour être par la suite examinées en Comité de direction. Les délais requis pour mener la procédure à son terme sont en partie fonction du temps nécessaire aux États pour déposer les candidatures auprès de la CICOS. Néanmoins, la CICOS n'est pas totalement dénuée de moyens d'action, surtout lorsque des remplacements sont prévus de longue date. Ainsi, il lui appartient de s'organiser efficacement afin de devancer les échéanciers et d'anticiper le remplacement de ses fonctionnaires. Encore jeune, la Commission manque cependant d'expérience en la matière, comme en témoignent les suites données à la réforme institutionnelle induite par son changement de statut en autorité de bassin.

---

[1] CICOS, Communiqué final de la 1e session extraordinaire du Comité des ministres, note 253, p.4.

Décidée à la fin de 2007, la réorganisation institutionnelle a débuté en mars 2008 avec la redistribution des postes entre les États membres lors de la 1e Session extraordinaire du Comité des ministres : le Cameroun a conservé la direction de l'environnement, la République centrafricaine à qui on avait attribué la direction juridique a finalement choisi de prendre celle de l'exploitation des infrastructures et des voies navigables, la RDC quant à elle a obtenu la direction juridique et celle des ressources en eau. Le Congo-Brazzaville, enfin, a conservé le poste de Secrétaire général sur les bases d'une décision prise lors de la 5e Session du Comité des ministres de Yaoundé, en décembre 2007. À l'issue de cette réunion, il y avait donc un nouveau poste à pourvoir et deux pour lesquels il fallait organiser un changement de personnel.

Des origines de cette organisation – dernière-née de l'Afrique centrale, plusieurs soubresauts ont émaillé son fonctionnement à cause d'une part, des mécanismes de désignation de ses animateurs, du Secrétaire Général aux Experts. Ceux-ci ont de temps en temps impacté sur la cohésion interne de l'organisation à cause des intérêts, parfois discordants, des Etats-membres. D'autres part, il faut signaler que la perception que se font les Etats-membres de l'application des textes en la matière, les a souvent divisés malgré les solutions précaires trouvées pour parer au plus pressé.

Il est donc temps que les Etats repensent de manière responsable, le mécanisme de désignation en assouplissant ceux-ci afin d'aider l'organisation à mieux répondre à l'appel de ce devoir. Sans oublier les facilités à accorder au paiement des fonctionnaires de ladite organisation.

2.5.11.1.3. Le financement, un enjeu primordial

Tous domaines confondus, la question du financement demeure un point cardinal et souvent, le défi majeur auquel font face les décideurs. Ceci est d'autant plus vrai dans les pays en développement où le manque de moyens constitue un obstacle récurrent à la réalisation de projets de toutes sortes. À cet égard, les préoccupations en matière de gestion de l'eau ne font pas exception à la règle. Le Global water partnership (GWP) pose ainsi le problème :

L'affectation de ressources financières destinées à satisfaire les besoins en eau représente un défi majeur. Lors du 2ème Forum Mondial de l'Eau (La Haye 2000) il a été suggéré que, pour que les pays en développement puissent satisfaire les besoins en matière de protection des écosystèmes, de fourniture d'eau, d'assainissement et de traitement *des eaux usées ainsi que de production agricole, les investissements annuels dans le secteur de l'eau devraient doubler passant de $90 milliards par an à près de $180 milliards d'ici 2020*[1]. A l'échéance, nous pouvons tous donc constater que cet objectif n'a pas été atteint.

La volonté politique, généralement admise comme une condition fondamentale à toute action, se matérialise notamment au travers des fonds alloués par un État dans le domaine considéré. D'une certaine manière, l'analyse des modalités de financement constitue donc un élément d'illustration de la détermination et de l'engagement politique des gouvernements. Dans le domaine de la coopération intergouvernementale, l'existence et la pérennité d'une institution telle que la CICOS dépendent en grande partie de l'investissement financier de ses membres, son corollaire étant la qualité de la gestion opérée à l'interne.

2.5.11.1.3.1. Les modalités de financement de la CICOS et la gestion des ressources

Conscients de l'importance que revêt cette question, en particulier face au jugement des bailleurs de fonds qui représentent un appui indispensable, les fondateurs de la CICOS ont prévu plusieurs mécanismes afin de garantir au mieux de leurs capacités l'approvisionnement financier de la Commission et une gestion transparente des comptes.

Les modalités de financement de la CICOS figurent au chapitre 7 de l'Accord de 1999. L'article 28 établit que les ressources de cette dernière « proviennent des contributions des États contractants, des recettes des activités propres, des emprunts, dons et legs ». Il y est également précisé que le Comité des ministres est responsable de la détermination des quotités des contributions des États contractants, et peut en outre adopter des budgets supplémentaires « en vue de pourvoir aux dépenses extraordinaires de la Commission ».

Appliquant à la fois un principe de proportionnalité, en fonction de la territorialité sur le bief Inter-États, et un principe de solidarité[2], les quotités des membres ont été établies de la façon suivante[3] :

---

[1] GWP, Toolbox, note 63, p.19.
[2] NDALA, B., Op.cit., note 236.
[3] Évidemment, l'adhésion de l'Angola sera suivie d'une nouvelle repartition des contributions entre les États.

Figure 3. Proportionnalité et solidarité dans la distribution des quotités entre les membres de la CICOS[1]

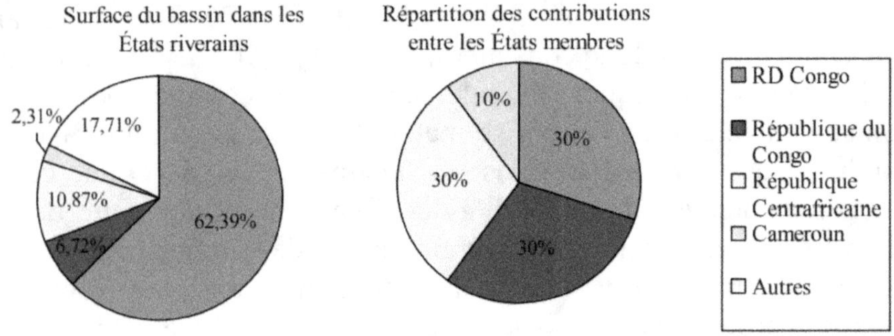

Source : PNUE, note 181.

Notons dès à présent que le versement de ces contributions ne s'effectue pas de la même manière dans tous les pays. Alors que la RDC verse directement sa part à la CICOS, il en va différemment des trois autres États, pour lesquels la Commission économique et monétaire d'Afrique centrale (CEMAC) est chargée de reverser à la CICOS la part qui lui revient, au travers de son propre mécanisme de financement. En effet, la communauté est financée par la Taxe communautaire d'intégration (TCI) qui correspond à un prélèvement de 1 % sur les droits d'importation hors zone CEMAC perçus par ses membres[2]. C'est donc sur cette base que la CEMAC redistribue à ses institutions spécialisées, dont la CICOS fait partie, la part qui lui revient.

En ce qui a trait à la gestion, le budget de la CICOS, proposé par le Secrétaire général et voté annuellement par le Comité des ministres, est divisé en deux. Il doit permettre d'une part de répondre aux besoins du Secrétariat exécutif et, d'autre part, d'assurer le fonctionnement du Comité des ministres[3]. L'organisation des rapports d'activités témoigne de cette séparation. Parallèlement, les partenaires de la Commission disposent de budgets propres pour leurs activités qui sont annexés au budget principal[4] ; ils bénéficient ainsi d'une autonomie de gestion. Cette autonomie, cumulée à d'autres mécanismes, doit permettre de

[1] Les données concernant le partage du bassin entre les différents riverains sont tirées de : PNUE, note 181, p.91.

[2] CEMAC, Acte additionnel N° 03/00-CEMAC 046-CM-05, articles 2 et 5.

[3] 3ème entretien avec les autorités de la CICOS.

[4] 4ème entretien avec la CICOS.

contrôler la bonne gestion de l'institution et d'éviter les transferts de fonds d'une caisse à l'autre[1].

Ainsi, en application des règles de la comptabilité publique, le règlement financier de la CICOS prévoit que celle-ci dispose d'un ordonnateur principal, d'un comptable et d'un contrôleur de gestion, pour lesquels la séparation des pouvoirs est assurée[2]. Enfin, la reddition des comptes est opérée annuellement par la Cour des comptes de la CEMAC, à N'Djamena, au Tchad. À ce jour, ces mécanismes semblent avoir fonctionné puisqu'aucune irrégularité n'a été dénoncée.

Seuls des retards dans la mise à jour des comptes peuvent être déplorés. En effet, scrutant le rapport d'activités de 2005, celui-ci fait état de l'entrée en fonction tardive du contrôleur de gestion en janvier de cette même année, un retard qui « avait procédé du fait que les autorités de la République Démocratique du Congo avaient décidé tardivement »[3]. En conséquence, la comptabilité n'avait pas pu être mise en place auparavant et ce n'était qu'à partir de cette date que les opérations effectuées en 2004 ont été régularisées. Cette régularisation ne s'est achevée qu'en 2006 avec la production des comptes de clôture, année qui a également permis de régulariser les pièces comptables de 2005. Cette situation témoigne du fait que ce n'est pas tant le fonctionnement interne de la Commission que le comportement des États membres qui est susceptible d'en entraver le bon fonctionnement[4].

Des informations en ma possession, dans le cadre de cet ouvrage, je signale plusieurs arriérés de la part de certains Etats-membres, relatif aux cotisations, rendant ainsi difficile l'organisation et le fonctionnement de la CICOS. Il convient aussi de préciser que, dans cette démarche, j'ai constaté que même lorsque ceux-ci arrivent à honorer une partie de leurs engagements, ils n'en assurent pas non plus le suivi.

---

[1] Ce type de transfert a été observé au sein de la CBLT, où l'utilisation du budget alloué à l'étude de faisabilité pour le transfert inter-bassins a servi au fonctionnement même du Secrétariat général de la commission. CBLT, Procès-verbal de la 53e session ordinaire du Conseil des ministres, Marova, 17-18 août 2006, p.3.

[2] CICOS, *Rapport d'activités année 2005*, Kinshasa, CICOS, p.22.

[3] *Idem.*

[4] L'étendue des conséquences que peut avoir une nomination tardive apparaît ici clairement.

2.5.11.1.3.2. Les problèmes de recouvrement des contributions auprès des États membres

Inévitablement, l'adoption de l'Additif et des principes de la gestion intégrée des ressources en eau entraîne une augmentation des besoins financiers de la Commission, tant dans le cadre de la réorganisation institutionnelle, que du fait de l'extension des missions attribuées à la CICOS[1]. De ce fait, il s'est avéré que le budget annuel augmentait de 1/3 soit environ 35%. Pour autant, la Commission a toujours été contrainte d'échelonner le paiement des droits des fonctionnaires non retenus après la réorganisation institutionnelle, en invoquant ses problèmes de trésorerie[2]. De même, les moyens dont dispose l'institution sont jugés « limités par rapport aux nobles objectifs assignés à la CICOS »[3].

En réalité, ces difficultés proviennent du fait que « le niveau de recouvrement des contributions des États membres est préoccupant »[4]. Cette remarque, faite à la fin de l'exercice 2017, ne constitue qu'une répétition des observations faites depuis la première année d'activité de la Commission en 2005 et qui ont été réitérées au cours de l'année 2008.

Toutefois, compte tenu de la sensibilité de la question, il est difficile de savoir précisément quel est le montant versé annuellement par chacun des États-membres. Ces informations n'étant pas rendues publiques, il est seulement possible d'opérer certains recoupements d'informations afin de présenter le tableau général de la situation. À cet égard, il est regrettable que la CICOS insiste, dans ses rapports d'activités annuels, sur ses difficultés financières sans pour autant présenter ouvertement leur origine. Comme pour les procédures de répartition des postes, il semble que, là encore, les États ne soient pas prêts à assumer une complète transparence.

Quoi qu'il en soit, les quelques informations disponibles permettent de donner le ton. Ainsi, nous référant aux données de la dernière décennie, par exemple, la CICOS n'a reçu que la moitié du montant total prévu[5].

---

[1] Discours d'ouverture de Monsieur le Secrétaire général de la CICOS, note 287, p.7.

[2] CICOS, Communiqué final de la 1re session extraordinaire du Comité des ministres, note 253, p.5.

[3] Discours d'ouverture de Monsieur le Secrétaire général de la CICOS, Idem, p.8.

[4] CICOS, Communiqué final de la 5e session ordinaire du comité des ministres, note 240, p.5.

[5] 2ème Entretien avec les autorités de la CICOS.

Du fait de leurs situations financières internes difficiles, la République Centrafricaine et la République Démocratique du Congo accusent ainsi des arriérés de paiement importants auprès de la CICOS. La dette de la RDC en particulier, s'est considérablement étendue depuis 2005, dépassant le million d'euros pour la période 2005-2008[1]. Une somme qui s'explique par le fait que le gouvernement n'a plus contribué au budget de la Commission après avoir versé un acompte en 2004. Toutefois, en 2015, une bonne somme a été versée par la RDC aux termes de ces arriérés. Depuis lors, plus rien n'a encore été versé par l'Etat-siège.

Le cas de la RDC témoigne des difficultés auxquelles sont confrontées certaines institutions pour obtenir le paiement des contributions de leurs membres lorsque ces contributions doivent s'effectuer directement par le Trésor. Pour la CICOS, être une institution spécialisée de la CEMAC constituait, dès sa création, une forme de garantie de paiement[2] dans la mesure où cette communauté organise elle-même ses mécanismes de financement avant de redistribuer leurs parts respectives aux institutions qui dépendent d'elle. La Taxe communautaire d'intégration est donc perçue comme un mécanisme sûr malgré ses propres dysfonctionnements.

Pour autant, plusieurs éléments concourent à remettre en cause la pertinence de l'appartenance de la CICOS à la CEMAC, ce qui engendre de nouveaux défis pour la Commission déjà aux prises avec de sérieux problèmes financiers.

2.5.11.1.3.3. Les dynamiques régionales et leurs effets

Tout d'abord, bien que l'adhésion de l'Angola ait représenté une nouvelle source de financement pour la Commission, l'arrivée de ce nouveau membre avait emmené certaines réflexions. Dans un premier temps, il eut fallu une fois encore réorganiser le Secrétariat afin d'équilibrer la répartition des postes par pays, et cela pour d'autres Etats ayant choisi de rejoindre ou d'adhérer à la CICOS.

En outre, la CICOS avait pris un certain nombre de mesures pour intégrer ce pays lusophone dans une organisation où le français est jusqu'à présent la seule langue officielle[3]. De toute évidence, ces aménagements entraînent de nouveaux coûts à court terme. Plus

---

[1] *Idem.*

[2] 3ème Entretien avec les autorités de la CICOS.

[3] Accord, note 233, article 30.

important encore, l'Angola, comme la RDC, ne fait pas partie de la CEMAC et n'est pas non plus soumise à la TCI : le recouvrement des contributions dépend donc de sa volonté propre.

Surtout, si elle n'est pas membre de la CEMAC, l'Angola fait partie d'un autre organe de coopération sous-régionale, avec la RDC : la Communauté de développement de l'Afrique australe (SADC). La CICOS se trouver donc partagée d'une certaine manière entre les deux institutions, et son statut d'institution spécialisée de la CEMAC a perdu une partie de sa cohérence.

Ajouté à cela, la CEMAC avait connu d'importants changements qui qui n'ont pas manqué d'avoir eu de répercussions sur la CICOS. Dans le cadre de ses échanges commerciaux avec l'Union européenne, la CEMAC subit d'importantes pressions qui menacent directement l'existence de la TCI. En effet, prétextant la libéralisation des échanges, l'Union européenne veut négocier la suppression des droits de douane à l'importation dans les pays membres de la Communauté[1]. Si cette suppression était effective, elle entraînerait de lourdes conséquences sur le budget de la CEMAC et toucherait inévitablement ses institutions spécialisées. Parallèlement, le constat selon lequel l'existence de nombreuses institutions régionales d'intégration en Afrique entraîne chevauchements et duplications d'efforts a amené plusieurs institutions de la région[2] à engager une réflexion sur la possibilité de ne conserver qu'une seule communauté d'intégration[3]. La CEMAC telle qu'ellc existe aujourd'hui pourrait donc être amenée à disparaître.

Face à tous ces éléments, l'une des solutions envisageables pour la CICOS serait d'opérer un transfert de la CEMAC vers la Communauté économique des États d'Afrique centrale (CEEAC)[4], dont la nomination comme « pilier de l'UNCEA » représente probablement une garantie de pérennité[5]. La CEEAC[6] est un organe de coopération,

---

[1] 3ème entretien avec les autorités de la CICOS.

[2] Ces institutions sont la CEMAC, la CEEAC, l'UNCEA, la BAD et l'Union africaine.

[3] CEEAC, Communiqué final de la 13e session ordinaire de la conférence des chefs d'État et de gouvernement, 30 octobre 2007, Brazzaville, CEEAC, 2007, p.3.

[4] 3ème entretien avec les autorités de la CICOS.

[5] UA/UNCEA, « Rapport de la réunion consultative sur la rationalisation des communautés économiques régionales (CER) pour les régions d'Afrique du Nord, du Centre et de l'Ouest », Réunion d'experts sur la rationalisation des communautés économiques régionales, Accra, 27-28 octobre 2005, p.12.

[6] La présentation de la CEEAC est basée sur les informations données par le site officiel de la communauté : CEEAC, Accueil, [En ligne], [www.ceeac-eccas.org/index.php] (15 novembre 2008).

créé en 1983, à l'initiative de l'UDEAC (ancêtre de la CEMAC) et de la Communauté économique des pays des Grands Lacs (CEPGL), et qui compte aujourd'hui dix États membres. Ses missions sont sensiblement les même que celles de la CEMAC puisqu'elles comptent notamment la liberté de commerce et de circulation, le développement rapide de ses membres les plus pauvres, l'harmonisation des politiques nationales dans des domaines tels que l'industrie, l'énergie, les transports et communications, les ressources naturelles ou encore le tourisme.

Pour la CICOS, la CEEAC présente certains avantages non négligeables. Tout d'abord, elle compte parmi ses membres six riverains du bassin du Congo dont l'ensemble des membres actuels de la CICOS, plus l'Angola et le Burundi. Le Rwanda quant à lui s'est retiré de la communauté, en 2007, ce qui ramène à trois le nombre de riverains non membres, avec la Tanzanie et la Zambie. La CEEAC apparaît donc plus représentative que la CEMAC pour la CICOS. De plus, dans une démarche qui rappelle celle de la SADC, la CEEAC s'est engagée à adopter une politique régionale de l'eau, ce qui peut constituer un soutien important pour la CICOS dans le cadre de la mise en œuvre de la gestion intégrée des ressources en eau à l'échelle nationale. De fait, le rôle joué par la CEEAC dans la mutation institutionnelle de la CICOS se comprend mieux dès lors que l'on considère ces éléments.

Figure 4. Les États riverains du bassin du Congo et les ensembles sous-régionaux auxquels ils appartiennent

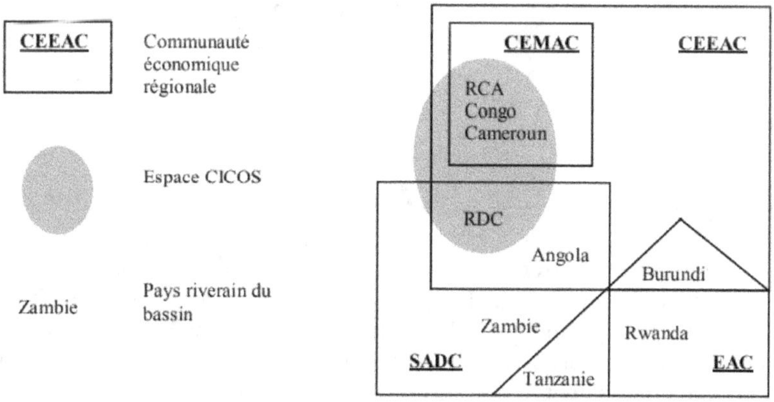

Source : PNUE, préc., note 181.

Au niveau du financement toutefois, il n'est pas évident que la CEEAC dispose d'un quelconque avantage comparatif par rapport à la

CEMAC. En effet, son mode de financement ressemble à s'y méprendre à celui de la CEMAC : il ne s'agit pas d'une TCI mais d'une CCI ou Contribution communautaire d'intégration, « dont le taux de 0,4% est alimenté par le prélèvement sur les importations des produits originaires de pays tiers à l'espace CEEAC »[1]. Or, bien que le principe de la taxe ou contribution communautaire soit perçu comme une garantie, l'analyse des problèmes éprouvés par la CEMAC fait ressortir des dysfonctionnements majeurs et potentiellement préjudiciables pour les institutions qui dépendent de tels modes de financement.

Ainsi, selon un rapport présenté par la CEMAC, en février 2006, les arriérés de paiement de la TCI ont quadruplé entre 2002 et 2005[2], et ce, car certains États reversent le produit de la TCI non pas au niveau de la Banque des États d'Afrique centrale ou BEAC, un des organes décisionnels de la CEMAC dont l'existence constitue la principale différence avec la CEEAC, mais dans leurs caisses du Trésor, une pratique « qui s'apparente à un détournement de ressources communautaires » selon le rapport[3].

En tout état de cause, bien que le Secrétaire général ait tenu à informer « les Ministres sur le mode de financement autonome de la CICOS basé sur la taxe communautaire d'intégration (TCI) pour les trois pays de la CEMAC »[4], ce mode de financement ne se présente pas comme une solution idéale, et la CEEAC pourrait connaître le même type de « détournements ». De ce fait, même si le transfert vers la CEEAC aurait certains avantages pour la CICOS, il ne saurait régler de lui-même les problèmes financiers de la Commission, qui cherche parallèlement à diversifier ses sources de financement.

---

[1] CEEAC, Coopération et partenariat, [En ligne], [www.ceeac-eccas.org/index.php?id=12&rubrique=domaine-intervention] (14 janvier 2009).

[2] Il est d'ailleurs intéressant de noter que plus de 60% des arriérés constatés en 2005 étaient imputables au Cameroun, alors que ce pays est réputé avoir toujours versé 100% de ses contributions à la CICOS. À l'inverse, le Congo « s'avère être le seul respectant scrupuleusement le mécanisme de financement mis en place » dans le cadre de la TCI. CEMAC, Diagnostic institutionnel, fonctionnel et organisationnel de la CEMAC, Tome 1, Rapport final, Février 2006, p.32-33.

[3] Idem, p.25 et 39.

[4] CICOS, Communiqué final de la 1e session extraordinaire du Comité des ministres, note 253, p.4.

2.5.11.1.3.4. Les mécanismes internes à la CICOS

Les dynamiques régionales présentées ci-dessus montrent la vulnérabilité de la CICOS face à son financement et la fragilité des appuis extérieurs dont elle dispose à l'heure actuelle.

Pour autant, la CICOS n'a pas été dotée de moyens efficaces en interne pour pallier ces risques et lui offrir des garanties supplémentaires contre les mauvais payeurs. En effet, l'*Accord* de 1999 ne prévoit qu'une seule action possible, définie en ces termes par l'article 28 : « Tout État contractant qui ne remplit pas ses obligations financières vis-à-vis de la Commission dans un délai d'un an à partir de la date à laquelle elles sont exigibles perd son droit de vote ». Cette mesure n'a jamais été appliquée à l'égard d'un membre de la CICOS, ce qui peut se comprendre à la lecture de l'article 25 qui prévoit quant à lui que « le Comité de Direction ne peut délibérer valablement que si trois (3) États au moins sont représentés ». Rappelons que c'est lui qui prépare les délibérations du Comité des ministres et que par conséquent, mettre en œuvre les mesures prévues à l'article 30 contre la RDC et la RCA reviendrait à paralyser le fonctionnement de l'institution.

Compte tenu de tous les problèmes relatifs aux contributions des États membres auxquels la Commission doit faire face, le Secrétariat général envisage parallèlement de développer des modes de financement autonomes. Il s'agirait principalement de mettre sur pied certaines taxes et redevances des usagers[1]. Toutefois, il semble que la procédure envisagée fasse des gouvernements des États membres les intermédiaires entre la perception de ces taxes et redevances et leur reversement à la CICOS. En ce sens, le risque de « détournements » à l'image de ceux qui existent au sein de la CEMAC reste tout aussi présent et il n'est donc pas certain que cette piste de solution apporte les effets escomptés.

L'étude du financement de la CICOS amène plusieurs remarques. La première d'entre elles concerne les activités dans lesquelles la Commission s'est engagée. À l'heure actuelle, les dispositions de l'Accord ne prévoient en aucun cas leur financement par la CICOS. Le budget ne servant qu'à répondre aux besoins du Secrétariat général et à assurer le fonctionnement du Comité des ministres, et, au vu des

[1] Il n'existe à l'heure actuelle aucune information officielle quant à l'élaboration de ces taxes et redevances. Cette possibilité de financement a seulement été mentionnée au cours des entretiens réalisés avec le personnel de la CICOS, sans que les détails concernant l'habilitation de la CICOS pour le faire n'aient été évoqués.

dysfonctionnements existants, la Commission est dans l'incapacité d'envisager le financement de ces études. En conséquence, toutes les activités liées à la gestion intégrée des ressources en eau sont entièrement financées par les bailleurs de fonds étrangers[1], une situation qui, si elle assure l'élaboration des projets et leur mise en œuvre au moins à court terme, renvoie à plusieurs interrogations quant à la capacité de la Commission d'assurer leur suivi à long terme.

En deuxième lieu, force est de constater que le comportement des États membres est une composante essentielle de la réussite de la CICOS et de sa pérennité. La Commission dispose en effet d'une faible marge de manœuvre sur le plan financier, et il est impératif que la volonté politique des membres s'exprime plus clairement. S'il est vrai que « les attentes des pays riverains en termes de résultats et de retombées de la coopération seront fortes et [que] leur satisfaction constitue le plus grand pari à gagner pour assurer le succès de la CICOS »[2], il est encore plus vrai que la pression qui s'exerce sur la CICOS pour répondre aux dites attentes n'est légitime que si les États s'impliquent sérieusement dans le processus, la CICOS ne peut réaliser que ce que ses moyens lui permettent. Cette constatation rejoint un autre défi majeur de la CICOS, outre sa pérennité : la mise en œuvre effective de la gestion intégrée des ressources en eau dont elle fait la promotion. Nous y reviendrons un peu plus loin.

2.6. Organisations régionales en Afrique : trajectoires et facteurs de changements[3]

Les structures formelles des organisations régionales masquent une réalité complexe, faite de rapports de force et de jeux politiques. Cette complexité est souvent difficile à décrire dans le langage de la coopération au développement et du développement institutionnel. Travailler avec les organisations régionales et leurs agendas implique donc de s'engager dans une dynamique de pouvoirs et d'intérêts complexes et à niveaux multiples.

---

[1] 3ème entretien avec les autorités de la CICOS.

[2] Rapport d'évaluation BAD/CICOS, note 299, p.36.

[3] D'après le document contextuel publié par l'ECDPM en mars 2017, la note d'information et le document contextuel ont été préparés dans le cadre de PEDRO (Political Economy Dynamics of Regional Organisations, Organisations régionales en Afrique : trajectoires et facteurs de changements), un projet financé par le ministère allemand de la Coopération économique et du Développement (BMZ).

PEDRO (Political Economy Dynamics of Regional Organisations, Organisations régionales en Afrique : trajectoires et facteurs de changements) est un projet de l'ECDPM qui étudie les tenants et aboutissants des organisations régionales. Ce projet se penche sur les facteurs structurels, les institutions et les structures incitatives qui conditionnent les modalités d'engagement des pays et des différentes parties prenantes au niveau régional.

PEDRO couvre 17 organisations régionales africaines et 11 thématiques transversales. L'ECDPM a analysé chacune d'entre elles sous l'angle de l'économie politique afin de mieux en appréhender les dynamiques et leurs répercussions dans différents régions et domaines politiques. Les études s'articulent autour de trois questions clés : la première consiste à déterminer dans quelle mesure l'organisation régionale suscite une adhésion politique qui favorise les prises de décisions au niveau régional et qui contribue à leur mise en œuvre.

La seconde question est d'analyser quels sont les intérêts des États membres dans l'intégration régionale, en particulier en ce qui concerne les États plus puissants et ayant davantage de ressources (ce que l'on appelle les « États pivots »). La troisième question porte sur les domaines suscitant le plus d'adhésion, là où les intérêts régionaux et nationaux sont le mieux alignés pour produire des avancées au niveau régional. Ces rapports visent à apporter des éclairages pour aider les parties prenantes régionales et extérieures à éviter les obstacles et à mieux saisir les possibilités de réforme.

Plutôt que de formuler des recommandations opérationnelles spécifiques, l'économie politique est une démarche qui incite les praticiens et les réformateurs à discuter des réalités concrètes qui conditionnent les défis régionaux. Un des objectifs est ainsi d'aider les réformateurs et les bailleurs de fonds à adapter leurs ambitions et leurs approches aux circonstances, à identifier des moyens d'appui pour soutenir des champions et des coalitions nationales ou régionales, et faire progresser la coopération et l'intégration régionales.

2.6.1. La Commission Internationale du Bassin Congo-Oubangui-Sangha (CICOS) au fil de l'eau : de la navigation au financement climatique en moins de 20 ans ?

Cette partie vise à expliquer le fonctionnement de la CICOS (Commission internationale du bassin Congo-Oubangui-Sangha) et des parties prenantes nationales à l'égard des intérêts liés à la gestion de l'eau et au changement climatique, ainsi que les implications qui en résultent pour les bailleurs de fonds désireux de soutenir cette organisation.[1]

2.6.2. Adhésion politique, intérêts des états membres et potentiel d'approfondissement

Le bassin Congo-Oubangui-Sangha, par comparaison avec ceux du Niger et du lac Tchad situés plus au nord, se distingue comme une zone d'abondance hydrologique tandis que les deux autres sont frappés par la sécheresse et le changement climatique. La taille même de ce bassin largement inexploité a longtemps stimulé l'imagination des ingénieurs et de politiciens qui auraient voulu exploiter la puissance du fleuve Congo et de ses affluents pour nourrir des ambitions souvent d'envergure continentale. Le bassin couvre toutefois une zone au passé tourmenté en termes de coopération et d'intégration régionale.

Le bilan de la coopération transfrontalière dans le bassin du Congo témoigne des difficultés inhérentes au chevauchement des diverses formes de régionalisme de l'Afrique centrale. Créée en 2000, la Commission internationale du bassin Congo-Oubangui-Sangha (CICOS) est une institution spécialisée de la Communauté économique et monétaire de l'Afrique centrale (CEMAC).

La République Démocratique du Congo (RDC) est en position géographique de force puisqu'elle contrôle pas moins de 62% du bassin. Elle est membre de la CICOS, mais pas de la CEMAC. Le « mariage forcé » entre la RDC et ses voisins de la CEMAC a longtemps défini la position de la RDC concernant les eaux partagées du bassin du Congo en général, et du fleuve Congo en particulier.

La RDC abrite le secrétariat de la CICOS et devrait jouer un rôle de premier plan dans son fonctionnement. Elle est pourtant restée longtemps réticente à s'engager, tant du point de vue de la ratification et de la mise en œuvre de la législation que du respect de ses promesses de financement. Initialement créée pour répondre à l'ambiguïté juridique et au déclin général du transport fluvial international dans le bassin, la CICOS a été conçue comme une organisation régionale dont la seule mission consistait à faciliter et à réguler la navigation à une époque où les organismes de bassins versants (OBV) envisageaient une gestion intégrée des ressources en eau (GIRE). Au début des années

[1] D'autres documents PEDRO traitent des enjeux hydrologiques régionaux au sein de la Commission du bassin du lac Tchad, de l'initiative du bassin du Nil, de l'Autorité du bassin du Niger et de la politique régionale de l'eau de la SADC.

2000, les OBV ont gagné en visibilité comme possibles champions du développement durable, de la protection et de la conservation de l'environnement. La courte histoire de la CICOS se résume donc à une expansion de son agenda.

En 2017, la CICOS avait approuvé un addendum lui conférant un mandat de GIRE (2007) et s'était engagée dans un processus de planification participative en vue de développer une vision commune et un programme intégré des « mesures » finançables (le schéma directeur d'aménagement et de gestion des eaux, SDAGE). Le contexte du financement extérieur a fortement impacté le développement des OBV en Afrique, et la CICOS n'échappe pas à la règle. En moins de 20 ans, la CICOS s'est métamorphosée : d'organisation purement technique, elle s'est vue investie d'un double mandat. Elle a adopté le modèle standard d'un OBV transfrontalier moderne, ce qui lui permet d'élargir son éventail de financements extérieurs.

La CICOS a été identifiée, aux côtés de la Commission des forêts d'Afrique centrale, comme un organisme pilote essentiel à l'adaptation du bassin au changement climatique ; elle a élaboré sa vision commune et son « programme de mesures » en conséquence. Bien que la CICOS ait accès à des financements, l'incertitude demeure quant à l'ampleur des capacités et de l'adhésion politique dont elle dispose pour occuper une place significative dans la facilitation du financement climatique dans le bassin, compte tenu également des nombreux autres acteurs et agences présents.

Le bassin du Congo est au cœur des préoccupations planétaires relatives au changement climatique, à la biodiversité et à la conservation. C'est le deuxième plus grand bassin hydrographique du monde, mais son potentiel économique et hydro-électrique n'est que très partiellement exploité. Plusieurs pays du bassin du Congo sont en train de concevoir ou de développer de grandes infrastructures hydrauliques, dont quelques-unes pourraient avoir de larges répercussions au plan régional voire continental (le barrage de Grand Inga, celui de Palambo et l'éventuel transfert des eaux interbassins, par exemple). Certains projets sont plus concrets que d'autres, et quelques-uns, très controversés et sources de conflits, requièrent une coordination régionale voire une médiation interbassine.

Il ressort des dynamiques interétatiques et des intérêts politiques en jeu dans ce bassin que le modèle linéaire et progressif de la gestion des bassins hydrographiques peut parfois aller à l'encontre des intérêts politiques nationaux de certains États membres de la CICOS. A ce stade, les États membres ne voient guère l'intérêt de déléguer davantage de pouvoir au niveau régional ou au niveau du bassin qu'il n'est strictement nécessaire pour préserver l'organisation. Les États membres refusent catégoriquement toute forme d'autorité transnationale qui étendrait le rôle de la CICOS au-delà de la coordination et de la facilitation.

On note certaines avancées depuis 1999, notamment dans la normalisation de la position de la RDC. Dans le domaine de la navigation, d'importantes mesures ont été prises pour réformer le secteur, lever les obstacles à la navigation et promouvoir la coopération transfrontalière, au travers d'accords bilatéraux et trilatéraux entre la RDC, le Congo et la République centrafricaine. Faute d'éléments probants, le véritable poids politique de la CICOS dans la mise en œuvre de la GIRE reste difficile à évaluer.

2.6.3. Implications pour les partenaires institutionnels

1. L'expansion rapide de la CICOS vers la gestion intégrée des ressources en eau risque d'entraîner une « inflation de son agenda » et des problèmes de mise en œuvre, d'autant plus que les États membres hésitent à renforcer l'organisation ou à lui permettre de développer ses capacités institutionnelles au-delà du strict minimum.

- L'adoption de la GIRE et, plus récemment, la définition d'un schéma directeur régional et d'un programme de mesures pour le développement du bassin ont été des processus largement pilotés de l'extérieur avec une part importante de collecte de fonds ;
- Les objectifs stratégiques de la CICOS exigent une coordination régionale beaucoup plus forte, y compris en matière de gouvernance des ressources hydrauliques. Cette forme d'autorité supranationale n'est pas du goût de certains États membres qui ne souhaitent voir personne s'ingérer dans leurs priorités nationales et l'allocation des ressources ;
- Il s'ensuit que le niveau régional n'est pas pleinement représentatif des divers priorités et intérêts nationaux, alors qu'une étroite coordination entre les programmes et les investissements nationaux, dans le cadre d'une vision régionale plus large, s'avère cruciale pour gérer des ressources partagées.

2. Un appui constant, mais ciblé, permettrait de renforcer le rôle de facilitateur de la CICOS dans le contexte politiquement chargé et très instable du bassin du Congo.

- La principale valeur ajoutée attribuée à la CICOS réside dans son action de facilitation et d'appui aux accords bilatéraux ou entre sous-bassins, notamment pour soutenir la gestion des eaux navigables partagées.

- Plus les États membres avancent dans leurs projets de développement d'infrastructures pour le bassin, plus il devient urgent d'avoir un facilitateur régional et un médiateur informé pour concilier les intérêts et les revendications sur les ressources du bassin. La CICOS pourrait assumer ces fonctions.
- La médiation régionale de l'eau dépend de la capacité de la CICOS à produire des données et des analyses fiables. Le renforcement des capacités techniques et de courtage de la CICOS est donc une condition sine qua non pour que l'organisation régionale puisse s'acquitter de son mandat.

2.7. Résumé

Eu égard à ce qui précède, nous avons noté que la CICOS a été créée dans un contexte particulier et dont le nombre d'Etats-membres a augmenté au fil des ans. Cependant, la mission initialement confiée à cette dernière s'avérera dépassée et va nécessiter un accord additif en 2007, basé sur la Gestion Intégrée des Ressources en Eau, GIRE en sigle.

Force est de constater que, malgré cette mission redéfinie, l'évolution de la situation hydrique mondiale et régionale et ses corolaires socio-économique et environnemental continuent à faire de la CICOS un canard boiteux, au regard des enjeux en présence.

Les Eaux des Bassins de la région Africaine étant à la fois abondantes et contrastées, cette situation n'épargne nullement la CICOS, mon environnement d'étude. Voilà ce que j'essayerais d'étayer dans le 5e chapitre, consacré à l'Etat des lieux des ressources en eau des Bassins Africains.

Chapitre III
ENJEUX GEOPOLITIQUES ET GEOECONOMIQUES DE L'EAU DANS LE BASSIN DU CONGO-OUBANGUI-SANGHA : jeux et stratégies des acteurs

Introduction

« L'eau n'est désormais plus une marchandise infinie que l'on pourrait prendre pour acquise ; elle est maintenant une nécessité rationnée que l'on peut prendre par la force ».[1]

Dans ce chapitre, nous allons présenter l'eau comme un enjeu de sécurité pour des Etats, bien qu'ignorée depuis la nuit de temps. Nous allons également parler de la géopolitique de l'eau étant aujourd'hui à la source des conflits, ensuite nous parlerons du contrôle hydraulique comme origine des diverses confrontations, pour ne citer que ceux-ci.

Les grands enjeux contemporains de l'eau s'articulent tous autour d'une relation à la fois politique, sociale et culturelle qui unit les sociétés et une ressource particulière, spécifique et essentielle, l'eau.

Les problématiques complexes qui en résultent sont présentes de l'échelle locale à celle globale et dans l'ensemble des domaines et des aspects d'une société. Cette capacité de l'eau à exprimer les dynamiques et les enjeux d'une société en fait ainsi un objet d'étude particulièrement décisif.[2]

Au cours des dernières années, un certain nombre de personnalités de premier plan ont semblé se complaire à prédire que l'eau, dans un proche avenir, pourrait être à l'origine de conflits armés. Les mouvements de défense de l'environnement, dont on connaît le penchant pour le malthusianisme, ne sont pas les seuls à jouer les Cassandre.

En effet, des responsables de la très sérieuse Banque mondiale ont fait chorus. Le vice-président de la Banque, chargé des questions d'environnement et président de la World Water Commission, Ismail Serageldin, a déclaré sans ambages, il y a quelques années, que « l'eau serait l'enjeu des guerres du XXIe siècle ». Bien que sévèrement critiqué pour cette opinion, il a refusé de se rétracter et a souligné à plusieurs reprises que l'eau était le plus grave problème auquel

---

[1] www.globalwatercorporation.com, *consulté* le 15 décembre 2021.
[2] LASSERRE, Fr. et De PALACIO, A., *Op.cit.*, p.34.

l'humanité aurait à faire face à l'avenir. L'ex-secrétaire général de l'Onu, Boutros Boutros Ghali, a fait une déclaration similaire à propos de guerres de l'eau. Feu le roi Hussein de Jordanie a abondé dans le même sens, et il avait des bonnes raisons pour cela.

L'Egypte a plus d'une fois signifié que le détournement du Nil serait un casus belli. Des prévisions indiquent que dans certaines parties arides du monde, jouant un rôle clé sur l'échiquier politique, le prix de l'eau pourrait dépasser celui du pétrole d'ici une génération. La situation est critique en Chine, dans le Sud-Est asiatique, le sud-ouest des États-Unis, l'Afrique du Nord et, en fait, pratiquement dans l'ensemble de l'Afrique, à l'exception des bassins du Congo, du Niger et du Zambèze. Même l'Europe doit faire face à des pénuries d'eau : le mot sécheresse n'est plus une abstraction en Angleterre où le niveau des nappes phréatiques a baissé régulièrement au début des années quatre-vingt-dix.

Dans de nombreuses régions d'Europe situées en aval de grands centres urbains, les conséquences de modifications mal avisées des anciens écosystèmes hydrologiques commencent à se faire sentir : crues incontrôlables des fleuves, assèchement des prairies humides, infiltration de polluants dans les eaux souterraines.

L'Europe est bel et bien confrontée à une crise de l'approvisionnement et de la gestion de l'eau : le niveau des nappes phréatiques baisse, les fleuves se tarissent ou provoquent des inondations catastrophiques. Partout, on observe des signes révélant que l'approvisionnement mondial en eau est menacé.

Le niveau de la mer Morte a baissé de plus de 10 mètres au cours de ce siècle. Cette évolution s'explique, certes, par l'intensité de l'ensoleillement, mais elle est aussi la conséquence de l'accord passé en 1981 entre Israël et la Jordanie, autorisant une augmentation des pompages d'eau dans le Jourdain, réduit depuis à la taille d'un fossé d'irrigation.

Dans le nord d'Israël, la surface du lac de Tibériade, principale source d'approvisionnement en eau du sud du pays, diminue et l'eau tend à devenir saumâtre. À Gaza, les pompages excessifs entraînent une diminution de la pression hydrologique, ce qui provoque une infiltration de l'eau de mer dans les nappes phréatiques. L'eau des puits devient de moins en moins potable. Déjà la Jordanie, Israël, la rive ouest du Jourdain, Gaza, Chypre, Malte, la péninsule arabe en sont arrivés au stade où la totalité des eaux de surface et des eaux souterraines est exploitée. Le Maroc, l'Algérie, la Tunisie et l'Egypte seront dans la même situation d'ici une décennie.

On estime que la population mondiale était d'environ 250 millions de personnes, il y a deux mille ans. En 2020, il y aura 400 millions d'individus, rien que sur les côtes d'Afrique du Nord et au Moyen-Orient. Or, les réserves diminuent à mesure que l'eau des nappes fossiles est consommée. La plus grande partie de l'Afrique a été confrontée à une terrible sécheresse pendant quatre ans au milieu des années quatre-vingt. Bilan : des millions de morts, certains à cause de politiques inadaptées, mais beaucoup parce que la sécheresse a détruit les récoltes. Le Sahara avance. Ailleurs, il y a quatre mille ans, la limite de la mousson se situait à 1000 kilomètres au nord de sa position actuelle.

Dans cette perspective, Fréderic Lasserre et Ariane de Palacio ont construit un ouvrage autour de six des principaux défis qui se dégagent pour la ressource en eau en ce début de XXIème siècle et qui font écho à d'autres dynamiques et enjeux plus larges qui concernent toutes les sociétés humaines à toutes les échelles d'espace et de temps.[1]

Dans le premier tome de leur ouvrage, ils examinent trois enjeux principaux : d'abord celui de l'eau agricole, qui doit assurer la sécurité alimentaire d'une population mondiale en pleine explosion démographique, ensuite celui de l'eau, les villes avec des réalités très complexes et qui devient cruciale dans un contexte de croissance urbaine sans précédent à travers le monde, enfin celui du rôle essentiel de l'eau dans la santé humaine et environnementale, un enjeu crucial du développement durable.

Et dans le deuxième tome, ils étudient trois défis majeurs : d'abord, celui des mécanismes de gouvernance et de la formation des dynamiques des conflits et de coopération, qui s'articulent autour de la ressource en eau ensuite, celui qui s'attache aux statuts juridiques de l'eau à géométrie variable et sources de conflits, enfin, celui de l'impact des changements climatiques sur les ressources en eau, notre manière de les percevoir et de les gérer ainsi que l'urgence d'adopter un mode de relation responsable, durable et résilient avec cette ressource essentielle.[2]

La persistance des conflits d'usage autour des ressources en eau interroge la manière dont la théorie économique appréhende la gestion

---

[1] LASSERRE, Fr. et De PALACIO, A., *Op.cit.*, p.70.
[2] *Idem*, p.75.

de ces ressources et considère les interrelations entre les différents acteurs. L'intérêt s'est longtemps porté, en priorité, sur les problèmes d'offre (assurer un approvisionnement correspondant à la croissance de la demande) et sur les enjeux de l'internalisation des effets externes.

Les économistes se sont ainsi focalisés sur l'étude des modalités de prélèvement sur les ressources (l'économie des ressources naturelles) ainsi que sur l'étude de l'impact de pollutions sur le bien-être (économie de l'environnement). Quand bien même la frontière qui séparait ces deux approches s'est progressivement estompée, les enjeux des ressources en eau ont souvent été abordés en termes d'allocation de ressources en considérant les préférences d'agents individuels. Dans le domaine de l'eau, ces analyses ont ainsi porté sur l'allocation stricto sensu ou sur la problématique des externalités, qui se traduit indirectement par un enjeu d'allocation.

Il est ici question d'analyser les enjeux géopolitiques et géoéconomiques des acteurs que sont les Etats riverains de la CICOS, l'organisation elle-même, la CBLT, les Etats du Sahel et les Bailleurs, suite aux besoins ressentis dans le domaine environnement, socio-économique…

3.1. De la géopolitique à la géoéconomie

Avec la fin de la Guerre froide, les capacités militaires des États développés ne constituent plus, de loin, le principal facteur de leur puissance sur la scène internationale. La période des conflits directs et frontaux, recourant à la puissance de feu et aux capacités militaires entre puissances industrielles est aujourd'hui révolue. Cette évolution est d'autant plus affirmée que les difficultés démographiques et la sensibilité publique des pays occidentaux ne sont plus guère favorables à l'idée de conflit[1,2]. La puissance s'exerce dorénavant de manière plus douce, sans recours à la coercition ; elle se rapproche de ce que Joseph S. Nye a qualifié de soft power[3].

---

[1] Notamment ceux coûteux en vies humaines. Voir le débat sur la guerre à « zéro mort » aux États-Unis.

[2] À tel point, si l'on en croit certains analystes des relations internationales, que la plupart des pays riches auraient même perdu toute volonté de puissance, leurs populations n'aspirant plus qu'au confort matériel et au maintien d'un niveau de vie économique supérieur à celui du reste du monde. C'est là notamment la thèse défendue par Pascal Boniface dans son dernier ouvrage. Voir La volonté d'impuissance. La fin des ambitions internationales et stratégiques ?, Seuil, Paris, 1996.

[3] NYE, J., *Le leadership américain*, PUN, Princetown, 1992, p.19.

L'ouverture des frontières, la libéralisation des échanges et les progrès de la technologie ont favorisé l'apparition de firmes multinationales dotées de stratégies mondiales. Aux côtés de leurs entreprises nationales, les États se sont engagés dans des politiques de conquête de marchés extérieurs et de prise de contrôle de secteurs d'activité considérés comme stratégiques. Au service des ambitions nationales, les diplomates doivent aujourd'hui avoir la double casquette, diplomatique et économique, ce qui n'est pas sans leur poser de problèmes 4. De fait, la santé économique d'une nation est l'aune à laquelle on juge désormais sa puissance. Dans ce monde en train de devenir global, les intérêts économiques des nations prennent l'ascendant sur leurs intérêts politiques. Ce glissement signe l'ouverture d'une ère nouvelle, celle de la géoéconomie

La place et le rôle de l'État dans la formulation des politiques géoéconomiques méritent d'être questionnés. Certes, la place de l'État est centrale dans toute stratégie géoéconomique, puisque c'est lui qui détermine les dispositifs et postures géoéconomiques, identifiant les menaces, les stratégies défensives ou offensives et les moyens à y affecter.

Est-elle pour autant exclusive comme le présente implicitement Edward Luttwak ? Non, car nombre d'entreprises – essentiellement les plus grandes d'entre elles, celles qui ont une visibilité suffisante aux yeux de l'État et/ou occupent un secteur considéré comme stratégique – suscitent ou peuvent susciter, directement ou non, lesdites stratégies. L'État peut agir en toute conscience, ce qui est le plus souvent le cas mais il peut aussi, dans certains cas, en quelque sorte être dupe des manœuvres initiées par une entreprise donnée pour l'inciter à mettre en œuvre une logique (d'affrontement) géoéconomique qui, in fine, bénéficiera à ladite entreprise.

En un sens, cette dernière peut aller jusqu'à « instrumentaliser » l'action de l'État dans sa stratégie d'action économique internationale. Le plus souvent, toutefois, État et entreprise agissent de concert – le premier aidant et appuyant les ambitions de la seconde –, en toute conscience des impératifs stratégiques de l'un et de l'autre.

Au total, le concept de géoéconomie est aujourd'hui bien plus global qu'envisagé initialement par le fondateur du néologisme ; il embrasse une dimension véritablement planétaire, qui ne saurait en aucun cas se limiter aux seuls pays occidentaux.

Cette notion prend visiblement corps dans le chef de divers projets d'alimentation du lac Tchad et du désenclavement de la RCA, *basés sur le transfèrement des eaux du Bassin du Congo.*

De façon générale, l'idée de transférer l'eau du bassin du Congo vers le lac Tchad naît de l'observation du rétrécissement constant du lac et de la situation de plus en plus alarmante qui en découle pour les populations riveraines. Le transfert est donc cité comme l'une des « solutions » pour le lac Tchad, une solution visiblement favorisée par certains membres de la Commission du bassin du lac Tchad403 (CBLT). En 1988, la société italienne Bonifaca a soumis le projet Transaqua au Zaïre, suivie par une deuxième proposition, présentée par la compagnie nationale d'électricité du Nigéria, marquant ainsi la formalisation de ce projet.

Ces études montrent que rapidement, l'idée de « remplir » le lac Tchad s'accompagne d'une autre ambition : désenclaver des pays tels que le Tchad ou la Centrafrique. En effet, pour réaliser le transfert d'eau, un canal navigable doit être créé, reliant l'Oubangui à la Fafa, puis au Chari, affluent majeur du lac Tchad. Il s'agirait en quelque sorte d'un « premier volet », puisqu'un second canal est envisagé pour relier le lac Tchad au bassin du Niger, par la Bénoué. En définitive, c'est la création de tout un système navigable qui est en projet, permettant de joindre Port Harcourt au Nigéria, jusqu'à Bangui, désenclavant ainsi le Tchad et la RCA. Mais nous y reviendrons dans le Chapitre VII, consacré à la problématique dudit transfèrement.

Aujourd'hui comme hier, les États définissent puis mettent en œuvre des politiques de conquête qui trouvent désormais une traduction neuve, d'essence économique et non plus militaire mais pour lesquelles un parallélisme reste cependant possible. Le recours aux expressions militaires pour décrire les attitudes géoéconomiques est en effet caractéristique du discours d'Edward Luttwak[1] : « les capitaux investis

[1] Edward Luttwak formalise son approche en des termes « militaires » offensifs: « En géoéconomie, comme à la guerre, les armes offensives dominent. Parmi elles, la recherche et développement (R & D), dopée par le soutien des États et l'argent des contribuables, est d'une importance capitale. De même qu'à la guerre l'artillerie conquiert, par la force de son feu, le terrain qu'occupera ensuite l'infanterie, de même la R & D peut conquérir le terrain industriel de demain en permettant d'assurer une supériorité technologique décisive (...). L'artillerie de la recherche-développement encouragée par l'État est cruciale, mais il faut aussi prêter assistance à l'infanterie, c'est-à-dire au secteur productif (...). La dernière arme offensive, c'est la « finance prédatrice ». Si l'artillerie de la recherche-développement n'arrive pas à conquérir les marchés par le simple biais de la supériorité technologique, si les subventions de

ou drainés par l'État sont l'équivalent de la puissance de feu; les subventions au développement des produits correspondent aux progrès de l'armement; la pénétration des marchés avec l'aide de l'État remplace les bases et les garnisons militaires déployées à l'étranger, ainsi que « l'influence diplomatique ».

Ces diverses activités – investir, chercher, développer et trouver un marché – sont également le lot quotidien des entreprises privées qui les exercent pour des motifs purement commerciaux. Mais quand l'État intervient, lorsqu'il encourage, assiste ou dirige ces mêmes activités, ce n'est plus de l'économie "pur sucre", mais de la géoéconomie »[1].

Si l'on essaie maintenant de la définir plus précisément, nous dirons que la géoéconomie est l'analyse des stratégies d'ordre économique – notamment commercial –, décidées par les États dans le cadre de politiques visant à protéger leur économie nationale ou certains pans bien identifiés de celle-ci, à aider leurs « entreprises nationales » à acquérir la maîtrise de technologies clés et/ou à conquérir certains segments du marché mondial relatifs à la production ou la commercialisation d'un produit ou d'une gamme de produits sensibles, en ce que leur possession ou leur contrôle confère à son détenteur – État ou entreprise « nationale » – un élément de puissance et de rayonnement international et concourt au renforcement de son potentiel économique et social.

La géoéconomie s'interroge sur les relations entre puissance et espace, mais un espace « virtuel » ou fluidifié au sens où ses limites bougent sans cesse, c'est-à-dire donc un espace affranchi des frontières territoriales et physiques caractéristiques de la géopolitique. Corollaire de cette définition, un dispositif géoéconomique regroupera l'ensemble des instruments à la disposition d'un État, susceptibles d'être mobilisés par lui au service de la satisfaction de tout ou partie des objectifs susmentionnés qu'il s'assignerait. Enfin, dernière précision, les stratégies géoéconomiques sont le fait, le plus souvent des États développés mais peuvent, le cas échéant, être initiées par des pays industrialisés non-membres du « club occidental » pris au sens classique.

Certains peuvent être tentés de s'interroger sur les similitudes éventuelles entre géoéconomie et ce que d'aucuns nomment « guerre

---

fonctionnement octroyées d'une façon ou d'une autre s'avèrent insuffisantes, on peut parvenir à exporter, même avec de très puissants concurrents, en offrant des prêts au-dessous des taux du marché ».

[1] *Idem*, p.34.

économique ». En fait, n'en serait-elle qu'un simple succédané ou, dit autrement, une façon plus moderne et actualisée de caractériser cette dernière ? S'il y a bien un terreau commun qui relie la « guerre économique » à la géoéconomie – la conflictualité entre partenaires associée à la conquête de parts de marché ou d'acquisitions technologiques – là s'arrête cependant selon nous la comparaison.

Au-delà du changement d'époque marqué par la fin de la période post-Guerre froide, qui incite à des évolutions sémantiques dans la description des postures et attitudes des différents acteurs de la scène internationale, plusieurs distinctions méritent d'être rappelées.

Une première distinction concerne les acteurs. Alors que des entreprises voire certains groupes d'intérêts non gouvernementaux organisés (associations de consommateurs, organisations environnementalistes, lobbies divers, etc.) peuvent pratiquer leurs propres politiques de guerre économique, à l'échelle d'un marché national ou à un niveau planétaire, les pratiques géoéconomiques sont poursuivies par les seuls États, celles-ci étant initiées de leurs propres chefs ou en liaison étroite avec des entreprises considérées par eux comme stratégiques.

Une autre différence réside dans les outils utilisés par ces mêmes acteurs. La géoéconomie évacue à notre sens toute la rationalité guerrière de type clausewitzien sous-tendue par la notion même de guerre économique. Certes, la stratégie géoéconomique peut reprendre certains des instruments de cette dernière (pratiques anticoncurrentielles classiques[1], utilisation discriminante de contingentement physique, des droits de douane ou d'obstacles non tarifaires[2], réservation des marchés publics aux entreprises nationales et de certaines activités à des monopoles, sans parler de l'espionnage industriel classique) mais elle ne s'appuie généralement pas sur ses armes les plus offensives comme le recours à l'embargo unilatéral (c'est-à-dire non agréé par la collectivité internationale) ou au boycottage organisé.

Enfin, il est essentiel de souligner la relative popularité au sein de l'appareil de l'État des stratégies géoéconomiques, en ce qu'elles confèrent 13 une nouvelle mission à ses représentants et servants (les fonctionnaires), soucieux pour ne pas dire démotivés, dans certains cas,

---

[1] Ententes, abus de position dominante ou de dépendance économique, pratiques restrictives de concurrence, contrefaçon de marques ou d'idées…

[2] Règles techniques ou sanitaires, par exemple

par les pertes relatives de souveraineté nationale liées à la globalisation et aux imbrications politico-économiques et interétatiques qui en ont découlé.

L'identification de secteurs d'activités clés ou vitaux, d'entreprises à défendre ou à promouvoir internationalement, parce que considérés comme les « champions nationaux », constituent une source renouvelée de mobilisation pour les acteurs de l'État au service des intérêts « suprêmes » du pays. Et ce soutien apparaît d'autant plus spontané qu'il recourt à la mise en œuvre de politiques concurrentielles offensives acceptables par la communauté internationale, parce qu'affranchies des pratiques économiques les plus agressives et masquées que l'on retrouve dans ce que l'on appelle « guerre économique ».

À ce stade, il nous semble également important de poser en quoi la géoéconomie se différencie de la géopolitique. En premier lieu, revenons brièvement au concept de géopolitique. Héritière de l'histoire de la fin du siècle passé et de la première moitié du vingtième, la géopolitique a nourri la controverse durant plusieurs décennies avant de connaître une soudaine popularité liée à certains travaux de refondation[1].

Géographe et fondateur de la revue Hérodote, Yves Lacoste souligne dans le préambule du remarquable Dictionnaire de Géopolitique dont il a assuré la direction, que dans « les multiples cas où l'on parle de géopolitique aujourd'hui, il s'agit en fait de rivalités de pouvoir sur des territoires et sur les hommes qui s'y trouvent; dans ces confrontations de forces politiques, ajoute-t-il, chacune d'entre elles use de divers moyens, et notamment d'arguments, pour prouver qu'elle a raison de vouloir conserver ou conquérir tel territoire et qu'inversement les prétentions de sa rivale sont illégitimes ». Plus précisément, écrit-il, « une situation géopolitique à un moment donné d'une évolution historique se définit, par des rivalités de pouvoirs de plus ou moins grande envergure, et par des rapports entre des forces qui se trouvent sur différentes parties du territoire en question »[2].

En définitive, la géopolitique étudie les relations de puissance entre l'homme en tant qu'acteur de son destin, l'espace et le territoire nourricier. En d'autres termes, nous dirons que la géopolitique est une méthode particulière qui repère, identifie et analyse les phénomènes

[1] Pour une analyse détaillée de la genèse de la géopolitique et de ses différentes interprétations historiques et politiques, voir, LOROT, P., *Histoire de la géopolitique*, Economica, Paris, 1995, p.39.

[2] LACOSTE, Y., *Dictionnaire de géopolitique*, Flammarion, Paris, 1993, p.48.

conflictuels, les stratégies offensives ou défensives centrées sur la possession d'un territoire, sous le triple regard des influences du milieu géographique, pris au sens physique comme humain, des arguments politiques des protagonistes du conflit, et des tendances lourdes et continuités de l'histoire[1].

Comme la géopolitique, la géoéconomie représente, nous l'avons vu plus haut, une méthode d'analyse et d'interprétation des rapports de force sur le plan international. Toutefois, des distinctions fondamentales existent entre ces deux concepts. La première différence découle de ce que la géoéconomie est avant tout le fait des États et de grandes entreprises à la stratégie mondiale, ce qui n'est pas le cas de la géopolitique puisque non seulement les États, les entreprises mais aussi les groupes humains, politiquement constitués ou non, s'appuyant sur des représentations historiques datées, participent à travers leurs actions à ces stratégies de conquête de territoires qui constituent le champ d'observation de la géopolitique. Enfin, autre distinction essentielle, pour ne pas dire fondamentale, le but ultime des politiques géoéconomiques n'est pas le contrôle de territoires, il est d'acquérir la suprématie technologique et commerciale.

Au total, si la géoéconomie apparaît distincte de la géopolitique, ne peut-on pas dire pour autant que l'avènement de la géoéconomie marquerait la fin de la géopolitique ? En d'autres termes, la géoéconomie est-elle appelée à supplanter la géopolitique à l'aube du XXIe siècle ?

La réponse est nécessairement négative. En aucun cas, la géoéconomie ne signifie la fin des conflits et des revendications territoriales. Il n'est qu'à observer la guerre dans l'ex-Yougoslavie, les conflits en Afrique centrale, dans la région des grands lacs ou encore au Proche-Orient pour comprendre que la géopolitique en tant que méthode d'interprétation des phénomènes et rivalités de pouvoir relative à des territoires a encore de beaux jours devant elle.

En revanche, il est vrai, la validité de la géopolitique marque un recul certain dans les pays développés dès lors qu'il s'agit d'expliciter les actions et conflictualités des États occidentaux entre eux. Certes, l'interprétation géopolitique reste utile à la compréhension d'une multitude de phénomènes essentiellement internes, par exemple les motivations d'une revendication régionale dans tel ou tel pays occidental, mais sa portée est plus limitée lorsqu'on se situe au niveau

[1] LOROT, P. et THUAL, F., *La géopolitique*, Clefs-Montchrestien, Paris, 1997, p.59.

de l'État dans le cadre de ses relations avec ses partenaires industriels. Là prévaut l'approche interprétative de la géoéconomie.

Nous pouvons faire observer au-delà de ce débat doctrinaire, que la transposition de l'abondante littérature sur les enjeux géopolitiques et les enjeux géoéconomiques dans le Bassin du Congo par les acteurs est le reflet du remodelage et de la mutation des intérêts des puissances, par le biais de multinationales de leurs nationalités – stratégies des acteurs, poursuivant ainsi de la manière la plus douce possible, l'exécution de leur agenda de puissance. Nous y reviendrons dans le VIIIe Chapitre, consacré au nouveau paradigme de gestion des ressources en eau par la CICOS.

3.2. L'eau, un intérêt stratégique et vital pour les Etats

L'eau douce de transformation provient de la désalinisation de l'eau de mer. Elle est une ressource hydrique de grande ampleur, eu égard à l'importance des océans couvrant quelque 70 % du globe terrestre. Elle trouve cependant ses limites de production dans les moyens financiers et technologiques disponibles pour lui donner jour. En effet, pour devenir douce, l'eau de mer consomme de l'énergie, de la technologie et des produits chimiques.[1]

Elle ne peut exister en quantité importante et à des prix économiquement abordables, que lorsque l'Etat côtier dispose de ressources énergétiques à des prix et des moyens financiers conséquents pour acquérir les capacités technologiques. Elle est ainsi facilement produite par les Etats pétroliers du Moyen-Orient situés en bordure de mer.

Dans d'autres pays peu développés et démunis de moyens énergétiques et financiers, l'eau de mer peut être transformée à moindre coût par le procédé dit d'osmose inverse qui permet le dessalement et donc la délivrance d'eau douce.

Elle pourrait vraisemblablement être fournie à prix réduit en recourant aux énergies renouvelables produites par des éoliennes géantes installées près des côtes maritimes. En revanche, dans des régions économiquement riches, telle la Californie, la production d'eau douce par dessalement est un palliatif à la sécheresse endémique et à la surexploitation des eaux souterraines, à un coût acceptable entre 81

---

[1] CRIE, H., *Le verre d'eau est amer, les rejets de sel et de produits chimiques du dessalement polluent*, Libération, 1999, p.22 ; FRINGANT, M., *L'or bleu*, France Aero, Paris, 2000, pp.13-16.

cents et 3,24 dollars le mètre cube d'eau dessalée. Ainsi la capacité d'approvisionnement en eau douce renforce la sécurité voire l'indépendance de l'Etat habile à la maîtriser.[1]

L'eau douce peut également être extraite des aquifères profonds, enfouis sous la terre ou les sables, dans des lieux jusqu'ici inviolés. Elle est alors troublée dans son repos millénaire par des techniques performantes de pompage qui la poussent dans des canalisations enterrées et protégées. Elle donne alors vie à de véritables fleuves artificiels souterrains, comme celui du fabuleux projet libyen de la région de Koufra. Elle suscite aussitôt l'ire d'autres Etats de surface qui estiment être privés d'une ressource sur laquelle ils revendiquent le droit de copropriété comme l'Egypte et le Soudan.

Si elle est source de satisfaction et de développement potentiel pour la Libye, elle risque en revanche de contrarier les options économiques de ses voisins, qui ne peuvent pas disposer de cette réserve hydrique. Cette eau douce n'en est pas moins fragile car son renouvellement se réalise sur des milliers d'années ce qui exclut un approvisionnement régulier et pérenne. De plus l'eau pure des aquifères profonds gît souvent dans une réserve relevant de la souveraineté de plusieurs Etats, ce qui peut être à l'origine de conflits et donc d'atteintes au captage et à la distribution.

Elle est d'ailleurs appropriée sans vergogne par l'Etat qui dispose des moyens financiers nécessaires à la réalisation de sa mise à disposition et qui peut conduire l'eau depuis l'aquifère profond jusqu'à l'utilisateur terminal éloigné. Par conséquent l'eau des aquifères profonds doit être appréhendée comme un simple apport temporaire, dont il est facile de calculer la disparition en fonction des réserves et des besoins des usagers. L'Etat contemporain a donc une responsabilité essentielle dans l'approvisionnement en eau douce de ses populations.[2]

Donc, chaque Etat doit inventorier et mesurer l'ensemble des ressources en eau douce actuelles ou potentielles. L'Etat analyse la situation hydrique globale, pour savoir si la population est en état de stress ou de suffisance. Il est à même de prendre des mesures indispensables pour satisfaire l'approvisionnement en eau de sa population. Il peut conclure des accords économiques et politiques avec les Etats voisins qui possèdent des richesses hydriques supérieurs.

---

[1] CRIE, H., *Idem*, p.29.

[2] GAULLIER, V., « Les sources de conflits », in *Sciences et Avenir*, 2000, pp.72-73.

Car si à partir des accords politiques qu'un Etat peut assurer la sécurité de sa population et son développement durable. La mise en œuvre d'une hydro stratégie de paix, par un Etat lui permet de réaliser son approvisionnement en eau douce, à un prix politique et économique acceptable et admissible pour l'ensemble des sociétés.

L'eau devient vite un enjeu de pouvoir ; le domaine politique contrôle la source et l'approvisionnement en eau de la population. Elle est un élément constitutif de la souveraineté à côté des armes, de la justice, et de la monnaie. Elle sert de moyen juridique et économique de centralisation politique, en se fondant sur les fleuves et les canaux qui traversent le territoire national.

L'eau occupe une place éminente dans l'approche politique et économique des pouvoirs publics. Elle hisse, depuis plusieurs années, au premier rang les préoccupations politico-économiques des Etats et de la communauté internationale. Si au sociologue allemand Karl Wittfogel à qui on doit la première réflexion d'ampleur sur l'hydro politique. Il estime que la maîtrise de l'eau constitue un élément essentiel du pouvoir.

L'Acquisition d'eau potable, l'irrigation des cultures, la navigation fluviale, sont autant des fonctions sur lesquelles se sont organisées des fortes autorités collectives. Et même assise des grands Etats comme l'Egypte ancienne, Mésopotamie ou la Chine impériale. Mais Wittfogel ne s'est pas limité à l'étude des sociétés anciennes car il a aussi adressé un parallèle éclairant entre les deux grandes puissances de son époque, l'URSS et les USA. Dès avant la seconde guerre mondiale, le contrôle des systèmes hydrauliques est, selon lui, la clef de « *despotisme oriental* »[1].

A l'époque de Josèphe Staline, l'Union soviétique avait engagé d'immenses travaux hydrauliques, notamment le creusement de canaux et l'édification de grands barrages. Il s'agit de la version despotique et orientale de « l'ère des managers », analysé par le sociologue américain James Burnham.

L'Europe et surtout les USA connurent matrice théorique, de fonder une opposition radicale entre modèle politique d'Orient et d'Occident. L'archétype du despotisme hydraulique oriental est l'Empire chinois dont le sociologue voit un prolongement moderne de la Russie stalinienne ; les USA ne mettent en pratique qu'une version faible de cette hydro politique, même si cette dernière implique la mise en

---

[1] www.google.com, *Op.cit.*

parenthèse toute provisoire des pratiques usuelles du libéralisme politique (à l'époque, l'opposition républicaine a pu dénoncer le « césarisme » du président démocrate Franklin D. Roosevelt).[1]

Après avoir perdu une part importante des ressources en eau de leurs Bassins, laquelle perte ayant causé d'énormes et multiples conséquences aux régions concernées, l'organisation et le fonctionnement de leurs Etats en ont subi et subissent encore des revers qui en finit par créer la convoitise des ressources en eau du Bassin du Congo-Oubangui-Sangha.

Dans un tel environnement, le processus de développement n'est point envisageable, ce qui finalement conduit à des études sur le transfèrement des eaux du Bassin du Congo vers les régions en carence de cette denrée rare.

3.2.1. L'Eau, un enjeu de sécurité pour les Etats

L'eau pourrait être à l'origine d'une nouvelle analyse géostratégique de la sécurité internationale, qui prendrait en compte l'évolution des rapports de force politiques, militaires et économiques.[2]

Elle pourrait donner naissance à un nouveau groupe de puissances susceptibles de peser sur la scène internationale et de garantir la sécurité humaine, économique et politique. Elle conférerait ainsi une reconnaissance internationale aux neuf Etats qui se partagent 60% des ressources naturelles du monde. Il convient ainsi de constater que sept d'entre eux représentent chacun un continent : la RDC en Afrique, le Canada et les USA en Amérique du nord, le Brésil en Amérique du sud, la Chine et l'Inde en Asie de sud et du sud-est, la Russie en Europe. Elle faciliterait une approche globale de la sécurité internationale retenant cinq Etats sur sept, doté chacun d'un vaste territoire et d'une importante population.

Ces études se confirment de nos jours, au regard des multiplications de forums et de rencontres internationaux par les puissances mondiales ayant pris conscience des conséquences de la destruction des ressources écosystémiques qui leur ont permis de répondre aux besoins du développement socio-économique de leurs pays, et les menaces que cela fait peser sur l'ensemble de la planète.

L'eau serait ainsi devenue un facteur de puissance supplémentaire pour le quatre grands Etats (les USA, la Chine, la Russie, et l'Inde), en

---

[1] DELEAGE, J.P., *Manière de voir le monde diplomatique*, 2002, Inédit.

[2] DRIS, Ab., *Op.cit.*, p.30.

ce XXI siècle courant et qui laisseraient en dehors les pays de l'union européenne à cause d'une insuffisance des matières hydrauliques. L'eau, de par son intrusion dans le champ stratégique, rentre dans l'histoire du XXe siècle aussi bien le groupe de pression des pays producteurs de pétrole, OPEP, que le club de cinq Nations unies.

Elle ne devrait cependant pas être un élément d'exclusion pour l'Union Européenne, qui s'étend actuellement sur plus de 3millions de Km², pour une population de quelque 380 millions de personnes. L'eau est donc un nouvel élément constitutif de la puissance internationale, à côté des données naturelles, ainsi que des données économiques et technologiques.

Elle suscite ainsi le développement d'une nouvelle doctrine stratégique : l'hydro stratégie. L'eau est un objet de défense internationale, et les pays de l'union européenne sont les plus mobilisés pour cela. C'est un intérêt essentiel aux habitants de l'Union Européenne. Il serait de bonne politique européenne de l'inscrire clairement dans la charte européenne des droits fondamentaux. Et même comme un droit pour les hommes et comme un devoir pour les responsables administratifs et politiques de garantir l'utilisation équitable.

Aussi l'eau est devenue un sujet important dans la politique, l'économique, et le juridique de Union Européenne, car c'est un enjeu de vie et de développement de la population. Il se trouve que c'est un élément central de la sécurité européenne ce qui implique de produire une hydro stratégie européenne.

La protection de l'eau est la responsabilité de l'Etat, c'est une obligation et une nécessité. Pour cela il faudrait mettre en place une organisation intègre couvrant l'ensemble du processus de captage, de distribution, et de retraitement de l'eau après utilisation, sous la responsabilité d'autorité administrative nationale. Elle est établie pour garantir l'approvisionnement régulier des populations en eau de qualité et quantité suffisante et garantir une surveillance permanente du processus d'alimentation et de distribution de l'eau douce, et aussi détecter tous les problèmes de fonctionnement du système d'approvisionnement, qui se manifeste par des fuites dans les tuyaux d'adduction, ou par une pollution qui rendrait l'eau impropre à la consommation. Une protection efficace exige l'instauration des systèmes d'alerte sur l'ensemble d'un bassin de pompage et de distribution, voir plus modestement sur une agglomération urbaine.

L'utilisation de tous les moyens techniques de constituer les relais de transmission de radio, télévision, et radar pour assurer la sécurité des points sensibles, qui sont considérés comme des mesures physiques de protection. Certaines installations hydriques sont plus appréciées par les orientations de la sécurité, comme les châteaux d'eau qui sont des vecteurs de communication d'avenir ; ce qui en fait des cibles privilégiées à double titre pour un éventuel agresseur. L'idée d'établir des distances de sécurité, en imposant une protection renforcée sur les nouveaux points sensibles, devrait faire l'objet d'intérêt national de protection physique.[1]

Pour les sites les plus importants, il est nécessaire d'établir une garde humaine statique. Et pour les autres sites un système d'alerte automatique, relié à un centre d'alerte en matière d'eau douce, dans le cadre territorial de la zone de sécurité et de défense. Et en plus, il serait normal d'effectuer de manière régulière des prélèvements d'eau à différents endroits du réseau, pour en contrôler la qualité et d'eau douce, et qu'elle est propre pour la consommation humaine et agricole.

Des telles mesures de sécurité, et de prévention d'alerte pour garantir une eau fiable à l'ensemble de tous usagers, mais aussi pour éviter toutes difficultés à la population, elle devait faciliter la détection de la moindre, et la simple agression en provenance d'un groupe terroriste ou de groupes mafieux.

Cette disposition serait destinée non seulement à protéger les bâtiments nécessaires à la production ou à la régénération de l'eau, mais aussi l'eau elle-même tout spécialement lors de son passage dans les bassins de traitement exposés au ciel. Elle pourrait trouver leur place, en France, dans le dispositif global de défense et de sécurité prévue par l'ordonnance du 7 Janvier 1959 portant sur l'organisation générale de la défense nationale. Car elle prenait l'eau comme un élément indispensable à « la vie de la population ». Le professeur Yves Jean clos, a confirmé dans sa conférence vers l'hydro stratégie, essai de théorisation stratégique.

Pour lui un véritable système de défense et de la sécurité nationale concernant l'eau devrait être mise en place, pour assurer un approvisionnement régulier et fiable en eau douce. Il pourrait reposer sur un système de protection et de sécurité civile dépendant de l'un des ministères civils ou militaires. Il a même évoqué, qu'il fallait mobiliser une équipe d'intervention, en alerte permanente pour être en mesure de

---

[1] DRIS, Ab., *Op.cit.*, p.12.

confronter tout dysfonctionnement du cycle de l'eau potable. Il veillerait au recrutement de techniciens de l'eau, des soudeurs pour les tuyaux d'adduction, d'analystes biologistes, de géographes hydrologues en particulier. Il faut posséder des camions citernes en nombre suffisant, pour répondre à toute demande d'eau douce par la population privée d'eau potable, pour des motifs divers (pollution, sécheresse, inondation…).[1]

La mobilisation de toutes ces équipes demande un très grand financement, et des moyens techniques modernes, que seuls les pays développés et riches peuvent les posséder. L'auteur prend l'exemple de l'Union Européenne, pour assurer une sécurité globale des populations des Etats membres ; il pose l'idée de créer un Centre Européen Technique de l'eau (CETE). Il s'agirait alors d'un organisme commun, chargé à veiller à l'approvisionnement et à la distribution équitable de l'eau douce entre tous les usagers européens. Il serait également utile d'édifier un réseau transeuropéen de l'eau douce permettant « ...aux citoyens de l'union ...de bénéficier pleinement des avantages découlant de la mise en place d'un espace sans frontière intérieure ».

Il conviendrait de garantir la sécurité d'un tel réseau facilitant la régulation de la distribution d'eau douce dans les différents Etats membres, indépendamment de leurs ressources. L'organisation représente des risques élevés de vulnérabilité : en effet un agresseur a la faculté de porter une atteinte à n'importe quel endroit du réseau et de démultiplier ainsi sa capacité de nuisance. Il serait par conséquent nécessaire d'instaurer une véritable sécurité civile européenne, placée sous la responsabilité de la commission européenne et mise en œuvre à la demande du pouvoir politique de l'Union Européenne.

3.2.2. La géopolitique conflictuelle de l'Eau

La première « guerre de l'eau » depuis 4500 ans[2] aurait-elle eu lieu en Bolivie entre janvier et avril 2000 ? Elle aurait opposé, non pas deux

[1] DRIS, Ab., *Op.cit.,* p.38.

[2] Selon Aaron Wolf et son équipe (Université de l'Oregon), une seule guerre ouverte aurait été directement provoquée par la répartition des usages de l'eau. Elle aurait opposé deux cités de la Mésopotamie, Umma et Lagash, pour l'appropriation de palmeraies il y a 4 500 ans. Cf. BEACH HEATHER, L., HAMMER, J., HEWITT, J., KAUFMAN, E., KURKI A., OPPENHEIMER J., WOLF, Aa., Transboundary freshwater dispute resolution. Theory, practice and a notated reference, New York, United Nations University Press, coll. Water resources management and policy, 2000, p.310.

États, mais des usagers agricoles et domestiques à l'entreprise délégataire du réseau de Cochabamba et l'État bolivien. Qualifié comme tel par la coordination des utilisateurs urbains et ruraux, ce conflit s'est soldé par l'annulation du contrat de concession après plusieurs mois de contestations et de mouvements sociaux.

L'épisode de Cochabamba sert depuis lors d'exemple à de nombreuses remises en cause de délégations de services de l'eau et de l'assainissement et s'amalgame avec l'alter mondialisme et la critique néolibérale. L'eau, dans des pays où les effets de la pénurie sont criants, peut être un facteur d'instabilité sociale et politique (précarisation dans les campagnes, effets sur l'exode rural, sur la santé des populations, multiplication de conflits entre utilisateurs et entre catégories d'usagers, différends transfrontaliers…). La contestation sociale, qui se concentre sur les groupes privés du secteur de l'eau, s'ajoute à ces instabilités potentielles, en rendant incontournable la question de l'accès à l'eau, notamment pour les populations les plus pauvres. Le prix de l'eau devient ainsi une variable plus politique qu'économique.

Pour les économistes de l'environnement, le rapprochement entre les sphères économique et écologique était déjà compliqué par leur cheminement inverse : le discours économique « revêt des habits de plus en plus scientifiques tandis que le discours écologique se montre de plus en plus sous des atours politiques »[1]. Plusieurs questions vont se poser avec récurrence, au cours de conflits locaux ou de débats internationaux : l'opportunité de la participation du privé à la fourniture de services essentiels, la gratuité (virtuelle…) de l'eau, la commercialisation de l'eau, la reconnaissance d'un droit de l'Homme à l'eau.

Ces enjeux ne découleraient-ils pas d'un même phénomène : l'affirmation croissante de la dimension économique de l'eau ? Cette dernière ne constituerait elle pas le cœur des tensions ? Car la valorisation économique de la ressource peut-elle être empêchée, même par ceux qui la récusent ? Olivier Godard explique en ce sens : « *Alors que la théorie juridique fait de la qualification une médiation essentielle de l'entrée d'une réalité dans les catégories du Droit, l'entrée en économique est généralement considérée par les*

[1] VIVIEN, F-D., *Economie et écologie*, coll. Repères, *éd.* La découverte, Paris, 1994, p.98. et pour approfondir cette idée, lire également GODARD, O., « L'économie, l'écologie et la nature des choses », in *Archives de la philosophie du droit*, vol. 37, 1992, pp.183-203.

économistes comme un fait de nature : dès lors que des biens deviendraient rares, ils entreraient dans le royaume de l'économie ».[1]

Certes variable d'une situation à l'autre, cette rareté serait, dans des circonstances données, une propriété objective s'imposant aux membres d'une société, qu'ils le veulent ou non ». Si le caractère économique de la ressource s'intensifie, celui-ci n'est qu'une composante de l'eau, parallèlement à ses dimensions sociales et environnementales. Un nouvel équilibre entre les différentes valeurs de l'eau reste à trouver. En effet, les pénuries exigent le plus souvent une refonte complète des usages, quelles que soient leurs origines ou leurs justifications. Sur quelles bases alors instaurer un nouveau partage de la ressource, des priorités d'usages, qui soient durables ?

La gouvernance de l'eau pourrait être cet instrument d'élaboration des politiques de l'eau. Son fondement participatif est censé conférer à la gestion de la ressource la légitimité qui lui fait aujourd'hui défaut. De nouveaux compromis sociaux sont à élaborer, qui intègrent les multiples valeurs de la ressource. Il y a de conflits sur l'eau à travers le monde qu'il est difficile de les examiner tous, non seulement du fait de leur nombre, mais aussi du fait qu'ils ne sont presque jamais avoués.

Lorsqu'on se bat pour l'eau, pour le pétrole, pour les terres agricoles ou pour d'autres richesses naturelles, la mode est d'évoquer des raisons politiques, notamment celles relatives à la sécurité comme raisons du conflit. Nous allons parler brièvement de quelques conflits liés à l'eau qui sont parmi les plus connus même s'ils ne sont que rarement avoués.

En tant que citoyen congolais, donc étranger à ces pays en conflit patent ou latent, sans prendre parti, le but de ces études se limite à exposer des faits en vue de prévenir les Etats riverains de guerre aux motifs politiques qui pourraient leur être imposé par les pays étrangers alors que les buts non avoués sont désemparés des ressources en eau. Le rapport des experts de l'ONU sur les pillages des ressources dans la région de grands lacs africains publiés en octobre 2002 est édifiant en la matière.

Boutros Boutros Ghali n'avait-il pas déclaré successivement, lorsqu'il était ministre des affaires étrangères : « la sécurité nationale de l'Egypte qui dépend de l'eau du Nil est dans les mains d'autres pays africains ». Et par la suite : « la prochaine guerre dans notre région aura pour enjeu les eaux du Nil ». Ici, il reprenait une citation faite par Anouar El Sadate 15 ans plutôt ceci vient renforcer ce que nous avons

[1] GODARD, O., *Op.cit.*, pp.183-203.

mentionné ci haut[1] les Etats et les acteurs internationaux ont tout intérêt à privilégier les partages négociés et non les épreuves de force : le dérèglement climatique en cours, de même que la crise financière et diverses pénuries en ressources naturelles, rappellent chaque jour que, dans la « société du risque » selon Ulrich Beck, il n'est plus possible de se débarrasser des tensions sur ses voisins ou sur d'autres Etats, car celles-ci reviennent en boomerang sur ceux qui les produisent.[2]

En effet, le système d'information de la FAO sur l'eau et l'agriculture fournit la base de données sur l'eau et l'agriculture congolaise. Il s'avère que la République Démocratique du Congo présente une moyenne des ressources naturelles totales en eau douce de 1.302 Km3/an sur 25.183 Km3. Sur ce potentiel, l'eau ne serait consommée que sur 0,36 Km3 comme moyenne annuelle du total de l'eau disponible, à raison de la moyenne annuelle de 31 % d'eau agricole soit 0,11 Km3 ; une consommation domestique de 52 % sur 0,19 Km3 et une consommation industrielle de 16 % sur 0,06 Km3, ce qui lui confère un niveau moyen annuel par habitant très confortable. Cependant, un français consomme 180 litres d'eau par jour pour le simple usage domestique, un japonais 280 litres, un américain 295 litres et un canadien 330 litres.

La présence dans le monde en général et en Afrique en particulier de nombreux fleuves internationaux présente un défi important, un atout majeur pour le développement, mais aussi et surtout un enjeu majeur quant à la gestion des ressources en eau par les acteurs. Le bassin du Congo et ses affluents, disposant des ressources nécessaires face aux problèmes qui se posent à l'échelle planétaire, offre, à l'évidence un atout non négligeable aux solutions à proposer pour y faire face.[3]

Il est intéressant, de ce point de vue, de remarquer le rôle central de ces bassins hydrographiques qui fournissent l'eau, alors une ressource naturelle renouvelable finie, présente dans l'agenda des négociations internationales. Dans cette perspective, cette ressource devenue un enjeu géopolitique incontournable est essentiel à la vie : « un équilibre entre les considérations environnementales et considérations socio-

[1] sagascience@cnrs-dir.fr, consulté le 15 mars 2020.

[2] LASSERRE, Fr, « Guerres de l'eau : Paradigme des guerres du XXIè siècle ? », *Communication au Festival international de géographie de Saint-Dié-des Vosges*, Octobre, 2008.

[3] BENZA KONGAWI, A., L'appartenance de la RDC aux bassins hydrographiques Congo et Nil, comme Facteur d'intégration régionale, Mémoire de Licence en R.I, FSSAP, UNIKIN, 2005, pp.3-4.

économiques »,60 des ressources hydriques exploitées à des fins offrant l'accès à l'électricité, à l'agriculture (irrigation), aux transports fluviaux, etc.

La République Démocratique du Congo qui regorge beaucoup d'eaux et qui fait partie des pays des bassins du Nil et du Congo doit prendre acte des menaces qui se profilent à l'horizon et rester vigilante tout en jouant le rôle de la plaque tournante. Si la RDC doit intervenir dans les problèmes des conflits de l'eau des pays d'autres bassins, ce serait pour apporter des solutions en fournissant aux uns et aux autres l'eau qui leur manque et non pour entrer en guerre contre qui que ce soit. C'est un des objets de cette œuvre.

Par ailleurs, le bassin du Congo fournit des ressources forestières et para forestières influant sur « l'écosystème », jouant un rôle capital dans la régulation climatique, remèdes aux effets néfastes des changements climatiques et d'autres problèmes environnementaux. Alors au regard de leur importance, les ressources procurées par le bassin du Congo occupe une place stratégique dans les forums internationaux sur l'eau, l'environnement et le développement durable, concept cher aux nations unies car doté d'immenses potentialités naturelles, nécessaires au développement de l'Afrique (potentialités hydrauliques, forestières, voies de navigation, pèche, plantes médicinales, …), ces ressources sont aujourd'hui considérées comme héritage commun et sont perçues comme facteur d'intégration et de coopération entre les nations.

Cependant, la gestion des ressources de ce grand bassin qui est le deuxième au monde après l'Amazonie est, de jour en jour, une contrainte majeure de leur distribution, leur exploitation, selon qu'elles sont rares et reparties de manière inégale sur la terre. A l'égard de cette situation inquiétante, il est intéressant de remarquer que le non accès, la non-participation des autres nations à ces ressources rares et inégalement réparties sont susceptibles d'entrainer les risques des conflits.

« Verra-t-on effectivement des Etats s'affronter pour l'eau ? », la question était posée par le professeur et géographe canadien Fréderic Lasserre. Les ressources en eau sont au centre des tensions géopolitiques croissantes. Déjà des tensions se font sentir c'est le cas, entre Israël et la Syrie sur la question du contrôle du plateau du Golan, au nord-est du lac de Tibériade : annexé en 1981, Israël considère ce plateau comme une région à part entière. Une partie des affluents du Jourdain y trouve leurs sources, et Israël y puise 35 % de son alimentation en eau.

Nous retrouvons les mêmes tensions géopolitiques entre l'Egypte et le Soudan sur le Nil, entre le Sénégal et la Mauritanie sur le fleuve Sénégal, entre la Turquie, la Syrie et l'Irak pour le partage des eaux du Tigre et de l'Euphrate, mais aussi entre les Etats-Unis et le Mexique sur les eaux du Colorado. L'eau est au cœur des grands problèmes écologiques contemporains. D'un point de vue quantitatif et accessibilité, l'eau douce disponible représente moins de 1 %, soit 0,7 % de l'eau stockée sur la planète dans les océans, les banquises et les glaciers. Elle est très inégalement répartie à la surface du globe. L'Amazonie regorge de 15 % d'eau douce exploitable ; tandis que l'Asie (et notamment le Proche et Moyen-Orient) a des bilans gravement déficitaires : 30 % des ressources pour 60 % de la population mondiale.

En l'absence du droit international complet et accepté par tous pour régler les conflits liés à l'eau, chaque Etat doit rester vigilant. Les Etats du bassin du Congo qui regorgent d'eau alors qu'ils sont entourés d'Etats assoiffés doivent redoubler de vigilance.

En effet, les conflits peuvent provenir des pays étrangers aux Etats riverains du Congo qui les attaqueraient pour occuper leurs zones aquifères à leurs profits comme cela est le cas actuellement pour le pillage de ressources naturelles (minerais) en République Démocratique du Congo.

Les conflits peuvent provenir des conventions internationales régionales sur l'eau des bassins versants hydrologiques ou hydrogéologiques différemment compris par les Etats intéressés. C'est le cas par exemple des accords bilatéraux ou multilatéraux que seront amenés à signer les Etats riverains soit entre eux (cas du bassin du fleuve Congo partagé avec la République du Congo Brazzaville, la République Centrafricaine, le Cameroun et l'Angola où le bassin du Nil que la RDC partage avec le Rwanda, l'Ouganda, le Burundi, la Tanzanie, Le Soudan, l'Ethiopie , le Kenya, l'Erythrée et l'Egypte) soit avec les pays qui manquent d'eau et qui peuvent être approvisionnés par les Etats riverains du Bassin du Congo.

Les conflits peuvent aussi naître à l'intérieur de chaque pays riverain du Congo dans le cas de la gestion interne des eaux entre leurs entités décentralisées ou fédérées dont les uns et les autres partagent les mêmes cours d'eau ou les mêmes nappes aquifères. Ces conflits internes aux pays ont eu lieu aux Etats-Unis entre différents Etats fédérés qui partagent l'eau d'un même cours d'eau.

C'est pourquoi, nous nous attacherons à montrer pourquoi la dimension économique de l'eau s'affirme actuellement de manière croissante. La multiplication des situations de pénuries, doublée d'une marchandisation grandissante de la ressource en sont l'explication principale.[1]

En outre, nous nous efforcerons à réestimer la valeur totale de l'eau. Car, comme nous l'avons évoqué, l'eau, bien économique, est aussi un bien social et environnemental. Paradoxalement, les outils économiques aident à prendre en compte les fonctions de la ressource, y compris les plus fondamentales comme l'accès à l'eau.

L'objectif ne consiste pas tant à déterminer une quelconque prééminence d'une sphère sur les autres qu'à fournir aux décideurs de l'eau l'information la plus exhaustive. La gestion intégrée de l'eau ambitionne alors de concilier des contraintes physiques et techniques (quantité et qualité de l'eau disponible, infrastructure, financement…) avec des « règles de choix collectifs »[2], qui découlent de l'accord des différents groupes sociaux concernés pour la gestion d'une ressource.

A l'échelle des bassins internationaux, la création d'un intérêt commun passe par la coopération, qui revêt des réalités contrastées. Le cas du Moyen-Orient qui peut être évoqué, car secouant la région africaine en conflits dus à l'exploitation des ressources en eau entre les Etats riverains du bassin du Nil est à la fois loin du bassin du Congo et proche de celui-ci pour deux raisons que nous pouvons évoquer.

La crise pétrolière de 1973, qui résultait directement des conflits israélo-arabes, avait frappé de plein fouet les Etats du bassin du Congo. La récession économique internationale qui avait frappé le monde, rétractant la demande du cuivre, avait provoqué en RDC une crise dont plus de trente ans après, elle se cherche pour se relever.

En effet, de 1967 à 1970, le taux de croissance du PIB congolais était de 10 % par an (plus de trente ans après, le pays n'a jamais plus atteint de taux). Le PIB annuel par habitant qui était descendu entre 1960 et 1967 jusqu'à 84 % de sa valeur en 1960, avait repris pour atteindre voire

---

[1] L'usage du mot marchandisation, emprunté aux Québécois, s'applique à toute forme de commercialisation de l'eau, qu'il s'agisse des services en réseaux (par une régie publique ou en délégation), de la privatisation de réseaux, d'appropriation de ressource, de transferts massifs d'eau ou sur de longue distance (hors bassin hydrographique), ou encore de marchés de droits d'eau.

[2] OSTROM, E., « Constituting social capital and collective action », in KEOHANE, R. et OSTROM, E., (dir.), *Local commons and global interdependence, heterogeneity and cooperation in two domains*, Sage Publications, Londres, 1995, pp.125-160.

dépasser, celui de 1960. Le taux d'investissement et celui de l'épargne était élevé.[1]

Une autre raison qui peut nous déterminer à nous intéresser aux problèmes du Moyen-Orient est l'aspect de la lutte pour le contrôle de l'eau qui sous-tend ces conflits. Comme il se fait que le bassin du Congo dispose d'eau en abondance, voire en surabondance, les Etats riverains de ce dernier peuvent intervenir pour fournir de l'eau à cette région et ainsi contribuer à la paix et y empêcher les crises qui peuvent frapper l'ensemble du continent comme celle de 1973.

3.2.2.1. Les confrontations pour le contrôle hydraulique

En l'absence de droit international complet et accepté par tous pour régler les conflits liés à l'eau, chaque Etat doit rester vigilant.

L'eau a marqué une rentrée remarquable sur la scène de politique internationale comme un enjeu stratégique. Matière rare et irremplaçable, l'eau a été la cause de plusieurs conflits au 20e siècle. Et d'après les experts le monde se dirige vers des conflits pour l'eau dans tous les niveaux ; nationaux, régionaux et internationaux. Le siècle précédent a connu des tensions des différents degrés et notamment dans les zones qui connaissaient un déséquilibre hydraulique, comme au nord et sud de l'Afrique, au Proche-Orient et en Amérique centrale.

D'après le géographe Américain Aaron Wolf ; la seule vraie guerre de l'eau connue remonte à 4500 ans. Il s'agit de deux cités mésopotamiennes à propos de Tigre et de l'Euphrate, dans le sud de l'Irak actuel.

En plus, en 1994, Mohammed Hady Rady, ministre égyptien des ressources en eaux, annonçait que l'Egypte recyclait déjà l'eau avec efficacité. Selon lui, « chaque goutte est recyclée au moins deux fois, et le rendement de l'eau est estimé à 75 % ».

Cependant, le Centre national des recherches en eau de l'Egypte démontrait que pour satisfaire la demande, l'Egypte devait tirer encore du Nil 2,5 milliards de m3/an en plus de (79,3 m/s, soit moins de la moitié du débit de crue de la N'djili (2000 m3/s) au niveau du captage de la Regideso à Kinshasa, RDC.

En plus, de ces moyens techniques, l'Egypte affirme constamment qu'elle est prête à faire la guerre contre quiconque tenterait en amont d'altérer le débit du fleuve Nil. Boutros Boutros Ghali n'avait-il pas

[1] KASONGO NUMBI, K., *Eaux et forêts de la RDC, un défi géostratégique, éd.* L'Harmattan, Paris, 2008, pp.139-140.

déclaré successivement, lorsqu'il était ministre égyptien des affaires étrangères : « la sécurité nationale de l'Egypte, qui dépend de l'eau du Nil, est dans les mains d'autres pays africains ». Et par la suite : « la prochaine guerre dans notre région aura pour enjeu les eaux du Nil ». Ici, il reprenait une citation faite par Anouar El Sadate 15 ans plutôt.

La RDC qui regorge de beaucoup d'eaux et qui fait partie à la fois des pays des bassins du Nil et du Congo doit prendre acte de ce propos et rester vigilante. Si les Etats riverains du Congo intervenaient dans les problèmes des conflits de l'eau des pays du bassin du Nil, ça serait pour apporter des solutions en fournissant aux uns ou aux autres l'eau qui leur manque et non pour entrer en guerre contre qui que ce soit. C'est l'un des objectifs de cet ouvrage. Les tensions pour l'eau entre l'Egypte, le Soudan et l'Ethiopie sont vieilles de quelques millénaires.

Au cours de l'histoire, les chefs de l'Etat Egyptien ont toujours tenté d'unifier le bassin du Nil sous leur contrôle. Les pharaons égyptiens avaient, à plusieurs reprises envoyées des expéditions militaires pour conquérir le sud d'où provenaient les eaux du Nil. Néron, lorsqu'il conquit l'Egypte et en devint le chef, enverra une expédition pour découvrir les sources du Nil, laquelle échouera dans les marais du sud du Nil blanc, situé au sud du Khartoum, en aval de la ville de Kodok. Ceci obligera alors le Sultan égyptien d'envoyer des ambassadeurs au roi Gondar, en Ethiopie au 18ème s pour le supplier de ne pas empêcher l'eau du Nil de couler librement en aval, donc en Egypte.[1]

Mais la planète aura de plus en plus soif et des besoins de plus en plus grands. Il y a consensus sur le diagnostic : toutes les études le confirment. Face à une demande croissante, l'offre sera encore plus limitée, et les déficits « hydrauliques » iront croissants aussi. Il n'est donc pas surprenant d'assister à une militarisation du vocabulaire à propos du statut de ce bien patrimonial économique et social. D'où les formules : la « bataille de l'eau » ou « pour l'eau », l'eau, « nouvel enjeu stratégique mondial », la géopolitique, la géostratégie de l'eau, ou encore l'« hydro politique », l'« hydro diplomatie », les « hydro conflits ».[2] On peut distinguer deux types des conflits hydrauliques intra étatiques et inter étatiques.

Les premiers ne sont pas les plus dangereux, sauf pour la stabilité des régimes politiques en place. Dans de nombreux pays du tiers

---

[1] KASONGO NUMBI, K., *Op.cit.*, pp.166-167.

[2] JEAN CLOS, Y., *L'eau, arme stratégique au 21e siècle*, L'harmattan, Paris, 2008, p.9.

monde, la rareté de l'eau et son coût exorbitant ont déjà déclenché des émeutes, des révoltes et des crises graves ; en Afrique, en Asie, et en Amérique Latine. Les plus récents ont eu lieu en Bolivie, en Ethiopie, en Erythrée, en Inde, et en Chine. Dans certains cas, les fleuves sont un facteur des tensions inter et intra étatique comme (le Nil, le Tigre et L'Euphrate, et le Jourdain). (Carte 4 ,5) Les situations hydro conflictuelles touchent aussi des zones (conflits interétatiques).

Elles ont été étudiées par plusieurs chercheurs et spécialistes, et parmi eux Jacques Sironneau dans son ouvrage (l'eau en tant qu'un enjeu politique et stratégique), et aussi Fréderic Lasserre. La vallée de la discorde, l'utilisation des eaux du Nil par l'Ethiopie, le Soudan et l'Egypte est devenue, en raison de l'explosion démographique et de l'urbanisation croissante, une question de survie pour ces sociétés.

Le complexe de "*downstair*" (complexe de l'aval) est souvent, de façon plus ou moins légitime, à l'origine des nombreuses discordes opposant ces Etats sur ce sujet. La peur de voir réduire le volume d'eau du Nil, à cause de l'utilisation massive par les pays en amont du fleuve, est généralisé à l'ensemble des Etats du bassin nilotique. C'est pourquoi, les conflits hydrauliques de cette région font apparaître deux types d'acteurs :

- d'une part les pays "à la source" des deux Nils : pour le Nil Blanc cela concerne six pays d'Afrique centrale (Ouganda ; Tanzanie ; Kenya ; RDC ; Rwanda et Burundi), pour le Nil Bleu l'Ethiopie et l'Erythrée ;
- d'autre part les pays en aval sur le fleuve : Le Soudan et l'Egypte. Un chiffre pour illustrer cette situation : l'Ethiopie est le principal pourvoyeur d'eau du Nil avec 86% d'eau du fleuve en provenance de ce pays alors qu'elle n'en utilise que 0,3%. Cette situation déséquilibrée et le besoin vital de l'eau pour des pays comme le Soudan et l'Egypte font aisément comprendre l'inquiétude de ces derniers depuis qu'ils ont connaissance des projets hydrauliques de grande envergure programmés par l'Ethiopie. Cela se traduirait pour eux par une baisse importante du volume d'eau nilotique utilisable. De nombreux désaccords entre les pays pour la gestion de l'eau viennent en partie de l'imprécis de son statut juridique ;
- si le Nil n'a pas le statut de fleuve international alors les pays riverains sont tenus de pratiquer une coopération en matière de partage des eaux. En revanche si le Nil devenait un fleuve international, la doctrine et la pratique laisseraient chacun des

riverains libres de faire ce qu'il veut. Cette question est compliquée par le fait qu'il n'existe pas, contrairement à l'Europe, d'instance susceptible de trancher ce problème au niveau régional ou international. Par exemple, l'Egypte et le Soudan s'accordent pour considérer le Nil comme un fleuve non international. Ils ont donc conclu un accord bilatéral pour le partage des eaux en 1959, accord que refuse de reconnaître l'Ethiopie, forte de sa position de "pays source".

Dans ce contexte, tout projet de nouvelles irrigations ou de constructions de barrages, qui, à terme, modifierait le débit du Nil pour les pays riverains, peut- être ressenti comme une menace vitale par ces derniers. Le tracé des frontières des pays de cette région, élaboré par les Anglais dans la première moitié du XXème siècle, prenait en considération le facteur hydraulique.

Or, ces frontières traduisent d'autres réalités conflictuelles que celle du partage des eaux. C'est pourquoi, chaque projet remettant en question le partage des eaux du Nil devient un instrument au service de la géopolitique arabo-africaine déchirant deux parties : d'un côté les "pays sources" africains (à savoir l'Ethiopie, l'Erythrée et les six pays d'Afrique centrale) de l'autre les pays arabes en amont Egypte et Soudan (ce dernier étant lui-même partagé entre au sud une population africaine et au nord une population arabe). C'est ainsi qu'au problème hydraulique se greffe le problème ethnico-religieux ou du moins, est-il devenu un instrument de pression et un prétexte à conflit. L'ensemble des pays du bassin nilotique connaît la même inquiétude, les mêmes ambitions et la même menace : avoir de l'eau, la garder pour soi et éviter que les autres ne la prennent.

Ce schéma simpliste engendre pourtant des tensions dramatiques se greffant sur des conflits géopolitiques déjà anciens : la Vallée du Nil est bien la Vallée de la discorde.

Figure 5. Vallée du Nil

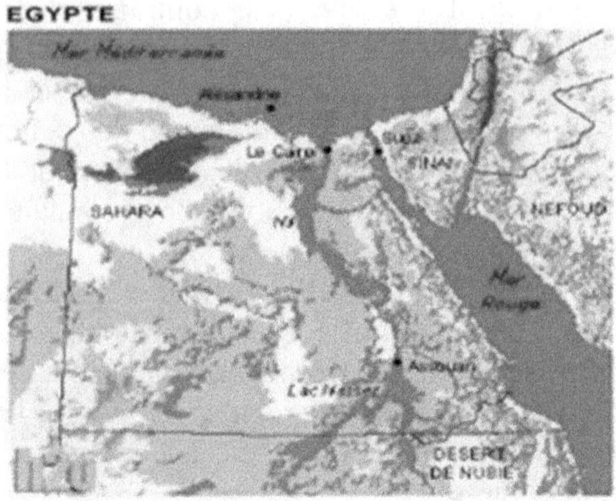

Source : www.google.com.

Ce dernier a publié un tableau qui indique les fleuves posant problème, de l'intensité, et des conflits interétatiques varient (tension, négociation, crise, conflits ouverts), en fonction des enjeux (Accès à l'eau, détournements des eaux, quota internationaux, irrigation, barrages, dépendance extrême vis- à -vis des voisins).

Tableau VII. Fleuves à problème

Rivières, fleuves	Etats concernés	Objet du conflit
Brahmapoutre, Gange,	ASIE	Alluvions, barrage, inondation, irrigation, quota internationaux.
Farakka	Bangladesh, Inde, Népal.	Inondations, quotas internationaux.
Mékong	Cambodge, Laos, Thailand,	Alluvions, inondations
Saluen	Vietnam.	Détournement d'eau, cotas internationaux.
Aquifère cisjordanien, Litani, Yarmouk, Jourdain,	Tibet, chine, Birmanie.	Alluvion, détournement d'eau, irrigations, inondation, quotas internationaux.
Nil	Israël, Jordanie, Liban, Syrie.	Barrage.
Lac Tchad	(Carte 5) AFRIQUE	Détournement d'eau.
Okawanongo	Egypte, Ethiopie, Soudan.	Pollution industrielle.
Danube	Nigeria, Tchad.	Pollution industrielle, salinité des eaux.

Elbe		Namibie, Angola, Botswana	Pollution industrielle	
Meuse, Escaut.		Carte (4) EUROPE	Répartition des eaux.	
Szamos		Hongrie, Slovaquie	Répartition des eaux	
Tage.		Allemagne, Tchéquie.	Aménagements hydrauliques.	
Baie de Saint Laurent.		Belgique, Pays-Bas.	Pollution chimique, internationaux, salinité.	quotas
Colorado, Rio Grande.		Hongrie, Roumanie.	Pollution.	
Great Lakes.		Espagne, Portugal.	Barrage, salinité.	
Lauca		AMERIQUES	Barrages, inondations de terres	
Parana		Québec, Etats-Unis.		
Cenepa		Etats-Unis, Mexique.		
		Canada, Etats-Unis		
		Bolivie, Chili.		
		Argentine, Brésil.		
		Equateur, Pérou.		

Il y a sept Etats qui sont en conflits concernant le Moyen-Orient, et six en Asie, près de vingt-cinq en Afrique, et même en Europe et Amérique du nord. Ils existent des problèmes sur le Danube, Elbe, la Meuse, l'Escaut, le Szamos, et le Tage. Et aussi les grands lacs, la baie du Saint-Laurent, le Colorado, et la Rio Grande.

L'inadéquation croissante entre la demande de l'eau et l'offre limitée, sans négliger son prix, est la cause principale et naturelle des conflits interétatiques. Les explications des conflits liés à la question de l'eau sont insuffisantes, car ils convient d'ajouter quelques facteurs attaches aux rivalités ethniques, au racisme, ..., ceux relatifs aux rivalités et ambitions régionales ; aux impérialismes locaux et aux rivalités religieuses ; et revendications territoriales.

Au Moyen-Orient, l'eau est comme en Afrique ou en Inde, un enjeu économique et stratégique vitale, conditionnant la vie de tous les jours. Mais elle prend en plus pour la Turquie la dimension d'un outil politique tout à fait particulier. Sa position en amont des fleuves transfrontaliers que sont le Tigre et l'Euphrate, par rapport à la situation en aval de la Syrie et l'Irak, donne à la Turquie le contrôle des deux cours et lui permet d'utiliser l'eau, en premier, au mieux de ses propres besoins agricoles et industriels.

La Syrie et l'Irak sont dépendants d'un pays tiers pour une ressource dont ils ne peuvent se passer. La Turquie n'est pas seule à bénéficier d'une situation comparable, d'autres cas se présentent à l'esprit comme celui de l'Ethiopie avec la possible mise en valeur du Nil bleu.[1]

Dans le cas du Tigre et de l'Euphrate, une série de conditions particulières peuvent, d'ici une dizaine d'année, transformer les eaux de ces deux fleuves mythiques en enjeu à haut risque. Pour les trois pays riverains : un climat semi-aride ou très aride, une disparité des ressources naturelles, qui rend certains riches en pétrole mais pauvres en eau. Une longue expérience de gestion aquifère, peu économe mais difficile à faire évoluer.

Figure 6. L'évolution du climat aride

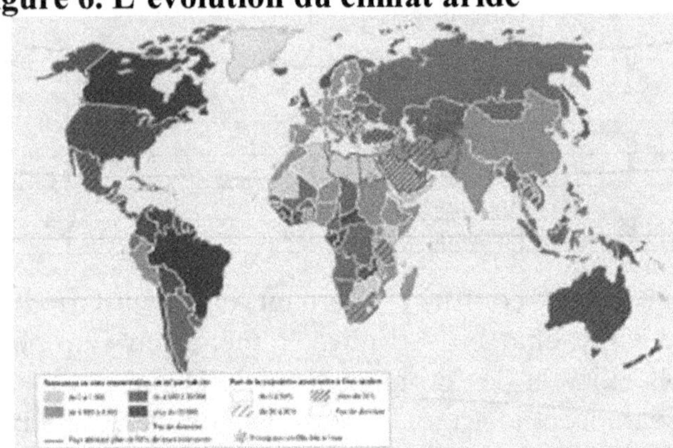

Source : www.google.com.

Le Moyen-Orient est un espace désertique. La carte hydrologique et hydrogéologique s'y présente comme suit :

- du point de vue du relief, l'espace des conflits qui regroupent l'Etat d'Israël, la Jordanie, le Liban, la Palestine, la Syrie et le prolongement nord des reliefs du rift est-africain auquel appartient la RDC. Il s'agit d'un relief des lignes de hautes montagnes séparées par des dépressions occupées soit par des lacs ou des mers intérieures soit par des cours d'eau nord-sud qui les relient.
- quant aux eaux souterraines querellées, il s'agit essentiellement des eaux de l'aquifère de la Cisjordanie et de celle de la nappe

[1] Bernadette d'ARMAILLÉ, « L'eau, un levier de puissance pour la Turquie », ISC, in ISC - CFHM - IHCC (institut-strategie.fr), *consulté* le 20 Aout 2020.

littorale qui s'étend du territoire d'Israël jusqu'à la bande de Gaza.

Examinons brièvement l'état de la problématique de l'eau dans les quatre pays. L'Etat d'Israël et les territoires occupés disposent d'un potentiel hydraulique annuel de 1765 millions de mètres cubes (56 m3/s), un quart du débit de crue (200 m3) de la N'djili à Kinshasa, en RDC. Ainsi, depuis 1983, Israël recourt constamment aux eaux de réserve non renouvelables. En outre, les 2/3 de cette consommation sont assurés par des ressources hors frontières de 1948, donc des territoires occupés à raison de 1/3 assuré par la Cisjordanie et l'autre tiers du lac de Tibériade et du Yarmouk.

Le Royaume de Jordanie est le plus sec des quatre ; 72 % du territoire reçoit des pluies de moins de 100 mm/an et 6% seulement de plus de 300 mm (300 mm est la quantité normale des pluies mensuelles en RD Congo durant les principaux mois de la saison des pluies). Alors que la norme mondiale est fixée à 1000 m3 par personne par an, la Jordanie est à 250 m3/an/habitant en 2000 et sera à moins de 91 m3/Personne/an en 2015 Comme le royaume a déjà quasi épuisé ses réserves d'eaux souterraines suite à la surexploitation des nappes aquifères, son seul espoir est le captage du Yarmouk. Mais pour cela, il faut un accord d'Israël et de la Syrie qui est en amont et qui a échafaudé des plans de construction de barrages sur cette rivière qui prend sa source sur son territoire.

Le Liban est de loin le mieux loti en eau des quatre pays. Ses ressources renouvelables en eau douce sont estimées à 4800 millions de m3/an (152,2 m3/s), moins que le débit de la crue de la N'djili (200 m3/s) ; ce qui lui confère un quota de 1230 m3/personne/an. La consommation annuelle est seulement de 900 millions de m3 en l'an 2000. Dont 550 millions proviennent des eaux de surface et 350 millions des eaux souterraines.

La Syrie dispose aussi des nappes souterraines comme celles du Golan dont une partie fut annexée par Israël en 1981 mais la République n'en dépend pas outre mesure. En effet, elle s'approvisionnement surtout dans sa partie méditerranéenne avec l'Oronte et surtout l'Euphrate, même si pour ces deux cours d'eau, elle doit se quereller avec la Turquie, pays amont pour l'Euphrate et pays aval pour l'Oronte : et avec l'Irak, pays aval pour l'Euphrate. Comme la morale sert pour régler les affaires personnelles et la force (militaire, économique, juridique, argumentaire) pour régler celles de l'Etat, la Syrie ne se gêne pas lorsqu'elle discute avec l'Irak, pays aval du partage de l'eau de l'Euphrate, pour user des arguments que lui oppose la Turquie, pays amont, pour se servir des arguments de l'Irak pour les opposer à la Turquie.

Lorsque le débat porte sur l'Oronte, la Syrie pays amont, cette fois-ci, utilise allégrement contre la Turquie les mêmes arguments que ceux qu'elle a opposés sur la question du partage des eaux de l'Euphrate. La Turquie fait de même ; sans gêne, elle emprunte les arguments de la Syrie selon les cas. Telle est la problématique de l'eau qui constitue non seulement une source de vie comme partout ailleurs, mais et surtout aussi une source des conflits dans cette région. La demande s'accroit dans la région du fait de la croissance démographique, économique et de surface à irriguée.

Un rapport de la banque mondiale élaboré en 1994[1] indique que la population de ces quatre pays va doubler en 2020 par rapport à celle de 1994 et la demande en eau sera pour la Jordanie et l'Israël de 7 milliards de m3/an, soit plus du triple de la potentielle eau du bassin en eau du Jourdain. Un autre rapport de la banque mondiale indique un total pour les quatre de 35 millions d'habitants en 2015 (Israël 7 millions, Jordanie 5 millions, Liban 4 millions et Syrie 19 millions). En appliquant, la norme internationale de 1000 m3/an/personne des besoins en eau (pour toutes les activités : domestiques, agricoles et industrielles), les besoins annuels en eau pour ces quatre pays sont de 35 milliards de m3, soit le potentiel du bassin d'hydrographique du Jourdain. Ceci explique le recours excessif à l'exploitation des eaux souterraines dans la région.

D'où viendra la différence entre la demande et l'offre naturelle de l'eau qui contribuerait grandement à la paix dans cette région ? C'est pourquoi, nous avons dans le cadre de ce travail fait un clin d'œil aux différents projets de transfert des eaux émanant du bassin du Congo vers les pays du nord et du sud qui en manquent cruellement. A ce problème de rareté de l'eau, est venu se greffer le problème de lutte politique et religieuse opposant les pays arabes d'un côté et l'Etat d'Israël de l'autre. Et cela, même avant 1948, année de la création de l'Etat d'Israël par l'ONU. Déjà en 1919, à la conférence de paix de Paris après la première guerre mondiale Chaïm Weizmann, un des pères fondateurs de l'Etat d'Israël, faisait valoir que les sources du Jourdain (le mont Hermon) et les biefs inférieurs de l'Italie, qui sont des territoires du Liban devait appartenir à la future Palestine (Israël de 1948).

[1] MUTIN, G., *Op.cit.*, pp.100-101.

Il précisera dans une lettre adressée au premier ministre britannique David Lloyd George : « les frontières ne sauraient être tracées exclusivement sur la base des limites historiques (bibliques), nos prétentions vers le nord sont impérativement décidées par les nécessités de la vie économique moderne, …

Tout l'avenir économique de la Palestine (Israël) dépend de son approvisionnement en eau pour l'irrigation et pour la production de l'électricité, l'alimentation en eau doit provenir des pentes des monts Hermon, des sources du Jourdain et du fleuve Litani. Nous considérons que la frontière nord de la Palestine (Israël) englobe la vallée de Litani sur environ 25miles ainsi que les flancs ouest et sud du mont Hermon ».[1]

Dans les pays africains, à l'image du reste du globe, l'accès à l'eau est inégalement maîtrisé. Les plus riches d'entre eux ont en règle générale réussi à élargir et sécuriser leur approvisionnement malgré une disponibilité en eau faible sur leur territoire (Afrique du Sud, Botswana). Néanmoins, l'augmentation des besoins, dans un contexte d'aléas climatiques (cycles accélérés de sécheresse, baisse de la pluviométrie, etc.) transforme la volonté de maîtrise de l'eau en potentielle source de tensions.[2]

3.2.2.2. L'inégal contrôle de l'accès à l'eau selon les zones

La capacité d'accès à l'eau dépend de caractères techniques, économiques et sociaux. Dans ce domaine, le continent africain offre l'image d'investissements très différents selon les pays. Cette diversité s'explique par les options de développement retenues ainsi que par les moyens financiers disponibles, notamment ceux issus de l'aide publique au développement. L'Afrique, qu'elle soit rurale ou bien urbaine, est ainsi couverte par des sources diverses d'approvisionnement en eau, dont les principales sont les puits et les containers de récolte d'eau de pluie. Également, de « grands projets » ont été lancés dans les pays des zones arides et semi-arides, qui consistent en la construction d'infrastructures de retenue et de canalisation. De nombreux barrages structurent aussi le continent, près de 1 300.[3]

---

[1] *Idem*, p.87.

[2] MERINO, M., « L'eau : quels enjeux pour l'Afrique subsaharienne ? », note de la FRS N°20/2008, 2008, p.5.

[3] *Idem*.

Dès les années 1950, on assiste à une vague de construction de grands barrages, considérés comme un puissant instrument d'aménagement du territoire (irrigation, énergie, etc.). Le plus symbolique est certainement celui d'Assouan sur le Nil moyen en Égypte.

Leur construction a parfois associé plusieurs pays, comme le Togo et le Bénin avec le barrage hydroélectrique de Nangbeto, le barrage de Kariba entre la Zambie et le Zimbabwe ou encore le Sénégal, le Mali et la Mauritanie dans le cadre de l'Organisation pour la Mise en Valeur du fleuve du Sénégal créée à la suite de la grande sécheresse des années 1968-1973. L'Afrique australe est également structurée autour d'un ensemble de barrages et de transferts d'eau visant à alimenter les principales villes de la région21. Certaines de ces constructions se sont néanmoins révélées des gouffres financiers à l'image du barrage de Turkwel dans la Vallée du Rift au Kenya.[1]

En revanche, l'exploitation des nappes phréatiques reste peu développée au regard des ressources disponibles. Au Sahel, en moyenne, moins de 10 % des nappes sont mobilisés, en raison principalement du coût d'extraction (Mali, Niger). Les eaux souterraines servent surtout de source d'eau potable, soit moins de 9 % du total consommé.

Au global, seules 3 % des ressources en eau du continent seraient exploitées, essentiellement en raison de l'insuffisance des (onéreuses) infrastructures de retenue ou d'extraction puis d'acheminement de l'eau. Or la cure drastique d'amaigrissement à laquelle sont astreints les États africains depuis les années 1990 n'encourage pas le développement de tels investissements. La tendance résiderait donc dans l'accroissement de la pression sur les sources d'eau les plus accessibles, notamment celles issues des fleuves et des rivières.[2]

3.2.2.3. L'accès à l'eau : source renouvelée de tensions ?

Un tiers des grands bassins internationaux et une vingtaine de bassins importants se situent sur le continent africain et sont partagés par 35 pays. Également, plus de 40 % de la population du continent est établie dans des espaces fluviaux transfrontaliers. Les relations entre les États sont ainsi naturellement affectées par la gestion de ces espaces.

[1] MERINO, M., *Op.cit.*, p.98.
[2] *Idem.*

De nombreux fleuves tels que le Congo, le Niger, le Nil, l'Orange ou encore le Zambèze traversent de 4 à 10 États.

Il en est de même pour plusieurs lacs, à l'image du lac Victoria ou Tchad, bordés par 3 et 4 pays. Il existe ainsi une interdépendance sous-régionale forte. Cette interdépendance est d'autant plus étroite pour les États dont une part majoritaire de leurs besoins est assurée par un cours d'eau transfrontalier, comme cela est le cas pour le Niger, le Soudan, la Gambie, la Mauritanie et l'Égypte.[1]

Or « lorsque la pression sur les ressources et l'exigence de sécurité s'accroît, il faut alors contrôler des territoires de plus en plus vastes, ce qui multiplie les risques de conflits », comme par exemple chercher la maîtrise d'un bassin versant entier plutôt que le seul linéaire du fleuve. Si plusieurs spécialistes s'accordent sur l'existence d'une géopolitique de l'eau et son instrumentalisation régulière, elle n'est cependant « pas constitutive de nouvelles configurations régionales conflictuelles ». La maîtrise de l'eau semble davantage fournir un cadre nouveau à des tensions préexistantes, tant au niveau interétatique que local.

Deux zones sont ici illustratives des tensions régionales sous-jacentes à la maîtrise hydrique :

- la zone du Nil tout d'abord. Son bassin couvre dix pays et assure la subsistance de plus de 210 millions de personnes. Ainsi, tout projet d'exploitation des ressources du Nil (récemment l'Éthiopie, le Soudan et l'Ouganda ont fait part de leurs projets respectifs de nouveaux barrages) est source de crispation pour les autres États, notamment l'Égypte. En effet, ce pays est devenu extrêmement dépendant de l'eau du fleuve (plus de 95 % de sa consommation), tant pour l'irrigation que les besoins de sa population. Cela rend toutes les hypothèses de constructions de barrage très sensibles31 et explique pourquoi l'Égypte pèse de tout son poids dans les différentes organisations internationales afin de retarder tous les projets d'aménagements hydrauliques de ses riverains d'amont ;
- l'Afrique australe ensuite. Cette région, qui souffre d'importantes pénuries en eau, voit la plus grande partie de ses ressources être acheminées vers l'Afrique du Sud. Ce pays représente ainsi près de 80 % de la consommation des capacités en eau d'Afrique australe alors que 8 % seulement des ressources y sont localisées. Si la République Sud-africaine

[1] *Ibidem*, p.6

connaît une forte dépendance vis-à-vis des pays alentours, elle est cependant atténuée par le relatif hégémonisme politique et économique dont elle dispose sur la zone. Malgré tout, les projets de barrages et de transferts d'eau dans cette région restent sensibles. La mise en œuvre au profit des villes sudafricaines du projet hydraulique Lesotho Highlands Water Project fait l'objet de discussions soutenues avec le Lesotho ; il en va de même de la gestion du fleuve Orange avec la Namibie.[1]

Enfin, la question de l'accès à l'eau en ville reste socialement problématique pour nombre d'États africains. Dans la plupart des villes africaines, à l'exception du Botswana et de quelques villes comme Le Cap en Afrique du Sud, les services d'eau sont peu développés et peu performants.

La grande majorité des résidents ne sont pas connectés à l'eau potable. Moins de la moitié des citadins disposent d'eau courante dans l'habitation ou bien dans la cour. Sur fond de paupérisation urbaine, ils dépendent alors le plus souvent d'un accès collectif, tels que les bornes fontaines (robinets collectifs) ou bien de petits vendeurs d'eau qui parcourent la cité, notamment les quartiers pauvres.

Paradoxe de ces systèmes alternatifs, l'eau est souvent achetée à des prix supérieurs à ceux payés par les bénéficiaires d'une connexion directe au réseau municipal. Toutefois, l'achat au porteur ou à la borne-fontaine se fait petit à petit, selon les besoins et les moyens des habitants, avec une qualité de l'eau parfois mauvaise. Pour les plus pauvres, les sources aléatoires (récolte des eaux de pluie, eau des rivières) restent un recours fréquent.[2]

3.2.2.4. La guerre de l'eau aura-t-elle lieu ?3

La pollution ne provoquera pas les guerres de l'eau. Cependant, elle favorisera les conditions propices à leur déclenchement. La vraie question est de savoir si les prévisions pessimistes relatives aux conflits internationaux ayant l'eau pour enjeu sont justifiées. Y a-t-il pénurie d'eau et, si oui, la guerre est-elle la seule issue possible ?

L'éventualité du déclenchement de guerres de l'eau correspond, somme toute, à quelques constatations simples. Le monde ne risque pas de manquer d'eau. Il y en a suffisamment pour tous. Pourtant, l'eau

---

[1] MERINO, M., *Op.cit.*, p.7.

[2] *Idem*, p.8.

[3] De VILLIERS, M., *La géopolitique de l'eau*, éd. Actes sud, Paris, 2000, p.27.

n'est pas toujours disponible en quantités suffisantes, là où il le faudrait, au bon moment.

Il n'y a pas moins d'eau aujourd'hui qu'hier. La quantité d'eau présente sur la planète est la même qu'aux temps préhistoriques. Cependant, nous sommes bien plus nombreux et nous consommons infiniment plus d'eau.

Très peu de grands systèmes aquatiques se situent dans une seule entité politique. De nombreux réseaux hydrographiques sont répartis sur plusieurs pays situés dans des régions déjà politiquement instables et où les ressources sont de plus en plus limitées. La pollution réduit considérablement les réserves disponibles.

Si vous vivez dans une partie du monde où l'eau est rare, trois stratégies seulement s'offrent à vous. S'il vous faut plus d'eau, cherchez à en obtenir davantage. Soit vous en importez d'une région excédentaire, soit vous produisez vous-même de l'eau douce. Si vous ne pouvez pas vous procurer de plus grandes quantités d'eau, réduisez votre consommation. Autrement dit, limitez-la demande. À cet effet, trois solutions : en l'économisant, en augmentant les prix ou en l'utilisant plus efficacement. Ce dernier objectif suppose à la fois une nouvelle éthique de l'usage de l'eau et des techniques innovantes.

Par définition, la consommation d'eau baissera si la population diminue. Cela se produira-t-il ? Thomas Malthus avait peut-être raison de jouer les prophètes de mauvais augure quand il prédisait des famines à l'échelle mondiale parce que les effectifs des populations augmentaient plus vite que la nourriture disponible.

En fait, il existe une quatrième stratégie : voler l'eau des autres. C'est là qu'interviennent les guerres de l'eau. Selon les traditions juive, chrétienne et islamique, la source originelle des eaux vitales se trouve au-dessous de Jérusalem, ce bout de terre qui représente un tel enjeu politique. Cette métaphore sous-entend que la solution des problèmes, en fin de compte, est politique. À qui l'eau appartient-elle ? Qui la traite ? Qui la gère ? Qui cherche à la voler ? Qui le peut ?

Dans les disputes entre États, relatives à l'eau, quel est le cas de figure le plus dangereux ? La nation en amont est-elle plus puissante que celle en aval, donc moins encline à prendre en considération les besoins de son voisin en aval ? Ou dans le cas inverse, la nation située en amont risquant alors de subir les représailles de son voisin en aval si elle gère mal cette réserve ? Ou encore lorsque les deux voisins sont sensiblement de force égale ?

Les pessimistes diront que les trois situations sont dangereuses. L'Egypte, puissant État riverain du Nil, a plus d'une fois menacé d'intervenir militairement pour défendre les eaux du fleuve.

Si n'y a pas eu de conflit, c'est uniquement parce que le Soudan et l'Ethiopie sont tous deux ravagés par la guerre civile et trop pauvres pour mettre en valeur « leurs » ressources en eau. Dans le bassin de l'Euphrate, la Turquie jouit d'une supériorité militaire par rapport à la Syrie, mais cela n'a pas empêché les Syriens de proférer des menaces. On pourrait citer encore beaucoup d'autres exemples de pays qui, bien que de puissances militaires équivalentes, se menacent mutuellement : le long du Mékong, du Paranâ, etc.

Dans la vallée du Sénégal, en Afrique de l'Ouest, les pénuries d'eau ont entraîné récemment de violents affrontements entre la Mauritanie et le Sénégal. Au problème de l'eau s'ajoutent des conflits interethniques entre Africains noirs et Maures au teint plus clair qui dirigent la Mauritanie. À l'autre bout du pays, des Mauritaniens désespérés ont saccagé un village malien, après le refus opposé par des bergers de les laisser traverser la frontière pour permettre à leur bétail de boire l'eau d'un puits.

Certains pensent que les craintes de conflits engendrés par l'eau sont exagérées. Le Canadien Thomas Homer-Dixon, spécialiste des problèmes de sécurité dont le nom apparaît très souvent dans la bibliographie d'articles scientifiques, compte parmi les sceptiques.

Homer-Dixon n'a trouvé pratiquement aucun exemple de violence interétatique liée à des ressources renouvelables telles que poissons, forêts ou eau, alors qu'un grand nombre ont pour enjeu des ressources non renouvelables telles que le pétrole ou le fer. Il fustige les alarmistes tout en reconnaissant que *« les réserves en eau sont nécessaires à tous les niveaux de l'activité nationale, y compris la production et le recours à la force militaire, et les pays riches sont aussi tributaires de l'eau que les pays pauvres. [...]. En outre, près de 40 % de la population mondiale vit dans 250 bassins de fleuves drainant plus d'un pays [...]. Cependant, le problème est plus complexe qu'il n'y paraît. Les guerres pour l'eau d'un fleuve entre voisins situés en amont et en aval ne sont vraisemblables que si un nombre limité de circonstances sont réunies. Le pays en aval doit être très dépendant de l'eau pour son bien-être national ; le voisin situé en amont doit avoir la capacité de limiter le débit du fleuve ; il doit exister un antagonisme historique entre les deux pays ; et surtout, le pays en aval doit être militairement beaucoup plus puissant que le pays en amont »*. Selon lui, un seul cas remplit l'ensemble de ces critères : l'Egypte et le Nil.

Tout le monde n'est pas d'accord avec cette analyse, la jugeant trop optimiste. D'après Frederick Frey, politologue à l'université de Pennsylvanie, l'eau n'est pas une ressource renouvelable comme les poissons ou le bois. *« L'eau présente quatre caractéristiques fondamentales sur le plan politique : elle est extrêmement importante, rare, mal répartie et doit être partagée. Cela rend les conflits liés à l'eau nettement plus probables que ceux relatifs à d'autres ressources. Par ailleurs, la démographie galopante de la population et le développement économique aboutissant au gaspillage de l'eau tendent à exacerber ces conflits. Une 'carence du pouvoir' sur le plan national et international, c'est-à-dire l'incapacité à contrôler ces deux tendances, rend le problème encore plus alarmant. »*

3.2.2.5. Les sept principaux points chauds à surveiller[1]

Le système Jourdain/Litani et les nappes phréatiques de la rive ouest du Jourdain. Israël et la Jordanie consomment déjà plus d'eau qu'ils n'en reçoivent. Donc, où trouveront-ils les réserves supplémentaires nécessaires ? Le Nil, l'Egypte en aval, le Soudan, l'Ethiopie et même l'Ouganda en amont.

Les ressources en eau y sont déjà très rares. Le bassin du Tigre et de l'Euphrate, la Turquie en amont, l'Irak et la Syrie en aval. Les pays se sont déjà menacés de guerre et le grand projet turc en Anatolie ne manquera pas d'envenimer encore les choses. Le Gange, entre l'Inde et le Bangladesh, et l'Indus, entre le Pakistan et l'Inde, région de conflit armé latent où les deux pays se sont déjà affrontés à plusieurs reprises, dernièrement à propos du Cachemire.

Le Carvery dans le sud-est de l'Inde, quatrième fleuve du pays, a déjà été le théâtre de batailles rangées entre soldats et civils des deux États indiens, le Karnataka et le Tamil Nadu. Le littoral de l'Afrique du Nord. Il n'y a pas de grand fleuve, mais les projets du colonel Kadhafi d'exploiter des nappes phréatiques subsahariennes suscitent les craintes de ses voisins, de l'Algérie notamment.

Le Botswana et la Namibie, en Afrique australe, ont failli à plusieurs reprises entrer en conflit lorsque la Namibie a projeté de détourner les eaux de l'Okavango et de ses affluents qui représentent la principale

---

[1] De VILLIERS, M., *Op.cit.*, p.29.

ressource en eau du Botswana et alimentent l'une des dernières grandes réserves naturelles d'Afrique.

Le Bassin du Congo-CBLT et les Etats du Sahel s'ajoutent à cette liste compte tenu des menaces dues à la baisse sensible de ressources en eau, faisant du Bassin du Congo une Oasis hydrique sujette de multiples convoitises.

Il existe d'autres régions où l'approvisionnement en eau pose de sérieux problèmes, mais les risques de conflits armés y sont nettement plus faibles, par exemple, le bassin du Paranâ, du Colorado et la plus grande partie de l'Afrique subsaharienne. Selon Thomas Homer-Dixon, les conflits liés à l'eau peuvent prendre un autre aspect, et il presse les décideurs à envisager la question sous cet angle. Les pénuries d'eau ne débouchent pas nécessairement sur des guerres, mais elles peuvent, sans aucun doute, entraîner des pénuries de nourriture, accroître la pauvreté et développer la propagation de maladies.

Elles provoquent une paupérisation des populations. Elles stimulent les migrations humaines, les drainant vers les gigantesques bidonvilles des pays en développement. Le niveau de vie se dégrade, accentuant l'insécurité sociale et la violence et conduisant vers ce que Robert Kaplan, pessimiste, appelle l'« anarchie à venir ». Le Bangladesh ne pourrait jamais entrer en guerre avec l'Inde, car, même avant les derniers accords, il était trop pauvre pour faire autre chose que protester.

Cependant, les tensions, provoquées par les pénuries d'eau ont entraîné des migrations massives, se traduisant par un déséquilibre ethnique dans plusieurs États. En conséquence, on a assisté à l'apparition du terrorisme et de mouvements révolutionnaires embryonnaires. Des guerres de l'eau sous une autre forme en quelque sorte.

Que peut faire la communauté internationale ? Premièrement, encourager et financer les approches conservatrices. Cette manière d'agir est la plus aisée et la moins onéreuse en vue d'accroître les ressources disponibles - c'est ce que la philosophe Sandra Postel, spécialiste de l'eau, appelle la « dernière oasis ». Elle peut et doit être stimulée par une politique tarifaire (gestion de la demande et non gestion de l'offre) et par des solutions techniques (levée topographique par télémétrie laser, irrigation goutte-à-goutte, sélection de plantes résistantes au sel, etc.).

Deuxièmement, mettre en place des organismes internationaux chargés du contrôle des eaux des fleuves qui drainent plusieurs pays. Troisièmement, investir massivement dans les nouveaux projets de lutte contre la pollution. Comme l'ont prouvé les résultats obtenus dans le Rhin en Europe et, dans une moindre mesure, dans les Grands Lacs en Amérique du Nord, il est possible de dépolluer les eaux si la volonté politique existe et si l'investissement est suffisant.

Quatrièmement, incorporer dans les programmes sociaux le véritable coût de la pollution et élaborer des politiques incitant les utilisateurs à laisser l'eau dans un état de propreté aussi proche que possible de l'eau qu'ils ont reçue, ou à agir de manière responsable en s'acquittant du prix de l'épuration (il est impressionnant de voir combien les industriels deviennent efficaces dans les domaines où ils sont juridiquement responsables du coût de l'épuration de l'eau qu'ils utilisent).

Cinquièmement, aider les pays développés à comprendre qu'ils sont aussi concernés par les problèmes de l'eau dans d'autres parties du monde. Ils doivent admettre que l'eau est non pas une richesse comme les autres, mais un bien commun indispensable à la vie sur la planète, et que toutes les sociétés, pas seulement les plus affectées par la pénurie, doivent en partager le prix.

Sixièmement, encourager coûte que coûte la recherche de solutions techniques afin d'obtenir de l'eau, en particulier par dessalement de l'eau de mer. Toutefois, il faut s'assurer que les nouvelles ressources n'encouragent pas davantage le gaspillage, sinon le remède sera pire que le mal.

3.2.2.6. L'Eau, un bien commun de l'Humanité

Un accroissement démographique lié à une urbanisation rapide, une volonté politique d'autosuffisance alimentaire et par conséquent une agriculture en plein développement. Et le tout sur fond omniprésent de conflit israélo-arabe, point de référence de toutes les relations internationales dans cette zone. L'eau devient donc aussi un élément de relations commerciales puisque tout un réseau de propositions diverses, d'échange ou de vente, se noue dans la région. Mais les antagonismes millénaires et les guerres successives ont créé un climat de suspicion. Telles toutes les tentatives de partage ou de coopération éventuelles sont d'avance considérées par les parties en présence comme une ruse pour prendre un avantage.[1]

Les politiques de développement économique et social liées directement à la construction des barrages, ont perturbé de plus en plus

[1] D'ARMAILLÉ, B., *Op.cit.*, p.25.

les relations entre les pays riverains. Pour la Turquie, le Projet de Grand Anatolien (GAP) conçu dans les années 70, est considéré comme une source d'énergie alternative au pétrole. L'immense projet contient 21 barrages et 17 centrales hydroélectriques, il est destiné à dompter les eaux de l'Euphrate (32 milliards de m3 par an) dont 34% des eaux du Tigre, soit 43 milliards m3 par an. Il contribuera à 53% des besoins en électricité du pays et irriguera une surface de 1,7million d'hectares située le long de la frontière syrienne, une surface qui représente 25% des terres irrigables du pays. Le coût total du projet est astronomique, puisqu'au moment de la fin des travaux devraient atteindre les 33milliards de dollars, plus une dizaine de milliards supplémentaires pour terminer la totalité de l'aménagement. Le barrage Atatürk est le cœur de ce grand projet, le neuvième plus grand barrage du monde. Il mesure 169metres de haut, et une capacité d'irrigation de plus 100000 km² est capable de produire 27 milliards de kw/an.

Le Tabqa, un barrage syrien qui mesure 4,5 km de long pour une largeur de 512m à la base et de 19m à la création, emmagasine 41 millions de m3, a été construit par les soviétiques. Il est considéré comme une base de développement économique et social de la Syrie. Il a été mis en service en avril 1974 pour irriguer environ 640000 hectares, et fournir de l'électricité avec une centrale hydroélectrique de 800mw, donc il représente 75% d'énergie électrique ; 26 km plus loin en aval se trouve le barrage d'Al Baath, d'une capacité de retenue de 90 millions de m3, il produit 360 millions de m3 par an ; enfin tout à fait en amont se trouve le barrage de Tichrienne à vocation électrique.

La situation pour l'Irak est plus désastreuse par apport la Turquie et la Syrie. Car la guerre a détruit presque toute sa base économique.

La tâche énorme à laquelle l'Irak doit actuellement s'atteler est la remise en route de la totalité de ses installations détruites par les bombardements pendant la guerre du Golfe. Tous les sites de production d'électricité ont été détruits, entraînant de grandes difficultés pour l'approvisionnement en eau potable et le retraitement des eaux usées.

Une équipe de l'université de Harvard a compté que sur les 20 centrales du pays, 17 avaient été touchées dont 11 totalement détruites.[1] Le barrage qui porte le nom de Saddam dam (ou Mosul dam) sur le Tigre, dans la province de Neinawa, qui produisait 1 034 Mw, a été

[1] NAFF, Th. et MATSON, R., *Water in the Middle East: Conflict or Cooperation*, Boulder, Westview 1984, p.192.

fortement endommagé. La facture pour la reconstruction de l'ensemble de ces infrastructures se monterait à quelque 20 milliards de dollars. « «

La Turquie, la Syrie et l'Irak ont depuis les années 60 essayé de gérer conjointement les fleuves qu'ils sont obligés de partager.[1] Mais les résultats ont été peu probants et se sont plutôt réduits à la mise en œuvre de gestions nationales qui, par manque de consultations et d'information réciproques, ont conduit à des incompréhensions et des craintes cumulées.

Le seul véritable accord qui existe à propos des eaux de l'Euphrate a été signé le 29 mars 1946 entre la Syrie et la Turquie obligeant les deux parties à informer l'Irak des plans d'aménagement prévus et à essayer de gérer au mieux les intérêts de chaque Etat. Les problèmes ont débuté à partir du moment où les premiers barrages construits, le Keban en Turquie et le Tabqa (Al Tharwa) en Syrie, ont commencé à être remplis entre 1973 et 1975. Lorsque les Syriens, en 1975, ont mis en eau le réservoir de leur barrage de Tabqa, réduisant d'un quart le niveau des flots passant en Irak, ils n'avaient à l'époque consultée aucun de leurs voisins, argument que reprend aujourd'hui Ankara pour justifier sa propre conduite. Les Irakiens avaient alors violemment réagi et aussitôt massé des troupes à la frontière, menacé de bombarder le barrage.

Le conflit dura deux mois et fut résolu grâce à la médiation des Saoudiens et probablement des Soviétiques, constructeurs de l'ouvrage. De nombreuses discussions techniques ont par la suite eu lieu entre les trois pays. Mais cela n'a pas empêché les Syriens de réagir vigoureusement lorsque les Turcs ont, du 13 janvier au 12 février 1990, stoppé les eaux du fleuve pour commencer à remplir le réservoir Atatürk.

D'autres facteurs s'ajoutent au contentieux et donnent de l'ampleur au conflit : Damas soutient le PKK marxiste (Parti des travailleurs du Kurdistan). Elle a hébergé son chef Abdullah Ocalan, et elle offre même des camps d'entraînement dans la plaine de la Bekaa. La Turquie accuse Damas d'avoir facilité les franchissements des frontières par les membres de PKK. En représailles, le président Özal menace de retenir les eaux de l'Euphrate, et en réponse Afez el Assad donne à nouveau un signe d'aide ponctuelle au mouvement terroriste. Un protocole de

---

[1] VALO, M., *Au moyen-orient, les réserves d'eau douce chutent de façon alarmante*, éd. Le monde, Paris, 2013, p.20.

l'accord de 1987 (laisse passer 500L/se), réactivé le 17 avril 1992 par le ministre turc de l'intérieur, Issmat Sezgin et son homologue syrien Muhammad Harba, prévoient des échanges d'information en matière de sécurité et aussi qu'aucun parti ne doit offrir l'asile aux différents mouvements d'opposition.

Enfin, la revendication syrienne sur la province d'Hatay resurgit périodiquement : Hatay, le sandjak d'Alexandrette, a été cédée par la France à la Turquie en 1939 pour empêcher celle-ci de rejoindre les forces de l'Axe, mais a toujours fait l'objet d'une revendication par la Syrie.[1] Qui pourrait au besoin fomenter des troubles parmi les quelques 40 % d'arabes qui y vivent. Pour tenter de forcer Damas à reconnaître sa souveraineté sur cette province, Ankara cherche à lier un accord sur l'Euphrate avec un accord sur l'Oronte (Asie). L'Oronte c'est un fleuve qui prend sa source au Liban, pas très loin du Litani, passe en Syrie, sert sur 40 km de frontière entre la Syrie et la Turquie pour se jeter enfin dans la Méditerranée.[2]

La situation hydro politique de Proche-Orient est beaucoup plus compliquée. Une grande sensibilité de la question de l'eau, denrée stratégique et fortement politisée, conduit les parrains du processus de paix israélo-arabe à créer une commission destinée à rapprocher la position des parties en conflit sur le partage et la gestion des ressources hydrauliques palestiniennes, d'Israël, de la Jordanie et de la Syrie. Les négociations de paix syro- israéliennes ont échoué notamment sur le problème lié à la délimitation des frontières communes et l'accès aux eaux du lac de Tibériade.

Le contentieux de l'eau qui marque cette région, est liée à la géographie physique. La majorité des eaux sont salées (la fosse d'effondrement avec la mer morte). Le seul point d'eau douce c'est le Golan jusqu'au lac de Tibériade. Il faut remonter cette eau de -200m à +800m vers Jérusalem. Les stations de pompage sont de véritables enjeux. Les Israéliens ont foncé, dès le début vers Tibériade ; dans les accords d'Oslo. Les Palestiniens n'ont pas été vigilants avec les problèmes d'hydrauliques et les nappes. La consommation de l'eau en Israël par personne est 3 à 4 fois supérieure à la consommation des Palestiniens dans les territoires occupés sous l'autorité palestinienne. La quantité de l'eau en Cisjordanie est estimée à 800850 millions de

---

[1] Country Report : Syria, (Economist Intelligence Unit), n° 4, 1987.

[2] Sur le Sandjak voire la bibliographie proposée par la revue *Historiens et géographes*, n° 336, mai-juin 1992, p.159.

m3 et celle Gaza à 50-80 millions de m3. Ces ressources permettent à Israël qui les domine, de compenser son déficit hydraulique. 82% à 90% de l'eau extraite de la Cisjordanie sert à la consommation des Israéliens ; les palestiniens ne bénéficient que de 18% de ce volume.

La compétition pour l'eau fut encore ravivée avec la guerre de 1967.En occupant les hauteurs du Golan, les Israéliens rendent impossible le projet arabe de dérivation des eaux du Jourdain (aux sources du Dan localisées dans le territoire de 1948, s'ajoutent les sources du Banias).

En occupant le triangle de Yarmouk, ils peuvent contrôler toute la partie aval du fleuve qui marque la limite entre le Jordanie et le Golan, qu'il tire environ 100 millions de m3/an, ainsi que la prise d'eau jordanienne qui alimente le canal du Ghor.

Et puis l'invasion du Liban- Sud (1978) et l'établissement d'une zone de sécurité permet à Israël de contrôler le Hasbani et, de ce fait, la totalité des sources du Jourdain. Israël se trouve désormais en position avantageuse de riverain amont.

En outre, Israël contrôle aussi la partie aval du Litani, un fleuve libanais dont les eaux pourraient éventuellement être intégrées au système israélien. Un canal souterrain pourrait relier le cours aval du Litani à la dépression de Houle en Israël. Le pompage pourrait se faire au rythme de chantier, ce qui poserait un grand problème au Liban qui souhaite disposer des eaux du Litani pour étendre ses superficies irriguées en Bekaa.

L'utilisation des eaux du Jourdain par les riverains était conforme aux quotas du plan Johnston, un dépassement par Israël est très sensible du fait de l'augmentation des pompages.

De l'autre côté de la mer méditerranéenne, en Afrique une vaste zone qui dispose des ressources hydrauliques inégalement réparties dans l'espace. La climatologie d'une part et les problèmes de l'accès à l'eau potable d'autre part conditionnent l'hydrologie africaine. Elle compte environ 80 grandes rivières et fleuves internationaux (Congo, Niger, Nil, Sénégal, Volta, Zambèze), des vastes bassins fluviaux (bassin de Congo...) de nombreux lacs (Tchad, Victoria, Nyassa, ...).

Figure 7. Répartition inégale de l'eau dans la mer méditerranéenne

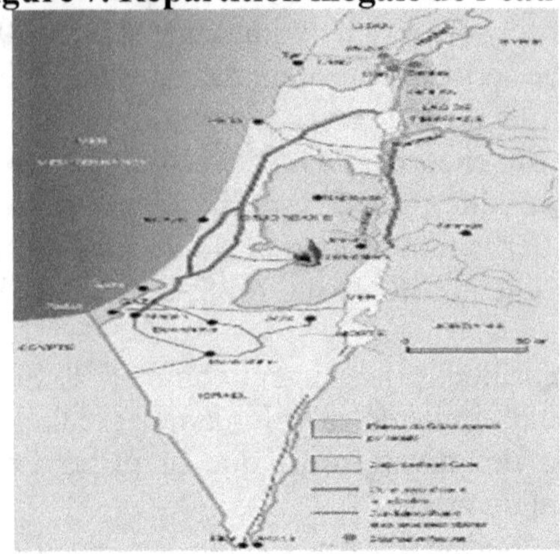

Source : *www.google.com. La mer méditerranéenne*

La rareté des eaux en Afrique et la croissance de la demande engendrent des crises inter- communautaires. En sahélo saharienne, des conflits opposent des éleveurs nomades ou semi-nomades et des agriculteurs sédentaires pour l'accès des hommes et des troupeaux à l'eau. Au cours des trois dernières décennies, la vie socioéconomique des nomades a été profondément bouleversée, dc sorte que la communauté du désert (Peuhls, Touaregs, Maures,...) ont davantage de difficultés à vivre traditionnellement, notamment au rythme du mode ancestral de gestion de l'eau et des points de l'eau.[1] Par ailleurs, des conflits sociaux liés à la gestion de l'eau éclatent dans certains pays d'Afrique en raison de carences politiques et du mauvais état des infrastructures nationales.

Les conflits interétatiques en Afrique sont liés aux partages de plusieurs bassins hydrologiques avec un ou deux pays voisins. Plus de 50 fleuves et lacs relient et traversent ainsi des Etats ou forment des frontières internationales. Tous ces bassins transnationaux ne sont pas administrés par des institutions conjointes. Des conflits et rivalités surgissent périodiquement du fait que des pays dépendent du débit de fleuves internationaux en amont.

Cette dépendance constitue un risque d'insécurité, un risque permanent de conflit lié à l'eau, comme l'ont montré les crises entre l'Egypte et le Soudan ou entre le Sénégal et la Mauritanie à diverses

[1] PONS, R., « Le problème touareg : hier, aujourd'hui...demain ? », in *Marchés tropicaux et méditerranéens*, n°2478, 1999, p.112.

reprises. Il importe que l'eau soit gérée et répartie équitablement entre les Etats. Les effets de la sécheresse ont provoqué de très grandes vagues d'immigration vers des régions où l'eau est présente. Cela a créé des conflits entre certaines tribus africaines sur des sources de l'eau. Les qualités des eaux en Afrique posent une grande inquiétude. Des milliers de gens meurent chaque année des maladies causées par la pollution des eaux.

L'Afrique du nord, a aussi marqué sa présence dans les problèmes hydrauliques. Un désaccord entre l'Algérie et la Libye concernant le pompage de l'eau de désert, qui est considérée comme des réserves hydriques pour les futures générations. Entre l'Algérie et le Maroc, il existe un barrage algérien qui prend ses ressources des montagnes de Rife (à travers Oued Malwiya). Si le barrage de (BOURARA) construit par une entreprise Italienne au début des années 90, le problème est qu'il y a des usines qui jettent leurs déchets dans les sources de barrage ce qui rend les eaux ni potables ni utilisables pour l'irrigation.

Le caractère conflictuel interétatique sur les ressources hydrauliques, domine les relations internationales de XXIe siècle. Les contradictions entre la rareté de cette matière vitale et les besoins de plus en plus élevés, provoquant un énorme déséquilibre social, économique, culturel et politique, non seulement entre les Etats mais même à l'intérieure de chaque Etat.

3.2.2.7. Le partage des eaux et les désaccords Intra-étatiques (jeux des acteurs)

Tout d'abord, à propos d'une ressource rare et vitale comme l'eau, nous avons le plus généralement affaire à des actions de concurrence qui n'entraînent pas nécessairement des conflits. La concurrence sur l'eau est une forme sociale non nécessairement réciproque, car elle signifie une lutte qui oppose des groupes ou des individus en vue de valoriser leurs chances de vie et de survie en possédant les plus grandes sources hydrauliques possibles. Cette concurrence ou plutôt ce conflit n'est pas seulement interétatique. Mais, il est beaucoup plus profond car il touche quelque fois les communautés de la même nation. L'exemple le plus récent et le plus connu est celui de l'Espagne, dont qu'elle développe ce titre.

L'analyse du cas espagnol, bien qu'il n'atteigne pas le même seuil de conflictualité qu'aux Proche et Moyen Orient, confère à ce pays un caractère révélateur de l'impact des situations environnementales sur la sécurité, l'équilibre et la stabilité intérieure mais aussi extérieure d'un Etat.

À l'origine, le nouveau Plan hydrologique national (PHN) soutenu par le Parti populaire espagnol devait pallier l'absence d'une politique de l'eau, par un projet à long terme visant une meilleure régulation de l'utilisation de la ressource en eau.

Au final, le projet consiste en une politique de transvasement de l'eau depuis les bassins du Nord vers le littoral Sud, accompagné de la construction de 118 nouveaux barrages, pour un coût de 150 milliards de francs d'investissement. Or l'Espagne ne souffre pas d'une insuffisance d'approvisionnement, mais d'une répartition régionale hétérogène. 70 % des ressources sont dans le Nord (Ebre, Duezo, Pyrénées) et 23 % seulement dans le littoral Sud, zone concentrant à elle seule 55 % de la population ibérique et l'essentiel de l'agriculture irriguée.

Le 05 septembre 2000, le gouvernement fédéral espagnol a finalement rendu public le Plan Hydraulique National (PHN.) en débat depuis plus d'une décennie. Cette planification de la gestion de l'eau, conçue de manière centralisatrice par un Etat qui s'impose comme "grand distributeur.[1]

Ces tensions politiques sont d'autant plus exacerbées pour la maîtrise des eaux de l'Ebre que son bassin fluvial occupe une position centrale dans la planification projetée par le gouvernement espagnol, du fait non seulement de sa situation géographique, mais également en vertu de son importance économique.

L'Ebre prend sa source dans les Monts Cantabriques et traverse le pays jusqu'à son delta en Mer Méditerranée à proximité de l'île de Buda où il atteint un débit moyen de 614 m3/s. Le bassin hydrographique de ce fleuve recoupe ainsi plusieurs régions dans lesquelles l'expression de "l'identité culturelle" est particulièrement marquée, comme par exemple le Pays Basque ou la Catalogne.

Cette identité culturelle se manifeste politiquement par la défense systématique des Autonomies administratives telles que prévues par la Constitution de 1978. En vertu de ce régime des Autonomies, la Confédération Hydrographique de l'Ebre (qui dépend du gouvernement central mais gère officiellement en toute indépendance le bassin) a dû apprendre à composer avec les représentants des communautés autonomes, notamment en Catalogne où la concurrence est vive avec la

---

[1] PONS, R., *Op.cit.*, p.112.

Junta d'Aigües de Catalunya qui ont administré en toute indépendance les bassins internes à la Catalogne.

Ce fait est frappant lorsqu'on s'attache à analyser la gestion d`un fleuve intercommunautaire (donc partagé entre plusieurs communautés autonomes multipliant leurs stratégies particulières). L'étude de la gestion d'un bassin intercommunautaire est donc très révélatrice des différents conflits opposant tous les acteurs du cycle de l'eau.

L'Ebre traverse, de plus, deux communautés, la Catalogne et l'Aragon, pour lesquelles le problème d'eau se pose véritablement en termes politiques et non pas techniques comme pour les autres. Ces deux études de cas que nous développerons plus loin seront donc extrêmement révélatrices du climat de tension que peuvent déclencher les hydro politiques locales.

Dans le cadre du Système Intégré d'Equilibre Hydrologique National (SIEHN), qui consiste à rééquilibrer le réseau hydrographique de la péninsule ibérique, les bassins jugés excédentaires, l'Ebre et le Duero seront l'objet de dérivations et de transvasements destinés à subvenir aux besoins de bassins déficitaires comme le Jucar, le Segura et les bassins internes de Catalogne. Cette planification prévoit à terme la redistribution annuelle d'un milliard de mètres cubes d'eau, soit 430 millions pour la région de Murcie, 300 millions pour celle de Valence, 180 millions pour la Catalogne et enfin 90 millions pour la région d'Almeria.

Ces projets de transvasement ont soulevé dans tout le bassin de l'Ebre, mais surtout en Aragon et dans les Comarques catalanes du Bas Ebre, des contestations très vives. Les défenseurs de l'environnement craignent notamment la disparition du delta de l'Ebre, la deuxième grande réserve écologique du pays.

Le 8 octobre 2000, soit un mois à peine après l'annonce du PHN, 400.000 personnes ont ainsi manifesté dans les rues de Saragosse (650.000 habitants) contre cette planification nationale. Ce mouvement d'opposition d'une partie de la société civile espagnole a trouvé un écho auprès du Parlement Européen.

Le 9 octobre 2001, a « exprimé son inquiétude quant aux récentes séries de propositions de gestion non durable de l'eau en Europe, tel le PHN Espagnol (...) dont les propositions n'abordent pas la question d'un usage et d'une gestion raisonnés de l'eau à travers des mécanismes de tarification ou d'autres moyens de sauvegarde de la ressource ».

En septembre 2002, sur l'initiative du COAGRET (Coordinadora de Afectadas por Grandes Embalses y Trasvases), une Marche Bleue, soutenue par de nombreuses associations universitaires et des partis politiques, a été organisée depuis le delta de l'Ebre jusqu'à Bruxelles afin de manifester contre le financement du PHN par l'Union Européenne.

3.2.2.8. L'Eau, une arme stratégique dans les conflits internationaux

Les différents dispositifs nucléaires, chimiques et bactériologiques se présentent comme des armes de la mort et de la destruction, alors que l'eau se représente comme une arme de vie. Ainsi son rôle de conservateur de la vie humaine, n'empêche pas qu'on puisse l'utiliser comme une arme de mort très dangereuse.

L'eau n'est pas considérée comme une arme moins mortelle dont la mise en œuvre contre les populations, et qui pourra causer la ruine des Etats. Elle est devenue donc le fondement d'une nouvelle stratégie dénommée hydro stratégie.

L'utilisation de l'eau comme une arme stratégique « est lorsqu'un Etat menace un adversaire potentiel de l'empêcher de disposer des ressources en eau indispensable à sa survie par destruction des installations ou par rétention de l'écoulement, afin d'obtenir un avantage politique, territorial ou économique sans combattre ».[1]

Elle pourra être basée sur des éléments objectifs de domination. Elle se réalise par la menace ou la mise en œuvre un endommagement des réserves, qui est insupportable aux populations à cause de manque de l'eau douce. Cette stratégie permet aussi de prévenir un agresseur de l'inanité de ses actions, pour qu'il ne s'engage pas dans un confit où l'espoir de gain est beaucoup inférieur par rapport aux risques de pertes encourues.

Les sites de gestion, de distribution et d'assainissement des eaux sont suffisamment localisés pour être à leur tour, des objectifs possibles en cas de conflit en cours ou à venir. Les châteaux d'eau répartis sur l'ensemble d'un territoire national et facilement réparable dans le paysage, les usines de traitement de l'eau potable, les installations de traitement et d'assainissement des eaux usées sont susceptibles d'être frappées. Les sites fixes liés à la production, à la distribution et à l'épuration de l'eau douce sont des cibles faciles pour tout agresseur, et apparaissent comme un intérêt stratégique pour le pouvoir politique.

---

[1] JEAN CLOS, Y., *Vers l'hydro-stratégie*, Essai de théorisation stratégique, Strasbourg, 2011, p.12.

Leur destruction porterait la signature d'un adversaire déterminé à vaincre. Aussi sont-ils des véritables sentinelles qui veillent malgré à la paix et à la sécurité des populations. Ils participent donc au système de sécurité globale d'un Etat.

Le pire, est d'empoisonner les ressources hydrauliques d'un Etat en guerre avec des produits chimiques, et tout cela pour affaiblir l'adversaire, et de l'assoiffer. Parfois, l'accès à l`eau dans les zones des conflits est ainsi bloqué de manière systématique et organisée.

Au Kosovo, par exemple, durant la guerre, les forces belligérantes ont bloqué ou contaminé de nombreux points d'eau en jetant notamment, dans les puits de différents villages, des produits chimiques et des corps d'animaux morts. Dans les endroits les plus concernés, MSF a par la suite dû nettoyer plusieurs dizaines de puits et de sources d'eau, en vue d'améliorer l'état de santé et les conditions hygiéniques des populations. Ce sont bien sûr les produits chimiques et polluants qui ont posé le plus de problèmes.

L'accès à l'eau représente de manière générale un élément essentiel des soins de santé. On parle ici d'eau propre, en quantité suffisante pour remplir les besoins des populations sur le plan de l'alimentation, de la santé et de l'hygiène. Très régulièrement, il faut donc transporter de l'eau pour les personnes déplacées en raison du manque de sécurité, de la guerre, ou d'une catastrophe naturelle. En situation d'urgence, ces personnes n'ont souvent pas d'autre possibilité d'obtenir de l'eau.

Stratégiquement, les Etats en amont occupant une position dominante par rapport aux Etats en aval. Ils sont incontournables dans leurs domaines économiques, et aussi ils ont le pouvoir de construire des barrages, des stations de la production électrique, et même de faire une dérivation des eaux des fleuves. Les Etats en amont ont naturellement entre leurs mains le pouvoir d'exercer des pressions économiques, en limitant la quantité d'eau délivrée aux Etats en aval. Cette capacité de nuisance vis-à-vis des populations des Etats en aval, n'est utilisée qu'en cas de conflit bilatéral ou multilatéral, pour réaliser ses objectifs sans engagement militaire. Ainsi pendant la guerre du golfe, en 1991, un Etat en amont, la Turquie, a limité d'un tiers le débit des eaux s'écoulant vers l'Irak, à la demande de ses alliés occidentaux.

3.3. Défis d'urbanisation et pression démographique

L'Afrique est confrontée aux défis de fournir suffisamment d'eau pour sa population et ses écosystèmes, dans un contexte de demande croissante et des raréfactions accrues.

Comment peut-elle s'assurer que l'accès à l'eau ne reste pas un rêve lointain pour ses millions *d'habitants ?*

- Les mauvaises pratiques agricoles et la culture sur les terres marginales qui affectent l'utilisation de l'eau ou les ressources hydriques : La sécheresse agricole (sécheresse dans la zone racinaire) est beaucoup plus fréquente que la sécheresse météorologique (une période durant laquelle l'eau est insuffisante pour cultiver, parce que la pluviosité moyenne est nettement inférieure à la moyenne) parce que la majeure partie de la pluie tombant sur les terres cultivées s'écoule de la surface, et la capacité de stockage du sol est réduite par l'érosion, causant une structure pauvre du sol, une perte de matière organique, une texture défavorable et des obstacles à l'enracinement.

Les équilibres hydriques des champs de cultivateurs montrent que seulement 15 à 20 pour cent de l'eau de pluie contribue en fait à la croissance des cultures ; ce pourcentage descend à cinq pour les terres dégradées (UNEP 2007). Malgré la productivité réduite du sol érodé, plusieurs cultivateurs africains sont contraints.

Les mêmes sols, à cause de facteurs tels que la pression démographique, la propriété foncière inadéquate et la mauvaise planification de l'utilisation des terres. Il existe un lien très clair entre la densité de population et l'érosion des sols (Barr 2007). Les impacts de la dégradation des sols sur l'eau comprennent le tarissement de l'eau disponible à travers la destruction des zones de captage et des aquifères, tandis que l'ensablement accru remplit les barrages et conduit à l'inondation dans les rivières et les estuaires. Au Soudan, par exemple, la capacité totale du réservoir de Roseires, lequel produit 80 pour cent de l'électricité du pays, a chuté de 40 pour cent en 30 ans, à cause de l'ensablement du Nil Bleu.

- Le manque de structure de suivi et de gouvernance hydrique : Les statistiques relatives à là de pollution de l'eau font défaut parce que plusieurs pays africains manquent de programmes de suivi efficace de la qualité de l'eau, du fait d'un sous-investissement et de mauvaises ou inexistantes structures de gestion.

L'urbanisation, surtout, reste le défi des prochaines décennies. La période 2000 - 2015 n'aura été qu'un avant-goût. Voici venue l'heure des mégapoles africaines, sur un Continent noir où, d'ici à 2040, plus de la moitié de la population sera citadine. Quelque 400 millions d'Africains vivaient en ville en 2009. Ils seront un milliard dans vingt ans, amenant Lagos et Kinshasa à surpasser Los Angeles et Pékin. L'alerte rouge démographique, dans une bande qui va de l'océan

Atlantique à l'océan Indien, accouchera-t-elle d'un cauchemar urbain ? La question, à l'heure de la jonction funeste des réseaux terroristes et de la criminalité organisée, a de quoi hanter les pires prévisions géopolitiques.[1]

3.4. Défi de diversification des usages, principalement (agricole, industriel, migrants climatiques)

Les utilisations de l'eau sont traditionnellement réparties entre secteurs : l'eau domestique, agricole et industrielle en pourcentage de l'utilisation totale de l'eau. Le secteur domestique comprend généralement des utilisations domestiques et municipales ainsi que l'utilisation commerciale et gouvernementale de l'eau. Le secteur industriel comprend généralement l'eau utilisée pour le refroidissement des centrales électriques et la production industrielle. Le secteur agricole comprend l'eau pour l'irrigation et l'élevage. Le secteur de l'énergie (compris la production d'électricité et la production d'énergie primaire) est souvent inclus dans le secteur industriel dans les analyses de l'utilisation de l'eau; gros utilisateur et consommateur, il peut faire d'autre-part l'objet d'un comptage séparé2.

Bien que cette classification fournisse des données précieuses, il s'agit d'un moyen limité d'examiner l'utilisation de l'eau dans un monde globalisé, dans lequel les produits ne sont pas toujours consommés dans leur pays d'origine. Le commerce international des produits agricoles et industriels crée en effet un flux mondial d'eau virtuelle, ou eau incorporée (assimilable à la notion d'énergie incorporée ou énergie grise). La notion d'empreinte eau y est attachée.

Selon la FAO, l'agriculture occupe aujourd'hui 11 % de la surface des terres émergées de la planète aux fins de la production végétale et utilise autour de 70 % de toute l'eau tirée des aquifères, des cours d'eau et des lacs (eau douce). Elle est suivie de l'industrie (autour de 20 %) et le secteur domestique (autour de 10 %).[2]

3.4.1. Utilisation de l'eau douce par secteur

Au niveau mondial l'agriculture et l'industrie sont les principaux consommateurs d'eau douce :

Prélèvements mondiaux en eau douce par secteur 4,17

---

[1] RICHARD, W., « l'urbanisation, défi sociétal et géopolitique », in www.bing.com, Consulté le 22 mai 2020.

[2] www.wikipedia.com, Op.cit.

Figure 8. Utilisation de l'eau

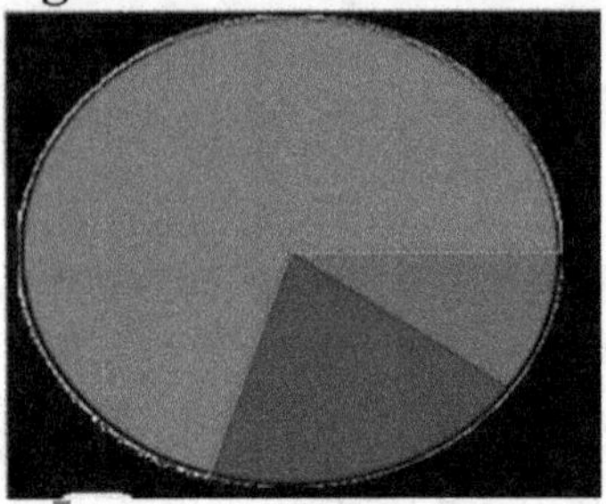

- Usage agricole : 70%
- Usage industriel : 20%
- Usage domestique : 10%

Les retraits annuels d'eau douce de l'agriculture en % du prélèvement total d'eau douce, indice de la FAO, mesurent la pression exercée par l'irrigation sur les ressources en eau renouvelable d'un pays. Selon la Commission du développement durable (CDD), l'agriculture représente plus de 70 % de l'eau douce prélevée dans les lacs, les rivières et les sources souterraines.

La plupart est utilisée pour l'irrigation, qui fournit environ 40 % de la production alimentaire mondiale. Les prélèvements d'eau peuvent dépasser 100 pour cent des ressources renouvelables lorsque l'eau d'extraction des aquifères non renouvelables ou des usines de dessalement sont considérables ou lorsque la réutilisation de l'eau est importante. Les prélèvements pour l'agriculture et l'industrie sont les retraits totaux pour l'irrigation et la production animale et pour une utilisation industrielle directe, refroidissement des centrales thermiques compris.17

Les utilisations de l'eau sont traditionnellement réparties entre secteurs : eau domestique, agricole et industrielle en pourcentage de l'utilisation totale de l'eau. Le secteur domestique comprend généralement des utilisations domestiques et municipales ainsi que l'utilisation commerciale et gouvernementale de l'eau. Le secteur industriel comprend généralement l'eau utilisée pour le refroidissement des centrales électriques et la production industrielle. Le secteur agricole comprend l'eau pour l'irrigation et l'élevage1 (abreuvement et nettoyage) (et la pêcherie - FAO).

Le secteur de l'énergie (compris la production d'électricité et la production d'énergie primaire) est souvent inclus dans le secteur industriel dans les analyses de l'utilisation de l'eau; gros utilisateur et consommateur, il peut faire d'autre-part l'objet d'un comptage séparé.

La production hydroélectrique, la pêche et la navigation ne sont généralement pas incluses dans la comptabilisation de l'utilisation d'eau par secteur en raison d'un taux d'extraction physique minime. Ce qui n'enlève rien de l'importance de ces secteurs dans l'appréhension de l'état de santé d'une économie.19

Les prélèvements totaux en eau douce pour l'ensemble de la planète sont évalués à 3 853 km3/an ce qui constitue 9 % des ressources totales en eau douce renouvelables. Les Prélèvements totaux en eau (eau salée comprise) pour l'ensemble de la planète sont évalués à 4 001 km3/an. Hors de cette dernière quantité 464 km3/an soit 12 % sont allés à un usage domestique, 768 km3/an soit 19 % sont allés à un usage industriel, 2 769 km3/an soit 69 % sont allés à un usage agricole.

3.4.1.1. Secteur Agricole

Certes, on ne peut pas dire qu'une expansion rapide de l'agriculture dépende d'un certain nombre de conditions matérielles bien déterminées, ni que le succès soit garanti par une série d'activités spécifiques. L'on peut néanmoins, à la lumière des résultats obtenus, identifier un certain nombre de thèmes et de schémas communs[1] :

- les trois principaux moyens d'accroître la production (expansion des superficies cultivées, modification de la composition de la production et progrès technique) varient en importance et sont fonction du niveau de croissance atteint. Les possibilités d'élargir les superficies cultivées sont limitées et, à mesure que de plus en plus de terres sont mises en culture, les possibilités d'expansion diminuent. En revanche, un changement de la composition de la production et le progrès technologique conservent toute leur importance pendant tout le processus de développement (aucun de ces deux éléments n'étant efficace à lui seul) et exigent l'existence de secteurs dynamiques et souples ;
- il faut offrir des incitations appropriées aux agriculteurs et garantir l'existence de conditions leur permettant de réagir à ces incitations. À cette fin, les pouvoirs publics doivent mettre en œuvre des politiques macro-économiques saines de nature à faciliter la vente des produits agricoles aussi bien sur les

[1] Fao.org, in www.google.com, consulté le 25 Aout 2020.

marchés intérieurs que sur les marchés d'exportation, et mettre en place une infrastructure institutionnelle et physique propre à appuyer un large changement (en facilitant l'accès à la terre, au financement rural, aux connaissances techniques et aux services de communications et de transports) ;

- la base de produits indispensable à la croissance de l'agriculture peut varier (elle peut se composer par exemple d'exportations traditionnelles ou non traditionnelles ou de denrées alimentaires de grande consommation), mais il est naturel que les cultures soient intensifiées et que l'on abandonne progressivement les cultures de produits alimentaires de grande consommation à mesure que l'expansion économique se généralise car cela stimule la demande locale de produits à plus forte intensité de main-d'œuvre dont l'élasticité par rapport aux revenus est plus élevée (comme les légumes, les fruits et les produits de l'élevage). Le secteur agricole devrait donc être à la fois dynamique et souple ;
- le progrès technique doit également être un processus continu mais, en ce qui concerne la production de denrées alimentaires de grande consommation, il s'agit d'une entreprise vaste et complexe que le secteur privé et les organisations de producteurs peuvent difficilement mener à bien, bien que l'expérience ait prouvé qu'il ne puisse pas être laissé entièrement entre les mains d'organismes publics. Un système local de promotion du progrès technique est indispensable si l'on veut que les technologies nouvelles correspondent aux besoins locaux changeants ;

Les effets et les avantages de la croissance agricole sont dilués lorsque le taux d'accroissement démographique est élevé et/ou lorsque la croissance est limitée à des secteurs ou régions géographiques étroitement circonscrits ou à un petit nombre de produits. Les liens qui existent, en produisant un effet multiplicateur, entre les activités agricoles et non agricoles sont importants aussi mais font parfois défaut.

Si l'on veut promouvoir une expansion plus large et réduire la pauvreté, le développement de l'agriculture doit être large et être alimenté par des petites et moyennes industries rurales. Le développement de ces industries exige la mise en œuvre de politiques industrielles appropriées et renforce encore plus la nécessité d'améliorer l'infrastructure, les services et les institutions en milieu rural.

3.4.1.1.1. Eau agricole

Cette répartition en secteur met surtout en évidence la pression exercée par l'irrigation sur les ressources en eau renouvelable au niveau mondial (69-70 % du prélèvement total d'eau douce selon la FAO). Le rapport entre secteurs d'utilisation peut être modifié pour les pays favorisés par leur climat n'ayant pas recours à l'irrigation (agriculture pluviale) et pour lesquels les taux de prélèvement en eau à destination de l'agriculture avoisinent zéro. Dans ce cas, si le secteur industriel est significatif et consommateur d'eau il deviendra dominant (Belgique - jusqu'à 97%, ou Allemagne par exemple).

D'autre-part si le secteur industriel est inexistant ou faiblement consommateur, le secteur domestique peut alors dominer (République démocratique du Congo - 57 %). Deux tiers des pays dédiant moins de 10 % de leurs prélèvements à l'agriculture (au nombre de 36) sont des pays industriels, avec un climat tempéré, en Europe. Dix-sept pays ont des prélèvements d'eau douce à destination de l'agriculture supérieurs à 90 %. Il faut insister sur le caractère saisonnier des prélèvements d'eau douce en agriculture. En France par exemple les prélèvements d'eau pour l'agriculture comptent en gros pour moitié dans les prélèvements totaux annuels ; en été, ils peuvent atteindre 70 %.

L'irrigation des matières premières pour la production de biocarburants se traduit par une empreinte eau importante pour ceux-ci.

3.4.1.2. Secteur Domestique

Une eau potable coulant directement du robinet : voilà l'un des luxes de nos modes de vie contemporains. Nous considérons généralement cela comme « acquis » ou « donné » – en même temps, peu d'entre nous ont déjà dû puiser l'eau d'un puits et la transporter vers notre domicile pour pouvoir s'hydrater, cuisiner, nettoyer ou encore laver ses vêtements. Mais cette eau est précieuse et si même si nous faisons généralement attention à notre consommation, savez-vous vraiment quel volume d'eau votre ménage consomme ? Inutile d'aller prendre votre dernière facture d'eau, car en réalité bien d'autres facteurs sont à considérer.[1]

3.4.1.2.1. Eau Domestique

L'eau domestique désigne l'eau utilisée à des fins domestiques (au sens latin de domus : la maison), par opposition à l'eau industrielle et à

[1] www.aquapath-project-eu, consulté le 07 juillet 2021.

l'eau agricole. Les usages de l'eau domestique sont principalement hygiéniques, alimentaires (boire et cuisiner) et agrémentiels (lavage de la voiture, arrosage du jardin, piscine). Une utilisation productive (production animale ou végétale) à petite échelle peut être également envisagée dans certains systèmes de référence. Dans les pays industrialisés l'eau domestique consiste principalement en l'eau de distribution à usage résidentiel (de manière marginale l'eau d'une source ou d'un puits), voir aussi l'eau pluviale récoltée et consommée sur place. L'eau de distribution est la plupart du temps une eau potable. Dans les pays en voie de développement, l'eau domestique se définit en terme d'accès raisonnable à l'eau.

L'eau domestique est d'un intérêt crucial en ce qui concerne la santé publique tant dans les pays riches que dans les pays pauvres. L'accès aux services d'eau constitue une clé composante de l'Indicateur de pauvreté du PNUD.

La consommation d'eau douce domestique[1] (autour de 10 %) par rapport aux utilisations agricoles (A l'échelle globale, autour de 70 % de toute l'eau tirée des aquifères, des cours d'eau et des lacs4) et industrielles (autour de 20 %) de l'eau est souvent proportionnellement et quantitativement faible. Mais elle peut se révéler proportionnellement plus importante pour certains pays qui ne dépendent pas de l'irrigation pour leur agriculture et/ou dont l'industrie est limitée ou peu consommatrice en eau: Ainsi la République centrafricaine (80%) ou la République démocratique du Congo (67 %) ont proportionnellement une utilisation domestique importante, eut égare à des taux d'utilisation des secteurs agricoles (agriculture pluviale) et industriels faibles. La République démocratique du Congo a par ailleurs et de manière générale des prélèvements d'eau très bas[2].

Systématiquement ou de manière ponctuelle, la consommation domestique d'eau peut s'avérer problématique et monopoliser l'attention des autorités publiques.[3]

Les retraits pour usage domestique comprennent généralement l'eau potable, l'utilisation ou l'approvisionnement municipal et l'utilisation

---

[1] DAOUDA DIAKITE, et ALBAN, Th., « La demande domestique d'eau potable : une étude sur un panel de communes ivoiriennes », in *L'Actualité économique*, Volume 87, no 3, Septembre 2011, pp.269–299.

[2] Programme des Nations unies pour l'environnement, Problématique de l'Eau en République Démocratique du Congo Défis et Opportunités, *Op.cit.*

[3] fp2e.org, in www.bing.com, consulté le 29 avril 2009.

pour les services publics, les établissements commerciaux et les habitations (FAO).[1]

L'eau domestique en France est un prélèvement d'eau inférieur ou égal à 1 000 m3 d'eau par an utilisé par un particulier.

3.4.1.3. Secteur Industriel

Le secteur de l'industrie et de la production rassemble les activités qui produisent des biens à travers des processus de production industriels.

Traditionnellement, l'industrie et la production sont définies par le terme « secteur secondaire », pour les distinguer du « secteur primaire » (la production agricole) et du « secteur tertiaire » (les activités commerciales et les services).[2]

3.4.1.3.1. Eau Industrielle

Près de 10 % des prélèvements d'eau mondiaux en 2014 ont été réalisés pour l'industrie (à l'exclusion du secteur de l'énergie). Dans les pays industrialisés avancés, l'industrie représente 12 % des prélèvements d'eau, alors que dans de nombreux pays en développement, l'industrie représente moins de 8 %. L'eau est utilisée dans l'industrie pour le traitement, mais aussi pour la fabrication et le lavage. La production d'énergie primaire et la production d'électricité représentent d'autre-part environ 10 % du total des prélèvements d'eau mondiaux et environ 3 % de la consommation totale d'eau2. Le total des prélèvements d'eau douce pour le secteur industriel tourne autour de 20%17. Découpage jet d'eau.

3.4.1.4. Secteur de l'Energie

Le secteur de l'énergie connaît des transformations majeures et rapides portées par la transition énergétique et la révolution numérique. Sous la pression d'enjeux économiques et socio-environnementaux, le secteur a autant, voire davantage, évolué ces 10 dernières années qu'en l'espace d'un siècle ! Même si l'avenir possède toujours sa part d'incertitudes, les thèses de la CRE permettent de comprendre et de s'adapter aux transformations énergétiques à venir.[3]

---

[1] Food and Agriculture Organization, AQUASTAT data, in www.data.worldbank.org, consulté le 28 Octobre 2021.

[2] www.bing.com, consulté le 25 Aout 2020.

[3] « Quel paysage énergétique mondial en 2050 ? », GazpromEnergie, in www.bing.com, *consulté* le 25 Aout 2020.

3.4.1.4.1. Connexion Eau-énergie

Le secteur de l'énergie, y compris la production d'électricité et la production d'énergie primaire, est souvent inclus dans le secteur industriel dans les analyses de l'utilisation de l'eau. Gros utilisateur et consommateur, il peut faire d'autre-part l'objet d'un comptage séparé.

52 milliards de mètres cubes d'eau douce seraient consommés chaque année pour la production mondiale d'énergie.

3.4.2. Utilisation de l'eau par pays[1]

Les prélèvements mondiaux d'eau douce provenant de sources d'eau de surface et d'eaux souterraines ont augmenté d'environ 1 % par an depuis les années 1980, la demande dans les pays en développement ayant fortement augmenté. Actuellement, les eaux souterraines fournissent environ un tiers de l'approvisionnement. Les réserves d'eau souterraine se sont systématiquement réduites par un taux d'extraction de 1 à 2 % par an dans le monde, dépassant les taux de recharge. On estime que 21 des 37 plus grands aquifères du monde sont gravement surexploités.

3.4.2.1. Afrique

En 2010, environ 81 % des prélèvements d'eau en Afrique étaient consacrés à l'agriculture, 4 % à l'industrie et 15 % à l'utilisation domestique. En 2010, l'agriculture a prélevé 184 km3 d'eau douce, l'industrie 9 km3, le secteur domestique 33 km34.

3.4.2.1.1. République Démocratique du Congo[2]

Avec le fleuve Congo dont le bassin versant incorpore de manière assez étroite la totalité du pays - un débit moyen de 41 000 m3/s (1 260 km3/an), et des précipitations abondantes et régulières, la République démocratique du Congo n'est pas dépourvue d'eau. Les eaux de surface de la RDC représentent environ 52 pour cent des réserves en eau de l'Afrique. Cependant, l'abondance en eau contraste nettement avec l'approvisionnement effectif, estimé en 2000 à seulement 7 m3 par individu par an lorsque la quantité d'eau disponible par individu est estimée à 19 967 m3.

---

[1] Prélèvements d'eau douce par secteur et par pays », in www.google.com, consulté le 20 mars 2020.

[2] « Utilisation de l'eau en République démocratique du Congo », in www.google.com, consulté le 21 mars 2020.

L'utilisation d'eau par habitant en RDC est considérablement plus faible que celle de plusieurs pays arides du Sahel faisant face à un problème de pénurie physique d'eau.

Les prélèvements en eau douce vont principalement à un usage domestique (52 %), le secteur agricole bénéficiant des précipitations abondantes a recours à une agriculture pluviale et ne nécessite que de très peu de prélèvements supplémentaires en eau pour l'irrigation (32 %), les prélèvements à destination de l'industrie sont faibles (16 %), le taux d'exploitation des ressources renouvelable en eau est bas (0,04 %). En 2000, FAO Aquastat a estimé que les prélèvements totaux d'eau s'élevaient à 356 millions de m3 pour cette année.[1]

Malgré l'abondance des eaux de surface, la grande majorité de la population congolaise dépend des nappes phréatiques et des sources pour s'approvisionner en eau potable. On estime que les nappes phréatiques représentent presque 47 pour cent (421 km3 /an) des ressources hydriques renouvelables de la RDC. L'aquifère du bassin du Congo fait partie des 37 plus grands aquifères du monde, a dépassé son seuil de durabilité et est en déplétion.[2]

3.5. Défis d'impact des changements climatiques sur les ressources en eau

En plus des impacts environnementaux et sanitaires, le changement climatique est susceptible d'engendrer une profonde perturbation de la disponibilité des ressources en eau touchant, par conséquent, de nombreux secteurs : industrie, production d'énergie, agriculture, eau potable et assainissement, etc.

Actions à mener

- Sensibilisation
  - Décideurs
  - Populations
  - Mieux s'organiser
  - Renforcement institutionnel et organisationnel
- Partage des réussites
  - Outils
  - Mécanismes d'adaptation
- Vision sectorielle

---

[1] « Utilisation de l'eau », in www.bing.com, *Consulté* le 25 mars 2020.

[2] Idem.

- Privilégier les secteurs les plus vulnérables face à la faiblesse des moyens

3.5.1. Ressources en Eau

Partout dans le monde, les ressources en eau disponibles s'amenuisent en raison des activités humaines et de facteurs naturels. Même si la population a pris davantage conscience au cours des dix dernières années de la nécessité de mieux gérer et protéger l'eau, les critères économiques et les considérations politiques ont toujours tendance à déterminer la politique de l'eau à tous les niveaux. La recherche scientifique et les meilleures pratiques ne reçoivent que très rarement une attention suffisante.[1]

Les pressions qui pèsent sur les ressources en eau sont de plus en plus fortes, principalement en raison des activités humaines - notamment l'urbanisation, la croissance démographique, l'augmentation du niveau de vie, la concurrence croissante pour les ressources en eau et la pollution. De plus, le changement climatique et les variations des conditions naturelles viennent aggraver ces pressions.

On peut cependant noter certains progrès. En effet, de plus en plus, les autorités évaluent à la fois la quantité et la qualité de l'eau et coordonnent les efforts de gestion au-delà des frontières.

Des mesures efficaces doivent être prises et des solutions envisagées pouvant permettre d'avoir un total contrôle dans le secteur de l'eau, telles que :

- accroître les ressources en eau ;
- mieux utiliser les ressources ;
- améliorer les technologies ;
- renforcer les institutions en charge de l'eau.

3.6. Défis des mécanismes de gouvernance et de la formation des dynamiques de conflits et de coopération

Le mécanisme de gouvernance de la mise en œuvre de la Stratégie mondiale a été élaboré pour créer un cadre institutionnel et des modalités de coordination. Il apportera en particulier son soutien aux trois composantes techniques de la Stratégie : recherche, assistance technique et formation.

---

[1] GreanFacts, « Ressources en eau - Résumé du deuxième Rapport mondial des Nations Unies sur la mise en valeur des ressources en eau », in www.greenfacts.org/fr/ressources-eau/, consulté le 05 septembre 2020.

Il vise à définir les interdépendances des processus et des structures, ainsi que les mécanismes de rapports entre les différents niveaux.

L'autre point pris en compte lors de l'élaboration du mécanisme de gouvernance est constitué des expériences accumulées lors de la mise en œuvre d'initiatives mondiales comme le programme de comparaison international pour l'Afrique (PCI).

L'objectif de ce cadre est de renforcer les fondements institutionnels et organisationnels afin d'améliorer les statistiques agricoles, y compris l'intégration de l'agriculture dans le système national statistique.

Les résultats suivants ont été identifiés pour le mécanisme de gouvernance :

- des ressources seront mobilisées et allouées à la mise en œuvre de la stratégie ;
- des structures appropriées de coordination de l'exécution de la Stratégie dans la région Afrique seront créées et deviendront opérationnelles ;
- la disponibilité et l'utilisation des données agricoles seront accrues pour les politiques et prises de décisions ainsi que pour d'autres fins ;
- les dispositions légales relatives aux statistiques agricoles seront conformes aux dispositions de la législation nationale sur la statistique.

3.6.1. Modalités de gouvernance au niveau mondial

Le mécanisme de gouvernance fonctionnera aux niveaux nationaux, régional et mondial. Au niveau mondial, un Bureau de mise en œuvre de la Stratégie mondiale sera créé pour coordonner la mise en œuvre du Plan mondial. Il sera basé à la FAO. Les Amis de la présidence de la Commission de statistiques des Nations Unies pourraient être utilisés dans ce rôle.

Les principales responsabilités du bureau seront de fixer les normes, garantir une harmonisation entre les régions, assurer la coordination avec d'autres initiatives mondiales, réaliser les activités de promotion et fournir un appui aux régions qui ne peuvent assurer la mise en œuvre.

3.6.2. Mécanisme de gouvernance

Le mécanisme de gouvernance mondiale garantira également la cohérence verticale avec le Plan d'action global de la Stratégie mondiale. Le lien vertical garantira la cohérence avec la stratégie mondiale et jouera un rôle d'assurance qualité au cours du développement du Plan mondial. Il fera en sorte : que chaque composante technique soit conforme à la Stratégie mondiale, qu'il existe une harmonisation des composantes techniques entre les différentes régions, que l'unité chargée du développement des thèmes de recherche soit identifiée et qu'un outil Internet pour le partage des informations et des meilleures pratiques soit mis au point. La mise en œuvre du Plan d'action sera cependant de la responsabilité des structures de gouvernance régionales et nationales.

La structure de gouvernance régionale exécutera le plan de mise en œuvre, allouera les ressources, effectuera le suivi de la mise en œuvre et évaluera les progrès réalisés par les différents pays. Elle permettra également de coordonner les liens entre les composantes techniques (recherche, assistance technique et formation) afin d'inclure le calendrier et la séquence des activités. Des mécanismes de financement seront mis en place via des Fonds fiduciaires mondiaux et régionaux. Le Fonds fiduciaire mondial multi donateurs pour les statistiques agricoles (GMDTFAS) sera hébergé par la FAO/BM et les Fonds fiduciaires régionaux, par les banques de développement régionales. Un Comité directeur mondial intérimaire sera créé pour approuver le Plan mondial dans son ensemble.

3.6.3. Modalités de gouvernance au niveau régional[1]

La structure de gouvernance du Plan d'action pour l'Afrique reprend le modèle utilisé pour le Programme de comparaison internationale pour l'Afrique (PCI), ainsi que les modalités de coordination du développement des statistiques établies autour du milieu des années 2000. Si les structures sont insuffisantes, elles seront renforcées. Si elles n'existent pas, leur création fera l'objet d'une campagne.

3.6.3.1. Gouvernance au Niveau régional

3.6.3.1.1. Comité Régional de Pilotage (CRP)[2]

Ce comité a été instauré en tant qu'instance décisionnelle pour le Plan d'action pour l'Afrique. Il inclura les utilisateurs et les producteurs de statistiques. Lors de la réunion des principales institutions, des consultants et de certains donateurs qui s'est tenue à Rome, en Italie, du 12 au 15 septembre 2010, il a été convenu que le Comité serait placé

---

[1] Document mécanisme de gouvernance, afdb.org, in www.bing.com, consulté le 15 mai 2021.

[2] www.bing.com, *Op.Cit.*

sous le leadership de haut niveau de la part de l'Économiste en chef et Vice-président de la BAD comme président. En raison de la grande taille du Comité, qui inclut la représentation de diverses institutions (environ 20 membres), un Comité exécutif (CE) sera également créé. Il sera composé d'un groupe plus restreint des trois organisations principales (BAD, CEA et FAO) qui fera office de bureau pour le CRP. Le CE devrait se réunir plus souvent que le CRP et entreprendre les activités quotidiennes en son nom.

Figure 9. Structure de Gouvernance de Plan d'Action pour l'Afrique

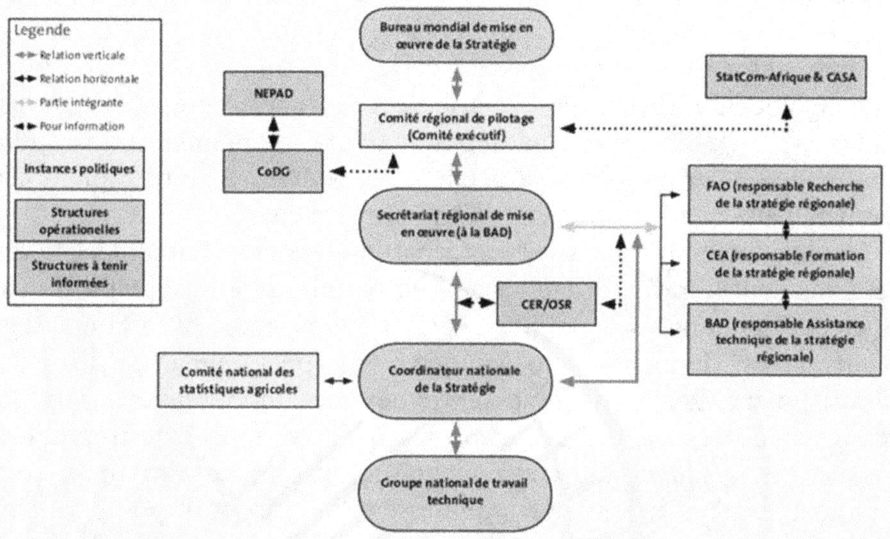

Source : Document Mécanisme de gouvernance. Afdb.org.

3.6.3.1.2. Responsabilités

Les responsabilités du CRP incluront[1] :

- supervision des politiques et orientation de la mise en œuvre de la Stratégie ;
- coordination et responsabilité globale du Plan d'action ;
- approbation du programme de travail global ;
- gestion globale du Plan d'action ;
- mobilisation des ressources ;
- communication des progrès réalisés à StatCom-Afrique, à la Commission africaine des statistiques agricoles (CASA), au Comité des directeurs généraux des Bureaux nationaux des statistiques en Afrique (CDG) et au Comité exécutif mondial.

[1] Document, mécanisme de gouvernance, *Op.cit.*, p.34.

3.6.4. Gouvernance climatique dans le Bassin du Congo[1]

Malgré de grandes avancées au cours des vingt dernières années, les climats et les paléoclimats de l'Afrique centrale sont encore insuffisamment connus. Cette situation est liée au manque de données de stations locales, à la faible densité des réseaux de mesures passées et actuelles, et à la rareté des travaux scientifiques portant sur le climat de cette région. En conséquence, des incertitudes pèsent encore sur l'évolution de ces climats en réponse au réchauffement actuel. Afin d'anticiper les changements qui risquent d'affecter ces climats, il est nécessaire de disposer d'une bonne connaissance de leur fonctionnement actuel, en particulier la façon dont ils s'insèrent dans le système climatique planétaire, et de connaître les variations et changements climatiques qui affectent la zone tropicale. Les rares études existantes indiquent qu'au pas de temps interannuel cette région montre une variabilité généralement modérée des précipitations comparée aux autres régions de même pluviométrie.

La cohérence spatiale y est aussi particulièrement faible. Ces deux éléments sont le reflet d'une sensibilité réduite du climat tropical aux forçages interannuels majeurs, notamment aux variations des températures de surface océanique. On peut ainsi prédire un accroissement des phénomènes extrêmes, des modifications dans la fréquence des évènements météorologiques de type catastrophique, et donc des risques. En conséquence, il est nécessaire de savoir comment les pays de la région s'organisent face aux défis posés par ces probables changements climatiques.

De par sa situation géographique, l'Afrique centrale présente une diversité de climats qui peuvent être regroupés en deux types principaux : équatorial et tropical (Figure 2.1). Certaines régions d'altitude, d'étendue limitée, sont aussi soumises à des climats de montagne, le long du rift Albert (à l'est de la RDC), ou le long de la ligne volcanique du Cameroun. Le climat équatorial à quatre saisons s'étend au sud du Cameroun et de la RCA, au centre de la RDC, au Congo, au Gabon, en Guinée Equatoriale et à Sao Tomé-et-Principe. La pluviométrie moyenne annuelle est de l'ordre de 1500 à 1 800 mm, avec des maximas supérieurs à 10 000 mm à Debundsha, au sud-ouest du mont Cameroun,

[1] MUROMBEDZI, J., RIBOT, J. et GRETCHEN, W., « Gouvernance climatique dans le Bassin du Congo », in *CODESRIA*, 2015, p.1.

et au sud de l'île de Bioko, en Guinée Equatoriale. Le climat y est chaud et humide avec des températures oscillant entre 22°C et 30°C.[1]

Un changement climatique brutal est survenu en Afrique il y a plusieurs décennies avec des impacts variés sur les régimes hydrologiques. Ces variations de régime hydrologique sont liées à la fois aux changements climatiques et aux activités humaines. L'Afrique centrale semble beaucoup moins impactée par les activités humaines que d'autres régions africaines, ceci étant dû à une densité de population et un développement agricole plus faibles. En Afrique centrale, les hydrologues ont étudié les régimes hydrologiques de nombreux cours d'eau pendant des décennies depuis les années 1950.

Les forêts offrent de nombreuses fonctions au-delà du stockage et de la capture du carbone, ou de la production de bois, habituellement reprises sous le terme de « services écosystémiques » tels que les produits forestiers non ligneux (PFNL), le contrôle de l'érosion du sol et de la sédimentation, la régulation de la qualité de l'eau et du climat local, etc. Ces services sont d'une importance capitale en regard de la subsistance de certaines populations et de leurs modes de vie, et ils apportent des sources de revenus divers au niveau local comme au niveau national.

Les forêts d'Afrique centrale apportent des moyens de subsistance à 60 millions de personnes qui vivent, soit à l'intérieur de ces forêts, soit dans leurs environs immédiats. Elles assurent aussi des fonctions sociales et culturelles essentielles aux populations locales et indigènes, et contribuent à satisfaire les besoins alimentaires de 40 millions de personnes qui vivent dans les espaces urbains à proximité de ces espaces forestiers. Dans le cas du Cameroun par exemple, la viande de brousse représente une valeur économique estimée à 80 milliards de Francs CFA (environ 122 millions d'euros) par année.

En plus de leur contribution à la vie des communautés, les forêts d'Afrique centrale contribuent substantiellement aux économies nationales de la sous-région. Au Gabon par exemple, le secteur forestier est le second secteur par ordre d'importance en termes de pourvoyeur d'emplois après l'Etat. En République du Congo, ce secteur est souvent la seule source d'emplois salariés dans les zones rurales reculées. Au Cameroun, on estime que le secteur forestier contribue à hauteur de 4% au produit national brut.

---

[1] TADOUM, M. et Al., *Les forêts du Bassin du Congo - Forêts et changements climatiques*, Weyrich, Belgique, 2015, p.78.

Les forêts de la région ont jusqu'alors été relativement bien protégées grâce à la faible pression démographique renforcée par l'exode rural, l'accessibilité réduite, l'absence d'infrastructures de transport et de communication, et un climat des affaires très peu favorable aux investissements à long terme (Burgess et al., 2006 ; Megevand et al., 2013). Les études disponibles indiquent un taux de déforestation annuel net de 0,14% pour les forêts denses humides d'Afrique centrale entre 2000 et 2010 et un taux plus élevé pour les forêts sèches pour la même période (environ 0,40%).[1]

Cependant, les programmes politiques actuels définis par les Etats d'Afrique centrale visent l'émergence économique d'ici 2025 ou 2035. Ces programmes reposent sur la poursuite de l'exploitation des ressources naturelles (bois, pétrole et minerais), la production agricole pour les besoins domestiques et les exportations, ainsi que le renforcement des activités industrielles de transformation. La stabilité politique et sociale prévalant au cours de la dernière décennie dans certains pays de la sous-région a permis le développement de l'infrastructure routière à grande échelle, l'approvisionnement électrique dans les principales zones urbaines et municipalités, et une amélioration du climat des affaires. Ajoutée à ce contexte, l'augmentation du prix des minerais et des produits agricoles sur le marché international au début des années 2000 a agi comme incitant à l'investissement.

À présent, l'agriculture à petite échelle et dans une moindre mesure la récolte de bois de chauffe sont considérées comme les principales causes de la déforestation dans le Bassin du Congo mais des projets d'agro-industries de grande capacité se développent dans divers pays et pourraient devenir de plus en plus importants dans le futur.

Une menace émergente sur les forêts d'Afrique centrale réside dans l'exploitation minière. De nombreux permis d'exploration minière, octroyés par les pays d'Afrique centrale, concernent de larges surfaces de forêts denses déjà allouées aux compagnies d'exploitation forestière, aux communautés locales ou simplement réservées à des fins de conservation, favorisant l'émergence de conflits pour l'utilisation des terres et des ressources.

Par ailleurs, l'exploitation forestière représente toujours une cause notable de déforestation et de dégradation des forêts dans le Bassin du Congo. Actuellement, 49 millions d'hectares de forêts ont été alloués

[1] TADOUM, M. et Al., *Op.cit.*, p.102.

comme concessions forestières dans la région. Si ces concessions devraient être gérées durablement, elles ne sont pas menacées de déforestation mais restent exposées à la dégradation forestière. Cependant, on doit admettre que la majorité de l'exploitation forestière dans les pays du Bassin du Congo n'est pas conduite selon les règles de gestion durable à ce jour. Dans l'ensemble de la région, 40% des concessions sont sous plans d'aménagement mais il est nécessaire d'atteindre 100% dans le moyen terme.[1]

En flagrante contradiction avec la tendance en faveur de la gestion forestière durable, l'ensemble des forêts est, à des degrés divers, sujet à l'exploitation illégale qui, selon le pays, peut causer une dégradation voire même une déforestation de grande ampleur comparativement à l'exploitation légale.

3.7. Défis des statuts juridiques de l'eau, à géométrie variable et source des conflits

Quant au droit de l'eau, il peut se définir comme l'ensemble des règles qui déterminent le régime juridique des eaux, les droits auxquels les particuliers peuvent avoir accès et les moyens qu'il convient de mettre en œuvre pour protéger la ressource hydraulique.[2]

Dans ce prolongement, le droit interétatique de l'eau correspondra aux accords conventionnels passés entre les Etats pour justement coordonner les caractéristiques de leurs régimes, mais aussi des droits qu'ils y associent et des procédures de répartition qui peuvent en découler. Le droit à l'eau et à l'assainissement s'en dissociera logiquement puisqu'il sera présenté comme un droit de l'homme fondamental reconnu expressément ou implicitement dans plusieurs instruments juridiques internationaux – lesquels peuvent prendre la forme d'une charte régionale ou d'une déclaration universelle de sauvegarde des droits humains, bien qu'ils soient le plus souvent de type conventionnel, ainsi que dans le droit interne de certains Etats.

Avec la résolution n° 64/292 de l'Assemblée générale du 28 juillet 2010, les Nations Unies ont reconnu nommément le droit de l'homme à l'eau pour la toute première fois10. Avant cela, elles ne le consacraient qu'indirectement par le biais du droit à un niveau de vie

---

[1] TADOUM, M. et Al., *Op.cit.*, p.105.

[2] CLEMENCEAU, B., « Où en est le droit des êtres humains à l'eau et à l'assainissement depuis l'adoption de la résolution n° 64/292 de l'Assemblée générale des Nations Unies du 28 juillet 2010 ? », in *Revue des droits de l'homme*, http://journals.openedition.org/revdh/3651, consulté le 20 septembre 2020.

suffisant et du droit d'être à l'abri de la faim, prévus dans le premier et deuxième paragraphe du 11ème article du pacte international relatif aux droits économiques, sociaux et culturels (ci-après PIDESC) de 1966. Ces derniers peuvent être considérés comme des « droits frontière » dans la mesure où ils couvrent à la fois le droit à la vie et à la santé, mais aussi le droit à l'environnement ainsi que la notion même de dignité de la personne humaine.

L'interdépendance et l'indivisibilité des droits de l'homme que promouvaient les rédacteurs de cet acte juridique international expliquent certainement ce manque d'exhaustivité. Quoi qu'il en soit, les nombreuses déclarations officielles et débats parlementaires qui ont précédé, accompagné et donné suite à cette solution de 2010 sont presque tous unanimes : il s'agit là d'une « décision historique ». Avec elle, la lutte contre la première cause de mortalité au monde devient l'une des priorités des Etats qui ont une ambition démocratique, en ce qu'ils doivent désormais « essayer de se donner les moyens, ou de structurer leur organisation, pour répondre à cette attente ». Cela dit, cette résolution aussi nécessaire et attendue qu'elle puisse paraître ne semble que symbolique en raison de son caractère non-contraignant.

En n'endiguant toujours pas les obstacles du droit à l'eau que sont principalement les usages agricoles et l'urbanisation intensive, l'Or bleu17 reste cantonné au rang d'un droit de l'homme difficilement indentifiable et faiblement autonome. S'ajoute par ailleurs une logique marchande et souverainiste encore prégnante dans les accords conventionnels sur l'eau, dont l'appartenance et la répartition sont d'importantes sources de richesses pour les Etats. Cette prévalence du propriétarisme au détriment du droit à l'eau est aussi très marquée au sein même des droits nationaux comme le confirment les législations n'encadrant parfois qu'à la marge les activités agricoles et nucléaires, même s'ils œuvrent, et cela de plus en plus, en faveur de sa reconnaissance.

Variées paraissent donc les zones d'ombre qui entourent ce « droit éminemment important » qu'est devenu celui de l'accès à l'élément hydrique. Bénéficiant pourtant d'un soutien universel en temps de paix, et d'une protection renforcée en période de conflits armés, il reste certainement encore beaucoup à faire pour que ce droit ne devienne effectif. En effet, l'apparition de besoins à caractère culturel et social, et l'accroissement de ceux de nature alimentaire et industrielle semblent à eux-seuls pouvoir empêcher, ou tout du moins ralentir, sa réalisation tant à l'intérieur qu'en-dehors des Etats.

Dans ce contexte, il n'est pas sans intérêt d'entrevoir le décalage entre les nombreux acquis du droit à l'eau et à l'assainissement aux niveaux mondial, régional et national (I) et les dangers que font peser sur son essor certains intérêts lucratifs et privés qui persistent essentiellement en droit international (II). Cette démarche a l'avantage de mettre en exergue les potentialités de ce nouveau droit de l'homme, mais aussi et surtout d'en percevoir les limites, donc les éventuelles voies d'amélioration, comme en envisagent déjà certains auteurs.

3.7.1. Les sources du droit des êtres humains à l'eau et à l'assainissement[1]

Les constitutions nationales les plus récentes ont été les premières à se préoccuper de la reconnaissance explicite des questions environnementales et hydriques. Cet élan, qu'il est possible de dater au milieu des années 1970, sera par la suite suivi, à des rythmes variables et progressifs, par un grand nombre de parlements nationaux. Le droit à l'eau est également reconnu dans certaines conventions multilatérales à objet spécial, dans certaines chartes régionales de protection des droits de l'homme et dans de nombreuses jurisprudences. Néanmoins, et c'est là leur spécificité, c'est souvent par le truchement d'autres droits qu'elles se sont efforcées de le consacrer en consolidant sa normativité au niveau supra-étatique.

3.7.1.1. Les nombreuses sources du droit des êtres humains à l'eau et à l'assainissement aux niveaux mondial et mondial

Sur la scène internationale, les instruments conventionnels contraignants ne prévoient l'existence du droit à l'eau qu'à travers la protection de certaines catégories de la population jugées vulnérables, comme les femmes et les enfants, mais aussi les handicapés.

C'est notamment le cas des Conventions relatives aux droits de l'enfant et à l'élimination de toutes les formes de discrimination à l'égard des femmes puisqu'elles n'envisagent le droit à l'eau qu'à l'aune du droit à la santé et du droit de « bénéficier de conditions de vie convenables ». Sans les mentionner, elles visent par ailleurs les droits à la vie et à l'alimentation, qui concourent également à la sauvegarde de la dignité de la personne humaine.

La logique reste inchangée concernant la Convention relative aux droits des personnes handicapées, puisqu'elle ne consacre le droit à

---

[1] CLEMENCEAU, B., *Op.cit.*, p.3.

l'eau qu'à travers le droit à la protection sociale. Ce faisant, ces outils juridiques internationaux ne participent qu'indirectement à l'identification du droit à l'eau et à l'assainissement, ce qui ne semble pas suffisant pour renforcer l'autonomie et l'effectivité d'un tel droit auprès des juridictions compétentes et spécialisées.

Quant aux instruments juridiques non-contraignants, une attention toute particulière peut porter sur l'observation générale n° 15 du Comité des Droits économiques, sociaux et culturels relative au droit à l'eau. Adoptée en 2002, elle affirme que « l'accès à une fourniture adéquate d'eau pour un usage personnel et domestique constitue un droit humain fondamental de toute personne ». Donnant une « nouvelle lisibilité au droit à l'eau », cette observation constituerait « un pas décisif dans la définition de son contenu et des obligations qu'il comporte ».

De l'avis de certains auteurs, cet instrument ne viendrait qu'attester l'idée selon laquelle le droit à l'eau était implicitement inclus dans la Déclaration universelle des Droits de l'homme (ci-après DUDH) de 1948 et le PIDESC de 1966. Ainsi, la résolution n° 64/292 de l'Assemblée générale du 28 juillet 2010 semble parfaitement s'inscrire dans cette lignée puisqu'elle l'entérine avec une reconnaissance officielle cette fois-ci du droit de l'homme à l'eau de la part des Nations Unies.[1]

Ont certainement contribué à cette solution les nombreuses recommandations internationales qui se sont multipliées au cours des années 1990 et auxquelles se sont adjointes certaines déclarations d'élus ainsi que la jurisprudence parfois avant-gardiste – pour ne pas dire « prédictive » de certaines cours régionales de protection des droits de l'homme.

En conséquence, l'effort de la reconnaissance du droit à l'eau au niveau international s'est accompagné de certains mécanismes juridiques de mise en œuvre au niveau régional. Cela dit, l'effectivité de ce droit reste à tout le moins relative puisqu'à ce jour, l'Afrique est la seule des quatre régions de protection des droits de l'homme à avoir institué un organe judiciaire fondé à statuer spécifiquement, s'il y a lieu, sur la question du droit à l'eau.

Cette situation s'explique en grande partie par le fait que l'Afrique est le seul continent à l'avoir expressément consacré dans plusieurs textes, parmi lesquels figurent la Charte d'Addis-Abeba de 1990, la Charte de l'eau du Bassin du Niger et l'African Convention for the

---

[1] CLEMENCEAU, B., *Op.cit.*, pp.3-4.

Protection and Assistance of Internally Deplaced Persons in Africa. Ces textes ne sont par ailleurs pas les seuls instruments de référence du droit à l'eau puisque la Charte africaine des droits de l'homme le mentionne également, bien qu'implicitement.

Dans le cadre interaméricain, le protocole à la Convention américaine des Droits de l'homme reconnaît par le biais du droit à « un accès aux services de base » qui doit s'entendre comme l'un des pans du droit à l'environnement le droit à l'eau et à l'assainissement. Le Protocole de San Salvador contient lui aussi des dispositions faisant implicitement référence au droit à l'eau, mais les individus ne sont pas habilités à saisir d'eux-mêmes la Commission interaméricaine des Droits de l'homme, laquelle veille au respect, par les Etats, de la mise en œuvre des droits économiques, sociaux et culturels.

Concernant le système paneuropéen, l'eau et l'alimentation ne figurent nulle part, même implicitement, dans la Convention européenne des Droits de l'homme (ci-après CEDH) et ses protocoles additionnels. Cette absence de reconnaissance trouve son explication dans la prévalence de la protection des droits civils et politiques qu'ont privilégié les Etats membres sur celle des droits économiques, sociaux et culturels au moment de leur rédaction. La logique a beau être inversée dans la Charte sociale européenne, la finalité reste la même.

Aucune mention n'est faite au droit à l'eau potable, et aucune recommandation émanant de l'Assemblée parlementaire du Conseil de l'Europe n'a été introduite en ce sens jusqu'à présent.

Néanmoins, le Protocole Eau et Santé lequel a été régulièrement signé et ratifié par de nombreux Etats membres du Conseil de l'Europe mentionne expressément le droit à l'eau potable salubre et le droit à l'assainissement comme étant des droits dont le respect s'impose aux Etats parties. Il ressort par ailleurs de la recommandation du Conseil des ministres sur la Charte européenne des ressources en eau que le droit à l'eau est un droit fondamental.

Dans le cadre de l'Union européenne, le Protocole n°9 sur les services d'intérêt général du Traité de Lisbonne est susceptible d'avoir visé l'accès à une eau potable en précisant que « les services d'intérêt général comprennent notamment un niveau élevé de qualité et de sécurité ». Bien qu'il ne fût jamais adopté, le Traité instituant une Constitution pour l'Europe prévoyait quant à lui que « l'Union œuvre pour une Europe du développement durable fondée sur un niveau élevé de protection et d'amélioration de la qualité de l'environnement ».

Concernant l'initiative citoyenne « l'eau, un droit humain », celle-ci a recueilli plus de 1.884.790 signatures à la suite de l'audition, par la commission de l'environnement, de ses organisateurs en février 2014. Ces derniers voulaient sensibiliser la Commission sur la nécessité de consacrer l'accès à l'eau et aux services d'assainissement comme un droit humain, mais sa réponse en demi-teinte à la formulation pour le moins démocratique de cette requête « manquerait toutefois d'ambition » d'après le Parlement européen, dans la mesure où elle se serait limitée à « réitérer les engagements déjà pris ».

Enfin, la Charte arabe des droits de l'homme laquelle est relativement récente consacre le droit à l'eau par le truchement des droits à la vie et à la santé, mais aussi à l'aune des droits au développement et à un niveau de vie suffisant. Rien en revanche n'est dit sur ce droit dans le système asiatique de protection des droits de l'homme, puisqu'il n'en existe tout simplement pas.

3.7.1.2. Les précieux apports du droit interne en faveur du droit des êtres humains à l'eau et à l'assainissement[1]

Au sein des Etats, les normes constitutionnelles occupent une place substantielle dans la reconnaissance du droit à l'eau. Depuis la Conférence de Stockholm de 197269, la plupart de celles qui l'ont consacré l'ont inscrit dans le giron du droit à l'environnement, mais cela n'a pas empêché certaines de l'entrevoir à travers d'autres « droits vitaux », tels que le droit à la santé et à la vie, ni même de le consacrer expressément – bien qu'ici, les exemples en attestant sont plus rares.

Sur la centaine de constitutions nationales concernées, il y a une distinction importante à opérer entre celles des Etats développés et celles des pays en développement. En effet, les pays du Nord sont souvent dotés de textes suprêmes qui ne légitiment qu'indirectement le droit à l'eau. Quelques-unes seulement n'en font absolument pas allusion ni ne le sous-entendent, ou à l'inverse l'ont rendu parfaitement autonome, en ne le rattachant à aucun autre droit.

Les pays du Sud ont pour leur part assez largement opté pour une reconnaissance explicite et sans équivoque du droit à l'eau, laissant de fait penser que sa justiciabilité pourrait être renforcée au plan interne. Mais paradoxalement, la mise en œuvre des droits économiques, sociaux et culturels en général, et du droit à l'eau en particulier, semble plus forte dans les pays développés, car à la différence des constitutions

---

[1] CLEMENCEAU, B., *Op.cit.*, p.5.

des pays du Sud, les leurs constitueraient bien plus qu'un simple « ensemble de potentialités » qu'il s'agit de porter à la connaissance des populations pour asseoir leurs revendications.

En France, ni les normes de référence du bloc de constitutionnalité, ni la justice constitutionnelle à proprement parler ne consentent, pour l'heure, à reconnaître expressément le droit de l'homme à l'eau et à l'assainissement. Au mieux, il est question d'un objectif de valeur constitutionnelle que le Conseil déduit du droit au logement et à un environnement sain. A aucun moment, le droit à l'eau ne saurait donc constituer un droit subjectif, mais plutôt un principe directeur qui permet au législateur de limiter certains droits et libertés classiques.

Pour pallier ce manque de reconnaissance, certains auteurs minoritaires au sein de la doctrine mais non moins pertinents souhaiteraient faire du droit de l'homme à l'eau et à l'assainissement une véritable composante de l'ordre public, et plus exactement de la salubrité publique. Ils font valoir que ces concepts juridiques sont inextricablement liés, et que les dissocier reviendrait à limiter la notion d'ordre public à la sécurité des personnes et des biens, ce à quoi ils s'opposent. Ils défendent par ailleurs le caractère évolutif et adaptable de l'ordre public, qu'ils estiment devoir être au service des évolutions de la société, donc des problèmes de qualité et de salubrité de l'eau.

D'autres en appellent à une lecture littérale de la Charte de l'environnement, dont ils estiment que ses dispositions et en particulier son article 1er n'énoncent pas un principe de conduite collective, mais une prérogative individuelle. En conséquence, ils croient en une justiciabilité du droit à l'environnement aussi forte que celle des droits et libertés classiques. Par extension, ils en viennent à parler de la juridicité des droits à l'eau et à une alimentation saine et non polluée, présente selon eux dans l'esprit du texte de 2005.

Enfin, les hautes juridictions des ordres administratif et judiciaire trouvent sûrement recevable cette opposabilité du droit à l'eau par ricochet dans leur jurisprudence relative au droit de mener une vie familiale normale, qu'elles placent tout comme le Conseil constitutionnel lui-même sous le prisme des droits au logement et à la santé, mais aussi de la sauvegarde de la dignité de la personne humaine à laquelle est d'ailleurs très attaché le Conseil d'Etat.

Concernant le droit interne à valeur infra-constitutionnelle, le législateur a adopté de nombreux textes qui reconnaissent, et c'est là toute leur originalité, le droit à l'eau sans l'intermédiaire d'aucun autre « droit vital ». Cette spécificité se remarque dans de nombreux Etats à travers le monde, et s'accompagne parfois d'une politique de tarification et d'accès à l'eau tout au moins dynamique et innovante.

C'est ainsi qu'en Wallonie, les distributeurs et les organismes d'assainissement, mais aussi la société publique de gestion de l'eau, financent eux-mêmes un fonds de solidarité internationale pour l'eau. Au Brésil et au Royaume-Uni, la loi met l'accent sur la « capacité de payer » des usagers. Au Luxembourg, au Mexique et au Nicaragua, la loi prescrit d'aider les personnes vulnérables et la création de services de l'eau accessibles pour les plus démunis88. Tous ces exemples témoignent à quel point les chambres basses des parlements nationaux n'ont pas délaissé cette question du droit à l'eau dans le cadre de leurs activités.

Pour conclure avec la situation en France, la loi dite « LEMA » sur l'eau et les milieux aquatiques dispose que « chaque personne physique, pour son alimentation et son hygiène, a le droit d'accéder à l'eau potable dans des conditions économiquement acceptables pour tous ». De fait, la facture en eau doit correspondre à la consommation réelle de l'usager, et ne peut excéder celle-ci que lorsque la nature du branchement le justifie ou en raison du nombre de logement desservis. A l'inverse, elle peut être inférieure à ce niveau réel que dans les zones où la ressource en eau est abondante et où le nombre d'abonnés est limité. Quoi qu'il en soit, c'est le maire ou le Président dc la collectivité territoriale concernée qui doit faire la demande d'une telle facturation dérogatoire de l'eau.

Quant à la proposition de loi visant à la mise en œuvre effective du droit humain à l'eau potable et à l'assainissement laquelle fut enregistrée le 8 avril 2015 à la Présidence de l'Assemblée nationale, le Sénat l'a adopté en première lecture le 15 février 2017. L'article 1er de cette proposition de loi nouvelle a inséré dans le code de la santé publique un nouveau chapitre intitulé « *Droit à l'eau potable et à l'assainissement* », ainsi qu'un nouvel alinéa pour mettre en cohérence l'article 210-1 du code de l'environnement en prévoyant que chaque personne a le droit d'accéder à l'assainissement.

Après avoir vu que la reconnaissance du droit de l'homme à l'eau et à l'assainissement était relativement récente, mais encourageante en raison de sa généralisation tant à l'intérieur qu'en dehors des Etats, il paraît nécessaire d'étudier en quoi d'autres logiques, privées cette fois-ci, viennent ralentir sa construction et limiter son effectivité.

3.7.2. Les freins du droit des êtres humains à l'eau et à l'assainissement[1]

Sur la scène internationale, le droit de l'homme à l'eau et à l'assainissement pâtit toujours du manque d'autonomie dont jouit pourtant le droit interétatique de l'eau. En découle une certaine dyschromie, puisque « les ensembles normatifs droit de l'eau / droit à l'eau n'avancent pas au même rythme vers une reconnaissance effective d'un droit humain à l'élément hydrique ».

La logique économique que prête certains acteurs issus de la société civile ou non, à cette ressource naturelle qu'est l'eau, semble également l'emporter en droit interne, où prévalent encore plusieurs aspects lucratifs et marchands sur ceux tournés vers l'accessibilité et la potabilisation, ce qui amoindrit considérablement leur portée théorique, et d'un point de vue pratique leur effectivité.

3.7.2.1. Les obstacles à l'essor du droit des êtres humains à l'eau et à l'assainissement en Droit International et Européen

Si le droit à l'eau et à l'assainissement est désormais reconnu de manière explicite par l'Assemblée générale des Nations Unies, la plupart des instruments juridiques internationaux n'y font, en droit positif, qu'indirectement allusion via le truchement d'autres « *droits vitaux* ». Sans grande surprise, ce manque d'autonomie restreint considérablement son opposabilité auprès des cours régionales de protection des droits de l'homme et des juridictions spécialisées en lien avec les nations unies telle que la cour pénale internationale.

A défaut d'entrevoir l'avènement d'une « gouvernance mondiale de l'eau », qui emprunterait les voies de la « bonne gouvernance », comme certains auteurs en appellent de leurs vœux en matière de droit à l'alimentation, une partie de la doctrine propose l'adoption d'une « *convention-cadre* » qui formaliserait à l'intérieur d'un seul et même document les nombreux textes portant sur la reconnaissance des droits fondamentaux liés à l'eau. Pour ces spécialistes, il s'agirait avant tout d'une « *avancée sémantique* » absolument souhaitable et réalisable.

Une autre difficulté réside dans la dénomination même du droit de l'homme à l'eau et à l'assainissement. Cette approche notionnelle rendrait, pour certains juristes, difficilement identifiable son contenu. Pensant que le droit à l'eau se limite à l'utilisation des cours d'eau par les Etats, ainsi qu'à la propriété encore trop souvent souverainiste et exclusive, ils privilégient le concept de droit de l'homme à l'élément

---

[1] CLEMENCEAU, B., *Op.cit.*, p.7.

hydrique, qui lui seul serait exempt de toute logique économique, et ainsi apte à « quérir la consécration d'un nouveau droit de l'homme », qu'il soit collectif ou plus subjectif.

Il faut souligner qu'en droit privé, l'eau est assimilée à un immeuble par destination. De nombreuses doctrines, qualifiées par certains publicistes d'« *absolutistes et* souverainistes », ne verraient en la ressource hydrique qu'un élément statique insusceptible de tout partage et de toute mobilité. C'est précisément pour répondre à ce dominium total des Etats que la résolution n° 64/292 du 28 juillet 2010 est venue préciser les devoirs qui leur incombaient sur leurs ressources naturelles.

Cela dit, certaines conventions bilatérales étaient déjà venues limiter cette appropriation unilatérale de l'eau au cours du XXème siècle. Prônant un usage simultané, solidaire et responsable de l'eau, elles sont à l'origine d'une certaine « communauté d'intérêt » interdisant par exemple la construction de nouvelles infrastructures modifiant les approvisionnements des pays riverains. La convention sur les eaux de Rio Grande et la convention de New-York sur les utilisations des cours d'eau internationaux à des fins autres que la navigation le démontre parfaitement.

La Cour internationale de justice (ci-après CIJ) reprendra à son tour cette idée de « communauté d'intérêt » dans sa propre jurisprudence, laissant de prime à bord penser que l'émergence d'une certaine forme de solidarité interétatique limitant les velléités souverainistes sur la ressource en eau faciliteraient son accès pour les personnes. L'étude casuistique de ces arrêts établit toutefois que la CIJ n'accorde aucune autonomie réelle au droit à l'eau. Elle se contente de la rapprocher du droit de l'homme à l'environnement ainsi qu'à l'universalité des droits de l'homme.

De plus et surtout, les conventions sus-évoquées n'admettent pas la priorité du droit à l'eau. Faisant simplement allusion aux besoins humains, ces textes ne font naître aucune obligation pour les Etats signataires, ni n'ouvrent de droit subjectif au bénéfice des individus. De l'avis de certains juristes, ils défendent plutôt « *une logique de marché que des sociétés privées peuvent combler* », notamment en termes de potabilisation et de fourniture d'eau.

C'est également le cas du Protocole auquel a donné naissance la Communauté de développement d'Afrique australe. Celui-ci a beau empêcher les Etats de disposer d'une compétence exclusive sur leur territoire et défendre « une utilisation durable, équitable et raisonnable des cours d'eau protégés », il ne définit nullement l'accès à l'eau comme étant un droit de l'homme prioritaire.

Il en va de même concernant le Protocole pour le développement du Bassin du Lac Victoria et l'accord-cadre sur le Bassin du fleuve du Nil. Ne consacrant que des droits programmatoires, donc non-contraignants, la logique est identique à propos de la Charte des eaux du Fleuve Sénégal.

En définitive, ces instruments juridiques internationaux ne créent pas de nouveaux droits de l'homme. Ils se bornent à prévoir une utilisation raisonnable et équitable de la ressource hydrique, ce qui traduit bien les intentions essentiellement politiques de la part des gouvernements qui en sont les instigateurs. De fait, une partie de la doctrine pense qu'il ne faut pas s'en remettre à leurs dispositions pour entrevoir, ne serait-ce que partiellement, l'existence d'un authentique droit fondamental à l'eau et à l'assainissement.

3.7.2.2. Les dangers des enjeux lucratifs et privés liés à l'eau en Droit Interne[1]

Bien qu'indispensable à son activité, l'agriculture fait peser, qu'elle soit traditionnelle ou biologique, de nombreuses menaces sur l'eau et sur l'environnement. En effet, l'usage et la consommation d'eau à des fins agricoles peuvent avoir des effets négatifs sur les eaux superficielles et souterraines, ainsi que sur les milieux aquatiques.

Quantitativement d'abord, l'eau devient moins abondante en raison des étiages et de l'irrigation des cultures. Qualitativement ensuite, la sécurité de l'eau potable en général, et de la composition de l'eau des cours d'eau et des nappes phréatiques en particulier, semble altérée à cause de certaines techniques comme l'utilisation d'engrais et de certains pesticides.[2]

Toutes ces dérives, animées la plupart du temps par des logiques économiques, vont à l'encontre du droit européen et plus exactement de la « DCE » de 2000, qui prescrivait, entre autres, qu'un bon état écologique des eaux soit atteint dans l'ensemble des Etats membres de l'Union d'ici 2015. Loin d'être atteint en 2017, cet objectif suppose, et cela paraît être l'évidence même, que l'activité agricole en tienne compte en n'entravant pas sa réalisation.

---

[1] CLEMENCEAU, B., *Op.cit.*, p.9.

[2] Les pesticides, dont l'agriculture représente 90 % des usages, ont en effet contaminé les ¾ des eaux de surface et la moitié des eaux souterraines. Dans certaines régions, le taux de nitrates est quant à lui proche ou supérieur aux normes de potabilisation.

Selon toute vraisemblance, cette adaptation ne peut se faire sans l'aide de politiques publiques plus efficaces, à qui il reviendrait certainement bien plus qu'aux exploitants eux-mêmes de rendre compatibles les modalités de gestions agricoles auxquelles s'ajoute une logique de rendement économique flagrante avec la préservation de l'environnement et des ressources naturelles.

En attendant que de meilleures mesures soient prises, les agriculteurs se sont dotés de structures collectives puisque l'organisation associative constitue l'un des traits les plus saillants de leur activité afin notamment de préserver et de restaurer la ressource en eau, comme l'article 21 de la loi « *LEMA* » et certaines dispositions du Code de l'environnement les autorisent à le faire. Ce faisant, les exploitants prouvent qu'ils ne se sentent pas « en-dehors de la communauté des usagers en eau ». Par ailleurs, ils approuvent dorénavant la redevance pour pollution d'origine non-domestique de l'eau que sont amenés à payer plusieurs d'entre eux. De ce point de vue, il ne fait nul doute qu'ils ont assimilé le fait que la qualité des eaux constitue désormais une véritable obligation de résultat.[1]

En France, le législateur environnemental est venu préciser à plusieurs reprises que le droit de l'usage de l'eau n'est plus un droit individuel absolu, à travers notamment la loi dite « pêche » de 1984 et plus encore avec la loi sur l'eau de 1992 dont l'article 1er classe la ressource hydrique parmi le patrimoine commun de la Nation. Néanmoins, si l'eau doit bénéficier, au niveau juridique, d'une gestion durable et équilibrée, encore faut-il que les élus dynamisent leurs politiques publiques en les relayant bien plus qu'ils ne le font actuellement auprès de la société civile et des professionnels des différents secteurs concernés (ce qui inclut les métiers de l'agriculture, mais aussi ceux du nucléaire).

En revanche, bien plus satisfaisants sont les dispositifs législatifs et réglementaires afférant aux périodes de sécheresses et d'inondations. Dès lors qu'un certain seuil d'étiage est par exemple atteint ou que la ressource en eau est menacée, alors le maire et le Préfet peuvent, en vertu de leurs pouvoirs de police générale, prendre toutes les mesures restrictives qu'ils souhaitent, à la condition toutefois qu'elles soient proportionnées et adaptées au but recherché.

---

[1] La qualité des eaux constitue désormais, avec la DCE de 2000, une obligation de résultat. Les bande enherbées le long des cours d'eau – définis par la loi du 12 juillet 2010, dite « Grenelle 2 » - sont un bon moyen de parvenir à l'objectif de bon état écologique pour les 2/3 des masses d'eau en mobilisant le monde agricole.

Celles-ci peuvent donc aller de l'interdiction du remplissage des piscines ou du lavage des voitures à l'impossibilité faite aux agriculteurs d'irriguer leurs exploitations. Ici, une attention particulière est portée aux usages prioritaires de l'eau, à savoir la consommation humaine et la sécurité des installations sensibles. Aussi évidentes qu'elles puissent paraître, ces modalités de gestion de crise n'existent malheureusement qu'à la marge sur certains continents et n'ont pas systématiquement d'équivalents en Europe.

Une bonne densité d'analyse des enjeux économiques suscités par l'accès à la ressource hydrique impose également de s'intéresser à la place centrale des femmes et des filles dans les pays du Sud, et plus exactement au fait que « certains concepteurs et promoteurs des programmes de développement durable ne se rendent absolument pas compte que les actions d'amélioration de l'approvisionnement en eau et de l'assainissement sont nécessairement des processus de changement social ».

Les programmes de construction de latrines sont par exemple souvent mis en œuvre sur la base d'une « *présupposition erronée d'après laquelle seuls les hommes seront intéressés par les possibilités de formation ou d'accès aux crédits associés* ». L'hypothèse d'une inclusion des femmes à un niveau plus politique et surtout d'une approche en termes de genre semble donc indispensable à la réussite de n'importe quel programme d'accès à l'eau.

Dans les pays du Sud, les relations entre sexe sont souvent perçues sous l'angle d'une « victimisation *des* femmes », alors qu'elles sont pourtant les principales instigatrices du changement et plus généralement du progrès dans les ménages et les communautés.

De fait, les modèles familiaux locaux ne sont pas forcément « *des unités indivisibles et* cohérentes *fondées sur la solidarité et la complémentarité* », comme le montre très bien la question de l'accès à l'éducation des jeunes filles, que beaucoup de chefs de ménage préfèrent ne pas envoyer à l'école en raison du manque d'installations d'assainissement adéquates ou de l'aide dont auront besoin leurs mères pour aller chercher l'eau pendant la journée. Les répercussions d'une telle privation en matière d'instruction ne pourront être que préjudiciables, si ce n'est dramatiques, pour leur situation économique future.

Quant à l'urbanisation intensive, elle cause d'importants conflits pour l'accès à l'eau puisqu'elle s'entreprend généralement au détriment des meilleures terres. Aujourd'hui, plus d'un homme sur deux vit en ville. Pas moins de 10 % du territoire européen (et mondial !) serait, au début des années 2000, devenu urbain. Alors certes, il est devenu possible grâce aux nouvelles technologies de « faire pousser du maïs dans le désert ou du mil en Beauce », mais celles-ci nécessitent quoi qu'il arrive un usage intensif de la ressource en eau et en énergie. En ces temps de raréfaction des ressources naturelles et du bouleversement des actifs environnementaux comme l'eau, ces techniques de production engendrent qui plus est d'importants surcoûts qu'il n'est peut-être plus raisonnable d'ignorer.

Malgré leurs efforts respectifs, ni l'Union européenne ni ses Etats membres n'ont, pour l'heure, réussi à intégrer les ressources naturelles dans l'économie réelle, donc ne sont parvenus à une coexistence durable entre l'usage des sols et de la ressource en eau. De fait, « c'est encore et toujours le marché foncier qui reste le principal indicateur de la valeur attachée aux sols et aux ressources ». Ce constat est d'autant plus frappant qu'en l'état actuel du droit positif, « les conditions de rémunération d'une gestion durable des sols ne suffisent pas à compenser l'absence de reconnaissance de la valeur économique des ressources contenues par le foncier, faut-il protégé ».

Face à ce phénomène, certains auteurs proposent aux acteurs locaux de défendre eux- mêmes leurs intérêts en fédérant collectivement des stratégies de développement à même de leur permettre dc surmonter ces conflits d'usage des milieux et des ressources. Aussi les invitent-ils à ne plus attendre qu'une crise intervienne pour que des dispositifs concertés et intégrés, ou aussi inventifs soient-ils, s'imposent aux yeux des pouvoirs publics comme étant incontournables, mais à agir de concert vers « la co-construction d'une sorte de « filet de sécurité » grâce auquel ils pourront innover, rebondir et affronter les défis formidables de production auxquels l'humanité sera confrontée à l'avenir ».[1]

3.8. Défis de dégradation des ressources en eau (pollution, gaspillage, démographie, …)

La variabilité des précipitations, la sécheresse et la gestion inadéquate des sols contribuent à la dégradation des sols en Afrique, tandis que l'eau mal gérée, laquelle est relâchée dans l'environnement, peut polluer les sols et les cours d'eau ; plusieurs opportunités existent

[1] CLEMENCEAU, B., *Op.cit.*, p.11.

pour que les pays africains protègent leurs sols et leurs ressources hydriques de ces deux problèmes.

3.8.1. Les contraintes

Les défis auxquels l'Afrique est confrontée pour faire face aux questions hydriques liées à la dégradation des terres comprennent les forces motrices socioéconomiques mentionnées précédemment dans les autres sections du présent chapitre, y compris la population grandissante, la croissance rapide des zones périurbaines et le développement économique ; les mauvaises pratiques ou l'insuffisance de pratiques de gestion hydrique durable constituent également des défis. Au fur et à mesure que le continent se développe, par exemple, les sources non-ponctuelles telles que les engrais agricoles et les pesticides par exemple, augmenteront avec les demandes accrues en nourriture, provenant d'une population grandissante ; les sources ponctuelles des industries et domestiques augmenteront aussi.

Il existe également des risques de menaces futures sur l'eau, venant des activités terrestres telles que le raffinement de pétrole, les bassins de stériles provenant des entreprises minières (PACN 2010). Les autres contraintes incluent les fluctuations flagrantes rapides et souvent extrêmes de pluviosité, et le changement continu des débats scientifiques sur les causes (ICRSE 2003).

- Les mauvaises pratiques agricoles et la culture sur les terres marginales qui affectent l'utilisation de l'eau ou les ressources hydriques : La sécheresse agricole (sécheresse dans la zone racinaire) est beaucoup plus fréquente que la sécheresse météorologique (une période durant laquelle l'eau est insuffisante pour cultiver, parce que la pluviosité moyenne est nettement inférieure à la moyenne) parce que la majeure partie de la pluie tombant sur les terres cultivées s'écoule de la surface, et la capacité de stockage du sol est réduite par l'érosion, causant une structure pauvre du sol, une perte de matière organique, une texture défavorable et des obstacles à l'enracinement. Les équilibres hydriques des champs de cultivateurs montrent que seulement 15 à 20 pour cent de l'eau de pluie contribue en fait à la croissance des cultures ; ce pourcentage descend à cinq pour les terres dégradées.
- Malgré la productivité réduite du sol érodé, plusieurs cultivateurs africains sont contraints d'utiliser les mêmes sols, à cause de facteurs tels que la pression démographique, la propriété foncière inadéquate et la mauvaise planification de l'utilisation des terres. Il existe un lien très clair entre la densité de population et l'érosion des

sols (Barr 2007). Les impacts de la dégradation des sols sur l'eau comprennent le tarissement de l'eau disponible à travers la destruction des zones de captage et des aquifères, tandis que l'ensablement accru remplit les barrages et conduit à l'inondation dans les rivières et les estuaires. Au Soudan, par exemple, la capacité totale du réservoir de Roseires, lequel produit 80 pour cent de l'électricité du pays, a chuté de 40 pour cent en 30 ans, à cause de l'ensablement du Nil Bleu.

- Le manque de structure de suivi et de gouvernance hydrique : Les statistiques relatives à la pollution de l'eau font défaut parce que plusieurs pays africains manquent de programmes de suivi efficace de la qualité de l'eau, du fait d'un sous-investissement et de mauvaises ou inexistantes structures de gestion.

3.8.2. Impact de dégradation des ressources en eau sur la population

« Il est encore temps d'anticiper les conséquences du changement climatique avant qu'elles ne s'aggravent, mais bientôt il sera trop tard. Les mesures que les villes prennent maintenant pour faire face à l'arrivée grandissante de migrants fuyant les zones rurales et faciliter leur accès aux études, à la formation *professionnelle et à l'emploi seront payantes à long terme.*

Il est également important d'aider les gens à faire le bon choix entre rester là où ils vivent ou se déplacer là où ils seront moins exposés aux dérèglements du climat », a dit Kristalina Georgieva, Directrice générale de la Banque mondiale.[1]

3.8.2.1. Les points marquants

- Selon une nouvelle étude de la Banque mondiale, l'aggravation des effets du changement climatique dans trois régions du monde densément peuplées pourrait pousser plus de 140 millions de personnes à migrer à l'intérieur de leur propre pays d'ici 2050 ;
- Mais il est encore temps d'éviter le pire : le nombre de migrants climatiques internes pourrait être réduit de 80 % (soit 100 millions de personnes) si la communauté internationale intensifie ses efforts de réduction des émissions de gaz à effet de serre et que les pays se dotent de plans de développement solides ;

[1] « Les migrants climatiques : visages humains d'un dérèglement planétaire », in www.google.com, consulté le 20 mars 2020.

- Le rapport met en évidence des foyers d'émigration et d'immigration climatique, à savoir des zones vulnérables au changement climatique qui connaîtront probablement un exode de population important et des territoires qui devront accueillir ces migrants internes en quête de moyens de subsistance et d'une nouvelle vie.[1]

3.8.2.1.1. l'histoire de l'humanité se confond avec les mouvements de population.

Depuis toujours, les peuples ont toujours migré, poussés par des raisons économiques, sociales ou politiques. Le changement climatique vient aujourd'hui s'ajouter aux facteurs de migration : un nombre grandissant d'individus quittent des territoires exposés aux dérèglements climatiques pour s'installer ailleurs dans leur pays, dans des régions où ils pourront reconstruire leur vie avec espoir d'y demeurer longtemps, dans des bonnes conditions.

Une nouvelle étude de la Banque mondiale intitulée Groundswell[2]: Se préparer aux migrations climatiques internes, analyse ce phénomène récent et ses effets à l'horizon 2050 en se penchant sur trois régions du monde : l'Afrique subsaharienne, l'Asie du Sud et l'Amérique latine. Ses conclusions sont implacables : si l'on n'agit pas de toute urgence contre le changement climatique et pour le développement, ces régions pourraient être globalement confrontées à la présence de plus de 140 millions de migrants climatiques internes d'ici 2050. Des habitants forcés de se déplacer en raison des sécheresses, des mauvaises récoltes, de l'élévation du niveau de la mer et de l'aggravation des ondes de tempêtes.[3]

Mais il est encore temps d'éviter le pire : le nombre de migrants climatiques internes pourrait être réduit de 80 % (soit 100 millions de personnes) grâce à des mesures concertées au niveau mondial et national. Il est notamment indispensable d'intensifier les efforts internationaux destinés à réduire les émissions de gaz à effet de serre afin d'atténuer la hausse mondiale des températures, mais aussi, au niveau de chaque pays, de mettre en place des plans de développement solides.

---

[1] « Les migrants climatiques : visages humains d'un dérèglement planétaire », Op.cit.

[2] Https://openknowledge.worlbank.org/handle/10986/29461, Consulté le 20 Avril 2020.

[3] « Les migrants climatiques : visages humains d'un dérèglement planétaire », *Op.cit.*

Alors qu'il remodèle le paysage physique du monde, le changement climatique modifie aussi son paysage géopolitique. En cas d'incapacité des gouvernements à atténuer cet effet, les risques de conflit et d'instabilité vont augmenter et devenir plus difficiles à contrôler. De nombreuses régions sont concernées, mais, du fait de la combinaison de fragilités structurelles et d'une forte exposition aux risques de changement climatique, la Corne de l'Afrique est particulièrement vulnérable, faisant craindre plus qu'ailleurs la survenue des conflits et de l'instabilité dans la péninsule.

Avec le temps, l'impact du changement climatique sur les ressources naturelles – qui s'ajoute aux pressions démographiques, économiques et politiques existantes – peut entamer la capacité d'un pays à se gouverner lui-même. Laquelle comprend la capacité à répondre aux besoins de ses citoyens en ressources de base – telles que les denrées alimentaires, l'eau, l'énergie ou l'emploi –, ce que l'on appelle sa « légitimité produite ». Or cette menace sur la légitimité produite d'un État peut le fragiliser, susciter des conflits internes, voire aboutir à son effondrement. Ainsi considéré, le changement climatique peut constituer un grave défi pour la stabilité et la légitimité des États de la Corne de l'Afrique, région déjà en butte à d'innombrables difficultés avant que ne surviennent celles posées par le changement climatique.

Les épisodes de sécheresse, couplés à d'autres facteurs, augmentent déjà l'incitation à la migration, en Afrique comme ailleurs. Ceux qui n'ont pas les moyens de partir risquent aussi d'être « piégés », ou de ne pas pouvoir migrer vers des lieux plus sûrs. La probabilité d'une baisse des précipitations et d'une augmentation des événements météorologiques extrêmes dans la Corne risque fort d'accélérer et d'amplifier les mouvements migratoires.

Selon Robert McLeman, de l'université Wilfrid Laurier (Canada), *« les États aujourd'hui politiquement fragiles seront très probablement les futurs épicentres d'épisodes de violences et de* migrations *forcées liés au climat »*[1]. De fait, sur les 20 pays les plus fragiles, 12 sont situés au Moyen-Orient, en Asie du Sud et en Afrique, où l'on s'attend à ce que le changement climatique intensifie fortement le niveau de rareté de l'eau. Cinq d'entre eux – Érythrée, Kenya, Somalie, Soudan et Soudan du Sud – se trouvent dans la Corne.

---

[1] Epicenters of Climate and Security, juin 2017, in www.google.com, consulté le 26 juillet 2022.

Figure 10. Les Migrants Climatiques

Source : Bassins Hydrographiques de l'Afrique. www.google.com.

Les migrants pasteurs Mbororo en transhumance en RDC sont en majorité originaires des pays du Sahel (Figure …). Les preuves scientifiques montrent que les effets du changement climatique sont évidents dans ces pays. Les migrations qui sont observées dans le bassin du Congo, en provenance des pays Bassin du lac Tchad apparaissent comme une des stratégies d'adaptation des populations de ces pays aux effets des changements climatiques ;

La migration dans cette étude sur le nexus Climat-Eau-Migrations-Conflits se situe à deux niveaux, en amont comme une conséquence du changement climatique et en aval, comme une cause des conflits. En aval, les guerres civiles et le changement climatique dans le bassin du lac Tchad ont pu déclencher et soutenir une migration massive de conquête ;

Ces horizons sombres en matière de migration climatique, dont les régions sont voisines à celle du Bassin du Congo-Oubangui-Sangha, doivent être interpellateurs dans le souci d'éviter aux ressources en eau et écosystémiques de ce dernier, toutes pressions qui viendraient de ces régions en proie des épisodes de sécheresse.

3.8.2.1.2. La militarisation de l'eau

L'autre facteur non moins important, lié à la raréfaction de la ressource en eau demeure sa militarisation. En effet, la modification de la disponibilité des ressources en eau – raréfaction, problèmes d'accès – sous l'effet du changement climatique a également permis aux États et aux acteurs non étatiques d'utiliser l'eau comme une arme. Comme l'atteste une étude récente de Marcus King, de l'université George Washington (États-Unis), qui considère que la Somalie est particulièrement exposée à cette conjonction entre climat, conflit et militarisation des ressources aquatiques.

Les sécheresses régionales subies par la Somalie en 2011 ont été associées au changement climatique. À cet instant, constate Marcus King, le groupe djihadiste fondamentaliste « Al-Chabab a changé sa tactique de guérilla et commencé à couper les vannes des villes libérées pour faire au moins acte de pouvoir et de présence. Le changement climatique, la pénurie alimentaire et la poursuite du conflit avec la militarisation de l'eau ont été lourds de conséquences pour les populations : la difficulté d'accès de l'aide humanitaire à cause des actions d'Al-Chabab s'est soldée par plus de 250 000 morts et des centaines de milliers de déplacés. »

Si les sécheresses et les événements météorologiques extrêmes ne sont pas nouveaux dans la région, la vitesse du changement et la réduction du temps de récupération entre deux événements accentueront les pressions sur des gouvernements déjà pris à la gorge. Le risque d'instabilité étatique et de conflits durables augmente d'autant. Il reste néanmoins une petite lueur d'espoir : le changement climatique, contrairement à d'autres facteurs de risques sécuritaires internationaux, peut être modélisé avec un degré de certitude relativement élevé.

Malgré le caractère très incertain des prévisions à l'échelon local, les projections des modèles climatiques donnent une idée précise de ce que l'avenir nous réserve, permettant aux gouvernements et aux sociétés d'élaborer des plans. Toutefois, l'amélioration de notre capacité prédictive n'équivaut pas à une préparation. La combinaison de « risques sans précédent » et d'une « prévisibilité sans précédent » nous pousse vers une « Obligation d'adaptation »[1]. La responsabilité incombe aux institutions sous-nationales, nationales et intergouvernementales de renforcer la résilience climatique au niveau régional de la Corne de l'Afrique. Dans le cas contraire, la stabilité de cette région, et du reste du monde, se verrait grandement compromise.

3.9. Défis du rôle essentiel de l'eau dans la santé (hydro santé) humaine et environnementale

Il sied de noter que le défi le plus important reste donc celui de la recherche de solution pour augmenter les ressources en eau disponibles.[2]

Les principes du droit international de l'eau et les instruments universels :

- la convention d'Helsinki de 1992 ;
- la convention de New York de 1997.

3.9.1. La Convention sur l'Eau CEEAC

Une notion intellectuellement satisfaisante mais non pratiquée à l'heure actuelle, consisterait dans la prise en considération de la totalité du bassin hydrologique comme Unité économique.

Ainsi, un fleuve international serait analysé par des équipes d'experts afin de trouver les pointes géographiques stratégiques à la mise en place de barrages, des centrales hydro électriques de voies de navigation, l'exploitation halieutique.

---

[1] Rapport présenté au Conseil de sécurité des Nations Unies, Décembre 2017.

[2] Les enjeux géopolitiques de l'eau : risques de tensions à venir. Par Jean-Christophe Victor. Expert en géopolitique et en relations internationales.

3.10. Défis liés au développement de l'énergie hydro électrique pour promouvoir la sécurité énergétique

Figure 11. Evolution de l'assèchement des Bassins Hydrographiques en Afrique

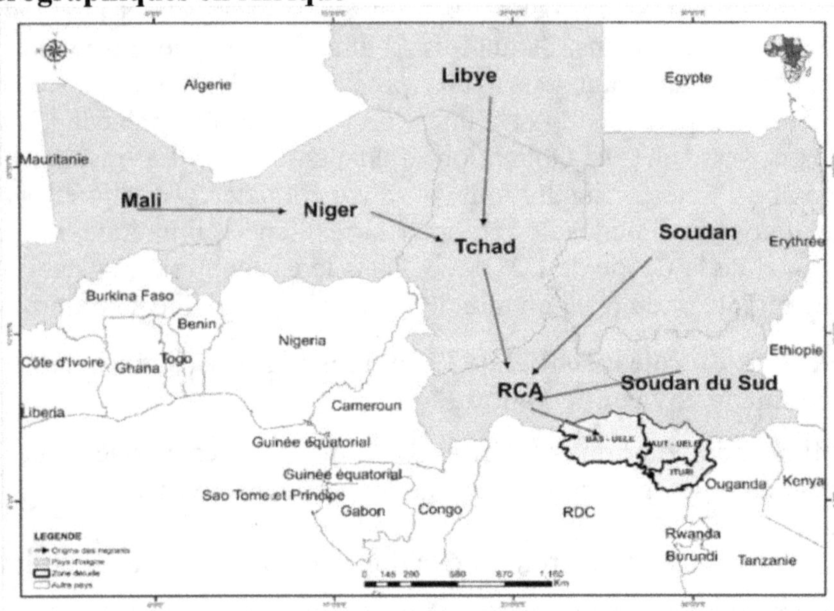

Source : Bassins Hydrographiques de l'Afrique. www.google.com.

3.10.1. Les défis

L'Afrique abonde de ressources hydriques pour l'hydroélectricité et peut stimuler la sécurité énergétique, en intensifiant le développement hydraulique. Les contraintes à la mise en valeur de l'hydroélectricité en Afrique comprennent la non-disponibilité de sites appropriés, de grandes exigences de capital, de longs délais d'exécution, les préoccupations relatives aux impacts sociaux et environnementaux, l'instabilité politique et les impacts de la variabilité climatique sur les ressources hydriques.

La faible demande et la dispersion des populations freinent également l'exploitation rapide, de même que la demande accrue venant de la population et la croissance économique qui mettent à l'épreuve la capacité des pays à fournir une énergie accrue.

- *La capacité à produire de l'hydroélectricité est inégale à travers le continent* : A travers l'Afrique, la distribution des sites appropriés pour le développement de l'hydroélectricité est inégale. Par exemple, le potentiel moyen en Afrique Septentrionale est de 41 000 GWhs, comparé à 653 361 GWhs en Afrique Centrale. Malgré son énorme potentiel hydroélectrique, la sous-région d'Afrique Centrale est la moins électrifiée (2,6 pour cent de production d'électricité), tandis que celle d'Afrique Australe est la plus électrifiée.

Figure 12. Défis hydriques de l'Afrique

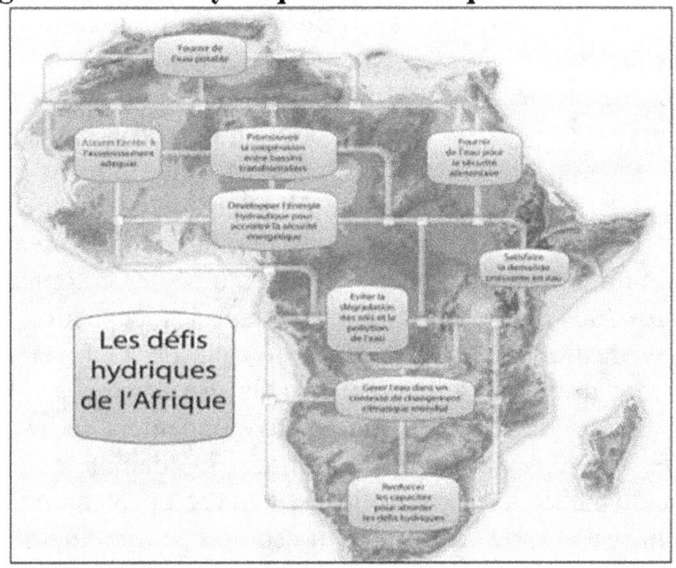

Source : Améliorer la Quantité, la Qualité et l'Utilisation de l'Eau de l'Afrique, https://na.unep.net/atlas/africawater. (Hammons 2006).

- *Le changement climatique accentuera la variabilité des précipitations et pourrait freiner le potentiel hydroélectrique dans certaines zones* : Le Défi souligne comment et où le changement climatique pourrait affecter les ressources hydriques de l'Afrique.
- *Les barrages hydroélectriques devront éviter les impacts sociaux et environnementaux historiquement caractéristiques des projets de mise en place de grands barrages* : L'Afrique possède plus de 1 270 grands barrages. Dans la plupart des cas, ils ont fait subir des épreuves considérables aux communautés locales, lesquelles n'ont soutiré que peu de bénéfices mais ont souvent sacrifié leurs terres et leurs moyens de subsistance pour faire place aux projets. Tels furent les impacts de grands barrages au Soudan, Sénégal, Kenya, en Zambie, au Zimbabwe et au Ghana. Dans la plupart des cas, les bénéfices sont inégalement partagés et les barrages alimentent des réseaux d'électricité centralisés qui profitent à l'industrie et à l'élite.

L'Afrique est confrontée au défi de développer des infrastructures hydroélectriques qui ne causent pas de dommages à l'environnement et aux conditions de vie des individus.

Il convient de noter à ce stade que le défi le plus important reste donc celui de la recherche de solution pour augmenter les ressources en eau disponibles.

Plusieurs raisons expliquent le lent progrès en matière de fourniture d'eau potable aux africains[1] :

- l'explosion des zones périurbaines et des consommateurs plus aisés : dans certaines régions, les populations croissantes ont augmenté la proportion des plus pauvres. Au Caire et dans d'autres grandes villes du continent, l'expansion des limites de la ville et l'accroissement rapide des populations (croissance naturelle et migration des zones rurales), a créé des colonies de squatters ou des bidonvilles, contraignant les capacités des institutions gestionnaires de l'eau à fournir de l'eau et une infrastructure d'assainissement adéquates. En revanche, alors que les citadins abondent et que le développement industriel croît avec la croissance économique, la demande pour davantage de meilleurs services liés à l'eau croît également. Par conséquent, la rareté de l'eau n'est pas entièrement un phénomène naturel. Elle peut être attribuée à de faibles niveaux d'investissement dans les services liés aux ressources hydriques et à l'inaptitude à faire face à la demande croissante en l'eau, en réponse à la croissance démographique et au développement économique (Mwanza 2003) ;
- le manque d'accès, de régulation et de services publics : A travers l'Afrique, il existe des zones où les services liés à l'eau et à l'assainissement sont plus facilement accessibles que dans d'autres. Ceci peut être dû à la géographie, au climat et à l'histoire économique et politique des pays. Dans les zones pauvres et sujettes aux conflits, les services liés à l'eau sont rares et la plupart des zones n'ont aucune infrastructure. A titre d'exemple, le Département des Affaires Hydriques et Forestières sud-africain a reconnu ce dilemme comme étant un défi principal. Les petits fournisseurs privés (c'est-à-dire autres que les projets hydriques mis en œuvre communautairement et

[1] UNEP, Africa Water Atlas, Améliorer la Quantité, la Qualité et l'Utilisation de l'Eau de l'Afrique, p.126.

publiquement) fournissent 50 pour cent de la population urbaine en Afrique. Les coûts élevés par unité d'eau fournie, la mauvaise qualité de l'eau et la difficulté à régulariser les fournisseurs, ralentissent le progrès vers l'approvisionnement en eau salubre ;

- le coût élevé d'approvisionnement en eau : Le coût financier pour les utilisateurs est un frein moins flagrant pour l'approvisionnement en eau potable salubre. Les coûts par habitant d'approvisionnement en eau salubre sont plus élevés dans les zones urbaines que dans zones rurales faiblement peuplées ; cependant, en moyenne, étendre la couverture coûte moins cher dans les zones rurales que dans les zones urbaines à forte densité. Dans la majeure partie de l'Afrique subsaharienne, les foyers à revenus élevés connectés à des services tirent le plus de profit de l'eau vendue à des prix bien inférieurs, au niveau nécessaire pour couvrir les coûts de mise en opération et de maintenance. Les habitants des bidons villes au Kenya paient cinq à dix fois plus pour l'eau, par unité, que ne paient les consommateurs à Londres ou à New York. Au Bénin, au Kenya et en Ouganda, les frais de raccordement des fournisseurs du réseau formel excèdent US$100 (UNDP 2006).

En 2008, les montants d'aide promis en faveur des grands projets d'assainissement et hydriques étaient de US $4,6 milliards, comparés à US$1,2 milliards pour les systèmes de base. Les systèmes d'eau potable basiques sont définis comme la fourniture d'eau potable à travers des technologies à faible coût, telles que les pompes à eau, le captage à la source, les systèmes d'irrigation par gravitation, la collecte d'eau de pluie, les citernes de stockage et les systèmes de petite distribution.

Les systèmes basiques d'assainissement sont les latrines, les petites canalisations des réseaux d'égout et l'élimination sur place. Les grands systèmes d'eau potable incluent : le traitement, l'adduction d'eau potable et la distribution ; les grands systèmes d'assainissement incluent les systèmes de collecte des eaux usées et les stations d'épuration.

3.10.2. De l'analyse des ressources en Eau

L'accès à l'approvisionnement en eau salubre et à un assainissement adéquat suit à peine le rythme de la croissance démographique au cours de la dernière décennie : 1,1 milliard de personnes n'ont toujours pas accès à l'eau salubre, un tiers de la population mondiale est privée d'eau potable, et près de 2,5 milliards n'ont pas d'installations adéquates d'assainissement. La disponibilité en eau dans le monde cache mal les difficultés liées à une répartition inégale et à des problèmes de la demande, de l'augmentation de la pollution, de l'utilisation de l'eau.[1]

3.10.2.1. Importance et enjeux autour des ressources en eau[2]

Dans la plupart des pays en développement comme ceux d'Afrique, l'accès à l'eau se pose en termes de développement. En effet l'eau est source de vie au sens large du terme, puisqu'elle permet de développer les fonctions de production qui sous-tendent l'épanouissement des populations. C'est une ressource limitée nécessaire à la vie et aux systèmes écologiques, et essentielle pour le développement économique et social. Les populations ont besoin d'eau en qualité et en quantité pour être en bonne santé, ils ont besoin d'eau pour maintenir leurs activités économiques, agricoles, etc.

3.10.2.2. Fonctions et dimensions multiples de l'eau[3]

L'eau est la base de toute forme de vie, elle est habitat, aliment, moyen de production, de transport, directement et/ou indirectement bien marchand. Elle tisse un vaste réseau de connections : elle est intimement liée aux ressources naturelles (sol, forêts, biodiversité…).

Différents groupes d'intérêts l'utilisent pour subvenir à leurs besoins ; l'eau est à la fois internationale, nationale, régionale et locale, occupe des échelles de temps et d'espace variées. Ce réseau complexe ne facilite pas la mise en place de mesures appropriées de gestion. En plus l'eau comme ressource naturelle peut être :

- *menacée* par une croissance démographique et une urbanisation combinées, qui entrainent une demande en eau plus forte, ainsi les écosystèmes, milieux producteurs et régénérateurs de cette ressource sont menacés, pollués et détruits ;
- *source de concurrence et de conflits*, en effet lorsque les ressources en eau sont restreintes et que différents groupes d'intérêts manifestent en même temps des besoins par rapport à ces ressources, des réactions concurrentielles et conflictuelles apparaissent ;

---

[1] Institut international d'ingénierie de l'eau et de l'environnement, manuel technique de gestion intégrée des ressources en eau, juillet 2010, p.18.

[2] *Idem,* p.15.

[3] *Ibidem*, p.18.

- *menaçante*, quand les pluies violentes et irrégulières provoquent des crues, inondations, glissements de terrains, sécheresses prolongées, changement de climat, dans un contexte où les gouvernements manquent de capacités et de moyens financiers pour mettre en place des méthodes efficaces de préparation aux effets des catastrophes et d'atténuation de ces effets.

3.10.2.3. L'eau dans le développement économique et social[1]

L'eau est, d'une part, essentielle à la vie humaine, animale et végétale. Elle soutient les activités productives, l'agriculture, l'hydro-électricité, l'industrie, la pêche, le tourisme, le transport par exemple. L'eau peut, d'autre part, provoquer des ravages extrêmes, elle peut être porteuse de maladies et inonder de vastes zones. Un manque d'eau ou une sécheresse prolongée peut faire de nombreuses victimes et entraîner une récession.

L'eau peut également causer ou aggraver des conflits entre les communautés riveraines d'un bassin local, national ou transfrontalier. Des facteurs tels que la croissance et les changements démographiques, le développement économique et le changement climatique ont à l'évidence un impact très important sur les ressources en eau.

De même, les ressources en eau ont un impact significatif sur la production et la croissance économique, sur la santé et les moyens d'existence et sur la sécurité nationale.

La croissance économique, les initiatives de réduction de la pauvreté et les changements démographiques et sociaux accroissent les demandes en infrastructures hydrauliques pour satisfaire les besoins en alimentation ou en énergie, la production de biens et de services.

De tels développements ont un impact important sur les ressources en eau. La construction de systèmes d'irrigation, de barrages hydroélectriques, de voies navigables et de systèmes d'adduction en eau pour les habitants, le tourisme et les industries ont considérablement amélioré la vie de millions de personnes, cependant ces développements ont également profondément modifié les régimes hydrologiques, les écosystèmes aquatiques et l'hydro morphologie de la plupart des fleuves, lacs et aquifères du monde.

[1] Institut international d'ingénierie de l'eau et de l'environnement, Op.cit.

3.10.2.3.1. Les enjeux actuels autour des ressources en eau[1]

Tous ces problèmes sont aggravés par l'organisation sectorielle des institutions qui est en contradiction avec la nature multifonctionnelle et multidimensionnelle de l'eau. Il est alors urgent d'adapter des concepts et méthodes nouveaux de gestion. L'objectif est d'atteindre un équilibre entre l'utilisation de l'eau en tant que fondement pour la subsistance d'une population mondiale en plein essor, et sa protection et sa conservation en vue de garantir la pérennité de ses fonctions et caractéristiques.

Dans cette optique un certain nombre d'enjeux méritent d'être mis en exergue :

- garantir de l'eau aux populations ;
- garantir de l'eau pour la production alimentaire ;
- couvrir les besoins en eau pour d'autres activités créatrices d'emploi ;
- protéger les écosystèmes vitaux ;
- gérer la variabilité spatio-temporelle de l'eau ;
- gérer les risques.

3.10.2.4. L'eau dans la préservation de l'environnement[2]

La façon dont la société utilise et pollue l'eau, ou altère l'hydro morphologie des cours d'eau a modifié la quantité et la qualité de l'eau dans les écosystèmes qui, outre leur valeur intrinsèque, apportent des services naturels' essentiels et précieux au bien-être de l'homme.

De nombreux pays en voie de développement sont confrontés à une dégradation des ressources en eau douce, en termes de quantité et de qualité, et des écosystèmes aquatiques.

Cette situation a pour conséquence une réduction des bienfaits et services apportés par les ressources en eau, ainsi qu'une augmentation des risques et dangers liés à l'eau. L'expansion des villes sur les rives des fleuves et des lacs augmente la pollution de l'eau causée par les rejets des ménages et des industries. Les progrès agricoles s'accompagnent d'une plus grande utilisation d'engrais et de pesticides par les exploitants agricoles, ce qui accroît la pollution.

La pollution biologique et chimique, l'altération du débit des fleuves et des lacs ainsi que la diminution du niveau des nappes phréatiques peuvent avoir de graves conséquences.

---

[1] *Idem.*

[2] *Idem*, p.16.

Les fleuves deviennent trop riches en nutriments, ce qui entraîne une prolifération d'algues et l'eutrophisation. Cette destruction ou dégradation des écosystèmes met en danger de nombreuses communautés qui dépendent des ressources naturelles et provoque une perte de biodiversité.

« Le monde n'est pas racontable d'un discours unique ; l'universel n'en est pas la loi ; l'harmonie n'en est pas la règle. Au contraire, il est le lieu de formidables batailles pour l'appropriation et l'usage des ressources, le lieu de déséquilibres et de conflits... »[1]

[1] ATTALI, J., *Les trois mondes*, Fayard, Paris, 1981, p.87.

Chapitre IV.
PROBLEMATIQUE DU TRANSFEREMENT DES EAUX DU BASSIN DU CONGO VERS LE LAC TCHAD ET LES ETATS DU SAHEL : conséquences politico-économiques et climato-environnementales

Introduction

« Les tensions produites par la rareté localisée de l'eau se multiplieront au XXIe Siècle, et les gouvernements des pays concernés seront confrontés à des conflits portant sur des ressources, l'eau, ou plutôt son difficile partage, pour crucial qu'il soit, n'en sera que l'un des éléments, ou pire un puissant catalyseur ».[1]

Le projet d'alimenter le lit du lac Tchad et d'autres pays du Sahel par l'eau douce du Bassin du Congo est toujours d'actualité, affirment certains experts. Cet approvisionnement va permettre aux populations du Tchad, du Cameroun, du Niger et du Nigeria, d'avoir accès à cette ressource vitale pour leurs survies. Pour d'autres, cela risque de causer un déséquilibre des écosystèmes aquatiques de la République Démocratique du Congo.

Ce projet de transfert d'eau est-il une opportunité ou une menace pour la République Démocratique du Congo ?

Le projet international de transférer les eaux du Bassin du Congo doit concerner tout le pays et doit intéresser au plus haut point la République Démocratique du Congo. Transférer les eaux du Bassin du Congo vers le Lac Tchad et les Etats du Sahel signifie perturber le débit du fleuve Congo avec ses conséquences sur les écosystèmes naturels[2] en République Démocratique du Congo.[3]

---

[1] PANIKKAR, R., Conférence d'ouverture de Rio, 1992.

[2] Ecosystèmes naturels : les écosystèmes naturels sont des systèmes équilibrés. Cela signifie que les interactions entre les différents organismes qui constituent l'écosystème, contribuent à une certaine stabilité. Par exemple, dans les écosystèmes de plaines herbeuses, les herbivores consomment de l'herbe, mais nourrissent aussi le sol avec leur déjection, ce qui permet à l'herbe de repousser et permet une sorte d'équilibre.

[3] KALOMBO, D., « La problématique du transfert des eaux de la rivière Oubangui vers le lac Tchad, une menace contre la RDC », in www.google.com, *consulté* le 21 juin 2021.

On sait aussi très peu de choses sur la disponibilité actuelle en eau de l'Oubangui à revitaliser les écosystèmes aquatiques du lac Tchad, dans la mesure où certains travaux de recherches ont signifié que l'Oubangui est entré dans une phase sèche depuis la seconde moitié du 20ème siècle, et que cette sècheresse se traduit par une baisse notoire d'écoulement de décennies en décennies.

A en croire le professeur Donatien Kalombo, ce projet n'intégrera jamais dans l'aménagement le développement de la région exportatrice, c'est-à-dire de la RDC. Mais il favorisera le développement des régions importatrices des Bassins du Tchad et du Nil.[1]

En revanche, la réalisation de ce projet risque aux futures soulever des conflits sociaux très graves en République Démocratique du Congo à cause de risque de pénurie et de la forte demande en eau à venir, et suite aux conséquences qui résulteront de l'impact des changements climatiques sur la biodiversité locale (pêche, chasse…). Ceci d'autant plus que, bien que le climat équatorial ait une influence positive sur la stabilité du débit annuel du fleuve Congo et du rôle de tampon des grands marécages de la cuvette centrale, les régions de Katanga et du plateau, Kasaï seront exposées aux pénuries saisonnières d'eau rendant ces zones particulièrement vulnérables à la sécheresse.

Le professeur propose par contre, que l'on fasse des études pour voir s'il existe d'autres alternatives pour sauver le Lac Tchad en dehors du transfert des eaux du Bassin du Congo.[2]

Pour le Prof Tshimanga Muamba Raphaël, depuis un certain temps, nous assistons avec fascination aux interventions des Activistes, Politiciens et Scientifiques sur la problématique du transfert d'eau du Bassin du Congo, que certains n'hésitent pas à associer directement à la guerre de l'eau. Information et désinformation sont bel et bien au rendez-vous, au risque de désorienter la prise de décision de gestion durable des ressources en eau.[3]

A cet égard, le Centre de Recherche en Ressource en Eau du Bassin du Congo (CRREBaC), fort de son expertise sur les questions relatives à l'hydrologie, l'hydrodynamique et la gestion des ressources en eau du Bassin du Congo en général et celles de la RD Congo en particulier,

---

[1] KALOMBO, D., Op.cit., p.12.

[2] *Idem.*

[3] TSHIMANGA, R., La position du Centre de Recherche en Ressources en Eau du Bassin du Congo (CRREBaC) face aux élucubrations actuelles sur le transfert d'eau du Bassin du Congo, in www.google.com, consulté le 25 avril 2021.

tient à porter sa modeste contribution pour éclairer l'opinion. Cette contribution est axée sur cinq points ci-après :[1]

- *Du transfert d'eau du Bassin du Congo* : un problème réel de développement ou un cas de marchandage politique et géopolitique ?
- *De la guerre de l'eau ou du paradoxe congolais dans la gestion de l'eau* : l'Etat congolais meneur de la guerre de l'eau à sa propre population ?
- *De la conservation de l'eau ou de l'ignorance caractéristiques des principes de base de la gestion de l'eau* ;
- *Du cadre de gestion des eaux transfrontalières et de collaboration* ;
- *Apport du CRREBaC et d'autres chercheurs à la compréhension de la question du transfert d'eau du Bassin du Congo.*

4.1. Contexte

Tout le monde reconnaît que l'eau est le premier support de la vie. En effet, aucune vie n'est possible sans ce liquide naturel indispensable. Malheureusement, les ressources hydriques évaluées à plus ou moins 1400 millions de km^3 sont inégalement réparties à la surface de la terre. On a ainsi des régions ou pays arrosés, des pays en difficulté d'eau et des pays en pénurie d'eau. La RD Congo est un pays arrosé bien que sa population manque encore de l'eau potable dans sa grande majorité (plus de 70%).

En outre, l'eau bien qu'abondante en apparence, demeure une ressource très limitée qualitativement et quantitativement car seuls 2,5% de la masse d'eau sur la terre constituent de l'eau douce dont notre existence a besoin ; les 97,5% étant salés. Autrefois considéré comme la mer intérieure de l'Afrique, le lac Tchad a perdu 90% de sa superficie depuis 1960, selon certaines estimations (de 23 000 km2 à 2000 km2).

Les plus alarmistes estiment qu'il pourrait disparaître d'ici 20 ans si aucune action n'est envisagée. C'est ainsi que ce dossier concerne aussi bien les scientifiques, les hommes politiques, les organisations de la société civile, et les organisations internationales.

Les rives du lac Tchad, qui a peut-être été l'une des sources du Nil, reculent à raison d'une centaine de mètres par an. Les années sèches, il

[1] *Idem.*

est désormais possible de le traverser à pied, à condition de prendre garde aux crocodiles et aux hippopotames.

Même dans la vallée du Nil, berceau de la civilisation, les réserves sont menacées. L'Egypte a une bonne gestion de l'eau, mais les habitants consomment pratiquement toute l'eau disponible et la population progresse au rythme de 3 % par an : tous les neuf mois, le pays compte 1 million d'habitants de plus.

Sur des millions d'hectares dans le nord de la Chine, le niveau des nappes phréatiques s'abaisse de 1 mètre par an, du fait de l'irrigation anarchique et du gaspillage d'eau qu'elle entraîne. À présent, pour satisfaire ses besoins en eau, la ville de Pékin est obligée de détourner l'eau destinée à l'irrigation. En conséquence, les paysans abandonnent leurs exploitations et migrent vers les centres urbains, dont les besoins en eau augmentent. Des projets gigantesques ont été mis en place afin d'amener l'eau du Sud, où elle est abondante et où les inondations sont fréquentes, mais ces mesures seront probablement insuffisantes ou arriveront trop tard pour faire face aux nouveaux besoins.

Au Pendjab et au Bangladesh, qui, presque chaque année, sont ravagés par les inondations, les nappes phréatiques régressent plus rapidement encore qu'en Chine. La densité de population est trop importante et la capacité de rétention d'eau insuffisante.

Le niveau de l'eau du lac Baïkal, renommé pour sa pureté, et le plus profond du monde, baisse constamment. Parallèlement, la qualité de ses eaux diminue, suite aux rejets incontrôlés d'eaux usées d'origine industrielle.

Dans le sud-ouest des États-Unis, les politiciens ont changé de discours et ils commencent à percevoir les réticences de leurs voisins du Nord à leur fournir de l'eau comme un acte d'agression écologique. Ils s'insurgent, non pas uniquement contre le nord de la Californie, l'Oregon et l'État de Washington, mais également contre l'Alaska et le Canada. Selon eux, l'eau de certaines des plus grandes rivières du nord-ouest du Canada serait « gaspillée », s'écoulant librement vers la mer au lieu d'être canalisée afin d'irriguer les terres agricoles assoiffées du Sud. Las Vegas réclame une plus grande part de l'eau du Colorado. Dans de nombreux endroits, sur les hauts plateaux, les nappes phréatiques dont dépendent les agriculteurs de la région sont surexploitées.

Des entrepreneurs, au Colorado et dans d'autres États, qui proposaient d'exploiter l'eau comme une ressource minière ont déclenché des polémiques violentes. La gestion privée des ressources en eau est une question d'actualité de plus en plus brûlante. Il y a vingt ans, le film de Roman Polanski, Chinatown, avait pour thème un assassinat programmé par des politiciens et des promoteurs pour avoir le droit d'amener de l'eau vers le sud-ouest de l'Amérique, tant l'eau paraissait une ressource précieuse. Depuis lors, des procès tout aussi médiatisés, mais bien réels cette fois, ont eu pour objet cette question essentielle : *qui gère les ressources en eau ?*

En fait, dans de nombreuses régions du monde, deux crises conjuguent leurs effets : la pénurie d'eau et la pollution. Tel est le cas non seulement dans les pays en développement, mais également dans les grands pays industrialisés. En Amérique du Nord, les Grands Lacs sont aujourd'hui moins pollués qu'ils ne l'étaient. Toutefois, on y enregistre toujours des concentrations inquiétantes de métaux lourds et de résidus de pesticides. Même au Canada, l'une des régions les plus riches en eau du monde, il y a des signes alarmants. En mai 2000, onze personnes sont mortes dans une petite ville de l'Ontario suite à une contamination par E. coli (bactérie du tube digestif) due à un effluent agricole. En Nouvelle Ecosse, la santé de centaines de personnes est menacée par des cancers produits par la réaction de moisissures présentes sur les feuilles avec le chlore utilisé pour « purifier » l'eau. Le Rio Grande, au Texas, est l'un des fleuves les plus pollués de la planète.

Les estimations - basses - indiquent qu'un enfant meurt toutes les huit secondes dans le monde, pour avoir consommé de l'eau contaminée. Les maladies transmises par l'eau, telles que la malaria et le choléra, continuent de tuer des millions de personnes chaque année et la mortalité due au choléra augmente rapidement, en particulier dans les bidonvilles, de plus en plus nombreux en Amérique latine.

4.1.1. Organisation et fonctionnement des organismes fluviaux africains

Les organismes fluviaux africains comportent tous un organe suprême. Très souvent, il s'agit de la conférence des chefs d'Etat et de gouvernement. Ses compétences sont très importantes, car c'est elle qui détermine la politique de l'organisation, désigne les organes dirigeants, dont le secrétaire ou le directeur général, et assure le contrôle de leurs activités. La convention de 1980 portant création de l'ABN dispose à son article 6 que[1] :

---

[1] MUTOY MUBIALA, *Op.cit.*, pp.88-112.

Le Sommet des chefs d'Etat et de gouvernement est l'organe suprême d'orientation et de décision. Le Sommet définit l'orientation générale de la politique de développement de l'Autorité et assure le contrôle de ses fonctions exécutives en vue de la réalisation de ses objectifs.

La convention de Kaoloack de 1978 portant création de l'OMVG comporte une disposition similaire. Son article 4 désigne en effet la conférence des chefs d'Etat et de gouvernement comme l'instance suprême de l'organisation. Il en est de même pour l'OMVS (article 3 de la convention de Nouakchott de 1972).

On peut aussi instituer comme organe suprême le conseil des ministres. C'est le cas pour l'ABLG. Mais il faut interpréter une telle solution comme découlant d'une délégation des pouvoirs implicites de la part des chefs d'Etat des pays membres. Rarement ce rôle est laissé à un organe technique. Si cela arrive quelquefois, il faut faire remarquer que dans ce cas, l'organe désigné suprême joue un rôle plus exécutif que politique, sa dépendance à l'endroit des chefs d'Etats se réalisant par des mécanismes extérieurs à l'organisme fluvial concerné, le cas de l'OBK et de la CBLT.

L'organe suprême se réunit en session ordinaire suivant une périodicité qui varie entre un et deux ans. La réunion au sommet a lieu une fois tous les deux ans pour l'OMVS et l'ABN ; elle a lieu chaque année pour l'OMVG et pour l'ABLG. L'organe suprême peut également tenir une session extraordinaire, soit à la demande de son président en exercice, soit à la demande d'un Etat membre sous réserve de l'assentiment unanime des autres membres (ABN ; OMVS ; ABLG).[1]

Elle peut être convoquée aussi à la demande d'un seul Etat membre (OMVG). La présidence du sommet est assurée à tour de rôle par les chefs d'Etat et de gouvernement et/ou les ministres compétents des Etats membres. Les décisions au sommet sont prises à l'unanimité (OMVG, OMVS, OBK, ABLG). Pendant l'intersession, c'est le président en exercice de la conférence au sommet qui représente l'Organisation.

Mis à part l'organe suprême, il y a l'organe exécutif qui le suit hiérarchiquement. C'est en général le conseil des ministres. Il se réunit plus souvent que la conférence au sommet. Ses pouvoirs sont importants. Il est en effet responsable du suivi quotidien des activités

[1] *Idem*, pp.192-112.

de l'organisation, dont il doit rendre compte à la conférence des chefs d'Etat et de gouvernement. C'est l'organe de contrôle et de direction par excellence. Sa présidence est également assurée à tour de rôle comme pour la conférence au sommet, dont il exerce les pouvoirs par voie de délégation. Ses décisions sont prises soit par consensus (ABN), soit à l'unanimité des membres (OMVG, OMVS, CBLT).

Pour mieux assumer ses fonctions dans un domaine aussi technique, le conseil des ministres est assisté par un organe consultatif, qui porte l'appellation suivante suivant les organismes : le comité technique des experts (ABN), la commission permanente des eaux (OMVG), le comité consultatif (OMVS), etc.

Enfin, tous les organismes fluviaux sont dotés d'un secrétariat. Son chef, appelé secrétaire exécutif (ABN, OBK, CBLT), directeur général (ABLG) ou haut-commissaire (OMVG, OMVS), assure la gestion administrative et financière de l'organisation. Il nomme et révoque les fonctionnaires et autres agents, et il supervise l'action des départements ou directions chargés des différentes tâches (recherches, statistiques, planification, exécution des projets, gestion du personnel, service financier, etc.).

C'est le secrétariat qui prépare le budget ou le plan d'action de l'organisation, qui est ensuite approuvé et/ou amendé par le conseil des ministres. Par ailleurs, du fait que tous les organismes fluviaux africains disposent de la personnalité juridique, les fonctionnaires du secrétariat sont indépendants de leurs Etats d'origine et bénéficient des privilèges et immunités diplomatiques définis par les différents accords de siège conclus entre ces organismes et les Etats d'accueil. Une autre conséquence du même fait est qu'ils disposent de l'autonomie financière. D'où les règles régissant les modalités du financement de leurs activités.[1]

4.2. Evolution temporelle des tentatives de transfèrement des eaux du Bassin du Congo

Au fil des ans, à l'instar d'autres ressources que regorge le Bassin du Congo, celles en eau ont fait l'objet de plusieurs tentatives de transfèrement vers d'autres bassins, malheureusement sans l'implication de la République Démocratique du Congo qui en détient une part importante, environ 62,39%.

---

[1] MUTOY MUBIALA, *Op.cit.*, pp.88-112.

4.2.1. Projet TRANSAQUA

Le projet « TRANSAQUA », un projet titanesque, basé sur la construction d'un canal de 2.600 km, qui partirait de la RDC et passerait par la Centrafrique pour alimenter le bassin du lac Tchad, en voie d'assèchement, fait aujourd'hui son retour. Une entreprise qui laisse géographes et experts perplexes sur les possibles conséquences d'un tel projet. À cette entreprise s'ajoute celui du fleuve Nil qui veut agrandir son bassin en se servant des eaux du fleuve Congo. Un danger pour la République.[1]

Au début des années 80, pour faire face à la peur d'un assèchement du lac Tchad découlant des sécheresses et famines qui avaient frappé la région une décennie plus tôt, la société italienne « Bonifica » avance l'idée d'un remplissage du lac par transfert des eaux du bassin du Congo vers le fleuve Oubangui jusqu'au Chari qui alimente le lac Tchad. Un projet pharaonique évalué à plusieurs milliards de dollars.[2]

Pour les autorités tchadiennes, ce transfert interbassins n'est pas une option mais une nécessité parce que le pays est confronté à la possibilité d'une disparition du lac Tchad. Ce qui serait catastrophique pour tout le continent africain.

« Nous prendrons les eaux du fleuve Congo, de gré ou de force », avait déclaré feu le président tchadien, Idriss Déby, en 2016.[3]

Une étude de faisabilité du projet était en cours, mais ses conclusions n'ont jamais été finalisées. Et voilà qu'aujourd'hui, alors qu'on a cru le projet « Transaqua » enterré, il refait surface. Plusieurs pays africains, dont le Cameroun, le Nigéria, le Niger, l'Égypte, le Soudan, l'Éthiopie, la Libye, le Djibouti, et aussi les milieux d'affaires internationaux tiennent des réunions et discutent des eaux du bassin du Congo, une richesse à partager, mais sans que la RDC, principal pays concerné, ne soit convié.

C'est un projet qui risque d'entrainer des bouleversements géopolitiques sur le continent africain dans les années à venir. On l'appelle « Projet Transaqua ». Le projet Transaqua est un projet aux allures de « complot international » dont le but est d'aller détourner les eaux du fleuve Congo pour alimenter le bassin du lac Tchad, menacé de dessèchement. « Complot » parce que le projet est à une phase très

---

[1] KONGO, R., « Transfèrement des eaux du fleuve Congo, un danger pour la RDC », in *Potentiel*, 2021, p.142.

[2] *Idem*, p.144.

[3] *Ibidem*, p.146.

avancée des discussions entre plusieurs pays, milieux d'affaires et experts internationaux, discussions auxquelles la RD Congo n'a jamais été associée. C'est comme si, en tant qu'éleveur, vous apprenez par hasard que des gens dans le quartier organisent une fête, et que c'est votre chèvre qui sera mangée. À aucun moment, les organisateurs de la fête ne vous ont demandé si vous avez ou pas l'intention de donner votre chèvre. Ils viendront juste vous la prendre et aller la manger, le barbecue et les convives étant déjà prêts.[1]

On sait aussi que le partage des eaux du Nil (6.671 km, c'est avec le fleuve Amazone, le plus long fleuve du monde) est au centre d'une vive controverse qui oppose les dix pays riverains, dont L'Égypte, le Soudan, l'Éthiopie, le Tchad, la Libye, le Djibouti... depuis de nombreuses années. Jamais un fleuve n'aura suscité autant de tensions. La vie des gens en dépend. L'accroissement démographique avec les besoins grandissants de l'agriculture pour nourrir des populations en rapide augmentation sont des éléments essentiels à prendre en compte. Avoir un débit stable des eaux du Nil est une question de survie dans ces pays où l'eau est rare.[2]

Et pour régler les différends qui les opposent, il faut un partage équitable de l'eau entre tous ces pays. Pour y parvenir, il est pressant d'agrandir le bassin du fleuve Nil. Cela n'est possible qu'en se servant des eaux du fleuve Congo. Il semblerait que les discussions seraient en cours. Mais avec qui ? La question se pose avec acuité parce que l'examen d'un tel dossier relève de la compétence du Parlement. A-t-il été saisi ? Rien n'est moins sûr.

Les gens derrière le projet Transaqua font comme si le peuple congolais n'existe pas, que les Congolais, s'ils existent, n'ont pas besoin des eaux de leur pays ou que le fleuve Congo n'appartient à personne ! Or, il a été démontré que l'exécution de ce projet sera lourde de conséquences sur l'environnement, la biodiversité et l'économie congolaise. Le projet est même qualifié de « meurtrier » pour les populations congolaises. Nous y reviendrons.[3]

---

[1] MUSAVULI, B., « Le projet Transaqua et la guerre de l'eau », in *Agora vox.,* 2018, p.25.

[2] PDU, Cellule environnementale et sociale, Transfèrement des eaux du fleuve Congo, un danger pour la RDC, in https://www.mediacongo.net, consulté le 12 juin 2021.

[3] MUSAVULI, B., *Op.cit.*, p.30.

4.2.1.1. La RD Congo au menu à Abuja en février 2018

Un groupe de pays et des experts se sont ainsi réunis à Abudja, capitale du Nigéria du 26 au 28 février 2018 pour décider du détournement des eaux du bassin du Congo au profit du bassin du lac Tchad. Sur la liste des délégations, on trouve des Nigérians, des Camerounais, des Tchadiens, des Nigériens, des Italiens, des Chinois... et pas la moindre délégation de la RD Congo. Un peu comme à la Conférence de Berlin de 1884-85 où les Européens décidèrent de dépecer l'Afrique sans inviter un seul représentant du Continent noir, comme si les Africains n'existaient pas.

Le spectacle d'Abudja, auquel même l'UNESCO s'est étonnamment associée, donne à penser que les Congolais en tant que peuple et êtres humains n'existent pas. Et que même s'ils existaient, les eaux dans lesquelles ils naissent, se baignent, vivent puisent de quoi se nourrir et sur lesquelles ils naviguent, ne leur appartiennent pas. Qu'on peut ainsi décider à des milliers de kilomètres de venir les pomper sans tenir compte de leur avis. Pourtant, ils s'expriment très clairement sur le sujet, et sur des bases tout à fait scientifiques.[1]

La RCA qui fait transiter ses marchandises par Brazzaville est le pays le plus durement frappé par cette dégradation.

Le premier projet Transaqua de 1980 était pharaonique puisqu'il consistait à aller prendre l'eau dans le fleuve Congo, quasiment au niveau du lac Tanganyika, et de l'amener par un canal navigable de 2 400 km jusqu'aux sources du fleuve Chari, qui la conduirait ensuite jusqu'au lac Tchad… Irréaliste ou surréaliste, l'esquisse est restée dans les cartons mais l'idée a survécu, d'où une version plus « légère »qui prévoyait la construction d'un barrage à Balbo sur l'Oubangui, permettant à la fois de produire de l'électricité pour la Centrafrique, et de dévier entre 5 à 10 km3 (5 à 10 % du débit) de l'Oubangui via un canal de plus de 300 km (seulement) vers le Chari.

En 2001, un groupe américain envisageait le lancement du projet Okapi. D'un coût total de 7 milliards de dollars, ce projet consistait à pomper 2000 m3 par seconde les eaux de la rivière Uélé, pour alimenter le Moyen-Orient, par le canal d'un pipeline qui devait partir de Lisala en RDC, traverser la RCA pour arriver à Port-Soudan au Soudan.

Le tout dernier projet Transaqua est celui qui vient d'être lancé à l'occasion de la conférence d'Abuja tenue du 26 au 28 février dernier, à l'initiative de l'UNESCO, de l'Italie et du géant chinois Power China

[1] *Idem*, p.32.

et qui réunissait les Présidents du Tchad, du Cameroun, du Niger et du Nigeria. Il est à noter que cette rencontre rappelle celle organisée en avril 2014 en Italie avec comme objectif la recherche des fonds pour sauver le lac Tchad.

4.2.2. Projet PTEIB

Le projet PTEIB (IBWT en anglais) est également un gigantesque projet d'aménagement hydraulique consistant à dériver les eaux de l'Oubangui (sous-bassin du Congo) vers le lac Tchad via la rivière Chari, principal contributeur du lac.

Le projet a été proposé en 2011 par le bureau d'étude CIMA+ International sous la houlette de la CBLT (Commission du Bassin du Lac Tchad), afin de gérer durablement les ressources en eau et de répondre graduellement à la pénurie d'eau sur le lac Tchad.[1]

En effet, le lac Tchad est cet immense plan d'eau d'Afrique qui offre de nombreuses opportunités de vies à des dizaines de millions de personnes vivant dans le Sahel, l'un des « hotspots » climatiques du globe. Jadis, considéré comme une « mer intérieure », la superficie du lac Tchad se serait réduite de manière spectaculaire.

Lors de la dernière conférence de l'UNESCO sur le lac Tchad qui s'est tenue en février 2018 à Abuja au Nigeria, l'UA (Union Africaine) a approuvé le projet PTEIB comme étant un projet panafricain visant à restaurer le lac Tchad pour un développement, une sécurité et une paix durables dans la région. Le projet PTEIB n'est que la version revisitée du vieux projet « TRANSAQUA » dont l'idée avait germé durant les sécheresses des années 1970-1980.

La version actuelle proposée par CIMA+ consiste à réaliser un transfert combiné « pompage-gravité » sur le bassin de l'Oubangui depuis les sites de Palambo (18° 57' 4" E, 4° 42' 24" N) et Bria (22° 5' 9" E, 6° 39' 31" N).

D'autres avantages escomptés du projet PTEIB concernent la production de l'hydroélectricité pour alimenter la ville de Bangui et ses environs, la régulation de la navigation fluviale sur l'axe Oubangui-Congo, et la lutte contre la « Saharanisation » du bassin du Congo. CIMA+ rapporte en effet que, ce projet est techniquement faisable, mais sa réalisation nécessite d'énormes coûts financiers et quelques

[1] NZANGO, Ch., Les barrages de l'Oubangui : de l'impact hydraulique actuel à la prospective environnementale, Thèse de Doctorat, Université d'Orleans, 2018, pp.49–50.

dommages environnementaux. Cependant, on ignore toujours les impacts environnementaux prévisibles dudit projet sur le bassin du lac Tchad et sur celui de l'Oubangui, car les études de faisabilités réalisées par CIMA+ n'ont porté que sur les faisabilités techniques et économiques du projet.

Dans les années 1970, a été élaboré le projet de la remise en eau du Lac Tchad à partir des eaux du fleuve Congo. Alors que les gouvernants pensent que sa mise en œuvre est plus qu'urgente pour sauver le Lac Tchad qui s'assèche au fil du temps menaçant l'écosystème et accélérant le réchauffement du climat, un réseau des organisations de la société civile environnementale de République démocratique du Congo proteste contre ledit transfèrement.[1]

Dans une déclaration lue à Kisangani, Les délégués de ces organisations de la société civile environnementale avaient recommandé au gouvernement et au parlement congolais la mise sur pied d'une plateforme multi acteurs traitant toutes les questions ayant trait à la gestion des eaux du Bassin du Congo et du bassin du Nil avant tout début de transfert des eaux vers le Lac Tchad. « Nous recommandons au parlement l'élaboration des lois renforçant la législation nationale et transfrontalière en matière des eaux du bassin du Congo. A la société civile, de sensibiliser la population locale des peuples autochtones », a affirmé André Safari, membre du réseau des organisations de la société civile environnementale de la Tshopo comme l'avait rapporté la radio Okapi.

Aujourd'hui le Lac Tchad est alimenté principalement par le fleuve Chari et son affluent Logone qui fournissent 90% de l'eau. Le Komadugu-Yobé, l'autre source issue du Nigeria, est désormais affaibli par la présence de deux barrages. La diminution de la pluviosité, aggravée par les deux sécheresses de 1972-73 et 1982-84, ainsi que la hausse des prélèvements des populations locales menacent son existence. Entre les années 1970 et les années 2000, sa superficie a encore été réduite d'un facteur 10. Si rien n'est fait pour enrayer la perte des eaux, il est possible qu'il disparaisse complètement d'ici quelques dizaines ou centaines d'années.

---

[1] TONGUE, R., Débat sur le transfèrement des eaux du fleuve Congo vers le Lac Tchad, in www.google.com, Consulté le 21 juin 2021.

4.2.3. Projet Okapi

En 2001, un groupe américain envisageait le lancement du projet Okapi. D'un coût total de 7 milliards de dollars, ce projet consistait à pomper 2000 m3 par seconde les eaux de la rivière Uélé, pour alimenter le Moyen-Orient, par le canal d'un pipeline qui devait partir de Lisala en RDC, traverser la RCA pour arriver à Port-Soudan au Soudan.

Un autre projet envisagé dans les années 2001 fut celui d'un coût de 7 milliards de dollars en vue de pomper 2000m3/seconde dans les eaux de la rivière Uélé en vue d'alimenter le Moyen Orient.[1]

4.3. La Commission Internationale du Bassin du Congo-Oubangui-Sangha (CICOS) à l'épreuve du transfèrement des eaux du Bassin du Congo

Il y a une cinquantaine de cours d'eau internationaux en Afrique. Les plus importants font l'objet d'une gestion intégrée par les Etats riverains concernés. En effet, le système du développement intégré des ressources en eau a connu un essor spécial en Afrique. A cet effet, la doctrine a souligné l'apport du continent africain au développement du droit international fluvial. T. Maluwa écrit ceci :

Il n'y a pas de doute que le droit fluvial est une branche du droit international auquel les Etats indépendants d'Afrique de l'Ouest riverains de certains cours d'eau importants du continent ont eu l'occasion de contribuer activement en qualité d'acteurs et non pas comme bénéficiaires passifs.

A l'instar d'autres domaines comme celui du règlement des différends, il n'est ni exagéré ni abusif de soutenir l'idée de l'émergence progressive d'un régionalisme africain à propos du droit des cours d'eau internationaux. Ce régionalisme doit être perçu, non comme une approche exclusive à l'Afrique, mais comme l'expression d'une pratique particulièrement établie en matière de gestion des cours d'eau internationaux.

La visite des parlementaires de la CEMAC constitue une illustration très éloquente de la volonté qu'ont le Tchad, les puissances occidentales et les bailleurs de fonds sur l'exécution des projets du transfèrement des eaux du bassin du Congo vers le Tchad et cela au mépris de la volonté de la RD Congo et des conséquences qui peuvent en résultat.

En effet, Dans un exposé liminaire, le Secrétaire Général de la CICOS M. Simon Sakibede a introduit ses propos en faisant la genèse

---

[1] OLELA, D., *Op.cit.*, p.36.

de ce projet dont les prémices indique-t-il, se situent depuis la grande sècheresse de la moitié des années 70 jusqu'en 1985, date à laquelle est née « l'idée pour le sahel », concept créé pour sauver le Lac Tchad. Mais c'est véritablement en 1995 que le projet a vu le jour avec l'adhésion de la RCA à la CBLT. Le Président Centrafricain d'alors, Ange Felix Patassé a voulu relancer le vieux projet de construction du barrage de Palambo dont une partie des eaux retenues pourrait être transférée au Lac Tchad.[1]

Il fallait dès lors, pour faire adhérer à cette idée, impliquer l'ensemble des pays concernés. Le Congo ne faisant pas partie de la CBLT, le projet a été porté au niveau de la CEMAC, qui à son tour l'as soumis à la CEEEA où il a été examiné en 2005 à Brazzaville, par la conférence des chefs d'Etats qui y étaient réunis en session ordinaire.

La CEEAC a recommandé la prise en compte de l'impact environnemental dans l'étude de faisabilité d'une part et a chargé son Secrétaire Général d'assurer le suivi de ce dossier. Le Secrétaire Général de la CEEAC pour sa part a donné mandat à la CICOS de suivre ce dossier pour son compte, en collaboration avec la CBLT (lettre du 21 novembre 2005).[2]

Fort de ce mandat, la CICOS a signé avec la CBLT un Mémorandum d'Entente (en 2006 révisé en 2010) qui permet aux 2 organisations de se concerter sur ce dossier. L'étude de faisabilité a été réalisée de 2009 à 2012 par le Cabinet CIMA qui a fait des propositions tenant sur deux variantes de transferts. La CICOS a estimé que le rapport sur l'étude d'impact est insuffisant car elle n'a pas pris en compte les impacts socio-économiques et environnementaux notamment au niveau de la cuvette centrale. La CICOS a demandé une étude environnementale complémentaire sur le bassin du Congo, allant du barrage de Mobaye sur l'Oubangui jusqu'à l'Océan.

La Commission Internationale du bassin du Congo-Oubangui-Sangha (CICOS) et la Commission du Bassin du Lac Tchad (CBLT) ont ensemble élaboré, dans le cadre du mémorandum d'Entente de Coopération qui les lie, les TDR de l'étude d'impact environnemental à réaliser. Depuis lors, faute de financement pour la réalisation de l'étude complémentaire, le dossier n'a pas avancé.

---

[1] CICOS, Visite des parlementaires CEMAC à la CICOS sur le Projet du Transfert des Eaux de L'Oubangui vers Le Lac Tchad, février 2016, consulté le 22 juin 2021.
[2] Idem.

Sur ce, le Secrétaire de la CICOS a conclu en précisant qu'« Aujourd'hui, ce dossier n'est plus au niveau de la CBLT ou de la CEMAC, mais de la CEEAC où sont présents ou représentés, les Etats dits donneurs de la ressource d'une part et les Etats dits bénéficiaires de la ressource d'autre part ».[1]

Selon le principe de la GIRE adopté depuis les Sommets de RIO et de Dublin en 1992, l'exploitation et la gestion de l'eau doivent se fonder sur une approche participative impliquant les usagers, les planificateurs et les décideurs politiques à tous les niveaux. Aucun Etat ne peut aujourd'hui décider seul, des eaux transfrontalières sans le consentement des autres Etats partageant la même ressource. »

Après avoir écouté le Secrétaire Général de la CICOS, les parlementaires de la CEMAC ont exprimé leur regret de n'avoir pas entamé leur séjour par la CICOS pour avoir tous ces détails qui leur auraient permis de mieux conduire leur mission auprès des autorités congolaises. Néanmoins des échanges très fructueux ont suivi et ont permis d'apporter aux parlementaires quelques éléments de réponse à certaines de leurs préoccupations notamment l'état de relation entre la CICOS et la CBLT, les niveaux du blocage du projet, les attentes des pays, etc.

4.4. Regard sur la problématique du transfèrement des eaux du Bassin du Congo

La République Démocratique du Congo est propriétaire du Bassin du Congo à 62%, elle ne doit pas être dépossédée de sa souveraineté nationale ainsi que de ses ressources naturelles pour plaire uniquement d'autres Etats riverains et non riverains du Bassin.

Comme solution envisagée, particulièrement à la suite de la conférence d'Abuja figure notamment le transfèrement des eaux de l'Oubangui vers le Lac Tchad. Question à se poser : est-ce faisable quand on sait que notre pays qui dispose de plus de 30% d'eaux douce de l'Afrique connait le taux de prélèvement par habitant le plus faible d'Afrique, alors que les pays du Sahel affichent des taux deux fois plus élevés ?

---

[1] CICOS, Visite des parlementaires CEMAC à la CICOS sur le Projet du Transfert des Eaux de L'Oubangui vers Le Lac Tchad, Idem.

4.4.1. Les Transferts d'eau comme solution pour réguler l'irrégularité spatiale de l'eau[1]

Si les barrages ont apporté une réponse à la nécessité de redistribuer dans le temps une ressource (pluie-débit) qui n'est souvent abondante que pendant quelques mois dans l'année, et irrégulière d'une année sur l'autre.

Les canaux et transferts d'eau interbassins, eux, constituent la réponse à l'inadéquation spatiale d'une ressource éloignée des besoins. Il est admis de tous que l'eau sur terre est inégalement répartie, cela crée ainsi un déséquilibre spatial entre l'offre et la demande dans certaines contrées du globe.

La mise en place des infrastructures de dérivation permet en effet de transférer de l'eau depuis un bassin excédentaire vers un bassin déficitaire. Roman pense que, les transferts hydriques artificiels ne sont ainsi rien d'autre que des artefacts visant à faire couler l'eau vers d'autres horizons. Pour preuve, de nombreux projets de transferts d'eau ont été réalisés depuis le siècle dernier visant à répondre aux déséquilibres spatiaux entre la demande en eau et la disponibilité.

En Chine par exemple les transferts d'eau visent à dériver de l'eau des provinces du sud vers les provinces industrialisées du nord. Ces travaux ont permis de dériver une partie du fleuve Yangtsé vers le fleuve Jaune. De même en Australie, les transferts visent à canaliser de l'eau depuis le nord du pays vers le centre afin de faire face à la pénurie d'eau. Le sud-ouest des Etats-Unis est l'un des foyers des travaux de dérivations d'eau.

Le Colorado est le fleuve le plus affecté par ces opérations de pompage, consistant à dériver l'eau du canyon par le biais des pipelines pour approvisionner les Etats de la Californie, de l'Arizona, et du Nevada. En Afrique, les travaux de transferts d'eau concernent principalement le nord et le sud du continent.

En Afrique du nord, c'est la « Grande Rivière Artificielle » (GRA) de la Lybie qui fait d'office de référence. Les opérations de la construction de la GRA ont débuté vers la fin des années 1980 et consistait à transférer de l'eau fossile des nappes aquifères du Bassin de Nubie (6 millions de m3 /jour à terme) sous le désert libyen vers la Tripolitaine et les villes côtières sur plus de 3 000 km de canaux souterrains. Ce projet internationalement reconnu, vise à atteindre

---

[1] NZANGO, Ch., *Op.cit.*, p.29.

l'indépendance alimentaire en permettant une agriculture irriguée, et d'assurer la consommation en eau des villes côtières.

En Afrique du Sud, les transferts affectent principalement le fleuve Orange, et consiste à construire un grand système de transfert d'eau, « vitrine » du régime d'apartheid, pour mettre en valeur les terres semi-arides du sud et de l'ouest du pays à partir de 1950.

Considéré comme l'un des berceaux des transferts d'eau en Afrique, l'Afrique du sud ne compte pas moins de huit transferts d'eau majeurs. Mais ces transferts sont ainsi d'excellents indicateurs des tensions du territoire sud-africain et traduisent un rapport de force régional à un moment donné, qui explique leur direction.

Toutefois, des données physiques collectées et analysées dans le cadre de cet ouvrage, il sied de signaler qu'aucun transfert d'eau n'ait réussi sans laisser des conséquences tant du Bassin d'origine que celui vers lequel elle est destinée – effet boomerang.

Voilà pourquoi, dans le souci de parer au plus pressé, c'est-à-dire, en vue de pallier à cette évidence, nous avons estimé une solution idoine, celle basée sur la valorisation des ressources du Bassin dont les transformations avec la plus-value peuvent virtuellement favoriser le transfert des ressources en eau d'une autre manière, c'est-à-dire, sans nécessairement exiger leur transfèrement physique avec toutes les conséquences y afférentes d'où, le paradigme assis sur la requalification de l'hydro-virtualité, le creuset de l'analyse du présent ouvrage.

Du moins, l'Afrique centrale est la partie du continent la moins équipée en infrastructures de transferts d'eau. Toutefois, un immense projet de transfert d'eau a pris naissance dans la seconde moitié du 20ème siècle, et visait essentiellement à transférer une partie des eaux du bassin du Congo vers le sahel (lac Tchad) afin de lutter contre la sécheresse. Dénommée « TRANSAQUA », ce projet de transfert interbassin a évolué au fil des temps. Sa version récente proposée par la firme CIMA+ en 2011 consiste à dériver l'eau de l'Oubangui vers le lac Tchad via la rivière Chari. Comme de nombreux projets de pompage, ce projet de transfert d'eau interbassin (PTEIB) est sujet à de nombreuses controverses qui freinent sa réalisation.

Les recueils d'expérience sur les grands travaux de dérivations sus-évoqués ont montré que les opérations de transfert d'eau s'accompagnent toujours des effets négatifs sur l'environnement. On estime que le Colorado est déjà « mort » d'un point de vue écologique, car le fleuve n'atteint plus son embouchure à cause des détournements pour approvisionner les grandes mégapoles Ouest-Américaines dont le Los Ángeles.

De même, les prélèvements massifs du fleuve Orange en Afrique du sud ont entrainé trois conséquences principales sur le plan environnemental : La première est la transformation des cours d'eau sud-africains en systèmes hybrides : avec la multiplication des transferts, les hydro systèmes - organismes linéaires - sont devenus des réseaux maillés hybrides, où il est très difficile de distinguer le naturel de l'artificiel.

Il en va de même que les travaux de transfert d'eau se traduisent par des impacts négatifs sur des populations pauvres, dont les moyens de subsistance dépendent du régime hydrologique existants, tandis qu'ils bénéficient à des zones urbaines ou à des acteurs économiques plus puissants.

Les projets de transferts d'eau interbassins sont aussi sujets à des enjeux géopolitiques qui limitent leurs possibilités de réalisations. En effet, la plupart des projets de dérivation réussis se font au sein d'un même pays. Il est rare que les transferts s'effectuent entre bassins de pays voisins, et ce, même dans les pays développés. Tel est le cas du transfert avorté du fleuve Rhône entre Lyon (France) et Barcelone (Catalogne, Espagne) en 1995. De nos jours, les projets avortés se font de plus en plus rares dans la mesure où l'eau est désormais attirée vers le pouvoir et non vers l'aval (la mer).

Selon Basson (1994, in Blanchon, 2006), les systèmes de dérivations sont conçus pour transporter de l'eau de là où elle est abondante vers là où l'on en a besoin ; par conséquent, l'eau coule habituellement vers l'argent $. Ce qui veut dire qu'au sein d'une région géographique donnée, les ressources en eau sont contrôlées par les Etats qui possèdent suffisamment de pouvoir pour agir vis-à-vis des autres pays riverains. Ainsi qu'en témoigne les cas des puissances exercées par l'Etat Californien dans le sud-ouest des Etats-Unis, de l'Egypte sur le bassin du Nil, de la Chine sur l'Asie du sud-est et probablement du Tchad sur l'Afrique centrale.[1]

Quelles réglementations sur les cours d'eau transfrontaliers, cas du bassin du Congo ? La question des conflits relatifs aux barrages aménagés sur des cours d'eau internationaux concerne donc un grand nombre de pays, et pourtant, il existe des conventions internationales qui régissent l'exploitation hydraulique des cours d'eau transfrontaliers.

---

[1] NZANGO, Ch., *Op.cit.*, p.50.

La Convention de Barcelone du 20 Octobre 1921 a par exemple autorisé la liberté de la navigation sur tous les cours d'eau internationaux. En outre, l'instrument précurseur qui régit l'exploitation hydraulique des fleuves internationaux est sans contexte la convention de Genève du 9 décembre 1923.

Ainsi l'article 2 de la Convention prévoit que « dans le cas où la mise en valeur rationnelle de forces hydrauliques comporte une étude internationale, il y sera procédé en commun sur la demande de l'un des Etats contractants, afin de rechercher la solution la plus favorable à l'ensemble de leurs intérêts et compte tenu des ouvrages existants, entrepris ou projetés, d'arrêter si possible un programme d'aménagement ».

Mais les frontières rattachées aux eaux douces (fleuves et lacs) sont essentiellement conventionnelles. Leurs réglementations n'empêchent pas des rivalités internes entre amont-aval et rives gauches-rives droites. La doctrine majoritaire s'accorde aujourd'hui à penser que les rapports entre Etats riverains reposent avant tout sur la règle du bon voisinage. On considère généralement que l'Etat riverain doit utiliser sa partie du cours d'eau de manière à ne pas causer un préjudice important ou sensible au-delà de son territoire. Le concept de l'utilisation équitable et raisonnable signifie que chaque Etat riverain a le droit d'utiliser au maximum les eaux arrosant son territoire, ce droit étant toutefois limité par celui des autres Etats riverains d'utiliser également ces mêmes eaux.

A l'échelle du bassin du Congo, il n'existe pratiquement aucun régime juridique et institutionnel général pour réglementer l'écoulement fluvial entre les neuf Etats membres. Les accords relatifs aux frontières dans le bassin du Congo ont été conclus par cinq puissances coloniales (Allemagne, Belgique, France, Grande-Bretagne et Portugal), en conformité avec les instruments adoptés au congrès de Berlin de 1884-1885 sur le « partage de l'Afrique ». Ces puissances sont impliquées suivant les grandes divisions géographiques du bassin : cours inférieur ou bief maritime (Belgique et Portugal), cours moyen (Belgique et France) et région des Grands Lacs Africains (Belgique, Allemagne et/ou Grande-Bretagne).[1]

Le cours moyen du bassin concerne la rivière Oubangui et la partie amont du fleuve Congo. Ainsi, les rives de l'Oubangui sont partagées entre la France (rive droite) et la Belgique (rive gauche). La rivière

[1] NZANGO, Ch., *Op.cit.*, p.50.

Oubangui long de plus de 2 200 km, chemine entre trois pays, Le Centrafrique, le Congo-Brazzaville et le Congo-Démocratique.

4.5. Impacts du transfèrement des eaux du Bassin du Congo

- *Conséquences probables d'un détournement d'une partie de l'eau de l'Oubangui vers le lac Tchad*

La construction d'un canal de près de 1300 km ou 2400 km devrait charrier en moyenne 100 milliards de m3 d'eau par an, ce qui correspond à 3150 m3 d'eau/seconde. De grands déséquilibres sont redoutés tant sur l'écosystème que sur la production hydroélectrique, voire sur la navigabilité du fleuve Congo.

- *Conséquences environnementales*

Dans tous les cas de figure, le prélèvement de l'eau à partir de la rivière Oubangui doit être proscrit. En effet, des milliards de m3 d'eau soutirés d'une rivière soumise à des périodes d'étiage constituent la mort des habitats sensibles pour les zones de pêche, la baisse du débit du fleuve, la réduction de l'évaporation entrainant la réduction des précipitations avec des dégâts importants sur la production agricole. Notre agriculture étant pluviale, le risque d'aggravation de l'insécurité alimentaire est certain.

La baisse du niveau du fleuve Congo à la suite de ce prélèvement gigantesque, placera les lits des affluents du fleuve Congo à un niveau plus élevé, ce qui augmenterait la demande en eau par le fleuve et accentuerait le risque de tarissement des affluents. La disparition de plusieurs espèces végétales et animales est à craindre.

Le détournement d'une partie d'eau de l'Oubangui vers le lac Tchad sans penser aux ressources de substitution en vue de combler le déficit, aura des conséquences imprévisibles et catastrophiques sur tout l'écosystème du bassin du Congo. Nul n'ignore que le bassin du Congo, deuxième plus grand bassin fluvial et forestier au monde, est indispensable à l'avenir de l'humanité, compte tenu de son rôle déterminant sur la régulation du climat.

- *Conséquences socio-économiques*

La Régie des Voies Fluviales, la Compagnie maritime du Congo, ainsi que la SNEL se plaignent régulièrement de la sévérité de l'étiage depuis un temps. D'ores et déjà, sur le site d'Inga, il est fait état d'un ensablement tel qu'il est régulièrement imposé aux usagers des délestages afin de combler le déficit de production de l'électricité.

Dans cette perspective, il faut dire adieu au projet de construction des barrages d'Inga III et IV parce que l'eau ferait cruellement défaut.

N'oublions pas que la rivière Oubangui a souvent un sérieux problème de diminution de débit en périodes sèches ; ce qui empêche le trafic fluvial. En 2005, la cité de Libenge (Sud-Oubangui) s'est retrouvée avec plus de 4000 tonnes de maïs qu'elle ne pouvait pas vendre ni à Bangui, ni à Kinshasa, faute de trafic fluvial à cause de la forte sécheresse et donc la baisse drastique du débit (étiage) sans oublier le territoire de Kungu et ses environs qui connaissent les mêmes problèmes dus aux invendus des produits agricoles de l'ordre de plusieurs milliers des tonnes à cause de la longue période d'étiage qui rend la principale voie d'évacuation qu'est la rivière Oubangui non navigable suite à la baisse drastique des ressources en eaux du bassin.

4.5.1. Les conséquences du Projet Transaqua sur le Congo et les populations Congolaises[1]

Le chercheur congolais Sinaseli Tshibwabwa, expert en biodiversité des poissons d'eaux douces d'Afrique et écotechnologie des eaux continentales, a ainsi démontré dans plusieurs analyses, que si le projet Transaqua est exécuté dans les conditions actuelles, les conséquences économiques, écologiques et même sociales seront particulièrement graves. Sur le site du parti Solidarité & Progrès de M. Jacques Cheminade, ancien candidat à l'élection présidentielle française, et un des acteurs les plus engagés dans ce projet, il est proposé un prélèvement de 50 milliards de m^3 d'eau du fleuve Congo.

Avec un tel prélèvement en amont, le barrage électrique d'Inga, près de l'embouchure du fleuve Congo, et qui constitue la principale source d'électricité du pays, n'aura plus assez d'eau pour alimenter ses turbines. Le projet Inga III, destiné à fournir de l'électricité à la moitié du continent, devra être abandonné. En effet, la stabilité du débit du fleuve Congo est assurée par le mode de fonctionnement de son système hydrographique. Quand c'est la saison sèche au Sud de l'Équateur, donc diminution de l'apport en eaux et nutriments au fleuve par ses affluents-sud, ce sont les affluents-nord du fleuve Congo qui prennent la relève en apportant eaux et nutriments car c'est la saison des pluies au Nord de l'Équateur.

Toujours sur le plan économique, le trafic fluvial entre les villes de Kinshasa et de Kisangani, qui sert de pont entre l'ouest, le centre et l'est du Congo, sera durement affecté parce qu'il n'y aura pas assez d'eau dans le lit du fleuve. La pèche, qui nourrit plusieurs dizaines de millions

[1] MUSAVULI, B., *Op.cit.*, p.36.

de Congolais, devra, elle aussi, être affectée parce que plusieurs espèces vont disparaître ou diminuer drastiquement. Enfin, des communautés vivant aux abords du fleuve pourront basculer dans des conflits violents pour se disputer le peu de ressources résiduelles du fleuve ainsi diminué en eau et en faune.

Pour rappel, en 2009, déjà, c'est le genre de conflit - sur les droits de pêche - opposant les communautés Enyele et Monzaya qui avait mis l'ancienne province de l'Équateur, dans le nord-ouest du pays, à feu et à sang. Mais ce péril n'est rien comparé à ce qui s'annonce déjà comme « la guerre de l'eau aux portes du Congo ».

4.5.2. Les « Bienfaiteurs du Désastre » ?

Les investisseurs derrière ce projet mettent en avant des discours de bonnes intentions : « sauver les populations riveraines du lac Tchad » ... Sauver l'Afrique ?... Un discours humaniste qui dissimule à peine une cupidité meurtrière. Un simple regard sur l'histoire des « éléphants blancs » en Afrique suffit à persuader que l'amour pour la population riveraine du lac Tchad est le cadet des soucis des investisseurs derrière le projet Transaqua.

Comme tout capitaliste, ils sont motivés par les contrats de construction, l'embauche des experts et autres ingénieurs de leurs pays, les intérêts de la dette et les profits faramineux qu'ils devraient tirer de ces eaux congolaises « pillées » en échange de « rien » ou presque. Car le scénario est presque tracé.

Après avoir versé des pots-de-vin à des politiciens corrompus de Kinshasa, pour acheter leur complicité, et soudoyé des généraux sans scrupule, ces « généreux investisseurs » et les pays impliqués dans ce « complot » n'accepteront pas que leur projet soit entravé par les populations locales. L'exécution se fera ainsi par la force brute. Des hordes de militaires, des milices et des mercenaires devront être envoyées pour occuper militairement les territoires du bassin du fleuve, chasser et, comme cela est devenu une pratique banale, massacrer les populations qui tenteront de s'organiser pour résister à ce projet.

4.5.3. Des réponses responsables et réalistes face aux menaces réelles

Nous nous sommes longuement étalé sur les enjeux que revêtent de nos jours, les ressources en eaux des Bassins dans le monde en général et celles du Bassin du Congo en particulier, ayant conduit à la manifestation des menaces sous diverses formes, de la part des acteurs tant internationaux que régionaux.

Au fait, plusieurs déclarations de personnalités à l'échelle mondiale que régionale, ont soit exprimé les motifs réels de visées avouées, soit des motifs masqués aux mobiles inavoués.

La déclaration intempestive du feu président Tchadien Idris Deby sur l'éventuel transfèrement unilatéral des ressources en eau du Bassin du Congo vers le Lac Tchad et les dessous de cartes joués par les partenaires dans le souci du contrôle desdites ressources en témoignent long.

Lors du forum international sur le fond bleu tenu au mois d'Avril 2018 à Brazzaville, ayant eu comme principale objectif la mobilisation de fonds en vue de la mise sur pied de la Commission du Bassin du Congo et du fonds bleu, la R.D Congo par l'entremise du Vice-premier Ministre, Ministre des Transports et Communications, M. José Makila Sumanda, avait formulé des observations sur le texte qui devrait être signé car, n'ayant pas pris en compte le rôle primordial que devait jouer la R.D Congo à cause de l'importance que revêt la majeure partie du Bassin sur son territoire, censée résorber les problèmes environnementaux de notre planète.

Il a estimé que le Bassin du Congo comme organisation ou comme commission ne pourra pas fonctionner si la R.D Congo n'est pas impliquée dans tout ce qui doit se faire car, regorgeant en elle-seule environ 62,39% dudit Bassin et environ 40% des ressources en eau du continent Africain qui, grâce à ses tourbières, représente le premier poumon du monde. D'où, la raison de la non signature du document final par la R.D Congo.

Il faut noter en passant que le fonds bleu est une initiative qui vise à renforcer l'approche écosystémique de gestion intégrée du massif forestier et des eaux du Bassins du Congo, zone géographique couverte qui comprend plusieurs Bassins hydrographiques et d'importantes zones côtières disposant de tourbières qui sont une réponse écologique de la planète, c'est-à-dire, leur destruction peut causer l'augmentation de la température planétaire de 1,5o C à 5o C faisant de notre maison commune, une canicule difficile à habiter. D'où, l'importance de la préservation de ce Bassin face aux menaces extérieures.

Face à ce duel d'intérêts, sur les enjeux du transfèrement des eaux du Bassin du Congo, deux tendances se dégagent dans le chef d'élites scientifiques et celles de la société civile :

- Les autorités politiques de la RDC ont semblé céder à la séduction des initiatives du transfèrement des ressources en eau du Bassin en ouvrant une brèche que celui-ci puisse se faire au niveau de l'embouchure, avant la rencontre avec l'océan en captant celles-ci et les envoyer, via des pipelines, à des pays qui en ont besoin nous citons, principalement le Tchad et les Etats du Sahel, sans pour autant dévier la rivière Oubangui dont les conséquences environnementales, y compris sur l'énergie, notamment les tourbières qui servent au monde entier de poumon pour absorber le carbone ; cette tendance a été scientifiquement soutenue par les pro transfèrement qui pensent que la vente par pipelines vers le Tchad et les Etats du Sahel peut rapporter plus de 30 milliards de dollars à la R.D Congo.

- Cette tendance s'appuie sur le fait que depuis plus de 10 ans, après les études environnementales, techniques et économiques il s'avère possible de transférer l'eau du Bassin du Congo vers le Lac Tchad, à l'instar de Lesotho qui vit du transfèrement de son eau vers la République Sud-africaine, minimisant ainsi l'importance du Bassin du Congo qui n'a d'égale au monde part sa position géostratégique et sa composition géographique qui en fait le centre de plusieurs enjeux non comparables aux autres Bassins.

Réagissant à cette tendance, les anti transfèrement de l'eau physique dont nous épousons l'opinion, qualifient de non écologique et de suicidaire, ce projet macabre du transfèrement des eaux du Bassin du Congo en général et de la rivière Oubangui en particulier, évoquant ainsi les dégâts environnementaux qu'il causerait non seulement à la R.D Congo mais à la planète.

- Cette tendance estime sans peur d'être contredite que la rivière Oubangui a perdu la moitié de son débit en 60 années, soit de 1960 à nos jours. Depuis lors, son débit ne cesse de régresser de 6,000 m3 par seconde autrefois en 1960,[1] pour atteindre aujourd'hui 3,000 m3 par seconde voire, 1,000 m3 en étiage aiguë par moment, provoquant ainsi la baisse de la pluviométrie dans le Bassin versant, avec un effet domino sur la chute de son *Indice d'intégrité du paysage forestier (IIPF)*[2] , entrainant de facto l'ensablement récurrent du lit navigable de la rivière, qui rend Oubangui, la seule autoroute fluviale septentrionale non navigable pendant 9 mois sur 12, par des petits bateaux et baleinières de fortune.

Il s'avère donc que, les études de faisabilité que brandissent les pays qui sont dans le besoin sont supposées être fausses ou tendancieuses

---

[1] Transfèrement des eaux de l'Oubangui : La société civile appelle à un cadre de concertation unique, in www.deskeco.com, consulté le 22 juillet 2022.

[2] Indice d'intégrité du paysage forestier : est un indice mondial annuel de l'état des forêts mesuré par le degré de modification anthropique.

étant donné qu'elles ont été issues d'une approche exclusive, c'est-à-dire qu'elles n'ont pas inclus la participation de la R.D Congo qui est l'Etat-pivot ou l'Etat-poids-lourd et même alors, il y a une opinion qui pense que le fait d'accepter de mener l'étude d'impact risque d'être considéré comme l'aveu tacite ou latent des eaux du Bassin du Congo.

Chapitre V.
NOUVEAU PARADIGME DE GESTION DES RESSOURCES EN EAU PAR LA CICOS : modèle hydro-Janussien

Introduction

Ce chapitre consiste à établir une projection et des scénarios crédibles d'éclairer la lanterne des acteurs intervenant dans le Bassin du Congo, afin de se projeter utilement.

Le bassin du Congo étant le deuxième plus grand bassin du monde après l'Amazonie avec une superficie (3730474 km²) et un débit de 41800m3, se distingue, dans le contexte régional, par ses mosaïques de foret, ses savanes, ses marécages et ses tourbières (14 millions d'hectares), on y trouve environ 10000 espèces des plantes tropicales dont 30 % sont uniques à l'ensemble de la région. Les espèces menacées, comme les éléphants de forêt, les chimpanzés, les bonobos et les gorilles de laine et montagne peuplent ces forêts luxuriantes. Au total plus de 400 espèces de mammifères, 1 000 espèces d'oiseaux et 700 espèces de poissons ont trouvé refuge dans la zone.

Depuis plus de 50 000 ans, le bassin du Congo fournit nourriture, eau et abri à plus de 75 millions de personnes. Près de 150 groupes ethniques distincts cohabitent parmi lesquels des habitants de la région de Ba'Aka, représentants les plus célèbres d'un ancien style de vie de chasseurs-cueilleurs dont le mode de vie et le bien-être sont intimement liés à la forêt.[1]

Ces caractéristiques flatteuses lui sont notamment conférées par une pluviométrie abondante et par l'existence des différentes phases du barrage Inga, situées en amont de son embouchure, et une confortable capacité d'alimenter l'Afrique toute entière et une partie de l'Europe.

Bien qu'il présente de fortes disparités internes sur le plan qualitatif, compte tenu de l'impact négatif de sa mauvaise utilisation et de l'absence d'entretien, il constitue à l'échelle régionale une entité incontournable. Cette étude vise à présenter la démarche prospective mise en place pour aider les décideurs à élaborer une gestion de l'eau efficace à long terme intégrant les problématiques relevant des échelles

---

[1] WWF (Bassin du Congo, Cœur vert de l'Afrique), « Bassin du Congo : Retour à l'Etat de nature », in www.bing.com, consulté le 18 avril 2021.

locales et globale et répondre compétitivement aux multiples sollicitations régionales et sous régionales.

Si l'on continue de gérer l'eau comme on le fait maintenant ou si l'on fait pire encore, la planète sera rapidement confrontée à de graves problèmes généralisés d'approvisionnement et d'insécurité alimentaire. Si l'on continue de se servir de l'or bleu n'importe comment, la terre court à la pénurie d'eau ou de nourriture ou les deux à la fois.

Compte tenu de la rapide augmentation de population et d'urbanisation dans les pays en développement, la consommation d'eau pour les besoins domestiques, pour l'industrie et l'agriculture va augmenter d'au moins 50 pour cent d'ici l'année 2025.

A quoi s'ajouteront d'importants dommages causés à l'environnement et des risques de détérioration de la santé de centaines de millions de personnes en raison précisément de leur manque d'accès à l'eau potable. La concurrence pour la conquête de l'eau limitera alors sévèrement sa disponibilité pour l'irrigation et ses répercussions sur la production agricole seront très sérieuses.

Des simulations par ordinateurs amènent à penser que la pénurie d'eau causera des pertes de l'ordre de 350 millions de tonnes de production agricole, c'est-à-dire un peu plus que l'actuelle production céréalière des États-Unis.

Scénario 1 : on ne change rien aux pratiques actuelles[1]

Il faut alors s'attendre à ce que la consommation d'eau des ménages augmente de 71% dans les pays en voie de développement. La hausse de production agricole entraînera également une utilisation accrue de l'eau pour l'irrigation et l'élevage. Par contre les nouvelles technologies devraient limiter la demande industrielle.

Pour économiser l'eau, certains pays seront alors tentés à accroître les importations de produits agricoles et cela non sans risques pour l'équilibre de leurs économies. Et si l'agriculture des pays en développement n'est pas modernisée, il en résultera une baisse des rendements et des revenus et donc une aggravation de la pauvreté.

Scénario 2 : on fait encore moins bien qu'aujourd'hui[2]

Cela débouche sur une véritable situation de crise : la mauvaise gestion de la distribution et la dégradation des infrastructures aggravent

---

[1] Aqueduc.info : actualité de l'eau, « Perspectives mondiales de l'eau pour 2025 : il faut à tout prix prévenir une crise imminente », Novembre 2002, in www.bing.com, consulté le 20 mai 2020.

[2] WWF (Bassin du Congo, Cœur vert de l'Afrique), « Bassin du Congo : Retour à l'Etat de nature », Op.cit.

encore les problèmes d'approvisionnement en eau des populations les plus pauvres et font que les prix de l'eau grimpent irrémédiablement.

Les atteintes à l'environnement se multiplient avec la disparition notamment de nombreuses nappes phréatiques et zones humides. La productivité céréalière chute de plus belle. Selon ce deuxième scénario, cela équivaudrait à la perte d'une année de récolte céréalière en Inde.

Résultat : une montée en flèche des prix des aliments de base et une aggravation des problèmes de malnutrition puisque les populations les plus pauvres devront consacrer plus de la moitié de leurs revenus à l'achat de nourriture.

Scénario 3 : on gère l'eau de manière durable[1]

Des changements fondamentaux des politiques de l'eau et des priorités d'investissement pourraient dégager de substantiels avantages et une utilisation durable de l'eau.

Cela aurait alors pour conséquences une hausse spectaculaire des réserves d'eau et permettrait également de raccorder tous les ménages urbains au réseau d'eau courante et maintiendrait la production alimentaire à des niveaux acceptables.

Si les gens paient l'eau pour refléter son prix et sa valeur, cela les encouragera à l'économiser et dégagera des ressources financières pour fournir de l'eau potable et saine aux plus pauvres.

Pour compenser cette hausse des prix de l'eau dans les pays en développement, les plus démunis devraient bénéficier de subventions qui pour le moment ne profitent généralement qu'aux populations aisées.

Les industriels devraient être incités à investir dans des systèmes perfectionnés de recyclage. Les agriculteurs pourraient aussi bénéficier d'avantages fiscaux lorsqu'ils économisent l'eau des nappes phréatiques.

Il faut également recourir à des technologies d'irrigation simples, peu coûteuses et adaptées à la gestion communautaire, comme les pompes à pédale qui font que les petits paysans irriguent leurs champs avec moins d'eau.

Grâce à une gestion durable et équitable de l'eau qui tienne compte des besoins de tous et grâce aux nouvelles technologies appropriées, on pourrait sauvegarder chaque année pour l'environnement "l'équivalent de cinq fois le débit annuel du Missisipi".

---

[1] Idem.

5.1. Triple stratégie d'avenir

Dans ses conclusions, le rapport avance trois grandes stratégies pour l'avenir :

- investir dans des infrastructures modernes afin d'améliorer l'approvisionnement en eau des agriculteurs, des ménages et des industries
- mettre en place de nouvelles politiques de gestion en vue de constituer des réserves d'eau et d'en promouvoir une utilisation plus efficace
- améliorer le rendement agricole par unité de surface de terre et d'eau par la recherche et l'introduction de nouvelles méthodes de culture et d'élevage.

La crise n'est pas inévitable, mais c'est maintenant qu'il faut agir. Les stratégies d'urgence ne réclament pas seulement de l'argent et de la volonté politique, mais aussi une prise en compte du facteur temps.

5.1.1. Les textes officiels particuliers sont :

L'Accord de Brazzaville du 06 novembre 1999 et son Additif, qui constituent la base juridique de la CICOS et qui sont examinés en détail dans les pages qui suivent. L'Organisation internationale de gestion du bassin du Congo est l'aboutissement d'un long processus entamé pour la maîtrise et l'exploitation rationnelle des ressources du bassin du COS.[1]

Elle jouit de la personnalité juridique lui permettant de contracter pour l'exécution des travaux et leur financement. Les Etats membres ont signé deux conventions qui constituent les textes de base régissant les activités relatives à l'aménagement, à l'exploitation du réseau et à la mise en valeur des ressources que recèle le bassin. Ces deux Conventions font l'objet du premier paragraphe ci-dessous. Cependant, la CICOS a signé un certain nombre d'autres conventions pour la réalisation de ses objectifs statutaires ; elles font l'objet d'un examen sommaire au paragraphe deux.[2]

Situé au cœur de l'Afrique Centrale, le bassin du Congo est l'un des écosystèmes les plus riches en termes des ressources en eau et de biodiversité. Son bassin versant, d'une superficie de 3822.000 km², est le premier bassin en Afrique et le second dans le Monde, après celui de l'Amazone. Le fleuve Congo est le second fleuve en Afrique, après le

---

[1] ADJEMA, A., Op.cit., p.35.

[2] Idem.

Nil, et le 5ème au Monde. Son débit moyen est de 41000 m3/s. Malgré l'extrême faiblesse des superficies du Rwanda et du Burundi par rapport à celle de l'ensemble du Bassin, leurs prises en compte est nécessaire à plusieurs titres :

- les superficies incluses dans le Bassin restent importantes à l'échelle de ces pays, 18,5 % pour le Rwanda et 46,4 % pour le Burundi ;
- les deux pays sont très densément peuplés et le risque d'impact en termes de pression sur les ressources du Bassin est très élevé ;
- le Rwanda et le Burundi sont des pays riverains du fragile système lacustre, partagé entre autres avec la RDC ;
- enfin, si on envisage une adhésion de la Tanzanie à la CICOS, dont la superficie se trouvant dans le bassin du Congo est supérieure à celle du Cameroun, elle n'est pas envisageable sans celle du Rwanda et le Burundi.

5.2. L'intégration économique par voie des eaux[1]

Le transport par voie des eaux intérieures de la sous - région d'Afrique centrale est un mode de transport aux potentialités naturelles d'intégration physique exceptionnelles mais très peu exploitées.

En effet, la région recèle d'importantes potentialités en voies d'eaux intérieures navigables tant nationales qu'internationales, c'est-dire quand elles déterminent les frontières. Ces potentialités constituées notamment par le fleuve Congo et les principaux affluents : le Kasaï, l'Oubangui, la Sangha et l'Alima, le fleuve Ogaui, le lac Kivu et le lac Tanganyika.

Le système des voies d'eau intérieure comprenant le fleuve Congo et ses affluents en rive droite l'Oubangui et la Sangha, est communément appelé la transéquatoriale. Elle a toujours été une voie d'intégration physique et d'échanges pour le Cameroun, le Congo, la R.C.A, la R.D.C et même le Tchad, un pays riverain du fleuve Congo. Dans la zone hors CEMAC, le lac Tanganyika entre la RDC, le Burundi et le Rwanda joue également un rôle similaire pour ces trois pays.

Aujourd'hui on évolue à plus de 3.100 Km la longueur des voies navigables internationales du réseau CICOS et leurs conditions de navigabilité sont viables. Les voies d'eau intérieure représentent pour la sous-région de l'Afrique centrale des possibilités naturelles

[1] Op.cit, p.37.

d'intégration physique encore insuffisamment exploitées.[1] Avec l'avènement de la CICOS et la mise sur pied du code de navigation intérieur commun à tous les pays membres de la CEMAC et à la RCD, le processus d'intégration régionale par voie des eaux se trouve accélérée.

Il faut donc souligner que l'intégration par voie d'eau intérieure doit être plus valorisée que par voies routières et ferroviaires car elle (intégration par voie d'eau intérieure) est en mesure de contribuer durablement et de manière économique à l'intégration physique en Afrique centrale. En effet, le réseau routier est très peu bitumé, avec seulement 15% des 147.314 Km et les cinq réseaux ferroviaires existants (Angola, Cameroun, Congo, Gabon, RDC) ne sont pas interconnectés.[2]

Le système de navigation sur les voies d'eau intérieure offre une grande opportunité d'intégration à faible coût. Malheureusement, celui-ci a subi les contrecoups de crises politico-militaires qui ont secoué la sous-région durant les 15 dernières années, avec un cortège d'aléas : arrêts prolongés de trafic, manque d'entretien et de balisage des voies, infrastructures portuaires et équipements des opérations de transport en mauvais état, insécurité récurrente.

Cependant, malgré un environnement difficile, l'intégration sous régionale par les eaux est devenue une réalité. Notons quelques éléments suivants[3] :

- les barrières physiques et non physiques susceptibles d'entraver la fluidité du trafic fluvial sur les réseaux et sur le transport et sur le transit interétatique ont été éliminées ;
- un plan d'action stratégique pour la promotion de la navigation intérieure dans le bassin a été élaboré avec comme objectif la modernisation d'infrastructure portuaire et des voies de la navigation ;
- un centre de formation sous régional pour le personnel navigant a été mis sur pied avec siège à Kinshasa ;
- pour la synergie pour l'intégration régionale, les Hycos vont être installées sur le bassin du Congo, sur le territoire de la RDC, avec objectifs d'améliorer les connaissances de la

[1] Prospectus sur l'état de l'intégration en Afrique Centrale 2007 & 2008, cité par MBILONGO Junior, l'infrastructure de transport en Afrique Centrale : l'enjeu de la bonne mobilité des personnes et des biens.

[2] ADJEMA, A., Op.cit., p.42.

[3] Op.cit, p.45.

ressource en eau et le système d'alerte ; bref améliorer la gestion de l'eau dans le bassin.

Par ailleurs, il ressort de l'examen du réseau CICOS que tous les principaux terminaux de ce réseau de navigation intérieure constituent en même temps les interfaces d'intégration du réseau à tout point :

- à la CEDEAO, par l'axe Bangui - Douala vers le Nigeria ;
- à la Commission du bassin du lac Tchad par la route Bangui – Ndjaména ;
- à l'est du continent par le tronçon Kisangani – Mombasa ;
- le bassin transformateur du Littoral ;
- englobant Pointe-Noire, Matadi et Boma ;
- le bassin comprend également les sites d'Inga et les infrastructures portuaires des villes précitées.

Avec ses ressources potentielles et sa position stratégique, le pôle constitue une opportunité de structuration industrielle pour toute la zone et une possibilité d'ouverture avantageuses sur l'échange mondial, le « bassin » dispose également d'un potentiel touristique important combinant plage, forêt et montagne.

5.2.1. Le bassin transfrontalier du Kongo Central

Englobant le sud des Départements du Niari, de la Bouenza et du Pool pour le Congo et le Nord de la Province Bas-Congo de la RDC, la vocation du « bassin » est essentiellement d'ordre agricole pour l'approvisionnement des villes de Brazzaville et de Kinshasa.

5.2.2. Le Bassin transfrontalier du Stanley Pool

Il s'agit de l'espace polarisé par les deux capitales Brazzaville et Kinshasa, dont une meilleure synergie, basée sur une complémentarité mutuellement avantageuse pour les deux pays, devrait transformer l'espace « Stanley Pool » notamment avec l'aménagement d'un pont rail-route, couplé ou non avec un port en eau profonde à Banana (qui aurait pour but d'équilibrer les flux et de réduire la dépendance de la RDC vis-à-vis de Pointe-Noire.

5.2.3. Le Bassin transfrontalier du Moyen Congo

Il s'agit d'un espace à la confluence du Congo, de l'Oubangui, de la Likouala et de la Sangha, qui constitue probablement le nœud le plus structurant du complexe fluvial de la CICOS. Les deux centres urbains les plus importants sur les deux rives sont principalement Mbandaka sur rive gauche et Mossaka sur rive droite, dont le développement des fonctions de logistique permettra d'appuyer les activités d'échange et la dynamisation de la valorisation du potentiel touristique et de pisciculture.

5.2.4 Le Bassin transfrontalier du Haut Oubangui

Il s'agit d'une zone dont la transfrontalité concerne trois pays de la CICOS et qui englobe notamment la capitale de la RCA ; l'extrême Nord-Est du Congo et l'extrême Nord-Ouest de la RDC, devraient trouver dans le développement intégré et harmonisé de cette zone une opportunité de complémentarité et de synergie autour de Bangui, alors que la capitale de la RCA pourrait également bénéficier des possibilités de désenclavement ouvertes par la dynamisation de cette zone.

5.2.5 Le Bassin transfrontalier de la Haute Sangha

Il s'agit également d'un bassin transfrontalier concernant trois (3) pays de la CICOS mais la dynamique socioéconomique est au ralenti en l'absence d'un important centre urbain polarisant et d'infrastructures de transports facilitant l'échange et le déplacement.

Le concept de bassin transfrontalier peut être un outil efficace entre les mains de la CICOS pour la promotion de la politique d'intégration et d'harmonisation à l'échelle de sa zone de compétence.[1]

Ressources en eau globalement abondantes mais peu valorisées. La valorisation insuffisante des ressources en eau tient essentiellement à deux facteurs :

- Faiblesse des capacités de mobilisation des ressources en eau

Les ouvrages de mobilisation des ressources en eau sont très variés. Ce sont essentiellement les barrages de grandes et petites capacités et les captages en rivière pour les eaux de surface, les forages, les puits modernes et traditionnels équipés de moyens d'exhaure mécaniques. Globalement, les capacités de mobilisation des ressources en eau en Afrique Centrale sont encore faibles.

L'Afrique Centrale ne disposait en 2008, que de 49 barrages destinés essentiellement à : l'irrigation et l'abreuvement du bétail ; l'approvisionnement en eau potable des populations ; la production de l'énergie électrique ; la régulation des crues et les activités récréatives (sport nautique, pêche sportive, écotourisme, etc.).

- Faible niveau d'utilisation des ressources en eau à des fins économiques

[1] CICOS : Document du plan d'action stratégique (PAS), Op.cit., p.8.

La situation générale de l'Afrique Centrale en matière d'utilisation des ressources en eau avec prélèvements peut être résumée comme suit :

- Les prélèvements moyens annuels par habitant pour l'agriculture et les besoins domestiques, sont inférieurs à ceux des autres Régions. Ils ne sont que de 184 349 millions de m3 et représentent 86% du total des prélèvements d'eau. Cette situation peut s'expliquer entre autres par le faible niveau d'équipement hydraulique des pays de l'Afrique Centrale et par la prédominance de l'agriculture pluviale.

Les prélèvements d'eau pour l'industrie sont supérieurs à ceux des autres régions. Ils sont estimés à 291 millions de m3 et représentent 11% du total des prélèvements alors que, la moyenne de l'Afrique n'est que de 4% du volume total prélevé. Ceci peut s'expliquer par le raccordement de la majorité des industries aux réseaux publics de distribution d'eau, ce qui fait que les prélèvements industriels sont comptabilisés en parties comme prélèvements domestiques (pour les collectivités).

Le volume total prélevé pour les besoins des collectivités est estimé à 29 millions de m3 par an soit 7% du total des prélèvements. Une forte disparité est relevée en ce qui concerne l'utilisation de l'eau par les collectivités. Dans l'ensemble, les volumes d'eau utilisés pour les besoins domestiques sont inférieurs à 12 m3 par habitant et par an, ce qui correspond à un volume journalier inférieur à 33 litres par habitant.

En Guinée Equatoriale, à Sao Tomé et Principe et au Gabon par contre, ces prélèvements sont très importants. Ils sont respectivement de 192 et de 50 m3 par habitant, ce qui représente des consommations moyennes journalières de l'ordre de 525 et de 135 litres par habitant ;

Pour la région, le taux de prélèvement de l'eau par habitant est faible. Il ne dépasse 100 m3 qu'au Gabon et en Guinée Equatoriale alors que, la moyenne pour l'Afrique est de 247 m3 par habitant ;

Les ressources en eau sont très peu utilisées en Afrique centrale, comparativement aux autres Régions. Les prélèvements totaux ne représentent que 0,14% des ressources renouvelables totales de la Région alors que la moyenne du continent est de 5,5%.

Tendances générales d'évolution de la situation à l'horizon 2025. Les tendances d'évolution de la situation à l'horizon 2015 peuvent être résumées comme suit :

- bien que les changements climatiques et les activités anthropiques aient des effets significatifs sur la disponibilité des ressources en eau, l'écoulement total restera sensiblement constant entre 2005 et 2025. Cet état des ressources en eau sera garanti grâce aux mesures de préservation que les différents pays commencent à mettre en œuvre, notamment en ce qui concerne le contrôle des prélèvements ;

- l'intensification des activités anthropiques consécutives à une croissance économique soutenue (développement de l'industrie, de l'agriculture irriguée et de l'élevage intensif), associée à une croissance démographique importante, s'accompagneront inévitablement par une augmentation de la production industrielle et agricole, ce qui aura comme conséquences immédiates : l'augmentation du volume des effluents industriels et de la consommation des engrais et des pesticides ;
- les tendances observées en 2000 vont se poursuivre en ce qui concerne le taux de prélèvement par secteur. Les ressources en eau seront plus prélevées pour les besoins des collectivités et les prélèvements totaux vont plus que doubler, passant de 2676 millions de m3 à 6 350 millions de m3.
- les prélèvements d'eau annuels par habitant vont augmenter de près de 160%, passant de 24,5 m3 par habitant en 2000 à 40 m3 par habitant en 2015 ;
- le taux d'exploitation des ressources en eau renouvelables internes reste très faible, malgré un accroissement de près de 230%, passant de 0,14% en 2000 à 0,32% en 2015.

5.2.6. L'action de la CICOS en faveur de la République Démocratique du Congo

Nous voulons consacrer ce point à l'examen de l'action de la Commission internationale du Bassin Congo-Oubangui-Sangha, en sigle, CICOS, en faveur de la République Démocratique du Congo. Il comprendra deux chapitres de deux sections chacun. Le premier chapitre intitulé : « Apport de la CICOS au développement de la RDC », donnera un aperçu des réalisations de cette organisation internationale à caractère sous régional en faveur de la RDC, réalisations issues du fleuve, réalisation pour le fleuve et réalisations au-delà du fleuve.

Par exemple, l'Initiative du bassin du Nil associe l'Egypte aux pays pauvres de l'Afrique subsaharienne tant sur le plan politique qu'économique.[1]

---

[1] Rapport mondial, Op.cit., p.53.

5.3. Evaluation, critiques et perspectives d'avenir[1]

Cette partie du travail sera consacrée à une appréciation personnelle de l'auteur sur la participation de la CICOS, par ses réalisations, au développement de la RDC. Elle se terminera par des suggestions pertinentes formulées à l'attention des décideurs congolais, en passant par une brève énonciation des perspectives d'avenir de cette institution intergouvernementale qu'est la CICOS.

5.3.1. Evaluation-Critiques

Il n'est pas toujours aisé d'évaluer les activités d'une jeune institution en processus d'installation et dont les activités prennent corps progressivement. Bien que créée il y a une vingtaine d'années, cette institution spécialisée de la CEMAC est restée tributaire des conflits récurrents qui ont mis en désarroi la région « Afrique centrale ». Une évaluation objective ne peut se faire que par rapport à ses missions, ses programmes, ses plans d'actions et au regard des réalisations effectives.

Rappelons qu'à ce jour, les missions principales[2] de la CICOS sont globalement :

- de faciliter la concertation entre les pays membres pour une gestion durable des ressources en eau du bassin du Congo ;
- d'élaborer les règlements communs destinés à assurer la sécurité de la navigation ;
- d'harmoniser les législations nationales relatives à l'eau et à l'environnement ;
- de faciliter le transport inter - Etats par voie d'eau ;
- de contrôler la mise en œuvre du code de la navigation intérieure CEMAC/RDC ;
- de coordonner et contrôler les travaux d'entretien sur les voies navigables ;
- de développer un système d'échanges de données dans le bassin.

Nous relevons que quelques réalisations en rapport avec le bassin ont été faites, notamment, l'exploitation de la flotte fluviale qui est sécurisée, un registre opérationnel de la flotte est maintenant accessible sur l'Internet, un annuaire portuaire est déjà publié, le système de surveillance du bassin est mis en place, ainsi que le code CEMAC/RDC,

---

[1] ADJEMA, A., Op.cit., p.48.
[2] CICOS - dépliant publicitaire, p.2.

véritable instrument juridique d'unification des règles de navigation intérieure édité, publié et en application.[1]

Relativement à l'environnement, un effort visible a été également fourni. Nous retiendrons que le Plan d'action stratégique pour la gestion durable des ressources en eau du bassin du Congo (document d'harmonisation des politiques de l'eau) ; plan d'actions stratégiques de la gestion intégrée des ressources en eau du bassin du Congo (document du plan stratégique).

Il intègre tout l'aspect hydrique, hydrologique, hydrographique et halieutique du bassin ainsi que de l'écosystème et la biodiversité.

Enfin, les systèmes d'aide à la décision environnementale basée sur l'observation de la terre à travers les données satellitaires sont en train d'être mis en place.

De manière assez particulière, la mise sur pied de la CICOS sur son territoire. En effet, l'installation d'une organisation internationale sur le territoire d'un Etat constitue, pour ce dernier, un avantage certain et recherché.[2]

En sa qualité d'Etat de siège, la RDC bénéficie d'un cadre de proximité idéal pour des contacts permanents avec l'institution, ce qui lui donne l'avantage de la primauté d'information. Un personnel local est recruté pour différents postes, ce qui résout, tant soit peu, sur le plan socio-économique, l'épineux problème de chômage classé en ordre utile dans les cinq chantiers du gouvernement congolais.

Les bâtiments et locaux occupés par l'institution ont été innovés et rénovés, ce qui a un impact visible sur l'environnement tant humain qu'écologique. La création d'un centre régional de formation du personnel naviguant ouvrira la voie à une amélioration qualitative de la main d'œuvre congolaise, contribuera, d'une manière ou d'une autre à résorber tant soit peu le chômage par des engagements locaux et partant, à réduire, de manière modeste, la pauvreté en RDC.

Nous pouvons ainsi constater que la CICOS pourra contribuer au développement de la RDC et le fera encore plus dans l'avenir.

Cependant, nous espérons davantage que la CICOS pourrait être un véritable moteur d'intégration régionale pour l'Afrique centrale et un partenaire réellement actif au développement de la RDC.

---

[1] ADJEMA, A., Idem, p.49.

[2] KITIMA KASENDWE, J.L., Déontologie de la Fonction publique internationale, Cours, L2 Droit, ULK 2008-2009, inédit.

5.3.2. Perspective d'avenir et difficultés rencontrées par la CICOS

Sous le triple choc des sécheresses, des pollutions et de la croissance des besoins consécutive à l'augmentation de la population, la ressource naturelle que l'on croyait disponible à jamais devient un bien économique rare. Comme le pétrole, l'eau douce va donc connaître une explosion de son prix au cours des années futures. Comme le pétrole, elle pourrait devenir un motif de guerre ou de paix dans la mesure où, d'ici à 2025, les deux tiers de la population mondiale vont être, selon les projections de l'Organisation Météorologique Mondiale, "en situation de stress ou de contrainte hydrique".[1]

C'est que, agriculture irriguée et urbanisation obligent, les besoins en eau augmentent deux fois plus vite que la population mondiale, laquelle, de son côté, va s'accroître de 60% à 70% d'ici au milieu du XXIème siècle. L'offre est donc sur le point de ne plus satisfaire la demande.[2]

Selon l'Organisation mondiale de la santé, 1.4 milliard d'hommes n'ont toujours pas accès à l'eau potable. 1,9 milliard sont sans moyens d'assainissement. Plus de 3 milliards ont des infections liées à la mauvaise qualité de l'eau. Plus de 5 millions, par an, en meurent......Un enfant, toutes les 8 secondes.

Cependant, au regard des études menées, il s'avère que le bassin du Congo est un bassin dense en eaux, en ressources naturelles riches et variées encore peu connues ;

L'utilisation des outils satellitaires pour la collecte et la dissémination de l'information environnementale est l'un des atouts pour le développement dans le bassin du Congo et celui de l'Afrique centrale en général ;

La connaissance des ressources en eau du bassin du Congo assurera leur gestion durable.

En outre, l'Institution fait face à des nombreuses difficultés dont :

- l'insuffisance de balisage et d'entretien des voies navigables ;
- l'ensablement des ports, des chenaux et des passes de navigation ;
- les nombreuses tracasseries le long des voies navigables ;
- l'exploitation des bateaux sans respect des normes de sécurité de la navigation ;

---

[1] BESSET, J.P., L'eau pourrait constituer le « choc pétrolier » du XXIe siècle, Le monde, Paris, 1997, p.39.

[2] Idem, p.40.

- l'invasion des végétaux aquatiques nuisibles dans les eaux du bassin ;
- le faible développement des ressources en eau du bassin ;
- la réduction du plan d'eau sur les affluents de l'hémisphère nord du bassin ;

La faible connaissance du bassin (faible densité de stations hydrométriques, séries incomplètes de données hydrologiques et hydrogéologiques, données socioéconomiques insuffisantes, etc.

Il a fallu aux responsables de la CICOS du courage et de la ferme détermination pour venir à bout de toutes ces difficultés ; c'est ce qui a permis à la CICOS d'amorcer le processus de gestion du bassin.

Pour nous en convaincre, relevons quelques projets :

- ***Projets en cours de réalisation :***

Projet sur la Gestion transfrontalière de l'eau du Bassin du Congo, GETRACO, programme envisagé en trois ans (2007-2009), et ayant pour objectif global, l'amélioration de la coopération entre les Etats membres de la CICOS dans le secteur de la navigation intérieure et de gestion des ressources hydriques ; ce programme a comme composante : la promotion de la navigation intérieure, le Centre régional de formation à la navigation intérieure, la réorganisation du cadre institutionnel de la CICOS, et le système d'information du bassin du Congo (SIBCO).[1]

Programme de surveillance de l'environnement en Afrique pour un développement durable (AMESD). Programme en 4 ans (2007-2011) qui a pour objectif global d'aider les pays de la CEMAC, élargis à la RDC à mieux prendre en compte les données d'observation de l'environnement par l'imagerie satellitaire, notamment pour la définition et le suivi de leurs politiques de gestion des ressources en eau et de leurs usages ; avec comme composante l'action thématique sur la gestion des ressources en eau en Afrique centrale ;

Projet d'amélioration des capacités de la CICOS pour la gestion de l'information et des connaissances sur les ressources en eau du bassin du Congo, avec comme objectif l'amélioration des connaissances sur les ressources du bassin ;

Le programme comprend trois composantes : l'installation de 4 stations d'observation du cycle hydrologique du bassin du Congo, l'acquisition des données socioéconomiques et les questions de genre

---

[1] Plan d'Action CICOS, 2009-2010, p.32, point 5.

des populations riverains, et la collecte des données et le développement d'un site web ;

Plan d'action stratégique pour la gestion intégrée des ressources en eau du bassin du Congo (PAS/GIRE) qui a comme objectif global d'assurer une gestion durable du bassin du Congo.

- ***Projets non encore réalisés (projets dont la recherche de financement est en cours[1] :***
  - appui aux populations riveraines pour le commerce fluvial ;
  - étude de marché sur le transport fluvial ;
  - transport des marchandises et de passagers ;
  - construction de petites embarcations ;
  - système de communication radiophonique pour améliorer la sécurité de la navigation intérieure ;
  - réhabilitation des ports, quais et ports secondaires ;
  - étude hydro sédimentologique du Pool Malebo ;
  - étude sur l'impact du transfert d'eau Oubangui - Tchad ;
  - étude de faisabilité d'un barrage à Pambo.

L'avènement de la CICOS cent ans après Berlin, est par conséquent la solution aux limites des mécanismes de coopération initiées antérieurement. La CICOS est l'organe intergouvernemental intervenant au niveau supranational dont la mission principale est la gestion durable et rationnelle du bassin.

Les Etats s'inspirent des cadres de coopération et d'expériences hérités des puissances coloniales et développent d'autres mécanismes de coopération bilatérale (Congo - République Centrafricaine ; Congo - République Démocratique du Congo) et multilatéral (Congo - République Centrafricaine - République Démocratique du Congo).

Les mesures adoptées concernent généralement :

- les modalités d'entretien des voies navigables ;
- la coordination des travaux et de transports de surface ;
- la mise en place des commissions mixtes de transport et commissions tripartites ;
- la création d'un bureau commun d'affrètement ;
- l'assistance mutuelle des unités fluviales navigant sur le fleuve Congo et l'Oubangui.

L'examen des accords de coopération et des structures organisationnelles susmentionnées, malgré leur importance, ont montré des limites dont les principales sont :

---

[1] Op.cit., p.33.

- les termes peu contraignants utilisés qui ne permettaient pas d'engager la responsabilité de l'une ou de l'autre partie contractante en cas de non-exécution de ses obligations ;
- le manque de moyens d'intervention appropriés, notamment des groupes de travail spécifiques correctement constitués, l'activité des commissions se limitant à l'examen des problèmes ponctuels ;
- les préoccupations à caractère permanent sont souvent traitées superficiellement. Il s'agit particulièrement des préoccupations relatives aux conditions d'exploitation des voies navigables communes, aux domaines techniques se rapportant à la flotte, à la réparation et à la construction navales, aux aspects commerciaux ainsi qu'aux questions relatives à la gestion des ports et des voies navigables communes (réglementation et police portuaires, tarification, manœuvre, etc) ;
- l'inexistence de structure chargée de veiller à la mise en application effective des décisions prises ;
- les mandats respectifs de structures organisationnelles limités uniquement à la formulation des recommandations aux Etats (organes consultatifs) ne leur permettent pas d'intervenir efficacement pour promouvoir une gestion rationnelle des activités de la navigation intérieure, en particulier la gestion efficace de la réglementation harmonieuse de la CICOS ;
- les critères liés au mode d'accession à la gestion courante de la CICOS, il sera souhaitable de définir les modalités en tenant compte de la proportion du bassin qu'occupe chaque Etat membre ;
- toujours dans le souci de renforcer les liens de solidarité séculaire entre les peuples riverains du fleuve et de promouvoir entre les Etats la coopération en matière de la navigation fluviale.

5.4. Fournir de l'eau potable

Malgré la situation et les défis commensurables, il existe des opportunités pour améliorer la disponibilité en eau salubre en Afrique, et des leçons peuvent être tirées de certains pays d'Afrique qui ont fait les plus grands progrès. Le Bénin, le Burkina Faso, le Tchad, l'Éthiopie, le Mali et le Sénégal sont des exemples remarquables en ce qui concerne l'expansion des services de canalisation de l'eau ; tous montrent des taux de croissance de quatre à huit pour cent par an.[1]

Tandis que mondialement, les populations rurales continuent à être à la traîne par rapport aux populations urbaines, des pays aussi différents que le Maroc et l'Ouganda ont perpétué des hausses rapides de la couverture rurale.

- Améliorer le financement

Selon le Rapport sur le Développement Humain du UNDP de 2006, les gouvernements doivent dépenser environ un pour cent de leur PIB en faveur de l'eau et de l'assainissement. De plus, une aide internationale accrue jouerait un rôle crucial pour catalyser l'accès aux sources d'eau améliorées. Un financement accru venant de la tarification, des taxes et des transferts, dans la bonne combinaison, peut aider à atteindre les objectifs nationaux relatifs à l'accès durable à l'eau.

Ce seront donc les décisions politiques, au niveau national et international, ainsi que les priorités d'investissements des pays et des agences de financement, qui joueront un rôle déterminant dans la gestion future du risque de pénurie d'eau douce à travers le monde.

- Encourager les concessions dans les projets de privatisation

Un investissement privé, par les entreprises locales et étrangères prenant la responsabilité de financer et de mettre en opération les systèmes hydriques, peut améliorer l'efficacité, réduire les pertes d'eau, augmenter l'approvisionnement, augmenter le nombre de bornes et la collecte de revenus et étendre la couverture. Au Maroc, où quatre concessions ont été créées entre 1997 et 2002, la couverture et les taux de satisfaction des consommateurs ont augmenté.

En 1995, un autre programme nommé PAGER, requérant la participation publique dans sa planification et sa mise en œuvre et visant à approvisionner les zones rurales en eau potable a été mis en place au Maroc.

L'accès à l'eau potable est passé de 14% (avant PAGER) à 16 % en 1995, et à 61% en 2004. Le principal élément à prendre en considération en introduisant tout système est cependant les besoins des consommateurs, une leçon tirée de l'échec de certains projets de privatisation hydrique.

- Subventionner les raccordements pour les pauvres

Subventionner les raccordements pour les foyers pauvres et mettre en place des stratégies de paiement innovantes peuvent ôter un frein

[1] UNEP, Op.cit., p.127.

important à l'expansion du réseau de fourniture d'eau. En Côte d'Ivoire, par exemple, une surtaxe de Fondation pour la Mise en Valeur de l'eau est incluse dans les factures et environ 40 pour cent des recettes sont utilisés pour les subventions de raccordement.

- Cibler les colonies informelles

Certains services ont montré une absence de volonté d'étendre les services aux foyers sans titre légal, craignant que cela ne compromette leur collecte de revenus. Faire usage de créativité pour faire face à ce dilemme peut résoudre les problèmes d'accès pour les habitants de ces colonies. Par exemple, un service à Manille a étendu les lignes d'eau souterraines au périmètre des bidonvilles et a permis aux foyers de faire des connections de surface, à travers des petits tuyaux en plastique liés à des compteurs entretenus par des associations de résidents et des organisations non-gouvernementales.

De tels arrangements peuvent améliorer l'équité ; l'efficacité augmente également en réduisant les pertes de revenus associés aux raccordements illégaux. A Manille, par exemple, cela a réduit les coûts de l'eau de 25 % dans les zones de bidonvilles à présent desservies (UNDP 2006a).

- Instituer ou améliorer la règlementation

Les autorités règlementaires sont importantes pour s'assurer que les fournisseurs sont gérés de manière à sécuriser l'équité et l'efficacité, indépendamment de la politique. Là où la capacité administrative et les institutions de régulation manquent, les citoyens peuvent jouer un rôle proactif, faisant pression pour plus d'informations et rendant les performances insuffisantes des services hydriques publiques.

- Cibler les communautés rurales

Les opportunités dans les communautés rurales incluent l'adoption de systèmes de petite échelle indépendants, capables de traiter l'eau ; recycler les eaux usées et capturer les gaz en résultant pour en faire une source d'énergie pour l'électricité et pour cuisiner ; le soutien de projets à l'échelle communautaire, relatifs à la gestion des ressources hydriques, la fourniture d'eau et l'assainissement dans plus de 30 pays a démontré ceci. Au Rajasthan (Inde), un tel soutien a permis la construction de 7500 structures communautaires pour la collecte de l'eau, sous forme de barrages et d'étangs, afin d'éradiquer les pénuries d'eau dans la région.

- Encourager l'entreprenariat en faveur de techniques simples de purification de l'eau

Des solutions faisant usage de l'ingénuité locale, d'outils et de mécanismes simples ont été efficaces pour améliorer l'accès à l'eau potable sûre. Par exemple, un programme suisse de désinfection de l'eau est en cours dans le monde entier pour fournir de l'eau potable à environ quatre millions d'individus. Les principales composantes du programme sont les bouteilles en plastique jetées qui sont remplies d'eau, la moins trouble possible, puis placées sur un morceau de métal en plein soleil. Après six heures, la radiation UV peut tuer les virus, bactéries et parasites se trouvant dans l'eau, la rendant potable.

Depuis l'initiation du programme dans les écoles en République-Unie de Tanzanie, les résultats probants incluent moins d'absentéisme à cause de la diarrhée. Il existe à présent un grand marché pour les purificateurs d'eau et plusieurs entrepreneurs inventent des modèles plus abordables pour fournir de l'eau aux pauvres. Des subventions pourraient être nécessaires pour initier de nouveaux programmes, mais les incitations commerciales locales par les entreprises privées sont nécessaires pour encourager et perpétuer l'adoption de systèmes de purification simples et efficaces.[1]

5.4.1. Assurer l'accès à un assainissement adéquat

L'amélioration des services d'assainissement est inextricablement liée à l'amélioration de l'approvisionnement en eau. Ainsi, les opportunités identifiées dans la section précédente s'appliquent à la présente, et des leçons sont à tirer des pays ayant fait les meilleures avancées en matière d'augmentation de la couverture en assainissement.

De plus, les grandes avancées en matière de technologies de la communication sont un exemple de la façon dont l'innovation et l'entreprenariat dans la technologie d'assainissement pourraient avoir des retombées économiques, en sus d'améliorer la santé et le bien-être. L'Organisation Mondiale des Toilettes (OMD) présente une approche alternative et radicale pour accélérer le progrès vers l'atteinte de l'OMD relatif à l'assainissement, en encourageant la possession de toilettes comme un symbole d'avancée sociale.

- *Reconnaître le potentiel économique des technologies d'assainissement* :

Les opportunités commerciales issues de l'investissement dans l'assainissement sont maintenant reconnues et l'Afrique pourrait

[1] « Water for Sudan », in www.google.com, consulté le 20 avril 2020.

bénéficier d'approches fondées sur le marché. L'Organisation Mondiale des Toilettes propose une telle approche, argumentant que les affaires qui proposent des toilettes abordables, peuvent faire des profits. Les produits issus des excréments humains convenablement recyclés peuvent également constituer une marchandise commerciale, plutôt qu'un simple déchet, comme il a été démontré en Chine, des siècles durant.

5.4.2. Promouvoir la coopération dans les bassins hydriques transfrontaliers

La coopération relative aux eaux internationales constitue une opportunité pour s'occuper à ces problèmes et contraintes, à travers le partage négocié du bassin, pour les utilisations extractives et internes de l'eau. La durabilité de l'eau disponible au sein d'un bassin fluvial traversant deux ou plusieurs pays, peut être assurée et même renforcée par le biais d'accords transfrontaliers.

De tels accords aident à assurer l'équité dans l'approvisionnement en eau pour tous et à maintenir la paix et la sécurité. Il existe plusieurs exemples d'accords hydriques transfrontaliers et d'autres mécanismes de partage, qui ont aidé des nations africaines riveraines à négocier un partage équitable de l'eau, et qui illustrent le pouvoir catalyseur de tels accords pour la coopération politique.

- *Reconnaître et utiliser l'eau comme un facteur liant les États qui sinon seraient hostiles les uns envers les autres*

Bien que l'eau ait généralement été décrite comme une cause de tension politique et de conflits armés, en réalité, l'eau a rarement été la cause première d'une guerre transfrontalière. Contrairement à la perception répandue, l'eau a été un facteur liant entre États qui sinon seraient hostiles les uns envers les autres. Par exemple, Le Traité des Eaux de l'Indus a survécu à trois guerres entre l'Inde et le Pakistan et l'Iraq a donné de l'eau au Koweït, en tant que « frère », sans compensation.

En Afrique, la confrontation causée par des intérêts contradictoires entre le Swaziland, l'Afrique du Sud et le Mozambique, au sujet du partage de l'eau au sein du bassin fluvial Incomati, s'est terminée, suite à des négociations, entre 1964 et 2002. L'impasse a été surmontée lorsque la gestion du bassin fluvial de Maputo adjacent a été incluse, de manière à ce que certains des bénéfices soient négociables entre les parties.

Une étude de cas de la concurrence et de la coopération dans le contexte Incomati a conclu que : « l'hypothèse selon laquelle l'eau conduit les individus et les pays vers la coopération est vérifiée par les avancées dans le bassin Incomati. L'utilisation accrue de l'eau a effectivement mené à une coopération naissante ».

Pour ce qui est de l'eau souterraine transfrontalière, les conflits sont souvent mis sur le compte du manque d'information sur les limites de la ressource physique, de la capacité de la ressource, et des conditions qui sous-tendent la qualité de l'eau.

Pourtant, malgré ces déclencheurs de conflit, il n'existe aucun cas documenté pour lequel l'utilisation intensive d'eau souterraine d'un aquifère moyen ou large ait causé de sérieux conflits sociaux (Jarvis 2006). Ainsi, il semble n'exister aucune raison historique de croire que le partage d'eau entre pays riverains puisse être une cause de conflit future en Afrique ou ailleurs ; il serait plutôt un catalyseur pour la coopération.

- *Tirer les leçons des efforts et accords de coopération transfrontalière réussis entre États africains :*

La distribution transfrontalière réussie de l'eau dépend intrinsèquement de la coopération politique entre les États riverains concernés. En l'absence de règles et lois solides, les traités sont les meilleurs outils pour formaliser la gestion d'un bassin fluvial. Ces régimes définissent des principes implicites et explicites, des normes et une procédure de prise de décision pour répondre aux attentes des parties. La constitution de telles institutions, y compris la responsabilité contractuelle et les sanctions en cas de non-conformité, peut transformer une « paix négative » (absence de guerre) en une « paix positive » (coopération et confiance).

Une telle coopération dans la gestion d'intérêts partagés ou conflictuels, peut promouvoir plusieurs opportunités de partage des avantages, y compris le commerce hydrique international. Le Lesotho et l'Afrique du Sud, par exemple, se sont engagés dans un projet de transfert d'eau et de production hydroélectrique de plusieurs milliards de dollars, sur le bassin fluvial Orange/Senqu. Ce projet porte le nom de Projet des Hauts-Plateaux du Lesotho. Il comprend des mécanismes tels que les paiements directs pour l'eau, des conventions d'achat et de financement et a permis au Lesotho de gagner des devises de l'eau qu'il vend à l'Afrique du Sud.

Pour le cas du fleuve Sénégal, une formule de partage des inconvénients a permis au Sénégal, au Mali et à la Mauritanie de s'entendre sur la façon de partager les coûts de mise en valeur et des bénéfices issus des infrastructures qu'ils exploitent conjointement sur le fleuve. Il s'est produit un changement, d'approches descendantes, à une gestion coopérative des ressources hydriques transfrontalières en Afrique, comme le démontre la création de l'OKACOM dans le bassin fluvial de l'Okavango, laquelle a rassemblé les nations riveraines autour du slogan « Trois Nations, Un Fleuve », dans le cadre d'un nouveau modèle de partage de l'eau.

D'autres exemples d'organisations ou de mécanismes réussis de partage de l'eau en Afrique, fournissant des exemples de gestion coopérative, incluent : l'Initiative du Bassin du Nil, dans le cadre de laquelle les nations riveraines se sont entendues durant plus d'une décennie, et le Groupe du Fleuve Sénégal, comprenant le Mali, le Sénégal, la Guinée et la Mauritanie ; le groupe refuse de se disputer au sujet des droits hydriques et s'entend équitablement en faveur de projets de distribution, de manière à ce qu'un barrage puisse être construit dans un pays, mais que l'électricité produite soit distribuée ailleurs, en échange d'un autre bénéfice.

Les centres d'intérêts dans les fleuves et bassins transfrontaliers, tels que la qualité de l'eau, l'approvisionnement, le contrôle des inondations, les effets du changement climatique, etc. sont des sujets autours desquels la capacité institutionnelle pourrait être renforcée, à travers la collaboration entre États riverains. Les efforts conjoints pour la collecte de données, pour comprendre les impacts et améliorer les modèles socio-économiques, peuvent rassembler les acteurs et éviter ainsi les conflits.

La coopération transfrontalière peut étendre la base des connaissances, élargir la gamme de mesures disponibles pour la prévention, l'état de préparation et la reprise, pour élaborer de meilleures réponses et proposer des solutions efficaces et peu coûteuses.

5.5. Opportunités dans la gestion revisitée

5.5.1. Fournir de l'eau pour la sécurité alimentaire

- *Apprendre de la Révolution Verte des années soixante à quatre-vingt-dix :*

Des leçons sont à tirer pour l'Afrique, de la Révolution Verte, laquelle a permis de plus que doubler le rendement des principales céréales (riz, blé et maïs), entre 1960 et 1990, en Asie et en Amérique

Latine, mettant fin à la menace de la famine et baissant les prix des cultures vivrières. En se focalisant sur l'agriculture de petite échelle, les pays qui étaient alimentairement déficitaires il y a quarante ans, sont maintenant des exportateurs alimentaires.

Les gouvernements nationaux contrôlaient leurs propres politiques agricoles et la recherche agricole se focalisait sur la promotion des technologies locales appropriées. Malgré les différences naturelles, sociales et économiques, la crise alimentaire asiatique de cette époque était décrite comme étant de la même ampleur et dans les mêmes termes que ceux utilisés pour l'Afrique aujourd'hui : forts taux de croissance démographique, pauvreté répandue, faim et malnutrition.

- *Promouvoir une Révolution Verte encore plus verte en Afrique :*

En initiant une Révolution doublement Verte (respectueuse de l'environnement), l'Afrique a l'occasion de produire plus de nourriture avec la même quantité d'eau, ou de produire la même quantité de nourriture en utilisant moins d'eau. L'utilisation de l'irrigation, des engrais de synthèse, des insecticides chimiques, de variétés de graines naines à maturation précoce et à rendement élevé (les variétés naines de riz et de blé sont moins susceptibles de tomber, permettant de répandre de vastes quantités d'eau et d'engrais pour stimuler les rendements) étaient des composantes vitales de l'ensemble technologique de la Révolution Verte en Asie.

Des rendements records ont été obtenus, mais des taux supérieurs d'empoisonnement par les insecticides chimiques ont également été répertoriés dans certaines zones, en sus de l'eutrophication intense des aquifères et des voies d'eau. En Asie, les coûts écologiques de la Révolution Verte ont augmenté, et un nombre accru de paysans se reconvertit à l'agriculture sans ou avec moins de produits chimiques. Les méthodes alternatives de culture durable incluent l'agroforesterie et la culture alternée de céréales et de légumes pour améliorer les sols pauvres en nitrogène et réduire la dépendance envers les engrais de synthèse et les insecticides. Augmenter la productivité sur les terres cultivées existantes est fondamental, si l'Afrique veut éviter de détruire des écosystèmes vitaux tels que ses zones humides riches en biodiversité et ses forêts humides. En se focalisant sur une révolution doublement verte, l'Afrique peut éviter les aspects destructeurs de l'environnement.

- *Intensifier l'irrigation pour promouvoir la sécurité alimentaire* :

Le taux estimé d'augmentation de production agricole nécessaire pour parvenir à la sécurité alimentaire en Afrique est de 3,3 pour cent par an. Il est possible d'atteindre ce taux puisque deux tiers des pays africains ont développé moins de 20 pour cent de leur production agricole, et moins de 5 pour cent des terres cultivées sont irriguées dans tous les pays sauf quatre. Sans investissement dans l'irrigation, il sera difficile d'augmenter la production agricole, de réduire le fardeau financier des importations agricoles et d'améliorer la sécurité alimentaire ;

L'irrigation augmente le rendement de la plupart des cultures, de 100 à 400 pour cent. En Afrique sub-saharienne, seuls quatre pour cent des terres cultivables sont irrigués ; ainsi, les paysans sont obligés de faire des investissements significatifs en irrigation pour augmenter leur productivité.

L'irrigation rend possible de :

- contrôler l'humidité des sols, et par conséquent, de profiter d'un cycle agricole plus long pour stimuler les rendements et la production agricole ;
- compléter les précipitations peu fi ables et faire pousser une plus grande variété de cultures, y compris les cultures à forte valeur pour le marché des exportations ;
- maintenir les niveaux de production alimentaire et contribuer à la stabilisation des prix, à travers le contrôle des niveaux de production ;
- parvenir à la sécurité alimentaire aux niveaux locaux, à travers la hausse des revenus et l'amélioration de la santé et de la nutrition ;
- combler les écarts nationaux entre production et demande de cultures vivrières ;

Eviter les pièges de l'irrigation excessive : la mise en valeur de l'irrigation était une composante importante de la Révolution Verte asiatique, utilisée pour doubler les rendements en complétant les précipitations peu fi ables. Les critiques argumentent que l'irrigation excessive a conduit à des réductions abruptes des nappes phréatiques, tandis que des milliers d'hectares de terres productives ont été perdues à cause de la salinisation et des sols gorgés d'eau.

Un exemple type est celui de l'inde, où les barrages et canaux construits par le gouvernement et les puits forés par les paysans ont conduits à l'augmentation de la zone irriguée de 21 millions d'hectares dans les années cinquante, à 39 millions d'hectares (soit environ 20 pour cent des terres irriguées mondiales) en 1980. Cette expansion a conduit non seulement à une production agricole accrue, mais également à un tarissement excessif de l'eau souterraine, à un engorgement d'eau et à une salinisation de zones de cultures précédemment productives.

Investir dans des technologies d'irrigation simples et peu coûteuses : Ces dernières présentent les meilleurs avantages pour accroître l'irrigation en faveur de la sécurité alimentaire ; cependant, ces technologies doivent être gérées avec précaution pour éviter des dégâts environnementaux, lequel est déjà fortement répandus, et la propagation de maladies véhiculées par l'eau. Certaines parties de l'Afrique sub-saharienne ont préservé leurs réserves en eau souterraine, et il existe un fort potentiel pour recueillir les eaux de ruissellement et pour cultiver les plaines et fonds de vallées qui le recueillent naturellement.

L'investissement pourrait libérer ce potentiel. Les autres techniques de conservation de l'eau comprennent le passage de techniques d'irrigation de surface à des techniques plus « intelligentes », telles que la micro-irrigation, le paillage et l'utilisation de cultures de couverture, pour minimiser les pertes d'eau verte disponible.

Les augmentations du niveau d'irrigation peuvent se rapporter à l'eau de surface et souterraine, et des leçons de l'intérieur et de l'extérieur de la région peuvent être tirées, concernant les techniques viables d'irrigation de petite et moyenne échelle ; ces techniques requièrent un développement d'infrastructure limité et peuvent bénéficier à un grand nombre de paysans. Les méthodes telles que le pompage individuel ou par petit groupe, à partir de rivières, de même que les systèmes de goutte-à-goutte fabriqués localement restent à exploiter.

L'irrigation de surface est facile à faire fonctionner et à entretenir, et peut être développée au niveau des exploitations agricoles avec, un investissement en capital minimal, avec une efficacité d'application sur site d'environ 60 pour cent. La gravité satisfait les besoins énergétiques des systèmes d'irrigation de surface et ces systèmes sont moins affectés par les caractéristiques climatiques et de qualité de l'eau.

L'irrigation par aspersion a une efficacité d'application d'environ 75 pour cent, est facile à concevoir et simple à installer et à faire fonctionner. Elle peut être adaptée à tous types de sols, plusieurs types de sols de culture et de petites parcelles irrégulières, et est moins coûteuse que plusieurs autres systèmes modernes d'irrigation.

L'irrigation au goutte-à-goutte est la méthode la plus avancée d'irrigation ; elle fait preuve d'efficacité d'application la plus élevée (environ 90 pour cent).

L'eau est versée séparément sur chaque plante en petites quantités, fréquentes et précises, à travers des émetteurs goutte-à-goutte. Le passage de l'irrigation par aspersion aux systèmes de goutte-à-goutte a réduit l'utilisation de l'eau de 30 à 60 pour cent.

Lier la mise en valeur de l'irrigation aux questions d'équité sociale et de durabilité environnementale : Les systèmes d'irrigation de grande échelle du passé ont perdu crédibilité à cause de leurs coûts sociaux, environnementaux et financiers. A l'heure actuelle, les planificateurs de projets recherchent la participation des paysans pour la création et la gestion de plans d'irrigation. Au cours de la mise en place de projets d'irrigation à petite échelle, les opportunités existent pour étendre les bénéfices pour améliorer la durabilité sociale et environnementale. Un de ces bénéfices devrait être de créer des opportunités pour les femmes des zones rurales ; étant donné leur rôle central en tant que mères, fournisseuses de soins mais également de fermières, elles détiennent la clé de la sécurité alimentaire ;

Sécuriser un investissement durable pour la Révolution doublement Verte : Les technologies telles que le développement du potentiel sous-exploité de l'irrigation et la mise en valeur de variétés à fort rendement et davantage tolérantes à la sécheresse, peuvent marcher en Afrique s'il existe un bon investissement. Les paysans africains peuvent réduire leur dépendance vis-à-vis des aliments importés et se protéger de l'importation de grains à bas prix. Les gouvernements en Afrique s'approprient leurs propres politiques agricoles, à travers des initiatives telles que le Programme Détaillé de Développement de l'Agriculture Africaine (CAADP), lequel fournit le cadre pour soutenir la conception et la mise en place de stratégies nationales agricoles et de sécurité alimentaire.

Cette initiative est une opportunité pour les partenaires en développement et le secteur privé de soutenir les gouvernements nationaux et de réduire la fragmentation de l'aide, pour que le financement soit canalisé de manière à soutenir efficacement la mise en place de stratégies agricoles à l'échelle nationale, au sein du cadre.

Investir dans le croisement ciblé de variétés tolérantes à la sécheresse : A titre d'exemple, le projet financé par AfDB et coordonné par l'Initiative Rizicole Africaine a contribué à une augmentation de six pour cent de la productivité rizicole du continent en 2007. Un tel croisement ciblé peut produire des variétés de cultures à rendement plus élevé, plus tolérantes à la sécheresse, utilisant les engrais plus efficacement et plus résistantes aux parasites. Il est important de noter que les organismes génétiquement modifiés (y compris les cultures) sont encore considérés comme une question émergente en Afrique, étant données les préoccupations et incertitudes qu'ils présentent, à la lumière de l'intensification de la coopération et du commerce ; ces préoccupations et incertitudes incluent :

- les questions de sécurité biologique ;
- l'impact des OGM sur l'environnement ;
- le commerce avec les partenaires non- favorables aux OGM ;
- les questions d'éthique ;
- les droits de propriété intellectuelle et ;
- l'accès aux graines par les petits paysans ;

5.5.2. Développer l'énergie hydroélectrique pour promouvoir la sécurité énergétique

Reconnaître que l'Afrique a un énorme potentiel hydroélectrique : L'Afrique possède un vaste potentiel d'énergie hydraulique, suffisant pour satisfaire les besoins en électricité de tout le continent et même pour l'exporter vers l'Europe. Ceci est effectivement illustré par les nombreux projets de mise en valeur dans plusieurs pays africains ;

Développer l'énergie hydraulique car elle stimulera l'économie et améliorera le bien-être humain : L'approvisionnement en énergie est vital pour la croissance économique, la stabilité et le bien-être humain. En tant que facteur de production, cette énergie affecte directement le prix d'autres biens et services et par conséquent, la compétitivité des commerces. Aucun des Objectifs du Millénaire pour le Développement ne peut être atteint sans un développement supplémentaire de l'énergie. Un plus grand accès à l'énergie améliorera la sécurité alimentaire et la santé à travers la réfrigération, tandis que l'éclairage électrique promouvra le développement éducatif et rallongera les heures de travail. Un meilleur accès à l'énergie augmente également le développement économique à travers l'industrialisation et les technologies de la communication, entre autres bénéfices. La percée de l'électricité dans les foyers ruraux réduit les coûts humains de collecte de bois de chauffe, libérant les femmes et les filles pour se livrer à des activités plus productives et éducatives ;

Investir dans l'hydroélectricité plutôt que dans les combustibles, ce qui tombe sous le sens dans ce contexte de changement climatique : Les parts des combustibles dans l'approvisionnement mondial total en énergie primaire étaient de 10 345 Mtep (Millions de tonnes équivalent pétrole) en 2004. Le marché énergétique mondial est actuellement dominé par la consommation de combustibles. La préoccupation relative au réchauffement de la planète est une des principales forces motrices des intérêts récents pour les sources renouvelables et propres, telles que l'énergie hydroélectrique et les biocarburants. D'après la Banque Mondiale (2010), le commerce régional d'énergie hydroélectrique pourrait fournir à l'Afrique l'approvisionnement énergétique à moindre coût, avec zéro émission de carbone ;

Tirer des leçons des nombreux pays africains qui ont développé l'énergie hydroélectrique avec succès : Malgré le faible niveau d'exploitation du potentiel hydroélectrique techniquement réalisable, plusieurs pays africains ont montré qu'il était possible de développer ce potentiel : la contribution de l'hydroélectricité est supérieure à 50 pour cent dans 25 pays, et supérieure à 80 pour cent en Angola, au Bénin, au Burundi, au Cameroun, en République Centrafricaine, au Congo, en République Démocratique du Congo, en Éthiopie, en Guinée, au Lesotho, au Malawi, au Mozambique, en Namibie, au Rwanda, en République-Unie Tanzanie, en Ouganda et en Zambie.

5.5.3. Répondre à la demande croissante en eau

Persévérer dans la mise en valeur et la gestion durable des ressources hydriques : Etant donnée la grande disponibilité des ressources hydriques et leur mise en valeur insuffisante, une des opportunités pour confronter la rareté de l'eau en Afrique est de développer et de gérer son eau de manière durable. Le développement économique est nécessaire pour assurer un flux durable de fonds vers l'infrastructure liée à l'eau. Il existe également une marge considérable pour améliorer la production agricole et la sécurité alimentaire à travers l'irrigation et l'agriculture pluviale, laquelle ne conduit pas forcément à une !demande accrue en eau.[1] La Vision Africaine de l'eau recommande spécifiquement d'augmenter le potentiel de mise en valeur des ressources hydriques de 5 pour cent en 2005, 10 pour cent en 2015 et 25 pour cent en 2025, afin de satisfaire la demande agricole, l'hydroélectricité, l'industrie, le tourisme et les transports aux échelles nationales. Les grosses mises en valeur hydriques requièrent des infrastructures telles que les barrages, les digues, les canalisations de

---

[1] UNECA, Op.cit., p.52.

transfert d'eau interbassins, les aqueducs et les centrales de traitement centralisés ;

Améliorer la productivité de l'utilisation de l'eau : En sus de mettre en valeur davantage de ressources hydriques, l'Afrique devra suivre le chemin « calme » de mise en valeur, de gestion et d'utilisation, en améliorant la productivité de l'utilisation de l'eau, au lieu de chercher davantage de nouvelles sources d'approvisionnement. Dans ce cas, l'eau est acquise à travers une combinaison de mesures de Gestion Intégrée des Ressources en eau (GIRE) qui comprennent: une gestion par bassin hydrique plutôt qu'au sein des frontières nationales, la conservation de l'eau par le biais d'approches favorisant l'efficacité, la prise de décisions au niveau approprié de participation publique, l'investissement dans une technologie adéquate pour les communautés ciblées, la protection des écosystèmes aquatiques, la tarification hydrique adéquate, l'amélioration de la gouvernance (y compris la mise en opération de marchés des producteurs), la formation d'individus en matière de maintenance de leur propre infrastructure hydrique, la gestion plus efficace des aquifères, l'analyse de ce que produisent les producteurs et un encouragement à changer si adéquat, la mise en place d'irrigation au goutte-à-goutte pour économiser le carburant et l'eau et la collecte d'eau ;

Améliorer la planification urbaine pour un meilleur approvisionnement en eau : La population croissante de l'Afrique et le manque de fiabilité de ses ressources hydriques présentent des opportunités de planification prévisionnelle et d'apprentissage de nouveaux mécanismes d'adaptation. Un exemple serait la facilitation de la migration des zones rurales aux zones urbaines. La disponibilité des cycles de précipitation, datant historiquement, et les différentes analyses de scenario indiquent que les planificateurs urbains peuvent tenir fait des mesures contingentes futures pour gérer la migration rurale-urbaine, bien avant que les systèmes hydriques ne soient submergés ;

Rationaliser la tarification de l'eau : Etant donnée la contradiction entre un approvisionnement adéquat en eau et le manque d'accès acceptable, les valeurs économique, sociale et environnementale du besoin en eau doivent être définies et conciliées. Une tarification améliorée de l'eau est nécessaire pour marquer la raréfaction accrue de l'eau et sa valeur, pour promouvoir les utilisations à haute valeur, pour encourager l'investissement et améliorer les services liés à l'eau. L'accès et les droits à l'eau pour les pauvres doivent également être garantis puisque l'eau est un bien social. Des instruments économiques peuvent être utilisés pour assurer une allocation productive, équitable et environnementalement durable de l'eau. Les approches de tarification rationnelle peuvent être mises en place, lesquelles aideront les pauvres à accéder à l'eau, tout en réduisant les coûts. En Afrique du Sud, par exemple, une taxe a été utilisée pour financer l'approvisionnement rural en eau et l'assainissement en amont, dans le cadre d'un projet de soutien de mesures de protection en amont, par les zones urbaines, avec des bénéfices économiques pour ceux en aval.

5.5.4. Eviter la dégradation des sols et la pollution de l'eau

Maintenir les fonctions vitales des écosystèmes : Il existe une opportunité pour les gouvernements africains de mettre de l'eau de côté pour l'environnement, afin de maintenir les fonctions écologiques[1] qui déterminent la quantité et qualité de l'eau.

Rendre le Sahel plus vert en encourageant l'adaptation à la sécheresse : Alors que la pluviosité a été déterminée comme la première force motrice de la récente « mise au vert » du Sahel, la non-uniformité de la verdure (verdure dans certaines zones mais désertification dans d'autres) suggère l'interaction de facteurs en sus de la pluviosité, y compris les pratiques de gestion des terres, l'exode rural et le déplacement d'individus causé par les conflits.

Certaines études (au Niger, Nigéria, Burkina Faso et Sénégal) montrent à présent que certains cultivateurs et communautés ont amélioré leur gestion de l'eau, en réponse à des changements vécus durant la sécheresse dans le Sahel. Lorsque la productivité et les revenus ont augmenté suite à des stratégies adaptives, les cultivateurs ont été en mesure d'investir dans davantage de méthodes telles que les intrants ou la diversification des cultures, lesquelles améliorent leur terre et leurs conditions de vie. Les bénéfices comprennent des rendements céréaliers accrus, une densité d'arbres, des nappes phréatiques ressourcées et une pauvreté et un exode rural réduits. Ces cas de réussite suggèrent des modèles que d'autres pourraient suivre. L'accent mis sur le contrôle de la dégradation des sols pourrait être modifié pour se focaliser davantage sur la promotion de l'adaptation qui

[1] Écosystémique : Ecosystémique désigne un système écologique complet, et prend ainsi en compte les relations entre les êtres vivants et le milieu dans lequel ils vivent. Exemple : Pour un aménagement durable des forêts, il faut avoir une approche écosystémique.

tirerait profit des bonnes années et protègerait des mauvaises, puisqu'il est certain que la sécheresse se reproduira.

Pour confronter la dégradation des sols par l'eau et les impacts sur l'eau, il est nécessaire de gérer les ressources en eau douce dès le moment où l'eau de pluie touche le sol. Le type de gestion des sols détermine si l'eau s'écoule à la surface, emportant avec elle le bon sol, ou si elle s'infiltre dans le sol pour être utilisée par les plantes ou pour réapprovisionner l'eau souterraine et le flux des ruisseaux.

Soutenir les évaluations scientifiques de la dégradation des sols et de la qualité de l'eau : Il existe un besoin d'évaluations systématiques mondiales et nationales de la dégradation des sols et de la désertification, qui se focaliseraient sur des variables lentes, pour comprendre les tendances à long terme de la dégradation des sols et le potentiel de récupération. De telles études permettraient la planification de réponses efficaces à la sécheresse à long-terme. Les connaissances et l'expertise abondent parmi les scientifiques en Afrique, pour permettre de planifier et de mettre en œuvre des stratégies hydriques durables, afin de faire face à la dégradation et à la pollution des sols. Mettre en place des centres d'excellence, dont le personnel de scientifiques africains se mettent en réseau avec d'autres experts en recherche et gestion hydrique, renforcerait la capacité de l'Afrique à faire le suivi de la qualité de l'eau, à collecter les données et à identifier les bonnes approches de gestion hydrique.

5.5.5. Gérer l'eau dans un contexte de changement climatique mondial

Renforcer les mécanismes d'adaptation traditionnels ; fournir une alerte précoce ; introduire des mesures d'adaptation élaborées à partir d'un système plus fi able de prédictions saisonnières ; soutenir les partenariats public-privé qui développent des mesures innovantes d'adaptation ; améliorer les infrastructures. Ils sont susceptibles de renverser des décennies d'efforts en matière de développement.

Les caractéristiques du réchauffement en Afrique sont cohérentes avec ceux du réchauffement planétaire : Le continent africain est plus chaud qu'il ne l'était il y a environ 100 ans. Le réchauffement au cours du XXe siècle s'est produit à un taux de 0,5 degrés Celsius par siècle, avec plus de réchauffement durant les saisons de juin à août, et de septembre à novembre, qu'en décembre à février et mars à mai. Les schémas du réchauffement en Afrique sont similaires aux schémas mondiaux, les périodes de réchauffement rapide s'étant produites dans les années 1910 à 1930 et passées les années 1970.

Bien que ces tendances semblent être cohérentes à travers le continent, les changements ne sont pas toujours uniformes. Des taux de réchauffement décennaux de 0,29°C dans les forêts tropicales africaines, et de 0,1 à 0,3°C en Afrique du Sud ont par exemple été observés. En Afrique du Sud et en Éthiopie, les températures minimales ont augmenté légèrement plus rapidement que le maximum ou les températures moyennes (IPCC 2007a). De plus, les températures en eau profonde (lesquelles reflètent les tendances à long terme) des grands lacs d'Afrique Orientale (Edward, Albert, Kivu, Victoria, Tanganyika et Malawi) se sont réchauffées d'entre 0,2 et 0,7°C depuis le début des années 1900.

5.5.6. Renforcer les capacités pour aborder les défis hydriques

Bien qu'il y ait de manière générale un manque de capacité institutionnelle, financière et humaine pour gérer efficacement les ressources hydriques en Afrique, au niveau du pays individuel, plusieurs nations africaines ont fait des progrès pour améliorer les politiques, stratégies et dispositions institutionnelles liées à l'eau, qui soulignent les opportunités pour améliorer la gestion de l'eau sur le continent.

Celles-ci comprennent une prise de connaissance de la Gestion Intégrée des Ressources en Eau (GIRE) et un engagement politique envers cette dernière. De nombreux pays s'engagent également davantage dans la réforme des politiques hydriques et la décentralisation des institutions liées à l'eau. Plusieurs prennent des dispositions en faveur de la durabilité financière du secteur hydrique et reconnaissent l'importance de considérer l'eau comme un bien économique, tout en procurant un fi let de sécurité pour les pauvres[1].

Sur la base de leur progrès et sur les recommandations de la Vision Africaine de l'Eau, les nations africaines peuvent tirer profiter des quelques opportunités présentées ci-dessous, pour améliorer leur capacité de gestion des ressources hydriques :

Réformer les institutions liées à l'eau : Le potentiel existe pour mettre en valeur les ressources humaines et la capacité des institutions liées à l'eau, y compris la décentralisation des activités de gestion des ressources hydriques aux niveaux les plus adéquats pour les parties prenantes, de même que le renforcement des initiatives existantes. Plusieurs pays, y compris l'Afrique du Sud et la Namibie ont réformé

[1] UNECA, 2006, in www.google.com, consulté le 19 décembre 2020.

leur secteur hydrique, et de telles initiatives servent d'exemple pour mettre en place des réformes politiques et stratégiques complètes du secteur et pour mettre en place des cadres légaux adéquats, y compris ceux qui protègent les intérêts des plus vulnérables de la société, tels que les pauvres. La capacité à gérer l'eau de manière complète et coordonnée en Afrique peut être améliorée, à travers le maintien d'une structure institutionnelle centralisée pouvant mieux dominer la nature complexe et multidisciplinaire de la gestion et de la planification hydrique, surtout étant donnés les défi s de pollution et de dégradation environnementale[1].

Les institutions nationales de gestion hydrique peuvent être améliorées si leurs responsabilités incluent : aider à unifier les perceptions relatives aux problèmes d'eau domestique, établir un cadre de gestion hydrique national, fournir des données pour permettre la prévision de la demande en eau et des problèmes potentiels, coopérer avec les organismes régionaux et internationaux œuvrant dans le domaine hydrique, pour gérer l'eau partagée et coordonner des programmes de formation.[2]

Améliorer les partenariats public-privé : Les gouvernements ont la possibilité d'améliorer les dispositifs de partenariats public-privé en faveur du développement de l'infrastructure hydrique. Le modèle financier de Partenariats Public-Privé (PPP) comprend un partage des risques et des responsabilités entre l'État (qui garde le contrôle des biens) et les compagnies privées. Il était attendu de tels partenariats qu'ils améliorent les services, sans les désavantages de la privatisation (chômage, prix plus élevés et corruption) mais ils n'ont pas été à la hauteur de ces attentes : les coûts sont généralement plus élevés pour le consommateur, le secteur privé n'est pas nécessairement toujours plus efficace et les gros contrats gouvernementaux sont souvent bafoués.

Si les gouvernements améliorent le système pour interagir avec le secteur privé, en étant discipliné et en faisant usage de procédures très transparentes, le potentiel d'efficacité et d'efficience accrues en matière gestion hydrique existe. Il est prouvé que les PPP en Afrique ont rencontré le plus de succès quand la planification, la communication et l'engagement sont forts et quand les gouvernements ont mis en œuvre un suivi, une régulation et une mise en vigueur efficaces. Les gouvernements doivent également procéder à des études de faisabilité

---

[1] Idem.

[2] UNECA, Idem.

détaillées, pour analyser l'accessibilité financière, la rentabilité de l'investissement et le transfert de risque. Un exemple probant de PPP est le contrat de concession de 20 ans entre le gouvernement du Gabon et une compagnie privée, pour un approvisionnement en eau et en services électriques. Son succès relatif est attribué à l'engagement politique fort du gouvernement[1].

Améliorer la base de connaissance à travers le renforcement des capacités humaines : Les opportunités pour identifier les besoins en matière de formation pour l'évaluation et la gestion des ressources hydriques, et pour former un cadre de professionnels de l'eau, doivent être encouragées et mises en œuvre, pour rehausser le niveau d'information sur les ressources hydriques de l'Afrique, les utilisations de l'eau et les besoins en eau sur ce continent. La formation devrait cibler la rétention du personnel et l'amélioration fréquente de leurs connaissances et compétences. Les gouvernements doivent s'assurer que les programmes d'information et éducatifs fassent partie intégrante du processus de développement et fournir des spécialistes du domaine de l'eau ayant reçu une formation et possédant les moyens de mettre la GIRE en œuvre. Pour tirer profit des connaissances et compétences disponibles, il faut également mettre en place les cadres politiques appropriés pour planifier, mettre en valeur et gérer les ressources hydriques ; il serait également souhaitable que ces cadres mettent en application les récents progrès scientifiques et technologiques en matière de gestion hydrique. Ces connaissances incluent les connaissances et sagesse indigènes et locales (UNECA 2006). L'Encadré 3.9.1 illustre la richesse de la connaissance indigène de l'eau, qu'il ne faudrait pas perdre.

5.6. Les perspectives ou voies de sortie de crise

Les inquiétudes quant à la situation des ressources en eau sont réelles et des solutions techniques existent. Cependant les problèmes sont d'abord institutionnels et relatifs à :

- des approches sectorielles de mise en valeur des ressources en eau dans un contexte de centralisation et de bureaucratie avec des moyens insuffisants des administrations et des pouvoirs locaux ;

---

[1] www.bing.com, Op.cit.

- une absence de cadres législatifs, réglementaires et normatifs à laquelle il faut ajouter la non-implication de tous les acteurs de l'eau ;
- une méconnaissance des ressources, des usages et des pollutions, avec un déficit de formation de base et de renforcement de capacité des professionnels du secteur, mais aussi une absence de politique d'éducation des différents types de public.

Toutes ces préoccupations ajoutées à celles relatives à la variabilité du climat et au changement climatique exigent une gestion améliorée des ressources en eau. Pour cela il faut une approche intégrée de gestion des ressources en eau, dont l'objectif sera de :

- protéger la ressource et améliorer sa connaissance
- planifier l'utilisation de la ressource et pratiquer une politique d'économie de l'eau ;
- impliquer les hommes et femmes équitablement, ensuite prévenir et gérer les conflits liés aux usages de l'eau ;
- satisfaire de façon globale les demandes légitimes et raisonnées (agriculture, électricité, usages domestiques, transports, industrie, loisirs, aquaculture, pêche…) ;
- préserver les écosystèmes naturels et prévenir les risques (érosion, sécheresse, inondations).

L'élément moteur qui peut mener vers une mise en œuvre effective de cette approche est la manifestation d'une forte volonté politique au niveau des institutions nationales et locales.

Il est essentiel de proposer une politique d'éducation des différents types de public de la population pour responsabiliser les individus, favoriser les modifications des modes de vie, permettre le dialogue, faciliter la participation, promouvoir la concertation, imposer de nouvelles règles de vie, une éthique de l'eau (protection, solidarité, partage, respect). Il est tout aussi important de définir une politique nationale assortie des outils nécessaires (tarification, lois, décrets d'application, mesures incitatives, contraintes, évaluation des coûts, financements, concertations interministérielles, éducation de la population) en s'appuyant sur une concertation sociale.

5.7. Modèle de gestion hydro-Janussien des ressources en eau

Sur fond de ce qui précède, nous avons, à juste titre, analysé à-travers ce modèle, ce rôle que doit jouer l'eau dans les relations internationales contemporaines et surtout dans la région africaine, dont la configuration hydrique est multiforme. Tenir compte de deux facettes que présente cette denrée rare dans les rapports inter étatiques, éviterait à l'humanité les désastres liés à sa rareté et à sa pollution.

L'analyse d'une des rares oasis hydriques qu'est le Bassin du Congo, a démontré l'importance prééminente du rôle que doit jouer la RDC au sein de la CICOS que nous voulons voir rénovée, à cause de sa part déterminante au sein du Bassin du Congo, appelle à une réorganisation sous-régionale capable d'intégrer cette donne en transcendant tous les conflits d'intérêts des organisations sous-régionales prolifiques portant souvent en elles-mêmes les germes du disfonctionnement des institutions censées porter le flambeau de la coopération et de l'intégration susceptible d'amortir les chocs extérieurs.

Dans le souci de résumer ce qu'a été le résultat de la présente recherche doctorale, nous avons jugé utile de le fondre dans les tableaux et diagramme qui en disent long.

5.7.1. Gestion des ressources en eau du Bassin du Congo-Oubangui-Sangha : *Application du modèle « hydro-Janussien » par la CICOS*

Dans cette partie du travail, nous devons préciser que toutes les propositions faites ci-dessus, dans ce chapitre, sont inclues dans le modèle de gestion hydro-Janussien. Les scénarios et autres propositions.

En sus, notons la prise en compte de l'exploitation rationnelle et responsable des ressources hydriques du Bassin du Congo-Oubangui-Sangha, incluant la participation effective de tous les Etats-membres, à travers leurs ministères et agences de l'eau mis en place.

Dans les lignes qui suivent, nous avons effectué des hypothèses et représenté le modèle sous forme d'un diagramme appelé, « Diagramme des vérités ».

5.7.2. Rappel des fonctions de l'eau : *analyse*

Rappelons ici que parmi les fonctions de l'eau, nous mettrons un accent particulier sur les trois fonctions suivantes :

- l'Hydro-électricité ;
- la Navigabilité ;
- et l'Alimentation.

5.7.2.1. L'hydro-électricité

D'aucuns n'ignorent que l'hydro-électricité que nous consommons est issue de la combinaison de l'eau et les outils de production du stabilisateur de tension. Raison pour laquelle tous les barrages sont appelés « barrages hydro-électriques ».

Précisons par ailleurs qu'il existe un rapport d'interdépendance entre l'eau et l'électricité, et nous pouvons conclure qu'elles sont parfois liées.

Simple vérité : *l'électricité a tantôt besoin de l'eau afin qu'elle soit produite*. Et dans cet ouvrage, nous évoquons l'aspect gestion des ressources en eau, qui renvoie à la suite de la mise en place effective de l'importance de ces ressources à-travers ses fonctions sus-évoquées.

Puisque les ressources en eau doivent réellement être gérées (exploitées) selon le modèle hydro-Janussien, alors il faudrait prendre en compte l'électricité dans le processus de gestion car, aucune gestion des eaux au monde ne se fait en se passant de l'électricité.

Il faut donc conclure que la question de l'hydro-électricité comme l'une des fonctions de l'eau, doit être traitée avec sérénité afin de créer un processus de production liée efficace.

L'industrie étant le moteur du Développement, elle ne peut donc pas se développer sans l'électricité, c'est ainsi que le nouveau paradigme de gestion des ressources en eau, rajoute dans son panier des lignes à suivre pour la gestion efficace et efficiente des ressources en eau, la création des barrages hydro-électriques puissants et capables d'alimenter toutes les chaines de productions liées à la gestion de ces ressources. Le cas renvoie à la création d'emplois et à la mobilisation des recettes selon que les produits seront redistribués.

5.7.2.2. La navigabilité

Il existe plusieurs modes de transports dans le monde, et parmi lesquels nous comptons le transport fluvial ou lacustre. Ce mode de transport est celui qui se sert de l'eau (océan, fleuves, etc.), à-travers de moyens de transport tels que les bateaux, etc.

Le transport fluvial ou lacustre est un secteur très important dans le commerce extérieur surtout car, elle permet de mobiliser les recettes pouvant être injectées dans l'enveloppe destinée à la réalisation des projets à caractère socio-durable.

Ce nouveau paradigme, propose la gestion efficiente de ce secteur, par le biais des structures chargées de gérer le transport lacustre ou fluvial. Prenons la mise en place d'une politique efficace de transport basée sur le secteur fluvial, qui permettrait de facilité le transport, capable de mobiliser également les recettes.

Dans la chaine de production relative à la gestion des ressources en eau, la navigation est indispensable car, elle valorise les eaux sur lesquelles elle exerce ses activités.

5.7.2.3. L'alimentation

Le secteur alimentaire est la principale source de survie de toutes espèces humaines et animales. Sans l'alimentation, l'être humain, principalement, ne peut vivre.

Notons par ailleurs, que dans l'eau, il existe des ressources halieutiques, et donc, l'exploitation de ces ressources pour la consommation et l'exportation de la plus-value, ferait gonfler l'économie de la nation et permettrait d'actionner l'équilibre de la balance commerciale.

Prenons en compte la réorientation de l'hydro-virtualité, celle-ci propose un transfert virtuel des eaux du Bassin du Congo-Oubangui-Sangha vers le Lac Tchad et les Etats du Sahel. Ce transfert consiste à faire la recension des besoins exprimés par les pays demandeurs, lesquels besoins sont liés à l'utilisation de l'eau, afin de permettre aux Etats-membres de la CICOS de se spécialiser dans la production des outputs qui pourront être joints aux besoins qu'ils éprouvent, afin de produire aux pays demandeurs, une satisfaction au-moins maximale.

Cette application est une version variée de la production qui est principalement liée aux quantités demandées. Mais il est à noter que toute production est d'abord et surtout destinée à la consommation et en suite, l'exportation du surplus – tel est le principe dans la production nationale.

Le cas échéant renvoie à la mise en place des politiques de production pour l'extérieur, d'où la présence des stratégies similaires afin de répondre au-moins efficacement aux besoins éprouvés.

Dans l'application du modelé de transfert virtuel des eaux, il faut prendre en compte les éléments suivants :

- la mise en place des industries de production des biens à consommer, issus de l'eau : les ressources halieutiques par exemple, en créant des poissonneries gérées par les Agences de Bassins de chaque Etats-membres, sous l'œil vigilant de son portefeuille à-travers le ministère ayant la gestion des ressources en eau dans ses attributions ;
- l'exploitation des ressources minières se trouvant dans le Bassin, tels que l'Or alluvionnaire, … afin de permettre l'équilibre économique de ces Etats et constituer des réserves de

change internationales en remodelant le marché boursier (cas de la RDC) ;

- favoriser la redistribution équitable des ressources produites et ainsi équilibrer les rapports des échanges à caractère socio-économique, susceptible de faire émerger la classe moyenne, socle de la stabilité sociale ;
- la mise en place d'un modèle de distribution varié afin d'équilibrer la balance commerciale et faire ainsi apprécier la monnaie nationale par la simple clique du mouvement du taux de change, ayant des répercussions sur les devises (Dollars américains, cas de la RDC).

Ainsi, nous comprendrons que l'analyse de ces trois (3) fonctions de l'eau nous a permis de comprendre le rôle et l'importance de chaque secteur principal sus-évoqué, dans le nouveau paradigme de gestion des ressources en eau du Bassin du Congo-Oubangui-Sangha, et des Bassins transfrontaliers à-travers le monde. En d'autres termes, l'eau deviendra ainsi, un facteur de puissance pour les Etats riverains du Bassin du Congo, la CICOS et la R.D Congo en particulier.

5.7.2. L'hydro-virtualité au centre de résolution des conflits liés aux ressources en eau du Bassin du Congo-Oubangui-Sangha : *tests des hypothèses*

Tableau VIII. Test d'hypothèses

N°	Hypothèses	Analyses	Conclusions	Obs.
1.	*L'eau, ressource renouvelable, représenterait un enjeu géopolitique important suite à sa répartition inégale dans le monde, à la croissance démographique, à sa vulnérabilité à la pollution, au faible taux d'eau douce (2,5%) dans l'hydrosphère planétaire et au mode de transport par excellence ;*	*D'aucuns n'ignorent que l'eau n'est toujours pas disponible en quantités suffisantes, là où il le faut et au bon moment. Puisqu'elle est extrêmement importante, rare, mal repartie et doit être virtuellement partagée.*	*Alors, il faut donc la gérer de manière à ne pas échapper à son contrôle, au risque de détruire son cycle de régénération et devenir source de conflits.*	*Affirmative*
2.	*Les problèmes que soulève la gestion intégrée ou non de ces ressources naturelles en eau auxquels doivent faire face les Etats riverains du bassin s'expliqueraient du fait que le déficit organisationnel et les sous-investissements dans le secteur, seraient à la base de l'insuffisance d'exploitation des ressources hydriques du bassin du Congo-Oubangui-Sangha ;*	*La concrétisation des efforts de la CICOS est subordonnée au comportement des Etats-membres, dans une certaine mesure au poids de leurs intérêts propres. Ce qui ne lui permet pas d'être un interlocuteur privilégié dans le cadre des négociations relatives à la gestion des ressources en eau du Bassin dont elle est censé incarne.*	*Et donc, la CICOS doit muter vers une autorité du Bassin pour mieux jouer son rôle et atteindre ses objectifs face aux enjeux multiples dont font face ses Etats-membre. Mais cette mutation devra se baser sur la réorientation de l'hydro-virtualité - nouveau paradigme de gestion des ressources en eau de*	*Affirmative*

			ce Bassin, proposé dans ce travail.	
3.	*La RDC et d'autres Etats-membres de la CICOS pourraient se constituer en une configuration de l'interdépendance sécuritaire durable, profonde, permanente et cristallisée qui se baserait sur la prise en compte réelle de la Gestion intégrée et responsable des ressources en eau du Bassin du Congo-Oubangui-Sangha.*	*Grâce au complexe sécuritaire régional piloté par la R.D Congo, les Etats-membres de la CICOS peuvent se cristalliser à l'interne pour faire face à tous les enjeux extérieurs, quelles que soient leurs natures, faute de quoi, ils périront et l'absence d'une l'hydro-politique cohérente et responsable gérée par le portefeuille et l'agence de Bassin au niveau de chaque Etat-membre de la CICOS, ne permet pas encore à cette dernière de mieux intérioriser la donne économique qui s'impose aux ressources en eau du Bassin à laquelle elle doit faire face.*	*En somme, la fragilité intérieure et la méfiance accrues des Etats-membres de la CICOS ne peuvent qu'apporter de l'eau au moulin des acteurs qui convoitent et souhaitent exploiter les ressources en eau de leur Bassin contre leurs intérêts.*	*Affirmative*

Notons :

- Ce tableau présente, de manière plausible, les hypothèses liées à la problématique centrale soulevée dans cet ouvrage et nous permet, à l'aide des procédures de la Logique et Argumentation, de comprendre la question à-travers les présupposés, et poursuivre ainsi le cours réel de la position de la question principale, afin d'en conclure résolutivement ;
- Toutes les hypothèses émises au départ ont été analysées, puis leurs analyses m'ont permis de conclure sur leur authenticité et leur véracité avant de les affirmer ;
- Ces affirmations permettront aux chercheurs, qui pourront se lancer dans des études relatives à la question sus-évoquée, de clairement se pencher sur la ligne de manière à littéralement tailler les similaires sujets dans l'optique de comprendre la délicatesse de la question et son importance objective.

5.7.3. Tableau de synthèse

Tableau IX. Synthèse du problème

Acteurs	Enjeux	Objectifs	Ressources	Contraintes	Stratégies
Est acteur, dans le cadre de ce travail, tout individu, groupe d'individus, entité publique ou privée et organisation internationale, dont les ambitions et les comportements peuvent influencer la gestion des ressources en eau du Bassin du Congo-Oubangui-Sangha. *	Les enjeux sont compris comme étant des gains ou des pertes résultant des confrontations ou de coopération entre les acteurs précités dans le même espace (Bassin du Congo-Oubangui-Sangha). ** - *Sécuritaires ;* - *Sectoriels ;* - *Démographiques ;* - *Géopolitiques ;* - *Géoéconomiques ;* - *Environnementaux ;*	Les buts que les acteurs veulent atteindre. Ils sont principalement concrets, mesurables et liés au problème de gestion des ressources en eau du Bassin du Congo-Oubangui-Sangha. -------- - *Valorisation et rationalisation des ressources ;*	Les ressources permanentes que les acteurs peuvent mobiliser pour atteindre leurs objectifs.	Les limites (organisationnelles, personnelles, contextuelles, matérielles, financières…), réelles ou supposées, qui influent sur les actions, les stratégies et les comportements des acteurs. -------- - *L'Environnement* - *La Technologie ;* - *Politiques ;* - *Socio-économiques ;* - *Consensus/Crise de confiance ;* - *Moyens ;*	Les comportements mis en œuvre dans le contexte ici-donné, dans le but d'atteindre les objectifs fixés par les Acteurs. -------- - *Le transfèrement ;* - *Coopération ;* - *Confrontation ;* - *Réorientation de l'hydro-virtualité ;*
1. CICOS	-	-	-	-	-
2. Etats-membres	-	-	-	-	-
3. CBLT	-	-	-	-	-
4. Etats du Sahel	-	-	-	-	-
5. Bailleurs	-	-	-	-	-
6. RIOB	-	-	-	-	-
7. Puissances mondiales	-	-	-	-	-

** : A revérifier au chapitre 2 consacré au aux Concepts clés de l'étude.*

*** : Idem.*

Je résume que : *Les comportements – relatifs à la question du transfèrement, à la coopération ou la confrontation et à la mission, mis en œuvres dans le contexte de gestion des ressources en eau du Bassin du Congo-Oubangui-Sangha, dans le but de contrôler et surveiller les objectifs assignés par les Etats-membres, évoluent et mutent selon que les enjeux naissent au fil du temps. Dans un contexte pareil – le cas échéant, il faut procéder à l'application d'un modèle unique de gestion des ressources dont il est question, afin de faire jouer à la Commission le nouveau rôle face à ces enjeux et garantir son efficacité et sa pérennisation, d'où, la théorie hydro-Janussiènne basée sur la réorientation de l'hydro-virtualité.*

5.7.4. Diagramme des vérités : *l'hydro-Janus*

Figure 13. Diagramme des vérités

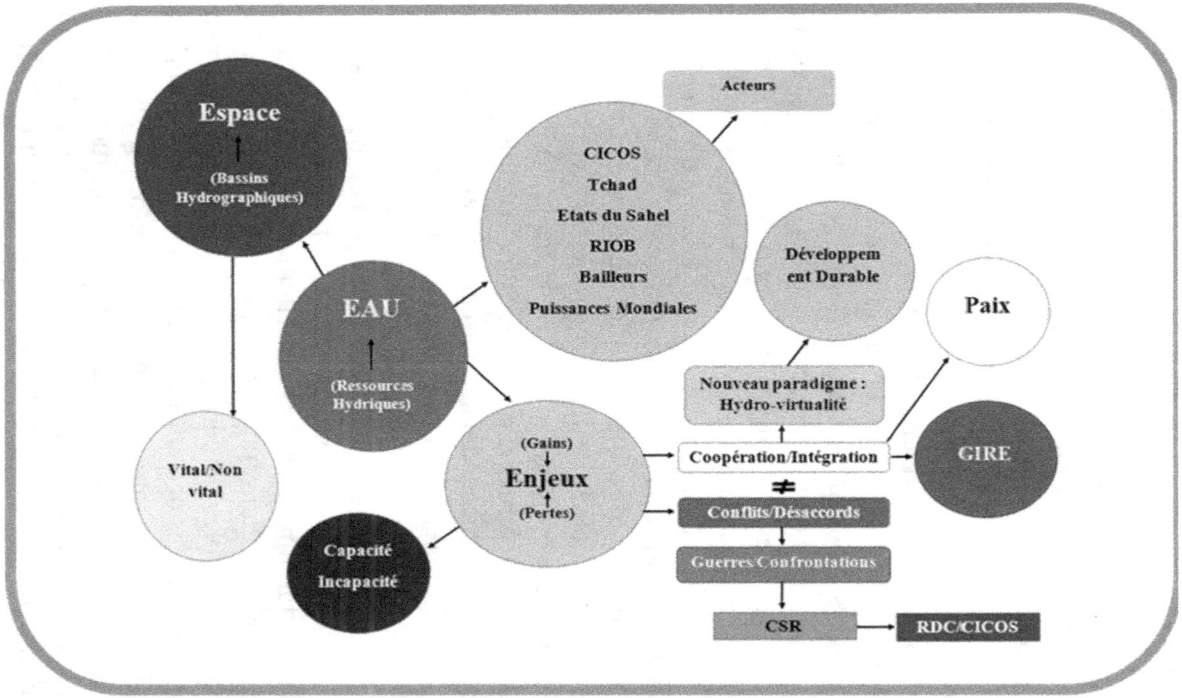

Source : Conçu par individuellement, à partir des analyses de

A travers ce diagramme des vérités : *l'hydro-Janus*, démontrer comment sur un espace essentiellement hydrographique, ayant un environnement dominé par la raréfaction des ressources en eaux, les divers acteurs à cause de la croissance démographique, de la mauvaise utilisation des ressources et surtout du changement du mode de vie, peuvent en faire l'objet de grands enjeux multiples au point de créer une situation à point à en douter devenir une des causes de conflits ou/et de facteur de Développement.

De l'existence de plus de 250 Bassins hydrographiques au monde, nous dénombrons ceux du continent Africain dont fait partie le Bassin du Congo, avec ses affluents, l'Oubangui et le Sangha.

Il s'avère de nos jours que, l'utilisation abusive voire les conflits entre usagers (Industriels, Agriculteurs et Domestiques) ont fini par avoir des conséquences diverses (socio-économiques, environnementales…) qui nécessitent une approche rationnalisée incluant tous les paramètres de pérennisation et de protection des espèces écosystémiques et dans le cas sous examen celles du Bassin du Congo en proie de convoitise innommée du Tchad, des Etats du Sahel, d'autres organismes de Bassin et des puissances mondiales.

Face à cette réalité, les Etats riverains à-travers la CICOS, ont deux choix à opérer : coopérer par le biais de la réorientation de l'hydro-virtualité qui soit à même de résorber les besoins ressentis par tous les acteurs en présence, dans le secteur tel que l'hydro-électricité, l'industrie, l'alimentation et le climat. Et cela en mettant en place un portefeuille ayant la gestion des ressources en eau comme principale attribution mais aussi, en créant une Agence de Bassin qui recoupe transversalement les besoins ressentis dans plusieurs secteurs de la vie, dont la satisfaction dépend essentiellement de l'utilisation du Bassin.

Soit Basculer dans un cycle infernal de conflits d'intérêts entre Acteurs susceptibles de déboucher à la confrontation/guerre selon que les appétits voraces des uns et des autres n'ont pas fait l'objet de bonne stratégie d'harmonisation d'intérêts, toutefois, grâce à l'érection d'un Complexe de Sécurité Régional, l'Etat-pivot, membre du Bassin peut fédérer les intérêts d'autres Etats riverains membres dudit Bassin, rencontrant ainsi ou faisant ainsi face aux intérêts exogènes sans sacrifier ceux de l'ensemble auxquels il est membre et joue le rôle pilote.

Ce diagramme des vérités se veut une force de proposition qui doit faire jouer à la République démocratique du Congo, son naturel rôle face aux enjeux multiples liés à la gestion des ressources en eau du Bassin du Congo en transformant les espaces hydro-conflictuels en espaces d'intégration ayant l'eau comme élément moteur à l'instar du pétrole dans le cadre de l'OPEP, du charbon et de l'acier dans le cadre de la CECA, dont point n'a besoin d'en démontrer les vertus intégratives, ayant tu les velléités conflictogènes laissant la place à la volupté féconde de la paix et du Développement durable.

Conclusion seconde partie

Il ressort de l'analyse de cette deuxième partie de cet ouvrage, que loin d'être uniquement un facteur de conflits, l'eau du Bassin du Congo peut être l'élément catalyseur du développement de la région et ce, en appliquant une hydro-politique sous-régionale réaliste impliquant tous les aspects liés à l'utilisation de celle-ci dont, sécuritaire, socio-économique, environnemental, géopolitique, géostratégique, culturel et in fine le développement durable.

Scrutant la théorie de l'acteur stratégique de Michel Crozier et Erhard Friedberg, nous avons pu comprendre les dynamiques, l'intelligence, les enjeux, les ressources et contraintes, sur base desquels les acteurs sus évoqués montent leurs stratégies pour atteindre leurs objectifs dans cet environnement de raréfaction et de dégradation des ressources en eau dans la région.

Me référant aux diverses expertises scientifiques, j'ai sans ambages estimé, que les tentatives du transfèrement des eaux du Bassin du Congo vers d'autres Bassins, dont celui du Lac Tchad et les Etats du Sahel, non seulement n'est pas possible mais me parait suicidaire quant à l'avenir de la planète dont il en conserve encore l'essentiel de biodiversités et les forêts humides contenant des tourbières qui participent à l'équilibre climatique et régulent les conséquences liées à la disparition des espèces rares.

La gestion par bassin est déjà appliquée, et ce depuis des décennies, sur tous les continents. Le fait que les succès soient mitigés ne devrait pas faire en sorte qu'on remette en question l'approche, bien au contraire. Je rappelle à nouveau que la gestion par bassin ne présuppose nullement la mise en place d'une institution unique. Il s'agit plutôt d'une approche qui, par des mécanismes de collaboration entre les institutions publiques et privées et la participation du public, s'assure que les ressources en eau soient utilisées de manière durable en satisfaisant les besoins essentiels de tous les usagers, tout en maintenant les fonctions de l'écosystème naturel. Sur la base des expériences que j'ai côtoyées, j'ai identifié quelques-uns des éléments qui contribuent au succès de la gestion par bassin ; c'est la combinaison de plusieurs d'entre eux qui caractérise les expériences les plus réussies :

- *La volonté politique.* Au plus haut niveau possible, clairement exprimée par des résultats tangibles (cadre juridique, arrangements institutionnels, budgets) et soutenue dans le temps (au-delà des mandats des élus) ;

- *La connaissance.* L'utilisation optimale de toutes les sources d'information, dans un contexte d'échange et de transparence. L'information doit être intégrée pour être utile à la prise de décision. Les technologies de l'information devront être adaptées aux besoins des utilisateurs et bien maîtrisées pour être utiles ;
- *Les technologies durables.* Débuter par des petits projets, évaluer les technologies prometteuses et diffuser l'information. Être prêt à innover et utiliser les technologies bien adaptées aux conditions du milieu. Le dumping technologique n'a plus sa place en raison du gaspillage de ressources humaines et financières qu'il entraîne ;
- *Les arrangements institutionnels.* La gestion de l'eau est nécessairement de responsabilité partagée. Commencer avec des institutions existantes dont on aura redéfini le mandat. Des arrangements informels avec des échanges d'information ou des comités techniques facilitent les premiers contacts ; c'est une question d'individus et il faut porter attention aux attentes de chacun ;
- *Construire sur l'expertise existante.* Il existe un solide capital d'expertise sur lequel nous pouvons construire. Ce capital pourrait être mieux utilisé et accru par le développement des capacités ;
- *La participation du public.* Il s'agit d'un investissement à long terme. Prendre le temps nécessaire pour la mettre en place. Une fois la confiance établie, il faut l'alimenter régulièrement. C'est une des composantes fortes de tout processus de gestion des ressources naturelles ;
- *La prospérité économique.* Il est difficile de gérer sans disposer de moyens suffisants. Il ne s'agit pas seulement de budgets mais aussi d'un environnement favorable que seul l'État peut créer. Il faut mettre en place un environnement favorable aux nouvelles initiatives ; de nouvelles sources de financement devront aussi être explorées, comme la participation de partenaires locaux qui peuvent apporter un appui important ;
- *Le bon moment.* Toutes les conditions qui précèdent ne se manifestent pas en même temps, mais il arrive un moment où une combinaison favorable de ces facteurs se produira. Il faudra alors la saisir.

En fin de piste, après avoir discuté de modèles et d'approches de gestion par bassin, il faut tout de même faire le constat suivant : au-delà des différences culturelles, les humains partagent des valeurs communes dans leur rapport à l'eau et, notamment, face à l'importance des grands fleuves. C'est en s'appuyant sur ces valeurs que la gestion intégrée par bassin pourra progresser.

Le modèle proposé, basé sur la réorientation de l'hydro-virtualité (supra), constitue à mon humble point de vue, l'issue la plus favorable car, il est susceptible de compenser le transfèrement de l'eau physique avec ses conséquences (supra) en valorisant tous les potentiels hydriques du Bassin afin d'endogénéiser le développement du Bassin et ainsi exporter la plus-value vers les régions en proie de crises hydriques, faute de quoi, l'effet boomerang non seulement jouera contre le Bassin fournisseur (Bassin du Congo), mais aura très peu de chance de réussir vers les Bassins de destination ou du transfert (Bassin du Lac Tchad). En d'autres termes, à en croire les expertises consultées, le scénario du transfèrement fera disparaitre les écosystèmes de la deuxième réserve mondiale et aura difficile à résoudre les problèmes causés par le Lac Tchad et les Etats du Sahel.

CONCLUSION GENERALE

Dans cet ouvrage, nous nous sommes évertué de placer sous-étude, *La Théorie Hydro-Janussiènne et la Commission Internationale du Bassin du Congo-Oubangui-Sangha (CICOS) : L'Eau en République démocratique du Congo, les Paradoxes d'une Ressource très convoitée.*

L'hypothèse principale agencée plus haut est celle relative à la pensée selon laquelle, « l'accès à l'eau douce est un enjeu géopolitique majeur et une source potentielle de conflit à l'échelle tant locale, nationale, régionale que globale ».

Au regard de la principale problématique soulevée et des hypothèses, il ressort, sur base des théories, paradigmes, données récoltées et traitées grâce à nos analyses empiriques, que la CICOS est en passe de devenir une organisation de gestion du Bassin capable de faire face aux enjeux géopolitiques qui se posent dans la région, à cause de plusieurs pesanteurs qui ne favorisent pas cet avènement.

Epiloguant sur le rôle que nous devons faire jouer à l'eau et la perception que nous devons avoir d'elle, dans cet environnement de raréfaction et de dégradation de cet Or bleu, nous l'avons considérée comme une langue d'Esope et deux faces de Janus à l'origine des conflits dans plusieurs zones hydro-conflictuelles, soit directement ou indirectement élément catalyseur de ceux-ci, selon l'utilisation que les usagers et les acteurs font d'elle.

Cependant, nous avons relevé, dans le cadre de cette œuvre scientifique, que l'évolution des techniques, la volonté de préserver les ressources en eau et en instituant les juridictions internationales, peuvent faire d'elle un facteur de paix.

Tel fut le leitmotiv et le fil conducteur fondé sur la théorie hydro-Janussiènne, ayant mis en exergue ces deux inséparables réalités dont est tributaire l'avenir de l'humanité car, l'eau c'est la vie, elle est inimitable et non substituable.

Dans la première partie de cet ouvrage, j'ai circonscrit les théories et concepts clés de mon objet d'étude dans le souci de déblayer le terrain de mon champ d'investigation, en clarifiant les concepts tels que « acteurs, négociation, pouvoir, conflit, ressources naturelles, ressources hydriques, géopolitique, etc.).

Contextualisant ces différentes approches, j'ai réussi à comprendre que les ressources en eau dans le monde se raréfient et se dégradent suite aux activités anthropiques et constituent de nos jours un des facteurs très déterminants de relations inter étatiques post guerre froide, qu'il faille gérer avec dextérité et considérer sous leurs angles de solvabilité et de sociabilité.

Nous avons en outre, fait mention du fait que les régimes juridiques des Bassins hydrographiques peuvent aussi être à la base des conflits entre les Etats partageant un Bassin transfrontalier dès lors que les uns et les autres se fondent sur le régime de souveraineté territoriale limité et celui d'intégrité territoriale absolue.

Même alors, le débat n'a pas été clos car, les arguments ont tourné autour de l'idée selon laquelle, les Etats ont un droit illimité sur les ressources naturelles se trouvant sur leurs territoires et pouvant donc en disposer librement afin de promouvoir leur développement. Il a été fait état, dans le cadre de cette recherche, du principe dominant aujourd'hui qui est celui du partage de la ressource, nécessitant le compromis que nous avons qualifié de solidarité inter étatique en matière de ressources aquatiques, prises ici sous le label de la réorientation de l'hydro-virtualité.

Dans la seconde partie de cet Ouvrage, consacrée aux approches empirique et analytique, la connaissance de la CICOS et le déficit qu'elle accuse dans son organisation et son fonctionnement, nous ont permis de comprendre sa capacité à être compétitive sur l'échiquier régional teinté des enjeux multiples liés à la Gestion des ressources en eau dont le paroxysme se matérialise par les menaces dont font l'objet celles de son Bassin bien évidemment, à cause des crises dues à l'utilisation abusive des ressources d'autres Bassins proposant ainsi, des palliatifs dommageables sur les plans environnemental, socio-économique, sécuritaire et géopolitique.

Dans le souci de rendre la CICOS proactive, nous avons préconisé la création d'un complexe de sécurité régional, fondé sur l'Etat-poids-lourd qu'est la République démocratique du Congo, qui occupe à elle seule le 2/3 des ressources dudit Bassin, cristallisant ainsi les rapports internes en vue de faire face aux rapports de forces externes.

Somme toutes, il s'avère que les Etats du Sahel, mais surtout le Tchad, désirent ardemment les ressources en eau du Bassin du Congo qu'ils considèrent comme voie de sortie à leurs crises hydriques. Et cela s'est manifesté par plusieurs études menées en vue de la faisabilité du processus de transfèrement de ces dernières vers leurs Bassins.

Voilà pourquoi, face à cette réalité, il appert que les Etats-membres de la CICOS soient conséquents en utilisant rationnellement les compétences dont ils disposent en la matière, en vue de réagir en responsables et ne pas subir les événements. Et cela n'est possible que grâce à la mise en place de politiques hydriques internes adéquates et réalistes.

Finalement, après avoir discuté des modèles et d'approches de gestion par bassin, il faut tout de même faire le constat suivant : au-delà des différences culturelles, les humains partagent des valeurs communes dans leurs rapports avec l'eau et, notamment, face à l'importance des grands fleuves. C'est en s'appuyant sur ces valeurs que la gestion intégrée par bassin pourra progresser.

Il ne fait l'ombre d'aucun doute qu'à l'instar des velléités de convoitise des ressources minières et du sol arable de la partie Est de la République démocratique du Congo, en proie de conflits récurrents et presque chroniques dont les acteurs sont légion à cause des intérêts que revêtent ces ressources pour leurs besoins géostratégiques et socio-économiques, la négligence des menaces dont sont soumises les ressources en eau du Bassin du Congo, principalement dans la partie nord-ouest risque d'embraser la région, voilà pourquoi nous en appelons au soft power hydro-politique pour éviter aux Etats riverains du Bassin du Congo-Oubangui-Sangha en général et la République démocratique du Congo, l'Etat-poids-lourd en particulier, des crises de trop qui ne feront que retarder leur Développement qui stagne jusqu'à ce jour.

Postface

Le monde peut simplement constater qu'à travers le monde les contentieux à propos de l'eau sont nombreux, notamment le transfèrement des eaux de la rivière Oubangui de la RDC vers le lac Tchad qui est au centre des négociations depuis belle lurette et suscite plusieurs tensions entre les parties prenantes avec l'appui de certaines structures de la région.

Aussi, le changement climatique entraine plusieurs dégâts dans le Bassin du Congo et si cette optique n'est pas qualifiée dans le sens de résolution des problèmes y relatifs, alors les Etats riverains dudit Bassin et voire du monde entier risqueraient de perdre une grande partie de leur Esperance de vie causée par la disparition de la Ressource Eau.

C'est à travers le forum international sur le fonds bleu tenu au mois d'Avril 2018 à Brazzaville, principalement basé sur la mobilisation de fonds en vue de la mise sur pied de la Commission du Bassin du Congo et du fonds bleu, que j'ai formulé des observations sur le texte qui devrait être signé car, n'ayant pas pris en compte le rôle primordial que devait jouer la R.D Congo à cause de l'importance que revêt la majeure partie du Bassin sur son territoire, censée résorber les problèmes environnementaux de notre planète et ainsi donner à celle-ci une image encore plus belle qu'avant.

Par ailleurs, le Bassin du Congo comme organisation ou comme commission ne pourra rien si la R.D Congo n'est pas impliquée dans tout ce qui doit se faire car, regorgeant en elle-seule environ 62,39% dudit Bassin et environ 40% des ressources en eau du continent Africain qui, grâce à ses tourbières, représente le premier poumon du monde. D'où, la nécessité pour la RD Congo, de prendre en compte cet aspect important en valorisant ses eaux tout en s'appuyant sur la théorie que présente cet ouvrage indispensable et irrépréhensible.

L'importance de la préservation de ce Bassin face aux menaces extérieures, s'explique par sa capacité à contenir des solutions idoines aux problèmes non seulement hydriques mais aussi et surtout climatique du monde entier et donc, la destruction des Bassins Hydrographiques qu'il comprend peut causer l'augmentation de la température planétaire de 1,5° C à 5° C faisant de notre maison commune, une canicule difficile à habiter.

Plume d'or, accompagnée des larmes de joie, je la pointe dessus, sur base de l'authenticité et de la nécessité de cette étude, rendue visible à travers cet ouvrage de grande envergure et digne de ce nom, du

Professeur Docteur Alphonse Benza Kongawi, susceptible de modifier le cours du monde et ainsi conduire ce dernier dans une profonde douleur irréparable issue de l'immobilité mentale et le manque de réflexe sur la mise en œuvre des recommandations qui en découlent. A ce titre, il trouve ma bénédiction.

Honorable José Makila Sumanda

Ex-Gouverneur des Provinces Congolaises du Grand Equateur et du Sud-Ubangi, Vice-premier Ministre, Ministre des Transports Honoraire et Sénateur de la RDC

BIBLIOGRAPHIE

I. Documents officiels

- Accord instituant un régime fluvial uniforme et créant la Commission Internationale du Bassin du Congo-Oubangui-Sangha, signé à Brazzaville le 06 novembre 1999.
- Acte constitutif de l'Union africaine, Lomé, juillet, 2000.
- Acte général de la Conférence de Berlin, février 1885.
- CICOS : Document d'harmonisation des politiques de l'eau, mars 2010.
- CICOS : Document du plan d'action stratégique (PAS), mars 2010.
- CICOS : Charte de 1999.
- Code de l'Environnement, Livre II, titre Ier, Art. 210 Alinéa.
- Code de la navigation intérieure CEMAC-RDC, N'djamena, 17 décembre 1999.
- Commission du Bassin du Lac Tchad, N'Djamena, Tchad, 2012.
- Communiqué final de la réunion Ministres en charge de la Navigation Intérieure de la CEMAC et de la RDC, Brazzaville, les 05 et 06 Novembre 1999.
- Conférence de Dublin, 1992.
- Conférence de Noorwidwijk, Pays-Bas, 1994.
- Conférence de Paris sur l'eau et Développement Durable, 1998.
- Conseil national de transition – République du Congo, loi no13-2003 du 10 avril 2003 portant code l'eau.
- Consultation de New Delhi, Inde, 1990.
- Convention de Genève du 9 décembre 1923 relative à l'aménagement des forces hydrauliques intéressant plusieurs États, Société des Nations, Recueil des traités, vol. 36.
- Convention de Saint-Germain-en-Laye, du 10 septembre 1919.
- Convention des Nations Unies sur le droit relatif aux utilisations des cours d'eau à des fins autres que la navigation, New York, le 21 mai 1997, Résolution 51/229 de l'Assemblée générale, annexe, cinquante et unième session, Supplément n° 49 (A/51/49).
- Convention des Nations-Unies sur l'Environnement, 1980-1990.
- Convention d'exploitation du Pool Malebo entre la République du Congo et la République démocratique du Congo, Kinshasa, CICOS, 22 novembre 2005.
- Déclaration de Stockholm sur l'Environnement Humain, 1972.

- Décret n° 0051 du 7 novembre 1995 portant création et statuts d'une entreprise publique dénommée l'Office national des transports, en abrégé « O.N.A.T.R.A », 2002.
- Document des stratégies de financement du secteur de l'eau en Afrique Centrale, juin 2010.
- Etude nationale sur le financement du secteur de l'eau, Rapport Cameroun, Juin 2010.
- Extrait du Document de la politique de l'eau de la Communauté Economique des Etats de l'Afrique Centrale, mars 2009.
- Forum international "Faire la paix avec l'eau" - Bruxelles, 12 et 13 février 2009.
- Forum mondial de l'eau tenu à La Haye, les 17-22 mars 2000.
- Journal Officiel de la République Démocratique du Congo, loi n° 15/026 du 31 décembre 2015 relative à l'eau, Exposé des motifs, janvier 2016.
- La convention d'Helsinki de 1992.
- La convention de New York de 1997.
- Le Conseil européen du droit de l'environnement, Résolution du 28 avril 2000 sur le droit à l'eau.
- Loi n° 74-026 du 2 décembre 1974 portant création de la Compagnie maritime zaïroise, J.O.Z., n°4, 15 février 1975.
- Ministère de L'agriculture – RDC, « Rapport : Sécurité alimentaire, niveau de production agricole et Animale, Évaluation de la Campagne Agricole 2017- 2018 et Bilan Alimentaire du Pays », 2018.
- Ministère de L'aménagement du Territoire, Urbanisme Et Habitat – RDC, Secrétariat Général à l'Urbanisme et Habitat, « Rapport final : Habitat III R.D. Congo », 2015.
- Ministère de l'Energie et de l'Eau – République du Cameroun, « Plan d'action national de gestion intégrée des ressources en eau (PANGIRE) », 2009.
- Ministère de L'environnement, Conservation de la Nature et Développement Durable RDC, « Stratégie et Plan d'action National de La Biodiversité (2016-2020) », 2016.
- OCDE, études sur l'eau : comment relever le défi 2012.
- OCDE, Perspectives économiques en Afrique 2005-2006.
- Ordonnance 80-256 du 2 novembre 1980 portant création et statuts de l'Office de gestion du fret maritime, J.O.Z., n°22, 1980.
- Ordonnance N°71-308 du 3 décembre 1971 établissant le cahier des charges de la Régie des voies fluviales.

- Ordonnance n°78-198 du 5 mai 1978 portant statuts d'une entreprise publique dénommée Régie des voies maritimes, J.O.Z., n°10, 1978.
- Organisation mondiale de la santé, 2005.
- PNUD, Human Development Report 2006. Beyond scarcity: Power, poverty and the global water crisis, New York, 2006.
- PNUD, Rapport sur le développement humain 2007-2008, « La lutte contre le changement climatique : un impératif de solidarité humaine dans un monde divisé », New York, 2008.
- Programme National Pour la Gestion Intégrée des Ressources en Eau (PNGIRE 2016-2030), 2017.
- Protocole d'accord tripartite relatif aux modalités d'entretien des voies navigables d'intérêt commun entre la République Centrafricaine, la République du Congo et la République Démocratique du Congo relatif à l'entretien des voies navigables d'intérêt commun de 1978.
- Rapport "Communication from the Commission to the Council and the European parliament: interconnecting Africa: the EU-Africa partnership on infrastructure", 2006.
- Rapport Bruntdland de 1987, sur le Développement et l'Environnement « Our Common Future ».
- Rapport de l'Agence européenne de l'environnement sur l'efficacité de l'usage des ressources dans l'Union européenne, Actu Environnement, 2011.
- Rapport des Nations Unis sur le Développement Mondial de l'Eau "Water for people Water for life".
- Sommet mondial de la terre, Rio I (1992), II (1997).
- The Infrastructure Consortium for Africa, Regional Power Status in African Power Pools. Report, 2011.
- United nations population fund, « India: Towards population and development goals », 1997.

II. Ouvrages

- ATTALI, J., *Les trois mondes*, Fayard, 1981.
- CABANIS, A. et alii, *Méthodologie de la recherche en droit international, géopolitique et relations internationales*, Idea Design & Print Editura, Paris, 2010.
- CAPITANT, H., *La thèse de doctorat en droit*, 4e éd, Dreyfus, 1999.
- CARNOY, M., *The State and Political Theory*, Princeton University Press, 1984.

- CLARKE, R., *Water: the international crisis*, London, Earthscan, 1991.
- DE VILLIERS, M., *L'Eau*, éd. Actes Sud, 2000.
- DESCROIX, L. et DIEDHIOU, A., *Etat des sols et évolution dans un contexte de changements climatiques*, éd. IRD, 2012.
- DUGOT, Ph., *L'eau autour de la méditerranée*, L'Harmattan, Paris, 2001.
- DUPRIEZ, H. et DE LEENER, Ph., *Les chemins de l'eau, ruissellement, irrigation, drainage : manuel tropical*, Collection Terre et Vie, L'harmattan, Paris, 1990.
- FALKENMARK et LINDH, *L'eau et développement économique*, éd. Water in crisis, New York, Oxford university press, 1993.
- GALLAND, F., *Le Grand Jeu. Chroniques géopolitiques de l'eau*, Paris, éd. CNRS, 2014.
- HARRISON, P., *The third revolution : Environment, population and a sustainable world*, London, Tauris, 1992.
- HAVAS-SZILAGYI, E., *National groundwater protection program in Hungary, Presented at the International Conference of Water and Sustainable Development*, Paris, 1998.
- HOGUES, JP., LEVESQUES, D., MORIN, E., *Pouvoir et communication,* Psychology Industrial, Cambridge, 2001.
- JAY, M., *Marxism and Totality*, University of California Press, Californie, 1984.
- JOLIBERT, A., *La négociation commerciale : un état de l'art*, Economica, Paris, 2003.
- KABASELE, A., *La guerre de l'eau*, éd. IGC, Kinshasa, 2020.
- KASONGO NUMBI K., *Eaux et forêts de la RDC, un défi géostratégique*, éd. L'Harmattan, Paris, 2008.
- LASSERE, F., *Le partage de l'eau dans le monde : un enjeu majeur du 21ème siècle*, Gleick, 2000.
- MOVA SAKANYI, H., *La science des Relations Internationales : Essai sur le statut et l'autonomie épistémologique d'un domaine de recherche*, éd. L'Harmattan, Paris, 2014.
- MUTOY MUBIALA, *L'évolution du droit des cours d'eau internationaux à la lumière de l'expérience africaine, notamment dans le bassin du Congo/Zaïre*, PUF, Paris, 1995.
- MULENDA, D., *La gestion de l'intégration des entreprises par la préservation des écosystèmes naturels : déterminants et modèle de croissance verte*, L'Harmattan, Paris, 2017.
- MUTIN, G., *L'eau dans le monde arabe*, éd. Ellipses, Paris, 2000.

- NAFF, Th. et MATSON, R., *Water in the Middle East: Conflict or Cooperation*, éd. Boulder, Westview, 1984.
- PETRELLA, R., *Le Manifeste de l'eau pour un contrat mondial*, éd. Labor, Paris, 1998.
- ROTILLON, G., *Economie des ressources naturelles*, La découverte, collection repère, Paris, 2005.
- SIRONNEAU, J., *L'Eau nouvel enjeu stratégique mondial*, Paris, Economica, coll. Poche géopolitique, 1996.
- SOHNLE, J., *Le droit international des ressources en eau douce : solidarité contre souveraineté*, éd. Documentation française, Paris, 2002.
- TADOUM, M., et Al., *Les forêts du Bassin du Congo - Forêts et changements climatiques*, Weyrich, Bruxelles, 2015.
- TAITHE, A., *L'eau, un bien, un droit*, Paris, Unicomm, coll. Stratégie et Prospective, 2008.
- THUAL, F., *Méthodes de la géopolitique : apprendre à déchiffrer l'actualité*, éd. Ellipses, Paris, 1996.
- WENDT, A., *Social Theory International Politics*, Cambridge, University Press, 1999.
- WINGERT, J-L., *La vie après le pétrole*, éd. Autrement, Collection Frontière, Paris, 2001.

III. Articles scientifiques

3.1. Des revues

- BALL, P., « L'histoire des civilisations et des conflits humains au fil de l'eau », in *Le Monde*, 28 janvier 2000.
- BALL, Ph., « L'histoire des civilisations et des conflits humains au fil de l'eau », in *Le Monde*, 28 janvier 2000.
- BESSET, J.P., « L'eau pourrait constituer *le choc pétrolier* » du XXIe siècle, in *Le Monde*, 23 mars 1997.
- BIYOYA MAKUTU KAHANDJA, Ph. « Les guerres transnationales de la région des grands lacs de l'Afrique centrale : enjeux et défis », in Joseph Vincent Ntunda Ebodé (dir.), *Piraterie et terrorisme : de nouveaux défis sécuritaires en Afrique centrale*, Presses Universitaires d'Afrique, Yaoundé, pp.185-199.
- BUEB, R., « L'eau à travers l'histoire du droit, du XVIe au XXe siècle », in *Actes du Colloque de Strasbourg*, 25-26 mai 2000.
- CAFLISCH, L., « La convention du 21 mai 1997 sur l'utilisation des cours d'eau internationaux à des fins autres que la navigation »,

Annuaire français de droit international, volume 43, 1997, pp.751-798.
- CRIE, H., « Le crépuscule des fleuves », in *Le Monde*, 7 décembre 1999.
- DUFOUR, J-P., « La gestion commune de l'eau peut être un facteur de pacification », in *Le Monde*, 28 janvier 2000.
- GODARD, O., « L'économie, l'écologie et la nature des choses », in *Archives de la philosophie du droit*, vol. 37, 1992.
- HERNANDEZ, A., « L'Espagne se prépare à une nouvelle bataille de l'Ebre », in *Courrier international*, n° 518, du 5 au 11 octobre 2000.
- HUGON, Ph., « L'eau : bien commun ou arme géopolitique ? », in *Hérodote*_n°134, 2009.
- JEANCLOS, Y., « Vers l'hydro stratégie, essai de théorisation stratégique », in *Actes du Colloque de Strasbourg*, 25-26 mai 2000.
- KEMPF, H., « Le débat sur la privatisation de l'eau domine le Forum mondial de l'eau – La Haye, 17-22 mars 2000 », in *Le Monde*, 21 mars 2000.
- KEMPF, H., « La planète est menacée par de graves pénuries d'eau au XXIe siècle », in *Le Monde*, 17 mars 2000.
- LASSERRE, F., BOUET, A., « Le droit international réglera-t-il les litiges du partage de l'eau ? Le bassin du Nil et quelques autres cas », *Études internationales*, vol.33, n°3, 2002, pp.497-514.
- Le lac Tchad se tarit, Agir maintenant pour endiguer une « catastrophe écologique », in *Afrique Renouveau*, Avril 2012.
- LEON, A. et PORHEL, R., « La gestion de la multi-appartenance, une nécessité pour poursuivre la stratégie régionale dans l'Afrique des Grands Lacs », in *Observatoire des Grands Lacs en Afrique*, n°3, juin 2012.
- LOZNIEWSKI, M., « La gestion des déchets : un défi pour l'Afrique », in *les Echos*, 15 janvier 2018.
- MOVA SAKANYI, H., « Praxis internationale pour une gestion stratégique de l'eau », in *DOUNIA*, CISRI, no1, Novembre – Décembre 2006, p.49.
- MUSENGE MWANZA, G., « L'eau face à ses défis en RDC : Alternative pour le développement durable de l'Afrique », in *Anales de la Faculté des Sciences*, PUK, 2008.
- MUTOY MUBIALA, « L'évolution du droit des cours d'eau internationaux à la lumière de l'expérience africaine, notamment dans le bassin du Congo/Zaïre », in, *New York Times*, May 1995.

- OLELA, D., « Transfèrement des eaux de l'Oubangui vers le Lac Tchad », in *ICREDES*, 22 juin 2021.
- PELLET, A. « Conclusions générales », *société française pour le droit international, l'eau en droit international*, Colloque d'Orléans, Pedone, Paris, 2011, pp. 395-402.
- ROCHE, P-A, « L'eau, enjeu vital pour l'Afrique », in *Afrique contemporaine*, n° 205, Juin 2021.
- SOHENLE, J., « le paradigme post-positiviste ou révélation d'une méthode spécifique dans l'application du droit international de l'environnement (première partie) », in *Revue européenne de droit de l'environnement*, 1998.
- SOHNLEL S., « Le dispositif juridique de l'Europe pour appréhender les conflits transfrontaliers sur l'eau », *Lex Electronica*, vol. 12 n°2, 2007.
- VALO, M., « Au Moyen-Orient, les réserves d'eau douce chutent de façon alarmante », in *Le monde*, 14 février 2013.
- WOLF, A., « Conflict and cooperation along international waterways », in *Water Policy*, n°1, 1998.

3.2. Des magazines

- COLLET, Ph., « Affichage environnemental : premières leçons de l'expérimentation », in *Actu-Environnement*, 2011.
- DAGAN, R-E., « Géopolitique de l'eau », in *Repensr le développement mensuel,* n°206, Juillet 2009.
- FOURNIER, F. et SASSON, A., « Ecosystèmes forestiers tropicaux d'Afrique », in *Orstom Unesco*, 1983.
- GAULLIER, V., « Les sources de conflits », in *Sciences et Avenir*, avril 2000.
- KHARL EBAKA, B., « Environnement : une gestion des déchets est nécessaire en Afrique », in *ADIAC*, Décembre 2020.
- MARGAT J., « Il faut réduire les gaspillages », in *Alternatives économiques* n° 161, juillet-août 1998.
- McCAFFREY, S., « The need for flexibility in freshwater treaty regimes », in *Natural resources forum*, n° 27, 2003.
- MUSAVULI, B., « Le projet Transaqua et la guerre de l'eau », in *Agora vox.*, 2 mars 2018.
- MUSIBONO, D., « Le transfert de près de 100 Milliards de M3 d'eau par An de l'Oubangui vers le lac Tchad-Contexte et Conséquences ! », in *Congoenergie*, 21 juin 2021.

- PAQUEROT, S., « Eau douce-la nécessaire refondation du droit international », in *Code de l'environnement*, 18 mai 2020.
- PETRELLA, R., « Le Manifeste de l'eau pour le XXIe siècle », in *l'Expo*, 2008.
- SIRONNEAU, J., « Les enjeux stratégiques de l'eau », in *Armées d'aujourd'hui*, n° 249, avril 2000.
- WESTERKAMP, M., FEIL, M. et THOMPSON, A., « Regional Cooperation in the Great Lakes Region. A contribution to peace building » ? in *Initiative for Peace Building*, juin 2009.

IV. Journaux

- BIEGALA, E., « De l'or bleu pour l'Etat hébreu », in *Le Figaro*, 23 juin 2000.
- COLVERT, L., « A l'eau, à l'eau, il y a de l'alu dans les tuyaux », in *Le Canard enchaîné*, 16 août 2000.
- CRIE, H., « Le verre d'eau est amer, les rejets de sel et de produits chimiques du dessalement polluent », in *Libération*, 16 novembre 1999.
- GAUTHIER, N., « Strasbourg : La polio jetée avec l'eau du labo », in *Libération*, 11-12 novembre 2000.
- HARRISON, G. P. et WHITTINGTON, H. W., « Susceptability of the Batoka Gorge hydroelectric scheme to climate change », in *Journal of Hydrology*, Juillet 2002.
- JULLIARD, J-F., « Ces maires qui partent en guerre contre 'la bande à bonne eau' Vivendi, Lyonnaise et Bouygues menacés de perdre une partie de leur empire aquatique », in *Le Canard enchaîné*, 20 septembre 2000.

V. Travaux de fin des cycles universitaires

- BENZA KONGAWI, A. : - L'appartenance de la RDC aux bassins hydrographiques du Congo et du Nil, comme Facteur d'intégration régionale, Mémoire de Licence en R.I, FSSAP, UNIKIN, 2004-2005.
- CECILE, P., La gestion partagée des ressources en eau dans le bassin du Congo, Mémoire de Maitrise ès arts (M.A), 2009.
- DOSSA DANSOU, H., Les défis de la protection de l'eau et le droit international de l'environnement, Mémoire de Master en droit

International et comparé de l'environnement, Université de Limoges, 2008.
- DRIS, Ab., L'eau, matière stratégique et enjeu de sécurité au 21e siècle, Mémoire DEA, Université Paris 10, 2005.
- GODIN, P., Écotourisme : outil efficace de Développement et de conservation de L'environnement en RDP Lao : Étude de Cas, Mémoire de Maitrise, Université du Québec, Montréal, 2009.
- KAYOBOLA KANGOMBE, Th., Approvisionnement en eau potable en milieu rural en République Démocratique du Congo face à l'Objectif 6 de Développement Durable, exemple de la province du Maniema, Thèse de doctorat en Science et Littérature, Selinus University, 2020.
- MPOTO BOMBAKA, H., La commission internationale du bassin Congo-Oubangui-Sangha : création, mandat et bilan, Mémoire de licence en Droit International Public, université protestante au Congo, 2011-2012.
- MULUNGULA KYALONDAWA, F., Analyse des défis et opportunités de la sécurité alimentaire dans la cité de Kamituga, territoire de Mwenga (RD. Congo), Mémoire de licence, ISDR-BUKAVU, 2014-2015.
- NZANGO, Ch., Les barrages de l'Oubangui : de l'impact hydraulique actuel à la prospective environnementale, Thèse de Doctorat, Université d'Orléans, Novembre 2018.
- ONIEMBA MUNDALA, F., L'eau douce du bassin du Congo dans l'équilibre géopolitique régional et le développement durable en Afrique. Quelle stratégie de coopération pour la RD Congo ?, Thèse de doctorat en RI, FSSAP, UNIKIN, 2020.
- Regard sur les atouts d'intégration à travers les ressources en eau du bassin du Congo : Cas de la CICOS, Mémoire de DES en R.I, FSSAP, UNIKIN, 2012-2014.

VI. Webographie

- ADJEMA Adje, « De l'apport des organisations sous-régionales de gestion des eaux transfrontalières au développement des Etats-membres" - Cas de la CICOS en RDC », mémoire de licence en droit public international, Université libre de kigali, 2008, in www.bing.com, consulté le 22 mai 2020
- HELLENDORFF, B., « L'eau, les conflits et la coopération Gestion de l'eau en Afrique de l'Ouest: Risques et opportunités »,

in www.grip.org/sites/grip.../NA_2013-02-08_fr_B-HELLENDORFF.pdf, Consulté le 13 février 2013.
- http://allafrica.com/stories/201209281420.html.
- http://www.adelphi.de/files/uploads/andere/pdf/application/pdf/us_038_regional_cooperation_in_the_great_lakes_region.pdf http://www.eappool.org/eng/members.html.
- http://www.decideo.fr
- http://www.eappool.org/eng/publications.html.
- http://www.iea.org/weo/electricity.asp, 2009.
- http://www.internationalrivers.org/files/attachedfiles/gibe3factsheet2011.pdf.
- http://www.un.org/esa/sustdev/publications/energy/interconnections.pdf.
- http://www.unep.org/pdf/africa_water_atlas.pdf.
- https://doi.org/10.4000/com. 6283 BOUQUET C., « conflits et risques de conflits liés à l'eau en Afrique
- https://madibanature.com, Maliba, « Economie bleue et développement durable : le cas de Madiba & Nature », publié le 28 janvier 2020, consulté le 12 juin 2021.
- Sagascience@cnrs-dir.fr.
- UNEP, Africa Water Atlas, UNEP, 2010, 314p, in http://www.unep.org/pdf/africa_water_atlas.com.
- WWF (Bassin du Congo, Cœur vert de l'Afrique), « Bassin du Congo : Retour à l'Etat de nature », in www.bing.com, *consulté* le 18 avril 2021.
- www.adiac-congo.com,MUTINGA M., « la guerre de l'eau aux portes de la RDC », consulté le 12/02/2017.
- www.bing.com, Aqueduc.info : actualité de l'eau, « Perspectives mondiales de l'eau pour 2025 : il faut à tout prix prévenir une crise imminente », Novembre 2002, consulté le 20 mai 2020.
- www.bing.com,Loi n° 06.001 du 12 avril 2006 portant code de l'eau de la République Centrafricaine, consulté le 29 juin 2021.
- www.break-day.com, « Concasseur », 28 mai 2012, in *consulté* le 12 mars 2020.
- www.break-day.com/fr/concasseur, le 28 mai 2012.
- www.deskeco.com
- www.futura-sciences.com/fr/doc/t/developpement-durable/d/ressources-en-eauxdouces_127/c3/221/p1/,Dossier sur les ressources en eau publié à l'occasion du sommet de Johannesburg en 2002, *consulté* le 12 mai 2020.

- www.google.com « Wallonie.be », *consulté* le 12 mars 2020.
- www.google.com « Water for Sudan », consulté le 20 avril 2020.
- www.google.com La Charte de l'environnement, annexée à la Constitution (voir les « considérants » 1 et 2), in, consulté le 12 mars 2020.
- www.google.com TONGUE Rode, « Débat sur le transfèrement des eaux du fleuve Congo vers le Lac Tchad », Médiaterre, consulté le 21 juin 2021.
- www.google.com, COLLET Ph., Affichage environnemental : premières leçons de l'expérimentation, éd. Actu Environnement, 14 Octobre 2011, in, consulté le 12 mars 2020.
- www.google.com, Compte CO2, « l'économie bleue : une économie au service de l'environnement ? », consulté le 24 mars 2021
- www.google.com, C.I.EAU, « Quelles sont les ressources en eau dans le monde ? », consulté le 25 juin 2020.
- www.google.com, LA GUARDIA, KALOMBO Donatien, « la problématique du transfert des eaux de la rivière Oubangui vers le lac Tchad, une menace contre la RDC », consulté le 21 juin 2021.
- www.google.com, Raphael T., « la position du Centre de Recherche en Ressources en Eau du Bassin du Congo (CRREBaC) face aux élucubrations actuelles sur le transfert d'eau du Bassin du Congo », Mars 2021, *consulté* le 25 avril 2021.
- www.google.com, Traité d'économie politique 1803, *consulté* le 12 mars 2020.
- www.google.com,GARAH A., « les principaux problèmes de la GIRE », SCRIBD, in *consulté* le 10 juin 2020.
- www.google.com,Ministère des affaires internationales du Québec, « Les enjeux stratégiques de l'eau et les initiatives internationales récentes », 2011, in *consulté* le 6 juillet 2020.
- www.google.comSwilling, M. et Al., « The Weight of Cities: Resource Requirements of Future Urbanization », United Nations Environment Programme, *consulté* le 14 mars 2020.
- www.icafrica.org.
- www.leadinafrica.org, DIENG Mbaye, « L'eau en Afrique, les paradoxes d'une ressource très convoitée », Janvier 2011, *consulté* le 15 mai 2020.
- www.lemode.fr, consulté le 10 mars 2020.
- www.mémoireonline.com/sommaires/droit-sciences-politique.html, consulté le 05 juin 2020.

- www.ramsar.org
- www.supinfo-projects.com

TABLE DES MATIERES

Structures éditoriales du groupe L'Harmattan

L'Harmattan Italie
Via degli Artisti, 15
10124 Torino
harmattan.italia@gmail.com

L'Harmattan Hongrie
Kossuth l. u. 14-16.
1053 Budapest
harmattan@harmattan.hu

L'Harmattan Sénégal
10 VDN SICAP AMITIE 3
BP 45034 Dakar-Fann
direction@senharmattan.com

L'Harmattan Cameroun
Tsinga/Derrière polyclinique FECAFOOT
BP 11486 Yaoundé
Jacques.koukam@harmattan.fr

L'Harmattan Burkina Faso
Villa 281, secteur 23 623, rue 14.32
Ouagadougou
zagbie@outlook.fr

L'Harmattan Guinée
Almamya, rue KA 028 OKB Agency
BP 3470 Conakry
harmattanguinee@yahoo.fr

L'Harmattan RDC
185, avenue Nyangwe
Commune de Lingwala – Kinshasa
matangilamusadila@yahoo.fr

L'Harmattan Congo
219, avenue Nelson Mandela
BP 2874 Brazzaville
deunovmikhael@gmail.com

L'Harmattan Mali
Immeuble Mgr Jean Marie Cissé
Aci Hamadallaye
BP 145 Bamako
syllaka@yahoo.fr

L'Harmattan Togo
Djidjole – Maison Amela
face EPP BATOME
02 BP 20680 Lomé
didieramela11@gmail.com

L'Harmattan Côte d'Ivoire
Résidence Karl – Cité des Arts
Abidjan-Cocody
03 BP 1588 Abidjan
harmattan.ivoire@gmail.com

L'Harmattan Bénin
Rue 604, (Immeuble à l'entrée
de la rue UCAO- Cite de Saint-Jean)
Cotonou
stepcorpus@gmail.com

Nos librairies en France

Librairie internationale
16, rue des Écoles
75005 Paris
librairie.internationale@harmattan.fr
01 40 46 79 11
www.librairieharmattan.com

Librairie des savoirs
21, rue des Écoles
75005 Paris
librairie.sh@harmattan.fr
01 46 34 13 71
www.librairieharmattansh.com

www.ingramcontent.com/pod-product-compliance
Lightning Source LLC
LaVergne TN
LVHW011154061026
849535LV00003B/731
9782336508030